부담없이 읽어도 되는 IT 에세이

4차 산업혁명의

디지털 리터러시와 디지털 정보 격차

패턴인식과 지능

인공지능, 머신러닝, 딥러닝

무서운 소형 IT 기기들

재택근무와 보스웨어(Bossware)

클라우드, 4차 산업혁명의 프레임

추상화 가상화 기술

서버 가상화, 데스크탑 가상화, 컨테이너

딥러닝의 치명적인 약점

인공지능이 열게 될 판도라의 상자

신현수 지음

도서출판 소리둥지

비밀번호와 다이제스트 생체인증 수단의 민낯

비법! 비밀번호 리스트를 남 보란 듯 걸어 두고 사용하기

지능형 지속 공격(APT) 사회공학적 공격(Social Engineering Attack)

암호화폐와 블록체인 기술, NFT(대체 불가 토큰) 공개키 암호화 기법

학술 자료의 보고 딥웹, 인터넷 민주주의의 초석 다크웹(토르 넷) 검색 방법

신변에 위험을 느끼는 이들을 위한 인터넷 사용 팁

메타버스, 가상현실, 증강현실, 혼합현실 4차 산업혁명과 일자리

휴머노이드 로봇 비트코인의 네 가지 치명적인 약점

지은이 **신현수** (辛賢秀, Hyun-Soo Synn)

. 1952년 5월 7일, 경상남도 마산 출생

. 저서: 「악상 해석과 표현의 기초 — 프레이징 아티큘레이션 강약법에 대하여 (2005년, 소리등지)」,

「클래식 기타 기본기의 비밀 (2007년, 소리등지)」, 外

차　　　　례

디지털 문맹과 디지털 리터러시

21세기에 접어든 후, **정보 격차**(Digital Divide, **디지털 디바이드**) 문제가 국가, 지역, 계층 간의 삶의 질에 있어서 그 차이를 현격하게 벌여 놓았습니다. 디지털 문맹은 불편이 가중된 생활환경의 변화를 피할 길이 거의 없습니다. 생활환경이 어느새 사이버(인터넷/웹) 세계로 이동해 버렸음입니다. 동네 은행지점은 ATM(현금 자동 입출금기), 키오스크(Kiosk: 무인 주문기)가 창구 은행원을 대신하는 무인 점포로 대체되었고, 만만했었던 패스트푸드점마저도 "키오스크"라는 디지털 기기로 종업원을 대신하고들 있습니다. 발품 가게들이 사라진 탓에 웬만한 전문품이나 선매품을 구매하려면 인터넷 쇼핑밖에 달리 방법이 없습니다. 기차표를 사려 해도, 공문서 한 장을 떼려 해도 인터넷에서 하랍니다. **"디지털 시대가 아니냐?"**고. 사정이 이렇다 보니, 디지털 문맹층은 점점 외출을 기피하게 되고 현실세계로부터 점점 고립되어 갑니다. 반면, **디지털 리터러시**(Literacy: 이해력)를 가진 층은 사이버 세계에서 시공 초월의 편의와 폭넓은 일자리 기회를 누리게 되었으며, 사이버 세계에서 정신줄 놓고 지내느라 점차 현실세계를 망각해 갑니다.

사람들은 디지털 문맹이 일부 노년층의 문제인 것으로만 치부하는 경향이 있으며, 발전을 위해서는 어차피 겪어야 할 당연한 과정인 것으로 여기는 듯합니다. "디지털 시대가 아니냐?"며. 그러나 디지털 문맹 문제는 이제야 비로소 본격화할 조짐을 보이고 있을 뿐입니다.

제4차 산업혁명(이하, 4차 산업혁명)을 이끌어 갈 기반 기술들의 발전 속도는 전문가들조차 현기증이 날 정도입니다. 인터넷이 지리적 시간적 언어적 장벽을 모두 허물어 버린 탓입니다. 천재들의 글로벌 무한 경쟁의 장을 열어 놓은 것입니다. 과거의 아인슈타인들이 아인슈타인이 되기 위해서는 우연과 행운, 또는 기회를 잡기 위한 긴 시간의 기다림이 필요했습니다. 그러나 인터넷에 의한 실시간 소통 환경은 수많은 현재의 아인슈타인들로 하여금 키보드만 두들겨도 자신을 드러낼 수 있게 해 주고 있습니다. 더구나 실력 검증을 할 수 있는 수단과 방법들이 많아서 졸업장이나 명성 같은 겉치레에 매달리지 않아도 됩니다. 숨은 외톨박이 아인슈타인들까지 죄다 끌어 모아 미래 기술 개발의 현장에 투입할 수 있는 여건이 마련되어 있는 것입니다.

미래 사회는 국가, 지역, 계층 등으로 구분하며 회자될 일, 드물어질 것입니다. 대신, 4차 산업혁명의 기반 기술들에 대한 디지털 리터러시!, 그로써 구분하며 회자될 일이 잦아질 것입니다. 그로써 날이 갈수록 삶의 질에 있어서의 격차가 벌어져 갈 것입니다. 그로써 디지털 귀족층과 디지털 빈민층으로, 미래의 인류가 양분되어 갈 것입니다. "4차 산업혁명의 기반 기술들"에 대한 디지털 리터러시는 연령 세대 신분 학벌 따위보다는 타고난 지능이나 재능 등, 선천적 두뇌 자질에 크게 좌우되는 성향을 보이게 될 징후가 농후합니다. 그만큼 사고(思考)의 유희(遊戲)가 필요한 요소들이 다분하기 때문입니다.

지난 시절의 디지털 문맹은 일단 경험하여 익숙해지면 절로 해소되는 성격의 것에 지나지 않았습니다. 일부 노년층의 디지털 문맹 문제 역시 나이가 많아서가 아니라, 연로해 감에 따라 주위와 소통의 기회가 줄어드는 까닭으로 빚어진 것일 뿐인. 그러나 "4차 산업혁명의 기반 기술들"에는 단순히 경험에 의해 익숙해지는 정도로는 디지털 문맹의 처지를 벗어나지 못하는 지적(知的) 미로들이 허다합니다. 세상을 바꾸어 놓기 위한 글로벌 천재들의 사고의 유희, 그들이 개발해 놓은 지적 미로가 거미줄로 얽혀 있는 탓입니다. 그래서 4차 산업혁명의 기반 기술들을 이야기하는 글이나 서적들은 하나같이 비전공자들이 이해하기에는 난감하기 짝이 없는 것이 보통입니다. 그 같은 서적을 읽어서 디지털 리터러시에 도움을 받는 사람이라면, 이미 상당한 디지털 리터러시를 가진 사람임에 틀림없습니다. 4차 산업혁명의 기반 기술들에 대한 디지털 문맹을 해소하기 위해서는 아인슈타인들과 보통 사람들 사이에 뭔가 다리가 되어 줄 것이 필요한 상황인 것입니다. 답은 통찰(洞察, insight)에 있습니다. 전체를 꿰뚫어 보는 시각. **통찰은 연역적 사고를 가능하게 하여 어려운 것을 쉽게, 복잡한 것을 단순하게 풀이할 수 있게 합니다**.

저자는 칠순에 접어든, 평생을 음악가로 살아온 평범한 시골 노인네입니다. 대학/전공 교육 같은 것을 받아 본 적도 없습니다. 평생의 업(業)이 되어 준 클래식 음악은 시종일관 독학했을 뿐입니다. 지방 소도시의 빈민가에 오디오 같은 것이 있을 리 없던 시대에 독서를 좋아하던 아이 홀로 골방에서 악보와 이론 서적을 디코딩(decoding)하는 방법으로 독학했을 뿐입니다. 그리고 지난 30여 년은 줄곧 은둔 생활을 해 온 외톨박이이기도 합니다. 그러나 그러한 이유로 이 책의 설득력이 떨어질 것으로 생각하지는 않습니다. 이 책에 거론되는 사실들은 모두 인터넷 검색으로 즉각 확인 및 검증이 가능한 것들이기 때문입니다. 예외 없이 쉽게 검증이 되는 사실들에 입각하여 글을 썼습니다. 이 노구(老軀)는 학위나 경력, 또는 명성 나부랭이가 식자(識者)로서의 필요조건이 되지 않는 시대에 살고 있음을 알고 있습니다. 지식의 실시간 공유를 가능하게 하는 인터넷이 뒷배가 되어 주고 있음을.

늙은이가 젊은이들보다 나은 점이라면 삶의 다양한 경험을 배경으로 하는 통찰일 것입니다. **통찰이란 늙은이가 나서야 하는 시야**(視野, view)**입니다.**

이 노구가 감히 “**4차 산업혁명의 기반 기술들**”에 대한 이야기를 집필하기로 마음먹게 된 까닭입니다. 이 시대의 “아인슈타인들과 보통 사람들 사이에 뭔가 다리가 되어” 주기로 감히 마음먹게 된 까닭입니다. 부디 이 책이 독자들의 “4차 산업혁명의 기반 기술들”에 대한 디지털 리터러시에 도움이 되길 희망합니다.

4차 산업혁명은 소프트웨어 기술, 광속의 통신 및 네트워크 기술, 양자역학 생명공학을 비롯한 첨단 과학 기술, 그리고 인공지능 등이 융합된 미증유의 산업혁명입니다. 자고로 시대가 급변할 때는 사방천지에 널린 것이 기회이자 지뢰밭인 것이 보통입니다. 급변을 기화로 기회주의자들의 탐욕은 허위와 속임수, 그리고 사기 행각으로 탈바꿈하기 십상입니다. 이미 4차 산업혁명에 대한 예찬론이 득세하여 만연하고 있기도 합니다. 그러나 세상에 “좋기만 한 것”이란 방송 기자들의 **기사팔이 멘트**일 뿐, 그런 것은 없는 법입니다 — “나쁘기만 한 것” 역시 마찬가지입니다만. 기회와 위험이 공존하는 혁명. 급변하는 변화에는 의혹의 눈길로 대응하는 조심성이 기본입니다. 그 민낯을 볼 필요가 있습니다. 화장질이나 뽀샵질에 숨겨진 민낯을.

4차 산업혁명과 수평적 조직사회

이 노구가 보는 관점에서 현재 우리 사회는 4차 산업혁명에 걸맞지 않습니다. 준비가 되어 있지 않습니다. 골수에 밴 ‘**수직적 조직 사회**’를 두고 하는 말입니다.

한강의 기적. 과거 대한민국 경제의 눈부신 성장은 유교사상과 민족주의,

그리고 게다가 애국심으로 대표되는 국수주의 등이 바탕에 깔린, 소위 '수직적 조직 사회'에 익숙한 국민성이 유리하게 작용함으로써 가능했었던 결과라 할 수 있습니다. 유교사상에 기인하는 (일사불란 일의 진행을 가능하게 하는) 견고한 수직적 상하관계, 분쟁의 소지를 없게 하는 예의 바름과 겸손함, 관계의 지속을 뒷받침하는 진실성, 그리고 생산성을 드높이는 근면성 등이 그것이며, 항상 우리 민족을 먼저 챙기는 결속력이 그것이며, 기필코 일본을 이기고 국위를 드높이겠다는 애국심이 그것입니다. 그러한 국민성을 배경으로 거기에 **개발독재의 리더십과 국민들의 피나는 노력**이 더해져 기어이 성공시켰던 기적인 것입니다.

하지만 과거 연이은 군부독재 정권들이 걸핏하면 '충효 사상'을 독재의 수단으로 악용해 먹은 통에, 넌더리가 날 대로 넌더리가 나 버린 유교사상이란 더 이상 이 땅에서 유효하지 않습니다. 그리고 4차 산업혁명에서 필요로 하는 것은 수직적 조직 사회의 상하관계가 아니라 수평적 조직 사회를 기반으로 하는 인간 관계입니다. 수직적 상하관계란 4차 산업혁명의 발목을 잡을 장애물입니다. 조직원 간의 수평적 소통에 장애가 되고, 융통성과 창의성, 그리고 모험적 기질을 억누르는 요인이기 때문입니다.

"수직적 조직 사회"와 "수평적 조직 사회"는 각기 장단점을 가지고 있겠습니다만, 현재 대다수 세계적인 굴지의 IT(정보기술) 기업들을 성장시킨 결정적인 비결이 바로 '수평적 조직 사회'에 있었던 것으로 분석·평가되고 있음입니다. 상급자의 명령이 하급자에게 절대적으로 통해야 하는 전시(戰時)의 군대가 계급장이 없는 "수평적 조직 사회"이어서는 말이 안되는 것과, 따지고 보면, 같은 이치입니다. 전문성 배양과 조직원의 인격적 성장에 유리한 수평적 소통, 조직원 모두가 각자 주인의식을 가실 수 있게 하는 수평적 소통, 조직원 누구 할 것 없이 업무의 내용을 소상하게 파악할 수 있게 하는 수평적 소통, 소수(상급자)의 실수를 방지할 수 있고 다수결의 이점(利點)을 누리게 하는 수평적 소통, 조직원 누구 할 것 없이 융통성과 창의성을 맘껏 발휘할 수 있는 여지를 제공하는 수평적 소통이 중요시되는 기업들이 "수직적 조직 사회"이어서는 말이 안되는 것과, 따지고 보면, 같은 이치입니다. 4차 산업혁명이 수평적 조직 사회를 기반으로 하지 않으면 안 되는 이유입니다.

계급장을 떼 버린 조직 사회, 직명 대신 인명으로만 호칭하는 직장, 시니어(senior, 상급자)에게 부담 없이 질문도 할 수 있고, 시니어의 눈을 똑바로 쳐다보며 이야기를 나눌 수도 있고, 시니어의 지시에 '노(No)'라고 대답할 수도 있고, 시니어가 주니어(junior, 하급자)에게 부담 갖지 않고 배울 수도 있는, 조직원 간의 소탈한 우애가 위계질서를 대신하는 수평적 조직 사회를 절실히 필요로 합니다, 4차 산업혁명은.

통신과 교통의 발달로 국제적 여행과 소통이 자유로워진 환경은 다민족 다문화 국가로의 변화를 피할 수 없게 합니다. 따라서 민족주의 역시 4차 산업혁명에 적합하지 않습니다. 다민족 국가에서 민족주의란 분쟁의 소지가 될 뿐입니다. 유래 없는 인구절벽 상황은 국민의 미래를 풍전등화로 내몰고 있습니다. 다민족 다문화는 어쩔 수 없는 이 나라 국민의 미래상인 것입니다. 민족성이란 것이 보존 가능한 것도 아닌 것이, 기십 년 전까지만 해도 자타가 공인했던 우리 민족성이란 "은근과 끈기"였습니다. 그랬던 것이 어느새 "빨리, 빨리!"로 바뀌어 버렸습니다. 외국인에게 한국인의 성격을 물으면 십중팔구 "빨리, 빨리!"라고 한국말로 답합니다. 민족성의 상전벽해입니다.

게다가 애국심으로 대표되는 국수주의는 민주주의에 반(反)하며, 자칫 전체주의적 분위기를 조성할 위험이 다분합니다. 그 경직성으로 인해 4차 산업혁명의 산실(産室)이라 할 소통과 융통성, 창의성, 그리고 모험적 기질 등을 억누르는 요인으로 작용하게 됩니다. 애국심과 국수주의가 민주주의에 반(反)하는 까닭에 대해서는 아래에서 다시 이야기하게 될 것입니다.

4차 산업혁명은 개개인의 자유가 보장되는, 흔들림 없는 민주주의를 필요로 합니다. 한데, 대한민국은 아직 민족주의와 국수주의적 색채가 지배적입니다. 민주주의 국가상(像)에 어울리지 않는 특질들입니다. 아래에서 구체적인 설명들을 읽게 되면 그 민낯을 보다 확실하게 보게 될 것입니다. 명백히 4차 산업혁명에 부담이 되는 여건들입니다, 필히 개선되어야 할.

4차 산업혁명의 시대는 지금 대다수의 사람들이 생각하고 있는, 보다 흥미롭고 편리한 정도의 그런 세계가 아닐 것입니다. 우리를 기다리고 있는 것은 미증유의, 치명적일 수도 있는 상전벽해(桑田碧海)일 것으로 보는 것이 보다 정확할 것입니다.

리튬 이온 배터리. 수년 전까지만 해도 다들 당시의 리튬 이온 배터리가 이차전지의 한계일 것으로 보았습니다. 리튬 이온 하나가 가지는 전하(電荷)의 양은 이차전지 소재로서는 최대의 것이며, 또한 그 전하량은 원자의 속성상 정해져 있는 것이어서 더 늘어날 수 없는 것이기 때문입니다. 그러나 4차 산업혁명에 진입하고 있는 작금의 사회적 환경은, 인터넷에 의해 소통이 극대화되어 있는 사회적 환경은 그러한 기존 관념을 무색하게 하고 있습니다. 전고체 배터리, 리튬메탈 배터리, 무음극(Anodeless, Anode-free) 배터리, 나트륨 이온 배터리, 바나듐 배터리, 염료감응 베타전지…, 대기업들이 거액의 투자를 감행하고 있는 신기술의 배터리만 해도 일일이 그 종류를 열거하기가 힘들 정도입니다. 기존 리튬 이온 배터리의 한계는 이미 넘어서고 있음입니다.

4차 산업혁명은 지금의 5G 통신 환경을 넘어 6G, 7G 통신환경이 되었을 때 비로소 본격화될 것입니다. 5G 통신용 인프라 구축이 지지부진이기 때문입니다. 6G, 7G에서는 위성통신이 가세하게 될 것입니다. 민간 우주기업 스페이스X가 자체적으로 추진하는 위성 인터넷 사업 프로젝트인 스타링크(Starlink) 시스템은 2021년 현재 지구 궤도상에 1천 개가 넘는 통신위성을 올려놓고 있으며, 앞으로 모두 해서 42,000여 개에 달하는 위성을 쏘아 올릴 것이라 발표한 바 있습니다. 말하자면, 머잖아 위성 통신 서비스만으로도 지구 전체를 아우르는 커버리지(유효 통신 범위)를 확보하게 됩니다.

인공지능(☞ *p. 155*)은 적용 분야에 따라서는 인간의 지능을 넘어서기도 하고 있으며, 그 개발 환경의 범용화로 가격은 폭락을 거듭하고 있습니다. 마치 PC의 그것을 연상케 합니다. 로봇 기술(☞ *p. 304*)은 인공지능의 범용화에 힘입어 생태계의 각종 동물을 흉내 내는 수준에 도달하고 있습니다. 양자컴퓨터(☞ *p. 370*)의 개발은 기존 컴퓨터의 연산 속도를 우습게 만들고 있습니다. 하드웨어의 급속한 진화에 힘입은 소프트웨어 기술은 소프트웨어가 가진 레고(Lego)블록식 조립 속성을 마음껏 활용할 수 있게 되어 그 미래를 예측하기 힘든 규모와 다양성을 보이며 발전하고 있습니다.

현재 4차 산업혁명의 동력이 되는 대부분의 첨단 기술들은 아시다시피 미국이 주도하고 있습니다. 미국은 수평적 조직 문화가 가장 잘 조성되어 있는 나라이기도 합니다, 인종 갈등만 제외한다면. 첨단 기술들을 태어나게 하는 여건이 수평적 조직 문화와 무관하지 않음을 실증해 보이고 있습니다. 그렇습니다. 수평적 조직 문화는 소통과 융통성, 창의성, 그리고 모험적 기질을 발휘하기에 유리한 여건인 것입니다.

기존의 수직적 조직 문화는, 이미 수평적 조직 문화에 길이 든 젊은 세대와 구세대 간의 사고방식과 가치관에 있어서의 차이를 심화하여 세대 간의 갈등을 격화시킬 요인이기도 합니다. 자칫 화합할 수 없는 세대 간이 될 수도 있음입니다. 이미 그러한 징조는 여러 분야에서 나타나고 있습니다.

이를테면 연금이라는 형태의 중·장·노년 층 생계비와 현 국가 운영비의 상당 부분을 MZ세대(신세대)에게 뒤집어씌우고 있는 것이 그것입니다. 최악의 출산율에 대한 책임은 명백히 기존 구세대, 기존 정치인들에게 있습니다. 이 나라의 주권자였던 구세대 국민들과 그들이 선택했던 기존 정치인들의 무능과 무책임, 그리고 부패에 있음입니다. 수직적 조직 문화, 민족주의, 국수주의가 몸에 밴 탓에 태연자약 저질러지고 있는 구세대의 만행입니다.

이 노구는 이 책을 통해 4차 산업혁명의 민낯에 대한 나름의 통찰(洞察)을 전하고자 합니다만, 이상과 같은 이유로 그에 앞서, 4차 산업혁명에 대응해 나가기에는 사뭇 부적절해 보이는 우리네 사회적 정치적 정신적 기조(基調)를 두고, 그 민낯부터 잠깐 짚어 보려 합니다.

민낯 만화경 ◔◔

세상만사 현명한 판단을 위해서는 그 민낯을 볼 필요가 있습니다. 민낯을 보려 한다면, 객관적인 시각이 기본입니다. 선입관이나 고정관념을 버리고 객관적으로 보는 방법에 익숙해져야 합니다.

대권. 선거철에는 더욱 심해지지만 평소에도 흔히 입에 올리고들 있는 말입니다. "대권"이란 말이 문헌에 사용된 용례(用例)를 찾는다면, 이 노구가 아는 바로는 다름 아닌 'the royal prerogative' 즉, 군주(왕이나 황제)의 대권을 지칭하는 용례가 있으며, 전쟁이나 국가 위기 시 행정부 또는 국회에서 발령하는 '비상 대권'이 있을 뿐입니다. "대권(大權)"이라는 말은 자구의 뜻 그대로, 전제군주에게나 적합한 용어입니다. 대권이란 국가 운영에 필요한 모든 권한을 의미하기 때문입니다. 한 개인이나 집단에게 대권을 위임한다는 것은 곧 독재를 허용함을 의미합니다.

그런 까닭으로 「대한민국 헌법」에는 당연히 "대권"이란 말이 사용되지 않았으며, 마찬가지 이유로 1889년 공포된 「대일본제국 헌법」에는 당연히 사용되고 있습니다. 인용하자면, "짐이 조종(祖宗)에게 물려받은 대권(大權)에 의해 현재와 장래의 신민(臣民)에 대하여 이 불마(不磨)의 대전(大典)을 선포(宣布)한다." 일황의 '헌법발포칙어' 중에 나오는 구절입니다. 그 밖에도 「대일본제국 헌법」의 상유(上諭: 임금의 말) 편을 비롯한 본문에 여러 차례 사용되고 있습니다

법률적 의미에서의 대권이란 국가의 모든 권력, 즉 삼권(행정권·입법권·사법권)을 망라하는 권력을 뜻합니다. 그러므로 국어사전류에 흔히 서술되어 있는 "대권이란 국가 원수가 국토와 국민을 통치하는 헌법상의 권한"이라는 정의는 옳지 않습니다. 「대한민국 헌법」에 나오지도 정의되어 있지도 않은 용어이므로 "헌법상의 권한"이라는 기술은 명백히 오류인 것입니다. 굳이 바로잡자면 "독재주의, 전제주의, 파시즘 국가에서의 (국가 원수의) 헌법상의 권한"이어야 합니다. 우리네 사전들의 낯부끄러운 민낯입니다. 법률 용어들은 말할 것도 없거니와 일제의 한자용어들을 그대로 가져다 쓰기를 좋아 했었던 과거 국내 (법)학자들도 「대일본제국 헌법」에서 "대권"이라는 단어가 황제의 권력을 지칭하는 것으로 사용되고 있는 용례를 보고, 「대한민국 헌법」에는 사용하지 않았을 터입니다. 민주국가에서 "대권"이라는

말은 귀신 씨나락 까먹는 소리에 지나지 않습니다.

민주국가에서 "대권 주자"라는 말이 언론에 난무하는 것은 기이한 일이라 하겠습니다. 그 한자(漢字) 자구의 뜻으로 보아도 그렇거니와 용례로 보아도 그렇습니다. 보편적인 상식에도 미치지 못하는 정치가, 법률가, 언론인들이라니. 우리 사회의 민낯입니다. 민주주의적 환경을 필요로 하는 4차 산업혁명에 도무지 걸맞지 않은, 대한민국 민주주의의 민낯입니다.

공무원은 국민의 공복(公僕)입니다. 선출직 공무원 역시 국민의 공복이라는 사실에는 다를 것이 없습니다. 그러므로 그들이 관심을 가져야 할 대상은 "대권"이라는, 헌법에도 없으며 그 뜻이 격에도 맞지 않는 황당한 용어가 아니라 "대무(大務)"라야 합니다. 선출직 공무원이 되고자 하는 이에게 필요한 것은 대권의식이 아니라 대무의식(大務意識)인 것입니다. 선출직 공무원이란 일반 공무원보다 더 책임의식을 가지고 국민을 위해 전심전력 봉사·헌신하라고 주어지는 자리인 것입니다. 연일 "대권"이라는 말을 쏟아내고 있는 언론과 정치권을 볼라치면, 그것을 듣는 주권자로서는 기가 찰 노릇입니다.

「② 대한민국의 주권은 국민에게 있고, 모든 권력은 국민으로부터 나온다.」, 헌법 제1조 제2항입니다. 잠시 그 민낯을 보기로 합니다.

투표일 하루 전날 야밤에 마당에 던져진 돈 봉투에, 던져진 고무신 한 켤레에, 또는 마을에 다리를 놓아 준다는 사탕발림 공약에, 또는 지역주의 편가르기에 민주주의를 헐값으로 팔아먹어 온 것이 과거 우리들의 민낯입니다. 젊은이들의 민주 항쟁은 그로 인해 피맺힌 희생을 되풀이해야 했었습니다. 공짜 고무신 한 켤레에 앞날이 창창한 자식이, 이웃 아이가 고문을 당하는 것으로 그 대가를 치르곤 했었습니다. 한데 이젠 좀 나아졌을까요?

전 세계의 나라 중에서 행정부의장·국무회의장(프레지던트) 또는 행정수반(서기장, 書記長: 서기국의 장)인 선출직 공무원에게 감히 "대통령(大統領)"이라는 전제군주적 명패(名牌)를 내건 나라는 이 나라가 유일합니다. 공복이 주권자를 두루(大) 다스리는(統領) 감투를 쓰고 있음입니다. 이 노구처럼 나이 먹은 노인네들 중에는 "대통령"이란 말의 어원을, 그 불편한 진실을, 아는 사람이 적지 않습니다. 바로 대표적인 일제(日帝) 용어 중 하나인 것입니다.

일본의 '에도 막부(도쿠가와 막부)' 말기인 1853년 미국의 페리 제독이 이끄는 흑선(黑船)에 의한 강압적 일본 개국(開國)을 시작으로, 서양 열강들과 일본 사이의 (불평등한) 외교 관계가 수립되던 시기에 일본인들이 프레지던트(President)를 대통령(大統領)이라고 번역함으로써, 그 사용이 시작되었던 것입니다. 자신들의 "천황"과 격을 맞춘 미·일 외교 관계 용어로서 만든 신조어(新造語)였던 것입니다.

과거 교육부 주도로 일제의 잔재를 청산(이하, '일제청산')하는 과업의 하나로 많은 비용을 들여서 '국민학교'를 '초등학교'로 개명한 적이 있습니다만, 일제청산 전문가들이 유독 "대통령"이라는 이 말에 대해서만은 시치미를 떼고 있습니다. 한자 자구의 뜻 그대로 전제군주에 상응하는 "대통령"이라는 호칭은 명실상부하게 민주주의 사회에서는 용납되어서는 아니 되는 용어입니다. 그것이 일제가 만든 용어이든 아니든 관계없이.

한데 더욱 나쁜 것은 정치권의 모르쇠입니다. "대통령"이라는 말이 일제의 용어라는 사실을, 민주주의 국가에서는 사용되어서는 안되는 제왕적 명칭이라는 사실을 정치권의 인사들이 모를 수는 없음에도. 그들이 전문으로 하는 분야의 용어일 뿐만 아니라, 그 동안 언론 매체에도 꽤나 오르내렸었던 주제이기 때문입니다.

지난 언론 매체의 관련 기사 중에 그 구체성이 돋보이는 기사를 인용합니다. 2016년 12월 17일자 오마이뉴스의 관련 기사 내용 중 일부입니다.

「우리나라에서 '대통령'이라는 용어를 본격적으로 사용하게 된 계기는 바로 상해 임시정부의 이승만이 스스로 대통령이라는 명칭을 사용한 때부터 비롯된다. <중략> 대통령이라는 호칭 자체가 존재하지 않았음에도 이승만은 '무단으로' 대통령이라는 직함을 사용하였다. 이에 도산 안창호가 이승만에게 대통령이라는 명칭을 사용하지 말라는 항의 서한을 보내기도 하였지만, 이승만은 그 요청을 거부하였다.」

이 기사는 일제 용어인 '대통령'에 대하여 다음과 같은 말로 끝을 맺고 있습니다.「대통령 명칭의 대안을 찾는 작업은 계속 진행되어야 한다. 이 길은 제왕적 대통령제의 왜곡된 현실을 바로잡는 시작일 수 있다」. 이 기사에서 거론되고 있는 "이승만"은 1919년 상해 임시정부의 초대 국무총리였으며, 1948년 대한민국의 초대 대통령이었으며, 제왕적 독재와 실정으로 하야(下野)했었던 바로 그 인물입니다. 나무위키의 '안창호' 제목의 웹페이지에 도산 안창호 선생께서 이승만 전 대통령께 보낸 전보 전문(全文)이 게재되어 있기도 합니다.

이 나라의 입법부와 법조인들은 다 죽고 씨가 마른 겐지, 1948년 헌법이 제정된 후 70여 년이 지나도록 "대통령"은 변함없이 건재합니다. 참고로 "대통령"이라는 이 단어는 대한민국 헌법에 87회 사용되고 있습니다. 정치권이 국민을 장기판의 졸(卒)로 보고 있음을, 또는 이 나라 국민이 기실은 졸임을 여실히 증명합니다. 어느 당이 집권을 하던 달라질 것이 없음입니다. 일제청산의 민낯입니다.

"대권", "대통령", 큰대(大)자가 붙은 당치 않는 용어 둘이 부각되면서 날이 갈수록 무조건 이기고 보자는 식이 선거의, 특히 대선의 트렌드가 되어 가고 있는 듯합니다. "제가 전국에 음주운전 전용도로를 건설하여, '고주망태 음주운전 자유화' 시대를 열겠습니다아아아아~!!"하는 공약을 내걸어도 놀라는 이가 없을 듯합니다. 공약(公約)이 오로지 이기기 위한 공약(空約)이 되어 버린 선거 풍토. 냄비가 식는 순간, 돌아서면 무엇이든 잊고 마는 노루형 국민이 사는 나라이니 문제될 것은 없겠습니다만, 당선자가 거짓말쟁이가 되는 것은 필연이라는 이야기가 됩니다.

황공무지하게도 국민이 졸이다 보니. 대한민국 민주주의 만세입니다. 설령 국회에서 필리버스터(무제한 토론)에다 멱살잡이, 박 터지는 핵주먹 난타전까지 벌어졌었던 날의 밤, 고주망태 여야 국회의원들이 서로 어깨동무를 하고 룸살롱에서 노래하며 나오는 장면이 포착되었다 할지라도, 이 노구는 그저 황공무지한 마음이 앞설 뿐입니다. 나 자신이 졸들 중의 한 명이니 그저 죽일 놈인 게지요.

일제청산…. (이하, '일제의 잔재 청산'과 '친일파 청산'을 아울러서 '일제청산'이라 부르기로 합니다.)

고질(痼疾)이 되어 버린 일제청산…, 먹고 살기에도 바빠 죽겠는데 잊을 만하면 들이대는 일제청산. 참고로 이 노구는 탈북 피난민의 자식으로서 625 피난민 수용소에서 자랐으며, 혈연·지연·학연 그딴 것 없어서 평생을 온갖 것들에게 짓밟히며 음악인으로, 거의 외톨이로, 살아온 민초 중의 민초입니다. 그러나 이 세상에서 가장 훌륭한 어미(함경남도 함주군 상기천면 오로리 태생이신 어머니, 韓誠實) 슬하에서 자랐기에, 그것만으로도 감지덕지하여 늘 굶주리면서도 세상에 대한 불만 같은 것은 없이 살아왔습니다.

가족 이외에는 딱히 '내 편'이란 것이 없이 살아온 인생이니, 당연히 세상사 편가르기에 무심한 편입니다. 이 노구, 친일이나 반일과는 대체로 거리가 멀다는 이야기입니다.

굳이 이 노구가 속한 편을 이실직고 하랍신다면, 만민평등에 반(反)하는 백의민족(白衣民族)주의, 백호주의, 중화사상, (유대인의) 선민사상, (나치 독일의 아리안족에 대한) 우생학적 우월주의, 유색인종 차별주의 등, 근거 없이 허황된 생각으로 수많은 사람들로 하여금 피눈물을 흘리게 한, 민족과 인종 간 분쟁 유발의 원천이 되고 있는 민족주의를 싫어하는 편입니다. 지구 상의 여러 나라와 민족을 폐쇄적으로 만드는, 국경을 닫아걸게 만드는, 유사 이래 국가와 민족 간 전쟁의 상투적 이유가 되어 왔던 국수주의를 싫어하는 편입니다. 내 민족의 조상들이 다른 민족의 조상들에 비해 더 현명하고 우수하고 지능이 높다는 식으로 말하는 이들의 저의를 의심하는 편에 속합니다. 모든 민족의 조상들이 다 호모 사피엔스로서 현명하고 우수하고 지능이 높다고 믿는 편에 속합니다. 미래 세대는 사해동포주의(四海同胞主義), 만민동포주의(cosmopolitanism)를 지향해 나아가야 지구가 평화로워질 것으로 믿는 편에 속합니다. 국명을 의미하는 접두사 "K" 같은 것을 유난히 좋아하는 이들의 편가르기 속물근성을 경계하는 편에 속합니다.

다음은 이 노구가 민초의 시각에서 보는 민족주의의 민낯입니다. 지구 상에 존재하는 모든 민족들의 근원을 찾아 계속 올라가면 결국 호모 사피엔스라는 한 지점에서 만나기 마련입니다. 굳이 따지자면 인간은 호모 사피엔스라는 단일 민족인 것입니다. 민족주의는 민주주의에 반(反)하는 사조입니다. 민족주의란 다민족 국가에서는 그로 인한 편가르기가 자칫 내분으로 발전하곤 하며, 인류 역사에서 종교와 더불어 국가 간의 전쟁을 유발해 왔던 주요 원인이기도 합니다. 국경이 개방되고 국가 간의 여행이 자유로워질수록 모든 국가는 다민족 국가로 변해 가기 마련입니다. 출생률이 바닥을 기고 있는 대한민국도 마찬가지입니다. 국가의 존속을 위해서라도 다민족 다문화 국가가 되어야 할 판입니다. 이 판에서 민족주의란 분쟁의 씨앗일 뿐입니다. 민주주의에서는 국민이 민족에 우선합니다. 민주주의에서는 국민보다 우위에 서는 것은 없습니다. 민족이란 영원히 잊어도 무방한, 아니 오히려 잊어야 할 개념입니다. 피부색이 다르고 언어나 관습 등의 소통이 힘들더라도 귀화인들을 동포로서, 한 핏줄로서 여기고 품어야 합니다. 이 나라의 미래를 함께 짊어져야 할 귀화인들인 것입니다. 귀화인들 또한 그들의 민족의식이나 그 밖의 배타적 의식을 버려야 함은 마찬가지입니다. 각자의 전통과 문화만을 서로 존중하고 나누고 공유하는 하나의 국민이 되어야 함입니다. 이웃이 사촌인 법입니다. 민족주의란 민주주의에 전혀 도움이 되지 않습니다.

국수주의(國粹主義, Ultranationalism). 태어난 나라에 대한 지연적 유대감의 소아(小我)적 변질, 민족주의의 탈을 쓴 고질(痼疾), 자국-자민족 우월주의, 타국-타민족에 대한 배척, 애국심, 애족심 등으로 표상(表象)되는 말이라 하겠습니다. 유사 이래 이유 불문하고 민초들을 전장으로, 전투의 현장으로, 피가 튀고 살이 찢어지는 전투의 현장으로 내몰기까지 할 수 있었던 힘의 원동력이기도 합니다. 국수주의자들이 자나 깨나 강조하는 '애국심'에 대한 위인들의 명언을 찾아보면, 각자의 사상적 성향에 따라 찬반이 극명하게 갈리는 것을 보게 됩니다. 아래는 민주주의적 성향의 위인들이 남긴 명언들 중 일부를 인용한 것입니다. 현재 우리에게 중요한 것은 바로 "민주주의"이니까요.

「애국심은 역사를 파멸시킨다」 — 니체.

「언제까지 우리 것만 좋다고 주장할 것인가? 」 — 박제가(朴齊家).

「애국심이란 불한당들의 최후의 피난처이다」 — 새뮤얼 존슨.

「애국심은 머리 속의 구더기이다」 — 데이비드 소로.

「인류에게서 애국심을 없애지 못하는 한 조용한 세계는 결코 없을 것이다」 — 버나드 쇼.

「애국심은 무자비한 살인자들의 훈련을 정당화 하는 원리이다」 — 톨스토이. 이상, 국수주의의 민낯에 대한 견해들이라 하겠습니다.

그래서 국수주의란, 무솔리니와 히틀러로 대표되는 파시즘(Fascism)과 함께 배척되어 선진 민주주의 국가에서는 역사의 뒤안길로 사라진 지 오래입니다.

이게 무슨 개 풀 뜯어먹는 소리?? 그렇습니다. 대한민국의 국가(國歌) 이름조차 '애국가'이며, 그 가사는 국수주의 민족주의 일색입니다. 애국가 가사를 볼라 치면, "…우리나라 만세. …대한 사람, 대한으로 길이 보전하세." 이런 식입니다. 말인즉슨, …우리나라여 영원할지니. …"대한"이라는 나라와 민족을 영원토록 보전하자는 뜻이겠습니다. 한마디로 "대한제국"의 국가에 딱 맞는 가사입니다. 게다가 우리 모두가 어릴 때부터 귀에 딱지가 앉도록 들어 온 말이 바로 "애국·애족"입니다. 북한에 "경애하는 장군님!!"이 있다면 남한에는 "애국·애족!!"이 있음입니다. 피장파장입니다. 국민은 애오라지 "장군님!!"이나 "애국·애족!!"을 위한 존재일 뿐입니다. 상습적으로 들어가는 기술입니다. 타짜의 밑장빼기 같은.

"상습적으로 들어가는 기술"의 실례입니다. 과거 군사독재 시절 자주 들었었던 "한국식 민주주의"와 같은 식의 '**국명+식 민주주의**'에서의 "민주주의"란 '**사이비 민주주의**'로 고쳐서 들어야 하는 말장난입니다. "**내정 간섭**"이라는 말에서의 "**내정**"이란 '졸들을 다스리는 데 안성맞춤인 독재성 정치'를 의미하는 경우가 다반사입니다. 모두 국수주의를 교활하게 악용해 먹는 위정자들의 "밑장빼기 기술"들입니다. "K"와 같은 국명의 이니셜을 이용해 먹는 경우 또한 예외일 수 없이, 졸들에게 국수주의를 고취시키기 위해 써먹는 "밑장빼기 기술"입니다. 이 같은 수법은 철권정치가 통하는 약소국일수록 횡행합니다. 걸핏하면 졸들에게 써먹는 기술입니다.

한데, 민주주의(民主主義)란 국주주의(國主主義)가 아닙니다. **국민(民)이 국가의 주인(主)인 것이며, 국가가 국민의 주인일 수는 없습니다.** 그러므로 "애국·애족"이 아니라 "**애민(愛民)·위민(爲民)**"이어야 합니다. 나라 사랑, 민족 사랑이 아니라 국민 사랑, 국민 위주라야 하는 것입니다. 민주국가에서 "애국·애족"이란 주객이 전도된 구호인 것입니다. 나라란 국민이 원한다면 언제든 얼마든지 바꿔 버릴 수도 있는 성격의 합의적 개체일 뿐입니다. 국민이 원한다면 국가 간 협상을 통해 한반도를 캐나다나 호주와 합병하거나 서로가 서로를 편입할 수도 있으며, 국민이 원한다면 국호를 '한반도평화민국'으로 바꿀 수도 있음입니다. 국수주의가 민주주의에 반(反)하는 까닭은 지극히 간단명료합니다. **국가가 국민을 위해 존재하는 것이지, 국민이 국가를 위해 존재하는 것은 아님**입니다. 18세기 계몽주의 현자(賢者)들의 가르침입니다.

피부에 와 닿는 증거를 원한다면 북한이나 중국과 같이 정당이 하나밖에 없는 국가를 보면 됩니다. 국수주의란 정치권력이 손쉽게 국민을 졸로 만들 수 있는 마법의 지팡이인 것입니다. 후진국의 정치권력들이 집착하는 까닭입니다. 국수주의란 독재정권 창출의 온상이 되어 왔음입니다. 게다가 국수주의란 주변국들을 비롯한 많은 나라의 사람들을 피곤하게 하고 불편하게 만들기 마련입니다. 독도 문제가 좋은 예가 되겠습니다. 일본의 일부 극우 정치세력들의 밑장빼기 기술에 최악의 불편을 겪고 있는 한일 양국 국민들의 사이. 그렇다고 한국의 국수주의만 예외일 수는 없습니다.

북한은 국수주의의 궁극이 어떤 것인지를 잘 보여 주는 모범적인 사례라 하겠습니다. 이 노구가 "국명을 의미하는 **접두사 K** 같은 것을 유난히 좋아하는 이들의 편가르기 속물근성을 경계하는" 까닭입니다.

대한민국은 겉으로는 민주국가임을 우기고 있으되, 실상은 보시다시피 대표적인 그리고 전형적인 국수주의 국가입니다. 이 나라는 민주주의를 표방하면서도, 국호를 '대한민국'이라고 하면서도, 민주주의는 허울뿐인 겉치레에 그치고, 기실 국민들에게는 대 놓고 국수주의를 주입하고 세뇌하고 강요하다시피 해 왔던, 모순 투성이의 나라입니다. 여차하면 민주주의의 가면을 쓴, "한국식 민주주의"라는 가면을 쓴 독재가 되풀이되기도 했습니다. 왜 그랬을까요? 막말로 정치해 먹기 좋았기 때문일 것입니다. 국민들 고분고분 말 잘 듣게 만드는 데에 그(국수주의)보다 편리한 수단은 없었기에.

그리고 애국·애족심의 강화 학습에는 "충효"라는 구호와 더불어 반일사상이 단골 메뉴가 되곤 했습니다. 일제의 잔인무도했던 행적들을 강조하면 애국·애족심은 절로 강화되었으며, 국민들은 민주(民主) 같은 개념은 생각해 볼 새도 없이 고분고분해지기 마련이었습니다. 독재해 먹기 딱 좋게 길들여지게 마련이었습니다. 이 땅에 독재 정치의 출현이 잦았던 이유가 따로 없을 것입니다. 식민 역사의 아픔이, 동병상련의 다른 동남아 국가들에 비해 이 땅에서 유난히 자주 거론되고 회자되었던 까닭으로 생각됩니다. 그 행태가 흡사 스포츠 프로모션과도 흡사해 보입니다. 흥행을 위해서는 라이벌 팀 사이를 원수지간으로 만들어 놓아야 하는 법입니다. 말인즉슨 한국인과 일본인 사이를 원수지간으로 만들어 놓으면 선거(또는 정치)가 그만큼 수월해진다는 이야기입니다. 한국 정부, 일본 정부 할 것 없이.

돌이켜 보면, 군사독재 정권들은 국민들로 하여금 "충효(忠孝)"라는 구호에 넌더리가 나도록 만들어 유교사상을 짓밟았으며; 일제청산 세력은 초등학교 교과서에서, 심금을 울리던 아름다운 동요들을 민족주의의 얼이 배인 재미 없는 노래들로 스와핑(swapping)하는 데 성공했습니다. 민족주의, 국수주의, 일제청산의 분위기에 짓눌린 어른들이 수수방관하는 사이에 투표권이 있을 리 없는 아이들은 주옥 같은 동요를 "민주화 세력"에게 강탈당한 것이라 하겠습니다. 왕따질이 붕우유신을 대신하는 형편이 되고 있고; 초등학교 아이들의 입에서조차 애절한 트로트 가락이 동요를 대신하고 있습니다. 트로트 가창 실력만을 두고 이야기하자면 초등학교 아이들이 당장 노래방 도우미로 진출해도 부족함이 없을 정도로 보입니다. 노래란 악보를 들이밀고 선동한다고 해서 부르게 되는 성격의 것이 결코 아닙니다. 노래하고 싶은 구석(매력)이 있어야 부르게 되는 것입니다. 민족주의가 음악성을 대신할 수 있는 것은 아닙니다.

국가 우선의 국수주의와 국민 우선의 민주주의는 명백히 함께 할 수 없는 사조입니다. 그럼에도 뿌리 깊은 국수주의가 이 사회를 지배하고 있습니다. 정치인들의 정치적인 저의를 의심해야 할 일입니다. 정치인들이 국수주의가 무엇인지 모를 리는 만무합니다. 그들이 전문으로 하는 분야의 용어입니다. 이른바 민주화 주도 세력임을 자부해 온 이들은, 과거 군사독재 정권들이 "한국식 민주주의"를 표방했었듯 급구 'K-민주주의'라고 둘러댈지 모르겠으되, 이 노구가 보는 대한민국의 민주주의란 딱하다 못해 민망할 지경입니다. 애국·애족으로 세뇌된, 뿌리 깊은 고정관념으로 인해 이 글을 읽으면서 당황스러워 하는 독자들 또한 적지 않을 것입니다. 객관적으로 보면, "백두 혈통!!"이나 "국기에 대한 맹세!"나 오십 보 백 보인 것입니다.

유투브에는 유독 한국이나 한국인임을 내세워 자랑을 늘어놓는 동영상이 넘쳐 납니다. 조회수 돈벌이가 되기 때문일 것입니다. 이를테면, 한국이나 한국인이 뭔가를 하는 “충격적인 모습에” 특정 국가나 세계가 “발칵 뒤집힌 이유”, “온통 아비규환이 벌어진 이유”, “전 세계 모두가 눈물을 흘린 이유”라든가, “망연자실했다!”, “다들 놀라서 뒤집어졌다!!”는 식입니다. 자랑스러워 할 일이 아니라, 세계인들의 눈에는 남세스럽게 비칠 일입니다. 그렇게 잘난 척들 해 대다간 전 세계가 한국인을 혐오하고 왕따할 날이 오기 십상입니다. 여행지에서 천 원짜리 지폐 흔들어 대는 어른들이나, 또는 레스토랑에서 뛰어다니고 소리치는 아이들은 코리언이라는 것이 세계인들의 고정관념이 되어 가고 있음입니다. 동방예의지국이라던 나라의 국민들이 어쩌다 이 지경이 되어 버린 것인지. 철 지난 국수주의가 아직도 이 나라에는 생생하게 살아 있음을 내보이는 낯간지러운 흔적들이라 하겠습니다.

남들의 칭찬에 굶주려 있기보다는 남 칭찬하기를 좋아하는 국민성이 간절해 보입니다. 남에게서 배울 점을 찾는 눈을 가진 자가 싹수 있는 인간입니다. 이웃 일본인들이 가진 대표적인 장점입니다. 그들은 과거 그들에게 문화의 일단을 전해 준 이들을 잊지 않습니다. 비록 그것이 사소해 보이는 것일지라도. 신사를 짓고 신으로 받들기까지 하면서 자손 대대로 그 은혜를 기억하게 합니다. 비록 그러한 습속이 지리적으로 (문화전달 경로상의) 말단에 해당하는 데서 비롯된 것일지라도, 유사한 여건의 다른 나라에서는 찾아보기 어려운 덕목입니다. 노파심에서 한마디 곁들입니다. 이 노구의 일본과의 인연은 4박 5일의 관광여행 세 차례 해 본 것이 전부입니다.

젊은 시절 서울에서 1년 가량 지내 본 것 이외는 늘 먼 남쪽 시골에서만 살아 온, 민초 중의 민초라 할 고졸의 평범한 이 노구조차 70 평생을 살아 오면서 대한민국이 민주주의의 나라라고 느낀 적은 단 한 번도 없습니다. 괴이한 일이 아닐 수 없습니다. 국호에 왜 민(民) 자를 넣었는지 알지 못합니다. 그리고 상황은 날이 갈수록 점입가경입니다. 마침내 마당쇠(선출직 공무원)들이 입만 열면 거짓말을 해 대는 요지경에까지 이르렀습니다. 😜😜. 하지만 어찌 되었건 민주주의 국가에서 나라가 이상해진다면 그 궁극의 책임은 주권자인 국민에게 있습니다.

모든 국가가 존속할 가치가 있는 것은 아닙니다. 독재국가는 물론이거니와 상위 특권층만을 위한 국가, 국민을 노예로 삼는 국가, 국민이 졸에 지나지 않는 국가 등은 아무리 전통이 대단하고 문화가 찬란하다 해도 용납되어서는 안됩니다. **국가가 국민을 위해 존재하는 것이지, 국민이 국가를 위해 존재하는 것은 아니기 때문입니다.** 그래서 선거(투표) 제도가 있음입니다(※ *p. 379,* **전자정부**). 선거에 사려 깊게 임해야 하는 까닭입니다. **국수주의, 세계 평화와 만민의 우애로운 삶에 도움이 되지 않습니다.**

일제청산의 민낯을 얼마간 살펴보기로 합니다.

알렉산더 대왕, 칭기즈 칸. 위인들입니다. 이들은 수없이 많은 나라들을 이유불문 침공하고 지배했었습니다. 적지 않은 피지배 지역에서 이들은 살인마로서 두려움의 대상이었습니다. 많은 민초들이 노예로 전락했습니다. 성공적인 정복자들에게는 한 가지 공통점이 있습니다. 상상을 초월하는 잔혹성을 주요 전술로 사용했었다는 사실입니다. 자진해서 항복하는 지역은 관대하게 대했으나, 저항하는 지역은 무자비하게 살상하고 초토화했습니다. 그 잔혹성에 대한 소문에 지레 질려 버린 주변 지역들의 자진 항복 도미노를 유발했던 전술이었습니다. 최소한의 전투로 단시간에 보다 넓은 지역을 정복해 가는 비결이었습니다. 테베, 밀레토스, 할리카르낫소스에서의 사례가 알렉산더의 그것을 잘 대변하며, 정복지의 사람들에게 악마로까지 불렸었던 칭기즈 칸의 잔혹성은 너무나 잘 알려져 있어서 설명이 필요치 않다

하겠습니다. 그와 같은 전술이 위대한 정복의 민낯이었던 것입니다.

호모 사피엔스가 등장한 이래, 권력자들 사이에 벌어지는 전투에 민초들이 죽을 힘을 다해 임할 수밖에 없었던 것은 애족심이나 충성심에서가 아니라, 아내와 딸이 적에게 유린 당하는 것을 견딜 수 없었기 때문이라는 분석이 설득력을 가지는 까닭입니다. 그러나 역사는 알렉산더나 칭기즈 칸을 영웅이자 위인으로 평가할 뿐입니다. 살인마나 악마라고 하지는 않습니다. 오래된 과거의, 너무 오래된 과거의 역사적 사실이므로 그런 것일까요? 그러나 역사의 민낯은 예나 지금이나 다를 것이 없습니다.

2003년 미국이 이라크를 침공하면서 일어난 전쟁(이라크 전쟁, 또는 제2차 걸프 전쟁)에서 미국이 내세운 주된 전쟁 명분은 이라크가 가진 "대량살상무기"의 제거였습니다. 하지만 이는 허황된 주장이었습니다. 게다가 당시 미국이 내건 그 밖의 전쟁 명분들 또한 대부분 조작됐거나 과장된 것이었습니다. 미국은 이라크 전역을 샅샅이 뒤졌지만 대량살상무기, 옐로우 케이크(우라늄), 핵무기는 없었고, 그 밖의 전쟁 명분들도 모두 거짓으로 판명되었습니다. 그렇다 해서 당시 미국 대통령(조지 부시)은 생포된 사담 후세인 당시 이라크 대통령에게 사과하고 손해 배상을 약속했을까요? 이라크의 독재자 후세인은 (미군 점령 하의) 이라크 최고 항소법원의 사형 확정으로 밧줄을 목에 걸고 흙으로 돌아갔을 뿐입니다. 그리고 거짓말쟁이 조지 부시는 그가 한 수많은 거짓말들이 만천하에 다 드러났음에도 재선에 성공했습니다. 예나 지금이나 국가 간의 전쟁이란 이와 같은 것입니다. 이유나 명분이란 괜히 해 보는 헛소리이거나 화장술에 지나지 않는 예가 허다합니다. 잘잘못을 가려 줄 심판이 있을 리 없고 재판 같은 것도 가능하지 않으며 정해진 룰도 없으니, 오로지 힘의 논리로 진행되는 것이 국가 간의 다툼인 것입니다. 국제사법재판소? UN??, 힘 없는 정의는 겉치레에 지나지 않습니다. 한마디로 뻥!인 것입니다.

그래서 침략을 당한 국가가 이후에 택할 수 있는 유력한 지혜로서 역사가 권장하는 비책(祕策)이란 바로 '와신상담(臥薪嘗膽)'입니다. 패배의 치욕을 잊지 않기 위해 매일 장작더미 위에서 자고, 쓰디 쓴 곰의 쓸개를 핥으며 복수를 다짐하고, 부국강병에 전심전력을 다함으로써 때가 왔을 때 패배의 치욕을 되갚고 승리를 쟁취한다는, 중국 춘추시대의 '오나라의 왕 부차'와 '월나라의 왕 구천' 사이에 있었던 옛 이야기에서 유래한 지혜입니다.

베트남 전쟁에서도 민간인에 대한 병사들의 탈법적인 가해가, 필설로 다할 수 없는 참혹한 가해가 숱하게 발생했었습니다. 과거 김대중 대통령은 이른바 베트남 민간인 학살에 대하여 공동 조사를 통해 배상하고 싶다는 뜻을 베트남 당국에 전한 적이 있습니다만, 베트남 외교부는 일언지하에 거절했습니다. 그리고 한국이 돕고 싶거든 투자를 통해 도와 달라는 입장을 밝혔었던 것으로 전해지고 있습니다. 이 일을 통해, 당시 이 노구는 베트남 당국의 국가적 자존심을 읽었었습니다 — 그렇게 이해했었습니다.

국민의 안전과 생명을 지키는 것은 국가의 기본 임무입니다. 국가의 존재 이유인 것입니다. 비록 전쟁 중 적군의 탈법적인 가해로 발생한 자국민의 피해일지라도, 그것은 국가가 국민을 제대로 보호하지 못해 초래된 것이니 국가가 피해 자국민에게 용서를 구하고 배상하는 것이 마땅합니다. 국가가 엄연히 존재하는 터에, 자국민이 직접 타국(적국)의 배상을 받도록 할 까닭이 없습니다. 그리고, 그래서 타국(적국)과의 사이에 남게 되는 국가 간의 빚이나 법적 문제, 또는 앙금 등은 적절한 때가 되었을 때 협상이나 힘의 논리로 해결할 사안인 것입니다. 이 노구는 그렇게 이해했었던 것입니다.

대한민국이 조선을 비롯한 대한제국, 그리고 상해 임시정부를 계승한 국가인 사실이 틀리지 않다면, 일제의 탈법적인 침탈에 의해 발생한 우리 국민의 피해에 대한 용서와 배상의 책임은 대한민국 정부가 감당해야 할 몫인 것이며, 그래서 남게 되는 일본과의 과거 청산 문제는 국가 간의 협상이나 힘의 논리로 해결해야 할 문제로 이해하게 되는 까닭입니다. 국가라 해서 자신의 과오에 대한 책임을 '나 몰라'라 하고 다른 나라(가해 국)에 미루는 것이 아름다워 보이지는 않습니다.

가해국이 지난 과오에 대하여 사과하는 경우란 매우 희귀한 경우입니다. 이를테면 독일이 전대미문의 그 희귀한 예입니다. 과거 나치(Nazi) 독일은 유태인을 비롯한 약 1천1백만 명에 달하는 민간인과 전쟁포로를 4만여 개의 시설에 집단 수용하고, 상상을 초월하는 끔찍한 방법으로 학살했었습니다. 사체에서 금니를 뽑아 모두 회수하고, 지방으로는 비누를 생산했습니다. 이를 가리켜 만들어진 용어가 바로 '홀로코스트(Holocaust)'입니다. 독일의 사과란 인류 역사상 달리 예를 찾아 볼 수 없는 이 같은 죄과에 대한 사과인 것입니다.

영국은 과거 인도를 89년 간 식민 지배하며, 인도의 면방직 기술을 탈취하여 공업화에 성공한 영국의 신흥 면방직 공업(= 제1차 산업혁명)을 위해, 당시 세계 시장을 석권하고 있던 인도의 면방직 산업을 고사(枯死)시킬 목적으로, 인도의 면방직 장인들이 더 이상 베틀을 조작할 수 없도록 엄지손가락이나 손목을 잘라 버리는 등, 숱한 만행을 저질렀었습니다. 그러나 아직껏 영국이 정식(공식적)으로 사과했다는 이야기는 듣지 못했습니다. 중국 역시 과거 열강들에게 아편 전쟁을 비롯한 만행과 수모를 숱하게 당했었습니다. 하지만, 열강들의 사과를 받지 못한 것은 인도의 경우나 마찬가지입니다. 중일 전쟁 중, 1937년 12월 13일부터 6주간에 걸쳐 일본군에 의해 자행되었던, '아시아 홀로코스트'라고 불리는 '난징 대학살(Nanking

Massacre, 南京大屠殺)' 사건에 대해서도 일본이 공식 사과한 바가 없습니다. 여자와 어린아이까지 포함한 민간인들에다 중국군 포로들까지 해서 약 30만 명(추정)의 중국인들을 무참하게 학살했었던 사건입니다. 일제가 한반도에서 저질렀었던 만행들은 비교의 대상조차 되지 않는, 일본군에 의한 무차별 "도살"로 회자되는 참사였었습니다.

하지만, 지금 당장에 중국이 할 수 있는 것이란 사실상 와신상담 굴기에 진력하는 방법밖에 없습니다. 국가 간의 분쟁에는 힘의 논리만이 유효하며, 답이기 때문입니다. 억울하다면, 인도가 힘을 길러 영국을 식민지로 만들고 지배하면 될 일인 것입니다. 마찬가지로 억울하면 중국이 굴기한 다음, 그 힘으로 만사 해결하면 될 일인 것입니다. 이것이 "사과" 같은 것을 결코 하지 않는, 힘을 가진 나라들의 사고방식이자 관례임을 미루어 짐작할 수 있습니다. 국가 간 침탈 문제에 대한 열강들의 민낯입니다.

여기서 정작 주목해야 할 점입니다. 이상과 같은 지식(역사적 사실 및 관례)에 정통한 전문가는 다름 아닌 바로 정치인들이라는 것입니다. 그들이 전문으로 하는 분야이니까요. 그러므로 그들이 (상대국이 사과 같은 것을 할 리가 없음을 뻔히 알면서도) 국가 간의 사과를 거론하며 목소리를 드높인다면, 그것은 십중팔구 속셈이 따로 있는 자국민 선동(煽動)입니다. 후진국에서 흔히 보게 되는 전형적인 국민 선동의 메뉴입니다. 북한이 모범사례입니다. 내부 결속이 필요할 때마다 "미국x들 각을 뜨자!!"며 생난리를 쳐댑니다. 오랜 세월 수도 없이 반복되어 온 일이지만, 미국x님들 각은 여전히 무사하니 여간 다행스런 일이 아닙니다. 사과 책임이 있는 당사국이 이따금 철 지난 전직 관리들의 입을 빌려 미안해 하는 척하는 것 이외에는 결코 공식 사과란 하지 않는 메뉴이므로, 양떼(?)를 몰아야 할 때마다 매번 끄집어내어 이용해 먹을 수 있는 편리함도 있습니다. 닳지도 않는 신통한 파이어스틸(fire steel)인 것입니다. 민낯을 보아야 합니다. 진정 가해 국의 사과를 원한다면, 침묵하며 와신상담할 일입니다. 가해국을 힘으로 제압한 다음, 사과를 요구하는 것이 실제에 부합하는 순서인 것입니다.

제2차 세계대전이 끝나고 연이어 한국 전쟁이 발발한 탓에 강대국들이 여유를 가질 틈이 없었던 1950년 10월, 중국은 재빨리 티베트를 침공하고 이듬해 공식적으로 합병해 버렸습니다. 명분을 따져서 무엇하겠습니까. 이것이 국가 간의 민낯인 것을.

한데, 그보다 앞선 시대인 구한말은 제국주의 사조가 절정에 달했었던 시기였습니다. 약소국은 열강들의 먹이에 지나지 않았으며, 거저 줍다시피 한 약소국의 국민들은 노동력 착취의 대상이었습니다. 역지사지(易地思之)로, 가령 당시 조선(대한제국)은 국력이 막강했고 일본은 무력한 약소국이었다고 가정한다면, 그럼에도 불구하고 조선은 좋은 나라인 까닭에 이웃 일본을 식민지화하지 않았을 것이며, 다른 나라들이 차지하든 말든 내버려 두었을 것입니다. 과연 그랬을까요? 어려운 시기에도 (공직자들까지도) 집세 한 푼 더 올려 받겠다고 혈안이 되곤 하는 사람들의 조상 분들께서??

당당한 국가로의 진화를 위해서는, 강대국 틈새에 낀 약소국의 신세에서 진실로 벗어나기 위해서는, 자립의 굴기를 위해서는, 와신상담의 자성(自省)이 필수입니다. 이에는 조상도 예외일 수 없습니다. 입맛에 맞는 사실들만 골라 내어 조상을 미화만 한다 해서 국위가 서고 국력이 강화되는 것은 아닙니다. 진실이라고는 눈을 씻고 보아도 찾아볼 수 없는 순 엉터리 세습 독재 집안을 "백두혈통"이라는 해괴한 말로 내내 찬양만 해 대는 북한을 반면교사로 삼을 일입니다. 중요한 것은 화장하지 않은, 정치인들이나 국수주의 역사학자들이 뽀샵질 해 놓지 않은 민낯인 것입니다. 진실 위에 선 역사만이 나라를 강하게, 국민을 강하게 합니다. 역사의 흐름에 제대로 대응할 수 있게 합니다.

조혼(早婚) 사태까지 불러일으켜 한양(서울)에 처녀 총각이 남아나지 않도록 미모의 처녀들을 골라 뽑아 명·청 황실에 공녀(貢女)로 수시로 내리 바쳤으며, 임진왜란 정유재란 정묘호란 병자호란을 연이어 겪고서도 달라진 점이 없이 내내 당파싸움질로 세월을 허비하고, 국제 정세에는 눈을 감고, 부국강병에 태만으로 일관하다가 마침내 일제에 나라조차 빼앗겨 버린 조상들. 그로 인해 숱한 민초들이, 이 땅의 아낙과 딸들이 말도 통하지 않는 이국 만리에 끌려가기도 하고, 적국의 험악한 사내들에게 차마 입에 담지 못할 험한 꼴을 당하곤 했습니다. 부끄러운 조상들입니다. 우리는 침략국들을 비난하기에 앞서 우리 자신을 먼저 돌아보고 성찰해야 했습니다.

조선의 태조 이성계는 중국 명나라 황제 주원장에게 주청(奏請)하여, 조선과 화령 중 조선을 국호로 윤허(允許) 받았었습니다. 송강 정철의 묘비명은 "有明朝鮮(유명조선)左議政(좌의정)…"으로 시작되는데, 이는 '명나라의 속국인 조선의 좌의정(을 지냈고)…'란 뜻으로서, 이 땅에서 흔히 보는 많은 조선 사대부들의 묘비명이 이 같이 시작합니다. 점입가경입니다. 1876년, 조선의 개화(開化)를 결사 반대한 척사파의 거두 중암 김평묵은 척사의 명분을 다음과 같이 밝혔습니다. "조약을 맺으면 남인 무리들이 대궐을 침범할 것이고 필히 조정 권력이 바뀌어 서인은 일망타진될 것이다. 나라의 존망은 오히려 작은 일이다(출처: 중암선생문집, 박종인의 땅의 歷史)". 오늘날 이 땅의 정치인들과 다를 것이 없습니다. 하늘에서 지켜보시던 하느님께서는 아마 다음과 같이 탄식했을 것입니다. 「침략한 놈이나 침략 당한 놈이나, 그놈이 그놈일쎄…」

우리가 정작 절치부심 분노해야 할 대상은 침략국 일본에 앞서 바로 우리 자신이라야 합니다. 나라를 그 꼴로 망쳤었던 한심한 조상들. 그럼에도 우리는 기회만 있으면 조상을 칭송합니다 — 오로지 침략자들만 죽일 x들입니다. **만고불변 약육강식의 국제질서**로부터 우리나라만은 예외인 것으로 세뇌되어 있습니다. 이 나라에서 조상을 비난하는 것은 금기(禁忌, taboo)입니다. 민초들의 선행은 그 하나하나가 민족성이나 국민성에 기인하는 것으로 각색됩니다. 한데 민초들의 악행 또한 민족성이나 국민성 탓으로 돌리는 예를 본 적은 없습니다. 객관이 배제된 **우물 안 나르시즘**인 것입니다. 절실한 것은 우리 자신의 민낯부터 살피는 것인데, **객관적인 시각을 갖지 못하니 그 민낯을 보지 못합니다**.

이 땅에서 4만(전사자 36,591명)에 달하는 미군이 희생된 미국의 (육이오 전쟁) 참전 덕분에 이 나라의 민주주의가 간신히 명맥을 이었으며, 아직도 그 미군의 힘을 빌어 열강의 틈새에서 근근이 국방을 유지하는 처지. 민주주의의 기본인 언론의 자유조차 도외시하는 중국, 위압적 굴기의 중국, 심상치 않은 동북공정의 중국. 중국이 불문곡직 티베트를 합병해 버렸듯 한반도 합병을 시도한다면 미군으로부터 가져온 "전작권"으로 무엇을 하겠다는 겐지 이 노구는 이해하지 못합니다. 합병의 명분이야, 잘난 조상들 둔 덕에 그 역사적 근거가 적지 않습니다. 나라에 정당(政黨)이라곤 하나밖에 없는 국가는 집권자의 의중이 결정합니다. 그 의중이 합병을 결정했을 때, "전작권" 사용해 볼 일 있을까요? 민주애민(民主愛民)주의의 비둘기 가면을 쓴 사대파(事大派) 기회주의자들의 기승에 일전불사조차 여의치 않을 테니. 이 땅의 역사가 증언하고 있음입니다.

핵 무장에다 처절한 인권 유린의 현장, 북한. 거기에서 들려 오는 반쪽 형제자매들의 신음소리. 과거 북의 남침으로 졸지에 전쟁터로 향했었던 국군,

학도병, 그리고 먼 이국 땅에 와서 오로지 **민주주의를 위해 고귀한 목숨을 받쳤었던 유엔군**. 침략했던 쪽이 아닌, 침략을 당했던 쪽이 종전 선언에 매달리는 것을 이 노구는 이해하지 못합니다. 북한이 이미 민주화되어 있다는 것인지? 그저 우리만 잘 살면 된다는 것인지? "종전 선언"만으로, 조령모개 백두혈통이 더 이상 전쟁을 일으키지 않을 것이라 믿으라는 것인지? 그것이 아니라면 조상들처럼 중국에 대해서는 사대와 공녀 조공으로, 그리고 그 대가로 북한을 억제?? 나약하고 보신주의적이고 이기적인 소아(小我)적 발상으로만 생각되는 종전 선언. "민주화 세력"임을 자처하는 분들의 그 깊은 속내를 도무지 짐작하기조차 어렵습니다. 그들이 이야기하는 "민주화"가 무엇을 뜻하는지 아리송합니다. 현충원에도, 유엔군 묘지에도 뻔질나게 드나들며 헌화들 하기 때문입니다. "전작권 이전", "종전 선언"과 같은 빛 좋은 개살구가 위정(爲政)의 공덕비가 될 수는 있겠습니다. 그러나 이 땅에서 민주주의를 위해 산화한 숱한 희생을 우습게 만드는 짓이며, 자식들의 미래를 잠재적 위험 속에 몰아넣는 무책임한 짓으로 보입니다. 중암 김평묵의 "척사의 명분"을 생각나게 하는. 오랜 민주주의 혈맹을 홀대하면서 나라에 정당이라곤 하나밖에 없는 비민주 국가들을 독자적으로 상대해 나가겠다는 식의 만용이 엿보이기도 합니다. 소리 없이 조용한 부국강병, 이스라엘과 같은 부국강병만이 와신상담의 비책임을 모르는 이 어디 있겠습니까.

인구 절벽이 이미 정해져 있는 자식들의 험난할 미래, 그리고 국민 전체의 공동체적 운명에는 무관심한 채 이기적 폭탄 돌리기 풍조가 만연해 가는 민초들; 그러한 민초들을 상대로 거짓과 사기와 포퓰리즘을 마구잡이로 살포해 대는 정치권. 후손들의 삶이 처절할 일입니다 — 조상 탓일 뿐입니다. 도요토미, 금나라 병정들에게 짓밟히고 일제에 나라까지 빼앗겼었던 조상들과 (후손들의 조상인) 현재의 우리는 그대로 닮아 있음입니다. 사리 분별을 하지 못하는 교만으로 주변국들을 대책 없이 깔보는 습성까지도 조상들과 아주 판박이입니다.

김영삼 전 대통령은 1995년 장쩌민 당시 중국 국가주석과의 정상회담 자리에서 "(일본의) 버르장머리를 고쳐놓겠다"고 말해 국제 외교가에 파문이 일었었습니다. 국방조차 미국에 의존하는 약소국 한국(당시 인구 약 2천 1백 50만)의 일개 행정부 수반이 열강의 반열에 올라 있는 경제대국 일본(당시 인구 1억 2천 5백 50만)에 대하여 이 같이 일갈했었던 것입니다. 그리고, 자신을 황제로 착각하는 듯한 이 마당쇠분께서 초래한 1997년 IMF 외환위기로 인해 국민들은 고초를 겪어야 했습니다. 자살하거나, 고아원으로, 거리로, 원양어선이나 농촌의 막일꾼으로 가족이 뿔뿔이 흩어져 소식조차 두절된 채 이산가족이 되고 말았던 가정이 비일비재했었습니다. 이 나라의 주권자들은 상식적으로는 겪을 이유가 없는 환란을 오로지 마당쇠를 잘못 뽑았던 탓에 겪어야 했던 것입니다. 이 마당쇠분은 국가 경제나 외환 보유고 관리 등에는 신경도 쓰지 않았으며, 우방인 미국과 일본의 심기를 사전(事前)에 되돌릴 수 없이 건드려 놓아 '통화 스와프'라는 응급수단마저 막아 놓았었습니다. IMF 외환위기의 상처가 아직도 지속되고 있는 가정이 적지 않습니다. 하지만 이 마당쇠는 퇴임 후, 경호원에다 노후 보장까지 누리는 삶을 살았습니다. 지역주의파 패거리들의 존경까지 받으며. 공복인 마당쇠를 상전으로 모시는 졸(卒)들의 나라. 자업자득입니다. 현재 우리의 민낯입니다.

과거의 일로 끝없이 이웃 일본과의 불편한 관계를 조성하는 것은 적어도 와신상담의 정석(定石)이라 할 수는 없습니다. 진정 맺힌 것이 많다면, 왜 (속내를 드러내는 어리석은 짓을 삼가고) 와신상담 굴기하여 언젠가 때가 되었을 때 일본을 침탈하여 식민지로 지배할 생각은 하지 못하는 것일까요. 한국은 좋은 나라이기 때문에?? 대북 관계나 한일 관계를 필요할 때마다 "(타짜의) 밑장빼기"로 이용해 먹는 것이 아닌가 하는 의혹을 떨칠 수 없게 하는 것이 바로 우리네 정치의 고질적인 민낯이라 하겠습니다. 하지만 집안이 잘 되려면 주인(주권자)부터 주인다워야 합니다.

반도체, 전자, 섬유, 제철, 철강, 비철금속, 기계, 조선, 자동차, 고무, 석유화학공업… 등. 장담컨대 오늘날 우리가 굶주리지 않는 것은 이들 분야에서 와신상담하여 일본을 따라잡았기 때문일 것입니다. 육이오 한국 전쟁으로 땅덩어리는 초토화되고, 무한히 반복될 듯한 데모와 정권 교체가 일상이었습니다. 이 노구가 기억하는 1960년경이 그랬습니다. 당시의 국내 산업시설이란… 일제의 수탈에다 625 전쟁의 참화까지 겪었던 후인지라 그야말로 찾아볼 만한 것이 없었습니다. 1945년 해방 직후부터 내내 미국의 무·유상 원조로, 주로 (성조기 문장과, 악수하는 그림의 밀가루 포대가 상징하는) 미국 잉여 농산물의 무상 원조로, 그나마 근근이 허기를 면하며 삶을 지탱해 왔던 것이 당시 한국 경제의 실상이었습니다.

당시 경남 마산의 피난민 수용소에서 살았었던 이 노구가 그 어린 시절을 기억하기로는… 이 땅에 일자리는 없었으며, 굶주린 근로 열망자들은 거리마다 넘쳐나고 있었습니다. 기업은 없고 노동력만 존재하는 나라였었습니다. 굶기를 밥 먹듯 하는 떼거지 좀비들이 벙거지 모자를 꾹 눌러 쓴 채 온종일 하릴없이 배회하거나, 또는 그늘이나 양지쪽에 팔베개 하고 길게 누워들 있었습니다. 필리핀 화물선에서 화물을 하역하여 우마차로 실어 나르곤 하던 짐꾼들은 필리핀만큼만 잘 사는 나라라면 얼마나 좋을까, 푸념하곤 했었습니다.

반도체, 전자, 섬유, 제철, 철강, 비철금속, 기계, 조선, 자동차, 고무, 석유화학공업… 등과 같은 기라성 같은 산업이 그 이전부터 이 땅에 존재했었던 것은 결코 아니란 이야기입니다. 해방 후의 한국은 개화(開化)의 과정조차 제대로 거친 바 없는 나라였습니다.

1960년경의 한국 정부는 손을 쓸 만한 것이 거의 없었습니다. 알거지였던 것입니다. 시급한 것은 종자돈 마련이었습니다. 정부는 외자 도입을 위해 몸부림쳤으나 알거지에게 돈을 빌려 줄 나라는 없었습니다. 그러던 중, 독일(서독) 정부가 32개 후진국에 제공하던 유상원조로 한국에 제공한 1억5000만 마르크(장기개발차관 7,500만 마르크, 서독 물품 구입비 보증 형식 7,500만 마르크)가 1962년에 도입되었고, 기세 등등했던 반일 대모를 무릅쓰고 1965년 한일협정을 체결함으로써 일본으로부터 8억 달러(무상공여 3억 달러, 유상원조 2억 달러, 민간상업차관 3억 달러)가 도입되었으며, 아울러 일본의 기술 원조가 뒤따랐습니다. 이어서, 곤궁했던 정부는 어떻게 해서든 자금 유입의 효과가 있기를 갈망하여 1963년부터 광부를, 그리고 1966년부터 간호사를 독일(서독)로 파견했고, 1964년 9월부터 베트남 전쟁에 국군을 파병했습니다. 그리고 기대했던 바대로 그에 따르는 상당한 외화 유입의 성과가 있었습니다. 특히 월남전 참전의 효과는 대단했었습니다. 혈맹임을 재확인하게 된 미국은 물심 양면으로 원조를 제공했습니다. 상당한 자금과 기술의 원조가 뒤따랐습니다. 이 같은 눈물 나는 몸부림으로 종자돈이 마련되었으며, 한국의 눈부신 경제 발전을 상징하는 '한강의 기적'은 그 싹을 틔울 수 있게 되었던 것입니다. 그러나 "한강의 기적"을 이야기하기 위해서는 패전 후 일본의 급속한 경제 부흥에 대한 약간의 이해가 필요합니다.

이 노구가 학교에서 배웠던 일본이란 "왜구"나 "왜x"으로 거론되는 하잘것없는 섬나라일 뿐이었습니다. 선생님으로부터는 한결같이 일본을 깔보는 이야기만 들었을 뿐입니다. 지피지기와는 거리가 먼, 국민을 우물 안 개구

리로 만드는 교육이었던 셈입니다. 그러나 독서를 통해 접했던 일본은 가공(可恐)할 나라, 그것이었습니다. 이를테면 진주만 습격 시 일본은 '아카기'를 비롯한 자체 생산 항공모함 6척을 보유하고 있었으며, 흔히 '제로기'로 불리는 위력적인 전투기 A6M(제로센) 558대를 동원했었습니다. 일본은 제2차 세계대전이 발발하기 전부터 이미 막강한 산업시설과 기술 그리고 산업화 경험을 보유하고 있었음입니다. 무엇보다도 제2차 세계대전의 주범국(主犯國)이었으며, 아시아의 태반을 점령했었던 나라입니다.

일본이 패전 후 급속한 경제 부흥이 가능했던 것은 625 한국전쟁 덕분이라 해도 과언이 아닙니다. 당시 미국은 경제성과 소요 시간을 고려하여 군수물자를 미국에서 수송해 오는 대신 일본에서 생산하여 공급하는 방식을 택했었던 것입니다. 그로 인한 막대한 달러 수입이 일본의 경제 부흥을 가능하게 했던 종자돈이 되어 주었으며, 군수물자 생산을 위한 산업시설, 주로 경공업 시설을 확보하게 되었었습니다. 하지만 한국과 일본의 여건에는 결코 간과해서는 안되는 결정적인 차이점이 있었습니다. 한국은 근·현대적 산업, 특히 공업생산에 대한 기술과 경험이 없다시피 했으나, 일본은 그 모든 것이 이미 준비되어 있던 나라였다는 사실입니다. 항공모함을 만들었으며, 전투기 생산을 했던 나라였습니다. 자본만 확보되면 급속한 경제 부흥은 이미 약속되어 있었던 것이나 진배없었습니다.

공업생산 관련 기술이 거의 없었던 한국은 기술 원조가 없이는 경제 개발이 불가능한 여건이었습니다. 맨땅에 헤딩하는 것만이 가능했던. 다행히 필요한 기술 원조가 미국과 일본으로부터 제공되었습니다. 한데 한국의 경제 개발의 과정을 살펴보면 일본의 경제 부흥 과정과 매우 닮아 있다는 것을 쉽게 확인할 수 있습니다. 그 까닭은 다름이 아닙니다. 이젠 대개 유명을 달리하신, 한강의 기적을 주도했던 우리의 선조부 세대는 와신상담, 다양한 형태와 방법과 수단으로 일본을 공부하고 벤치마킹(benchmarking)했었던 것입니다. 더구나 선조부 세대는 일제의 교육을 받았던 터라 언어 소통에도 불편이 없었습니다. 그러니 경제 발전의 진행 과정이 닮을 수밖에 없었던 것입니다. 사정이 그러하니, 적지 않은 우리의 선조부 세대가 일본인들과 친밀한 관계였을 것임에는 또한 의문의 여지가 없습니다.

이상의 사실들로 미루어 짐작할 수 있듯, 일본이 이웃에 없었다 해도 이 땅에 반도체, 전자, 섬유, 제철, 철강, 비철금속, 기계, 조선, 자동차, 고무, 석유화학공업 등이 우뚝 서는 일이 가능했을는지는 의문입니다(미주알고주알 도움을 받기에 미국은 너무 멀리 있었고, 언어도 통하지 않는 나라였습니다). 독자의 상상에 맡기겠습니다. 이상의 사실로써 한국 경제발전에 기여했던 일본의 비중을 짐작할 수 있겠습니다. 그리고 사계(斯界) 일본인 중에는 '착한 사마리아인' 또한 적지 않았습니다. 한국인 중에도 선한 이와 악한 이가 있듯, 일본도 그러하긴 마찬가지인 것입니다.

한강의 기적은 이상과 같은 사실들을 배경으로 진행되었던 것입니다. 조금 더 추가할 사실이 있습니다. 군사정권에 의한 소위 '개발독재'와, 당시만 해도 국민 모두의 정신과 사고(思考)를 지배하고 있던 유교사상이 그것입니다. 전 국민의 단합과 일사불란한 매진을 가능하게 해 주었던 빠뜨릴 수 없는 요소라 하겠습니다. 유교사상의 영향이라 할 근면성, 성실성, 진실성, 민족주의와 국수주의, 그리고 견고한 수직적 상하관계가 기적을 이끈 정신적 기조(基調)였던 것입니다. 수직적 조직 문화가 안성맞춤으로 작용한 경우가 아닐 수 없습니다. 이 경우, 수평적 조직 문화였다면 확실히 비생산적이었을 것으로 생각됩니다, .

한강의 기적. 우리의 선조부 세대는 굳건한 경제적 토대를 만들어 후세들에게 상속해 주었습니다. 우리는 마땅히 이러한 역사적 진실을 기리고 기억해야 합니다. 온갖 어려움에 온몸으로 부딪혀 가며 진정 일제청산을 위해, 일본을 이기기 위해 몸부림을 쳤었던, 보기 드문 와신상담의 모범적 사례로. 일본의 광범위한 도움이 사실임에는 의문의 여지가 없습니다. 일제청산을 한답시고 잘못만 따지려 들고 은덕에 대해서는 '나 몰라'라 한다면, 그것은 예법이라 할 수 없습니다. 자긍심을 가진 이가 행할 예법이라 할 수 없습니다. 예(禮)란 자신에게 불리하다 해서 있었던 사실을 없었던 것으로 하지 않습니다. 예란 적이 베푼 은혜도 은혜임을 아는 것입니다.

우리네, 마당쇠답지 못한 마당쇠들도 그와 같이 절치부심 와신상담하며, (국민 선동을 자제하고) 일본과 되레 사이 좋게 지내려 노력해 주었다면, 실효성 있는 옛 지혜의 말씀에 따라 일본을 진실로 이기려 노력해 주었다면, 한국과 일본은 현재의 EU와 같은 환경을 만들고도 남음이 있었을 터입니다. 세계를 향해 보다 유리하고도 진취적인 위치를 확보했을 터입니다. EU와 같은 환경이라면, 일본이 독도를 가지고 집요하게 사리에 맞지도 않는 트집을, 실익이 없는 주장을, 양측 국민을 갈라 놓는 주장을 고집할 이유도 없어 보입니다. 국수주의적 장막을 드높이는 것이 일본을 이기는 길일 수는 없습니다. **국가 간의 관계란 영원한 적도 영원한 친구도 있을 수 없음을 역사가 말해 주고 있음입니다.** 맺힌 것이 많다면, (법이 통하지 않는 국제 간의 문제에 대해서는) 입이 아니라 주먹으로 해결을 볼 일입니다. 진정 일제청산을 원한다면, 국력과 군사력으로 해낼 일입니다. 법이 통하지 않는 국가 간의 문제에 입씨름이란 도움이 되지 않습니다.

일제청산. 일본의 흔적이 묻어나는 대상에 대해서라면 민감하게 반응하는 일제청산 주도 세력들이 신기하게도, 전문적인 음악적 지식이 없이는 일본의 엔카(演歌)와 구분조차 잘 되지 않을 정도로 공통점이 많은 국민가요

트로트에 대해서는 입도 벙긋하지 않습니다 — 물론 전문적인 음악적 지식이 있다면 따져 볼 일이 없지 않기도 한 문제입니다. 주변의 눈치를 살펴가며 시도하는 선택적 일제청산. 일제청산에 이골이 나 있는 이분들이 몸소 일제 시대를 살았었다면, 일제의 주목을 받는 인사로서, 그래서 집요한 협박과 회유 그리고 진저리 칠 고문에 몸소 시달리며 살았었다면, 그 삶이 어땠을지 궁금해지는 까닭입니다.

민주주의 국가의 헌법은 국민의 주권을, 그 전권(全權)을, 한 개인이나 한 집단에 일임하는 경우란 없습니다. 그것은 곧 독재를 의미하기 때문입니다. 삼권분립의 이유인 것입니다. 그럼에도 나라가 독단적으로 운영되고 있다면, 그것은 주권자인 국민이 선거라는 인사를 부실하게 한 결과입니다. 민주국가의 국가적 제반 상황은 주권자인 국민의 책임입니다.

삼권 중, 선거를 통해 결정되는 2 권을 어리석게도 한 편에 몰아 주는 인사(선거, 투표)를 하게 되면, 졸들의 나라에서는 나머지 1 권마저 덤이 되어 버려 민주주의를 뒤집어엎는 꼴불견이 전개되기도 하고, 그 2 권을 공평하게 나누어 주다 보면 정치권은 싸움질로 허송세월하기 십상입니다. 우리가 **주지해야 할 사실은, 지도자를 뽑자는 것이 민주주의의 선거 목적이 아니라는 점입니다**. 그저 일 잘하는 공복을, 마당쇠를, 뽑자는 것일 뿐입니다. 이 점, 잊지 말아야 합니다. 이 나라 언론이 "지도자"라 줄곧 지칭하는 이들이란, 사실을 이야기하자면, 국민의 지도와 채찍질이 절실히 요구되는 '피(被)지도층'임이 그 실상입니다. 언론이 주객을 혼동하고 있는 오류 중 하나로 생각됩니다. 아니라면, 이 노구가 혼동하고 있는 것일까요? 주권자(국민)들이 민족주의 국수주의 애국심 등, 갖가지 밑장빼기 기술로 세뇌되어 있는 상황이기에 흔히 빚어지곤 하는 혼동이라 하겠습니다. 민족주의 국수주의적인 시각이라면 마당쇠는 마당쇠가 아니라 지도자로 둔갑하기 십상입니다.

선거철만 되면 선배 "지도자"들의 무덤 순례부터 줄줄이 나서는 소위 "지도자" 후보님들의 행렬. 선진국에서는 볼 수 없는 꼴불견!입니다. 그 무덤들의 임자는 죄다 자랑스러운(??) "지도자"들이었던 것입니다. 그러니 무덤 팔면, 유유상종의 속내를 확인한 지역 이기주의 무리 님들의 표는 그냥 따라옵니다 — 아니, 그렇기를 기대하는 것이겠습니다. 새삼스런 일이 아닙니다. 무덤의 임자들, 불과 기십 년 전까지만 해도 "각하!"로까지 불렸던 지엄하신 어른들입니다. "국가 원수(元首: 총두목)"라는 호칭은 지금도 이 나라 "민주주의 언론"들의 입에 발린 말입니다. 공복이, 마당쇠가, 총두목(元首)으로까지 각색되고 있음입니다. 언론도 이 땅의 백성이기는 마찬가지인 것입니다. 5백 수십 년을 두고 권력에는 무조건 아첨하도록 길들여진 민족성이자 국민성이니, 누가 말리겠습니까. 사정이 그러하니 잘못은 되려 억지 춘향 격인 민주주의란 것에 있을 따름입니다. 민족주의 국수주의로 세뇌된 최면 상태로부터 벗어나야 민주주의가 제대로 숨을 쉬게 될 것입니다.

나라가 잘 되고 못 되고는, 정치인이 아니라 당연히 주권자인 국민에게 그 궁극의 책임이 있습니다. 그런 관점에서 우리 언론들이 정치인들을 "지도자"로 지칭하는 것은 사리에도 맞지 않을 뿐더러 사려 깊지 못한 경망스러움이 아닐 수 없습니다. 이 나라 국민들의 평균 지식 수준은 정치인들의 그것에 결코 뒤지지 않습니다. 게다가 국가 운영은 마당쇠가 독단적으로 결정하는 것이 아니라, 국민의 여론과 투표를 통한 합의에 따라야 하는 것이므로, 국가 운영을 두고 마당쇠가 국민을 지도할 일은 없습니다.

나라의 주인이 나라의 마당쇠를 지도자로 섬겨야 하는 것으로 보는 시각이 우리네 언론의, 민족성의, 국민성의 민낯입니다. 그들은 지도자가 아니라 나라의 살림을 책임지고 운영하는 마당쇠일 뿐입니다. 선출직 공무원이란 우리가 고용한 공무원(마당쇠)일 따름입니다. 우리가 몸소 경험해 온 그들의 됨됨이 또한 그렇습니다. 민초들보다 조금도 나아 보이는 점이 없었음입니다. 사정이 그러하니, 언론이 그들을 지도자로 지칭할 때마다 이 노구는 못난 주권자의 한 사람으로서 뼈아픈 모멸감을 느끼곤 합니다.

하지만 그렇다 해도 정작 비난 받아야 할 대상은 우리네 언론인이나 정치인들이 아님은 물론입니다. 언론의 단어 선택은 현실을 반영하고 있는 법이며, 마당쇠는 주인의 됨됨이에 적응해 가기 마련입니다. 즉, 나 자신이 스스로 지도 받지 않으면 안되는 졸로 보여 왔다는 이야기입니다. 그 동안 이 나라의 국민들이 얼마나 무책임하게 주권(선거권)을 행사해 왔는지 보여주는 민낯인 것입니다. "民(민)"이 "卒(졸)"로 보여서야 "民主主義(민주주의)"가 제대로 될 리가 없습니다. 그 동안 이 나라의 국민은 스스로 졸로, 졸답게, 그렇게 살아왔던 것입니다. 국민의 인사권(투표권)이 부실하게 행사되어 왔음입니다. 그 결과, 만용과 말발 위주가 아니라, 지식과 지혜를 위주로 하는 정치판이란 언제나 졸들의 희망 사항으로만 남아 있을 뿐입니다.

이미 성인(어른)이 된 사람들이 딱히 다른 사람의 지도를 받아 가며 살아야 할 까닭이란 없습니다. 우리가 옛 유대 민족처럼 광야를 유랑하고 있는 것도 아니니, 양치기를 필요로 하는 양떼 또한 아니니, 각자 스스로 어른답게 살아감이 지당합니다. 하지만 정치인을 연예인으로 또는 연예인을 정치인으로 착각하는 팬심(fan心)으로, 이 나라가 자식(자손)들의 나라이기도 하다는 사실을 우습게 알고 양은 냄비에 죽 끓듯 선거권을 행사한다면, 마당쇠의 지도를 받아 가며 살아간다는 식의 우리네 민낯은 내내 달라질 것이 없을 것입니다. 마당쇠가 내미는 포퓰리즘을 잡수입 정도로 여기고 챙기는 것은 자식들의 가까운 앞날에 쪽박을 채우는 몹쓸 짓일 수밖에 없습니다. 포퓰리즘으로 거덜 나는 나라, 여럿 보았으되; 그 반대의 예는 찾아볼 수 없습니다. 막장 정치인 것입니다. 고무신 켤레나 돈 봉투만이 포퓰리즘

인 것은 아닙니다. "행정수도 이전" 역시 포퓰리즘이었던 것이…,

행정수도 이전으로 얻으려 한 효과는, 정작 행정수도 이전보다는 '**수도권 대학들을 지방으로 이전**하는 쪽'이 더 컸을 일입니다. 관광특구 제주도 및 문제가 되고 있는 수도권을 제외한 강원도, 경상남북도, 전라남북도, 충청남북도, 이 4개 지역을 대상으로 인구가 희박한 황무지나 첩첩 산 중에 조용하고 경관 좋은 전원(田園) 대학도시를 각기 하나씩 건설하고, 수도권의 모든 대학을 그 4개 대학도시에 고루 분산·이전하는 것입니다. 헌법을 개정할 것도 없이, 수도권에는 대학을 두지 못하게 하는 특별법 제정 정도로 법적 문제는 해결될 일입니다. 게다가 강제적인 '공무원 대거 이주(移住)' 같은 문제도 발생하지 않습니다.

"SKY"로 회자되는 고질적인 학연의 병폐를 줄일 수 있고, 면학 분위기에 도움이 될 일이며, 지방 정부에 재정적 근간이 되어 줄 일이며, 수도권 인구 감소에다 인구의 지방 분산 효과가 기대되며, 기존의 수도권 대학 캠퍼스들을 전부 택지로 전용함으로써 수도권의 아파트 및 주택 문제를 넉넉하게 해결할 수 있을 일이며, (젊은이들에게 환락가 대신 전원적 자연 환경이 주어짐으로써) 결혼율 및 출산율 저하 문제를 해소하는 데에 도움이 될 일이기도 합니다. 대학도시 건설의 예는 외국에도 그 사례가 흔합니다. 이상과 같은 대학 이전의 효과가 새삼스러울 것은 없으며, 정치인들이 모르고 있었을 리는 천부당 만부당입니다. 그들의 전문 분야입니다. 사실을 이야기 하자면, 그 이행에 장기간이 소요된다는 점이 문제라면 문제였을 것입니다.

정권의 수명을 넘겨야 하는 장기적인 플랜이란 금방 열매를 따고 그 공적을 자랑할 수 있는 과업이 못 되는지라, 마당쇠 세력들의 흥미를 끌지 못합니다. 애써 공을 들여 보았자 재주는 곰이 넘고 공(功)은 이후의 마당쇠가 차지하게 될 공산이 큽니다. 태어나지도 않은 미래의 후손들이 이 시대에 투표권을 행사할 리도 없습니다. 미래 세대가 (인구 절벽으로) 어떠한 환란을 겪게 되든, 나라가 존속하든 말든, 현재의 출산율에 기정(旣定)되어 있는 그와 같은 암울한 사실들이란 마당쇠들의 관심 밖일 뿐입니다. 나라의 주인이 졸로 보이는 나라에서는 졸들의 표를 얻기에 유리한, 이슈화하기 좋고 단기간에 승부를 볼 수 있는 포퓰리즘이 답인 것입니다. 행정수도 이전 쪽을 택했던 이유일 것입니다. 포퓰리즘만큼 졸들을 환장하게 만드는 것은 없습니다. "卒(졸)!!", 뽀샵질로도 숨기기 어려운 우리의 민낯입니다.

가령 독일 같은 선진 민주국가에서 "김대업 병풍사건"이 시도되었다면 씨알도 안 먹혔을 테지만, 억지 춘향으로 설사 먹혀 들었다손 치더라도 사건의 진상이 밝혀지는 순간, 그것을 기화로 당선된 측은 드러난 몰염치에 당선 무효를 자인했을 테고, 당선자와 더불어, "**의인 김대업!!**"이라며 열과 성을 다하여 그를 찬양했던 정당의 정치 생명은 그 길로 끝장났을 것입니다. 주권자가 주권자다운 국가에서는 "아니면 말고" 식의 **포퓰리즘**적 선동이란 감히 엄두를 내지 못하는 법입니다. **주권자들의 지성과 지혜, 그리고 냉철한 공동체 의식이 범접할 수 없는 염라대왕**이기 때문입니다. **포퓰리즘**적 선동에 사실 확인도 않고 번번이 양은 냄비에 죽 끓듯 놀아나기 일쑤인 이 나라 주권자들의 행태에서, 그 어떤 지성이나 지혜를, 또는 공동체 의식을 찾아볼 수는 없습니다. 이 나라의 주권자들이 기실은 만년 "**졸**"임을 말해 줍니다. 공직자들의 공식적 거짓말이 예사인 경이로운 나라가 된 이유라 하겠습니다. **대한민국을 죽이고 있는 정치적 암 덩어리는 다름 아닌 졸(우리 자신)들이라는 이야기입니다**. 얄팍한 이해타산에 눈이 멀어 공정(公正)을 잃은 탓입니다. 나라 꼴이 말이 아니라면, 주인(주권자) 탓입니다. 정치인들이란 주권자 하기 나름입니다. 뽀샵질 해도 드러나는 우리 자신들의 민낯입니다.

이상으로 4차 산업혁명의 걸림돌이 될 것이 분명해 보이는, 우리 사회의 고질인 민족주의 국수주의 "수직적 조직 사회" 등의 민낯에 대하여 거론해 보았습니다. 이 같은 사회적 여건이 지금까지는 경제 및 국가 발전에 긍정적으로 작용해 온 것이 사실로 분석됩니다만, 이젠 판이 바뀔 수밖에 없습니다. 살아남기 위해서는 급변하며 바뀌고 있는 판에 걸맞도록 우리의 사회적 환경이나 여건도 신속히 바꾸어 나가야만 합니다. 결코 "대한민국"을 걱정해서가 아닙니다 — 대한민국을 살아가고 있는 사람들의, 특히 그 후손들의 앞날을 염려해서인 것입니다. "대한민국"의 국호가 바뀌든 말든, 딴 나라와 합병을 하든 말든, 나라를 나누든 말든, 그렇거나 말거나 이 노구는 그 딴 것에는 관심이 없습니다 — 이 시골 노인네, 권력 같은 것을 탐할 일은 없기 때문입니다. 오로지 자식들의, 자손들의, 이 나라 아이들이 살아갈 미래의, 4차 산업혁명이 바꾸어 놓을 **그 어떤 사회**에 마음이 자꾸 가기 때문입니다. **민족, 국가… 권력을 탐하지 않는다면, 굳이 그런 것으로 사회를 구분하고 경계 지어 가며 집착할 까닭이 없습니다.** 사람들이 더불어 잘 살 수 있는 사회라면, 그 껍데기가 어떤 이름을 갖게 되든 문제될 것이 없음입니다.

『계급장을 떼 버린 조직 사회, 직명 대신 인명으로만 호칭하는 직장, 시니어에게 부담 없이 질문도 할 수 있고, 시니어의 눈을 똑바로 쳐다보며 이야기를 나눌 수도 있고, 시니어의 지시에 No라고 대답할 수도 있고, 시니어가 주니어에게 부담 갖지 않고 배울 수도 있는, 조직원 간의 소탈한 우애가 위계질서를 대신하는 조직 사회』, 수평적 조직 사회입니다. 4차 산업혁명에서 도태되지 않기 위해서는 꼭 필요한 범사회적 환경입니다. 대한민국이 이처럼 변화하기 위해서는 **혁명적 분위기 쇄신이 시급**해 보입니다.

그러나 그렇다 해서 "수평적 조직 사회"가 "수직적 조직 사회"보다 더 나은 사회 체제라는 뜻으로 하는 이야기는 결코 아닙니다. 각기 장단점이 있으니, 관련 학자들이 토론을 벌인다 해도 쉽게 결론이 나지 않을 문제입니다. 이 노구는 개인적으로 "수직적 조직 사회"를 선호합니다. 이 노구처럼 유교식 교육을 받은 세대가, 장유유서의 개념이 희박한 수평적 조직 사회가 몸에 맞을 리는 없습니다. 그러나 객관적으로 볼 때, 4차 산업혁명에서의 경쟁력을 위해서는 "수평적 조직 사회"가 답이라는 데에 의문의 여지가 없어 보입니다.

4차 산업혁명에서의 왕성한 성장 동력과 세력 확장을 기대한다면 모든 산업은 글로벌화를 지향해 나아가야 합니다. 애국심을 내세우는 국수주의를 버리지 않는다면, 기대와는 반대로 스스로 우물 속에서의 고립을 자초하게 될 것입니다. 이 점에서는 EU를 배워야 합니다. 4차 산업혁명에서의 적자생존을 위해서는 집단지성, 집단지능, 조직 간 융합에 의한 시너지 효과, 방해 받지 않는 창의력, 진정 자유 민주주의적인 사회적 분위기가 긴요합니다. 정부의 입김?, 정부란 분수를 지켜서 마당쇠로서 맡은 바 임무에만 충실하면 됩니다. 구태를 버리지 못하고, 얼토당토않게 국민 위에 군림하려 들어서는 안될 것입니다.

이 책에서 중괄호는 특수한 용도로 사용됩니다

이 책에서 음영(陰影)의 중괄호 "{ }"는 무시하고 지나쳐도 문맥을 이해하는 데 별반 문제될 것이 없는 글이나 용어들을 둘러싸는 데 사용됩니다. 이를테면 "이 애견용 밥그릇은 {구글의 텐서플로우(TensorFlow)를 활용한 딥러닝으로 개발되었으며, 재치 있는} 인공지능을 갖추고 있습니다."와 같은 식으로 씌어진 글을 접하게 될 경우, 중괄호 속에 언급된 내용이 낯설게 느껴지는 독자께서는 그냥 무시하고 지나치면 됩니다. 즉, "이 애견용 밥그릇은 {😜😜} 인공지능을 갖추고 있습니다."로 읽어 나가도 문제될 것이 없다는 말입니다. 그러나 중괄호 속의 내용에 관심이 가는 이라면 **웹 검색**(이하, 웹검색)을 통해 해당 내용과 관련하여 구체적이고도 깊이 있는 공부를 시도해 볼 수도 있을 것입니다.

민낯 ∞

자유의지가 허용된 인간의 비양심에 대해서는 하느님께서도 어찌하지 못하십니다. 세상은 이런 저런 민낯들을 화장술 아래에 숨기고 있는 것이 보통입니다. 과장, 위선, 거짓, 사기성 함정. 그와 같은 민낯의 배경에는 굶주림을 비롯하여 물욕, 성욕, 명예욕이 자리하고 있겠습니다만, 특히 그 모든 것을 좌지우지할 수 있는 돈벌이(물욕)가 항상 핵심이 됩니다.

4차 산업혁명 또한 그와 같은 속성을 가집니다. 그래서 새로이 첨단 기술이나 사업 프레임이 등장할 때마다 요란하게 바람부터 잡기 마련입니다. 세상의 관심을 끄는 데 성공해야 투자를 유치하기도 쉽고, 사업을 정착시키기에도 유리해지고, 아울러 그 전망도 밝아지는 법이니까요. 태양광 발전, 풍력 발전, 5G 통신, 전기자동차, 자율주행, 각종 플랫폼 사업, 클라우드, 암호화폐(가상화폐), 가상현실(VR), 증강현실, 혼합현실, 메타버스(Metaverse ☞ *p. 295*), 인공지능, 양자컴퓨터 등등. 바람잡이들은 장점만을 터무니 없이 과장하기 마련이며, 그 속에 교묘한 속임수나 거짓을 숨기고 있기도 합니다. 아니, 속임수와 거짓 그리고 과장이 없는 바람잡이를 이 노구는 본 적이 없습니다. 적어도 미필적 고의의 거짓이나 과장은 깔려 있습니다. 정부나 권력기관 또는 대기업도 예외가 아닙니다. 언제나 민낯을 보려할 필요가 있음입니다. 당하고 나면 이미 늦습니다.

이를 테면 지금껏 이 노구가 접해 왔던 「완전 자율주행차 개발에 성공했다」는 뉴스는 예외 없이 거짓이었습니다. 정부 기관에서 개발했다고 하든 대기업에서 개발했다고 하든, 사기에 지나지 않았습니다. 이 노구가 접했던 그런 뉴스들의 경우, 기실 그 내용이란 개발의 윤곽이나 방향조차 잘못되어 있는 경우가 허다했습니다. 기자들조차 IT 분야의 상식에도 미치지 못하는 식견으로 인해 그러한 내용을 뉴스라고 보도 하는 식의. 이하, 그 까닭을 실례를 곁들이며 간단히 요약해 보겠습니다.

차량에 장착된 레이더, {라이다(LIDAR: LIght Detection And Ranging)}, 카메라, 각종 센서 등의 정보를 활용해 차량이 단독으로 자율주행을 하는 것은 실용화 가능성이 없는 어리석음일 뿐입니다. 자율주행은 전기자동차를 대상으로 하기 마련인데, 차량에 탑재된 컴퓨터를 사용하여 독자적으로 그것을 수행한다면, 고성능 그래픽 카드를 장착한 고성능 컴퓨터(PC)가 먹어 치우는 기백 와트에 달하는 전력 소비는 리튬배터리의 주행거리를 치명적으로 갉아먹게 됩니다. 응답 지연이 없는 5G , 6G, 7G 통신을 통해 강력한 서버컴퓨터(이하, 서버)의 지원을 받아 {에지 컴퓨팅(Edge Computing)의} 부하를 대폭 경감하지 않으면 안될 일인 것입니다.

'커넥티드 카(connected car)'는 스마트폰처럼 이동통신망/인터넷에 항시 연결되어 있는 차량을 뜻합니다. 자율주행차는 언제나 서버{클라우드 ☞ *p. 91*}에 초고속 무선통신으로 안정적이고도 확실하게 연결되어 있어야 합니다. 그래서 항상 OTA(Over-the-air programming: 소프트웨어, 펌웨어, 각종 설정, 암호화 키, 백신 프로그램 등을 무선통신으로 설치/업그레이드/업데이트 하는 실시간 처리 방식)에 의한 지원이 가능해야 합니다. 그게 되지 않는다면 잦은 리콜을 감당해야 합니다.

크라이슬러의 지프 체로키 해킹 사례. 2015년 7월, 크라이슬러사(社)는 해킹 방지를 위해 차량의 소프트웨어를 업그레이드 하느라 자사 차량 140만 대를 리콜했습니다. 보안업체의 해커(화이트햇 해커: 좋은 나라 해커)가 보여 준 시연을 보고 화들짝 놀랐기 때문입니다. 해커는 크라이슬러의 지프 체로키를 대상으로 10마일 이상 떨어진 곳에서 노트북컴퓨터(이하, 노트북)로 차량의 각종 기기와 가속페달 그리고 핸들까지 멋대로 조작해 보였습니다. 또한 GPS를 통해 차량의 위치와 속도, 그리고 이동 경로까지 상세하게 기록, 사실상 모든 통제가 가능했습니다. '테슬라'라면 이런 일로 리콜 같은 것을 하지 않습니다. OTA로 실시간 소프트웨어 업그레이드 및 업데이트가 가능하기 때문입니다. 교통 당국의 법과 관례를 앞세운 명시적 리콜 요구가 없는 한 그렇다고 보아 무방합니다.

"완전 자율주행"이 가능하기 위해서는 주행 기술 이외에도 능률과 안전을 위해 대비해야 할 것이 많습니다. (미국 자동차 공학회 SAE 기준 레벨 4, 5에 해당하는) '고등 자율주행'이나 '완전 자율주행'의 실현을 위해서는 적어도 교통 전산망 체계의 재정비와 표준화 작업이 선행되어야 합니다 — 상당한 시일이 걸릴 일입니다.

자동차에는 수백 개의 ECU(Electronic Control Unit, 전자제어장치)가 들어 갑니다. 이해가 쉽도록 엔진의 ECU(Engine Control Unit)가 하는 일 중 일부를 예로 하여 ECU의 용도를 설명해 보기로 합니다. 엔진의 ECU는 평소에는 연비가 극대화되는 '이론 공연비(= 공기와 연료의 혼합비)'를 유지합니다. 그러나 운전자가 가속 페달을 밟으면 '출력 공연비'에 준하여 연료 분사량을 늘림으로써 운전자의 가속 기대에 부응합니다. 한편 배기 가스의 산소 농도를 측정하여 산소 농도가 적다면, 연료 분사량이 많은 것이므로 연료 분사량을 줄입니다. 그 밖에도 점화 타이밍이나 밸브를 여닫는 타이밍을 제어하여 연비를 높입니다. 차량에 장착된 수많은 센서로부터 수집한 정보들을 근거로 분석·판단하여 엔진의 각종 장치를 제어하는 것입니다 — 스마트한 제어를 하는 것입니다. 물론 그 같은 제어를 위해 ECU에는 그러한 일을 수행하는 앱이 탑재되어 있으며, 그래서 OS(운영체제)도 탑재되어 있는 것이 보통입니다. 이 말인즉슨 ECU에는 반드시 컴퓨터가 내장되어야 한다는 것입니다. 통상 ECU에 장착되는 초소형 컴퓨터{임베디드 시스템(Embedded System)}를 구성하는 데에는 '주문형 반도체(ASIC)'가 사용되기 마련입니다. 주문형 반도체란 특정 목적에 맞게 주문자의 의도대로 설계된 집적 회로(IC)를 뜻합니다.

코로나19 팬데믹이 지속되자 자동차 업체들이 일시적으로 자동차 생산을 중단하거나 장기간 생산량을 감축했습니다. 그 이유는 다름 아닌 반도체 부족이었습니다. 얼핏 급한 대로 PC 등에 사용하는 반도체를 돌려 쓰면 될텐데…, 하는 의문이 없지 않았을 것입니다. ECU에 탑재되는 반도체는 일반 범용의 반도체가 아닌 "주문형 반도체(ASIC)"라는 데에 문제가 있었던 것입니다. 자동차 한 대에는 수백 개의, ECU가 내장된 자동차 부품들이 들어가는데, 그 같은 ECU에는 죄다 가지각색의 "주문형 반도체(ASIC)"가 필요하다 보니, 그 수급 상황이란 해당 자동차 부품을 만들어 납품하는 업체만이 알 수 있습니다. 자동차 메이커가 관리할 수 있는 영역이 아닌 것입니다. 그래서 수급 상황을 파악하기조차 난감한.

"자동차 한 대에 수백 개의 ECU"가 들어가는데, ECU마다 하는 일이 다르니 각기 종류가 다 다를 수밖에 없음은 당연합니다. 이 말인즉슨 자동차 한 대에는 수백 개의 OS{'임베디드 리눅스' 등의 임베디드 OS}와 소프트웨어(앱, 프로그램 코드)가 구동되고 있음을 의미합니다. 게다가 부품을 만들어 납품하는 업체의 소프트웨어 개발자 이외에는 해당 OS의 정체나 소프트웨어의 알고리즘을 알 수도 없습니다. 이런 난장(亂場)을 내버려 둔 채 완전 자율주행까지?????

과거 386 ~ 586 CPU를 장착하던 PC는 흔히 개인이 직접 조립하여 사용하는 것이 대세였습니다. 당시 바이오스(BIOS) 셋업(설정)을 하기 위해서는 제법 두꺼운 매뉴얼을 밤을 지새 가며 읽어야 했습니다. 그러나 지금은 바이오스가 제 알아서 시스템 구성 부품들을 다 인식하고 셋업을 해 놓습니다. 조립하는 이가 따로 손댈 것이 거의 없습니다 — 레고블록 조립하듯 부품들을 제 구멍에다 끼워 놓기만 하면 알아서 돌아갑니다. 그래서 매뉴얼은 한두 페이지의 낱장에 지나지 않습니다. 신차를 구입하면 으레 두툼한 사용설명서가 따라옵니다. 경험 많은 운전자가 아니라면 차량의 각종 부위에 대한 사용법을 일일이 익히기 위해 한동안 골 경련에 시달려야 합니다. 이 역시 사용설명서 따위 보지 않고도, 스마트폰 사용하듯 대시보드에 장착된 스크린을 터치하거나 말로 지시하는 방법으로, 직관적으로, 자동차의 모든 기능을 사용할 수 있어야 마땅할 일입니다. 지금이 어떤 시대입니까, "디지털 시대"가 아닙니까. 두꺼운 사용설명서를 읽다니요? 그러나 수백 개의 부품들이 정체를 모르는 OS 및 소프트웨어(앱)에 의해 제각기 블랙박스로 놀아나는 상황에서는 그것이 가능할 법하지 않습니다.

모든 자동차 제조업체가 다 구입자로 하여금 두툼한 사용설명서에 매달리도록 방치한다면 문제될 것은 없습니다. 영업에 지장이 없음입니다. 그러나 사정이 그리 녹녹하지 않습니다. 강력한 소프트웨어 개발 능력을 보유한 IT 기업들이 돈벌이를 눈 앞에 두고 수수방관할 리가 없기 때문입니다. 피처폰을 지배하던 노키아가 아이폰의 등장에 맥없이 무너져 내렸던 까닭입니다. 'SDV(Software Defined Vehicle, 소프트웨어가 정의하는 자동차)'란 것이 자동차의 아이폰 격으로 이미 그 모습을 드러냈음입니다.

SDV 자동차는 하나의 강력한 OS와 거기에서 실행되는 소프트웨어들로 구성된 시스템이 차량의 모든 부품을 통제하고 지배합니다. 따라서 수백 개의 부품들이 제각기 ECU 및 별도의 OS/소프트웨어를 내장하고 있을 이유가 없습니다. SDV 자동차는 OS를 비롯하여 소프트웨어의 업데이트가 필요하면 언제든 OTA(Over-the-air programming)로 실시간 업데이트 합니다. 소프트웨어 개선을 위해 리콜을 할 이유가 없는 것입니다. "SDV 자동차"란 차체를 바디(body)로 하는 노트북이나 다름없습니다. 아니 자동차라기보다는 바퀴 달린 컴퓨터입니다, 스마트폰이 기실은 전화가 되는 PC 이듯. 한데 음양(陰陽)은 항상 함께합니다. "SDV 자동차"의 소프트웨어에 의한 강력한 실시간 차량 관리 기능은 치명적인 해킹의 여지 또한 그만큼 폭넓음을 의미하며, 유사시에 뜻하지 않은 소프트웨어 문제로 운전자들을 곤경에 빠뜨릴 수도 있음을 의미합니다. 인터넷은 물론이거니와 서버{클라우드} 또한 그 정상적인 작동을 항시 100% 보장할 수 있는 것이 결코 못됩니다. 게다가, 소프트웨어란 만일의 경우들까지 모두 고려하며 개발하고 코딩하기 마련이긴 하지만, 그 결과는 항상 실제에 부딪혀 보아야 알게 되는 법입니다. 오류(에러) 없는 소프트웨어란 없는 법입니다.

어쨌거나, 굴지의 자동차 제조사들이 'AI 비서'라며 고작 노래나 영화를 틀어 주고 전화를 걸어 주는 등의, 소위 스마트한 '인포테인먼트(Infor-tainment)' 기능을 뽐내며 자화자찬하고 있는 사이에, 강력한 IT 능력을 갖춘 테슬라가 SDV 자동차에 자율주행용 OS를 탑재해 내놓았습니다. 굴지의 자동차 제조사들, 구매자들에게 배짱 좋게 두툼한 사용설명서를 내밀다가는 "노키아" 꼴 나게 생겼음입니다. 2021년 현재까지도, 자율주행을 지원하는 전용 OS 및 소프트웨어 시스템을 갖춘 SDV 자동차 메이커는 유감스럽게도 테슬라가 유일합니다.

굴지의 자동차 제조사들이 근년에 와서야 SDV 및 자율주행용 OS의 실체와 그 소프트웨어 시스템의 위력을 보고는 화들짝 놀라, 그에 대적할 자체 OS 및 소프트웨어 시스템 개발에 고심들을 하고 있는 눈치입니다. 자칫 노키아의 불운과 유사한 상황이 자동차 업계에 불어닥칠 조짐이 없지 않기 때문입니다. 애플을 비롯하여 마이크로소프트 등 IT 전문 기업들이 떼로 덤벼들고 있음입니다 — 자율주행차란 기실은 서버(클라우드)에 연결된 바퀴 달린 단말기일 뿐이라는 사실을 눈치 챈 것입니다. 게다가 기존 자동차 업계가 살아남기 위해서는 자율주행차에 욕심 내기에 앞서 SDV 개발부터 신경 써야 합니다. 당장에 영업에 타격을 입게 생겼으니.

완전 자율주행에는 너무나 많은 변수들이 산재하기 때문에 완전 자율주행을 총괄하여 수행하는 것은 인공지능이 아니면 감당하기 어렵습니다. 한데 인공지능에는 치명적인 약점(☞ *p. 177*)이 있습니다. 그것을 극복하는 데는 예상 외로 적잖은 시일이 소요될 것입니다.

또한 완전 자율주행에 요구되는 소프트웨어 시스템은 상당한 규모와 함께 범용 소프트웨어와는 다른 실행환경이 필수입니다. 인공지능 소프트웨어와 기존의 '규칙 기반 프로그래밍(☞ *p. 156*)'에 의한 소프트웨어가 다양한 인터페이스(☞ *p. 103*)를 통해 협업해야 하며, 각종 기계적 부품 모듈의 추상화(☞ *p. 103*)를 담당하는 소프트웨어 모듈, 운행 기능별 추상화를 담당하는 소프트웨어 모듈, 실행 중인 프로그램 간의 통신을 관리하는 모듈, 외부와의 통신 관리와 보안 및 교통 정보 분석 소프트웨어 모듈 등, 이질적인 잡다한 유형의 소프트웨어들이 효율적으로 융합되어 인공지능에 의해 마치 한 몸처럼 움직여야 합니다. 웬만한 규모의 OS로는 감당이 되지 않을 일입니다. 한데… 범용의 OS라면 오랜 세월 다듬어져 온 데다 대개는 어떤 프로그램일지라도 실행이 가능하긴 합니다. 그러나,

가령 윈도우와 같은 범용의 OS 환경이라면, 긴급 상황에 대처하기 위한 다양한 비상용 앱의 즉각적인 실행이 보장되지 않습니다. 온갖 프로그램의 실행이 다 가능해야 하는 범용 OS는 그 성격상 덩치가 헤비급일 수밖에 없습니다. 온갖 프로그램들의 실행을 뒷받침할 수 있는 준비를 가지가지 다 갖추고 있어야 하기 때문입니다.

가령 고속도로를 달리고 있는 완전 자율주행차의 주동력원인 리튬배터리에 불이 났는데, 완전 자율주행 소프트웨어 시스템의 '고속도로용 비상 주차 앱'이라든지, '비상 배터리 소화 앱', '인근 소방서와 보험회사에 비상 연락을 취하는 앱', '당국의 고속도로 관리 전산시스템과 119 긴급구조 센터에 연락을 취하고 주변에 주행 중인 차량들에게 비상 상황을 알리는 일을 관장하는 앱', '화재 원인 분석 앱', '차량 제조사에 사고 내역 및 상세 데이터를 전달하는 앱' 등등, 준비된 '사고 대응 비상용 프로그램 모듈'이 즉각 실행되는 대신 하염없이 모래시계 나 동그라미가 돌아가며 프로그램 실행이 지연(백그라운드 작업이 실행 중임이 표시)된다면? 또는 윈도우 강제 업데이트로 인한 악명 높은 부팅 불가 사태가 주행 중에 빚어진다면?? 모래시계 나 동그라미 정도로도 그것은 탑승자의 죽음을 의미할 수 있습니다. 게다가 해커들에 의해 평소 잘 연구·분석되어 있는 {제로데이 공격(Zero-Day Attack)까지 가능한} 범용 OS란 그만큼 위험에 많이 노출되어 있음을 의미하기도 합니다.

완전 자율주행용 OS(운영체제)라면 긴급 상황이 발생했을 때 언제든지 즉각 대처가 가능해야 합니다. 그리하기 위해서는 OS가 다양한 비상용 안전장치(소프트웨어 모듈)들을 직접 특별 관리하는 기능부터 갖추어야 합니다. 특히 인공지능의 "약점"을 고려하면 더욱 그렇습니다. 찰나의 지연도 없이 안전장치로서 준비된 비상용 소프트웨어 모듈들에 실시간 실행 우선

권을 부여하는, 이 같은 OS의 기능은 생략되어서는 안될 요소입니다. 완전 자율주행에 범용의 OS를 사용할 수는 없음입니다.

완전 자율주행 소프트웨어의 경우, 일반 소프트웨어와는 사뭇 다른 실행 환경을 필요로 하는 이유란 셀 수 없이 많습니다. 사람의 목숨이 달린 일인 것입니다. 따라서 완전 자율주행차의 개발을 원한다면 전용의 OS 개발이 필수입니다. 한데, 전용 OS의 개발이란 그것만으로도 만만한 일이 아닙니다. {참고로, 컴퓨터 하드웨어 고장에 대비하여 실시간 미러링 시스템을 함께 가동해야 할 것이며, OS의 데드락(deadlock, 먹통)에 대비하여 응급용 스페어 시스템도 갖추어야 할 일입니다. 컴퓨터 하드웨어의 '성능 대비 가격'은 연년세세 가속적으로 저렴해지는 성격의 것이어서, 하드웨어 추가로 인한 원가 부담은 논외입니다. 오로지 소프트웨어 개발이 문제일 뿐입니다.} 앞서 언급했었던, SDV에다 자율주행 전용 OS까지 보유한 "테슬라"는 자율주행 기술에 있어서 가장 앞선 것으로 알려져 있으며, 그럼에도 2021년 현재, 가까스로 레벨 2.5 수준에 이른 것으로 평가 받고 있습니다.

이상의 요약을 두고 보아도 레벨 4, 5의 완전 자율주행이란 어쩌면 그 실현이 요원할 수도 있음을 짐작하게 될 일입니다. 이 노구의 소견으로는 레벨 5의 완전 자율주행이란 앞으로 적어도 10년 또는 그 이상 걸릴 수도 있을 것으로 예상하고 있습니다. 단, 6G/7G 무선통신 환경이 앞당겨 실현되거나, 또는 CPU, GPU의 획기적인 성능 향상이 그 실현을 얼마간 앞당길 수도 있으리라 짐작하고 있습니다. 그 밖에도 완전 자율주행에는 극복해야 할 난제들이 숱하게 널려 있습니다. 오랜 기간 레벨 3에 해당하는 '조건부 자율주행(Partial Automation)'에 만족해야 할 것으로 보이는 까닭입니다. "완전 자율주행차" 개발의 민낯입니다. 이 같은 민낯을 보지 못하고 "테슬라"랍시고 주행 상황 살피지 않고 비디오 게임에 몰입하는 짓은 제 머리에 권총 겨누고 러시안룰렛 하는 짓에 진배없습니다. 사정이 이와 같으니, 그 동안 이 노구가 접했던 「완전 자율주행차 개발에 성공했다」는 뉴스들의 실상이란 이과 대학생들의 졸업 과제작 수준에 지나지 않는 것들이었습니다, 아마추어 티가 줄줄 흐르는. 무식해서 저지르는 거짓이자 사기라 하겠습니다. '완전 자율주행 기술'의 전반적인 윤곽조차 통찰하지 못한 탓이라 하겠습니다. '장님 코끼리 더듬기'로 될 일이 아닙니다.

그러나 "완전 자율주행차 개발에 성공했다"가 아니라, 혹시라도 "레벨 4, 5의 완전 자율주행차 수출로 경영 실적이 호전되고 있다"는 뉴스가 보도된다면 개발의 성공을 반쯤은 믿어도 좋습니다. "반쯤은"이라고 토를 단 까닭은 이후에도 예상치 못한 실패가 기다리고 있을 수 있기 때문입니다.

이 노구 이하 나름의 통찰을 바탕으로 4차 산업혁명 시대를 본격적으로 살아갈 이들에게 이 노구가 보는 4차 산업혁명의 이모저모, 그 민낯에 대하여 이야기하려 합니다. 4차 산업혁명 시대의 생존전략에 도움이 될 '**비밀번호(Password) 관리 비책**'을 비롯해서 4차 산업혁명의 기술적 배경이 되고 있는 첨단 IT 분야의 내막에 대한 이런저런 이야기와 노하우를 담았습니다. 어쩌다 인연이 닿아 이 책을 읽게 될 독자 여러분께 이 노구의 식견이 부디 피부에 와 닿는 도움이 되기를 희망합니다.

한두 줄 깨알 주석(註釋)보다는 웹검색이 훨씬 낫다

구글(google.com), 빙(bing.com), 네이버(naver.com), 다음(daum.net), 줌(zum.com) 등의 인터넷 검색 창에 "텐서플로우 위키"라고 써 넣고 검색해 보면 "텐서플로우"에 대한 기본적인 정보를 얻을 수 있습니다. 그래서 1차 검색으로 알게 되는 관련 사항들, 즉 관련 포럼이나 콤뮤니티, GitHub(깃허브), Ai(인공지능), 빅 데이터, 딥러닝, 머신러닝 등등을 대상으로 다시 검색을 계속해 나간다면, 검색이 거듭될수록 점차 관련 지식의 깊이를 더해 가게 될 것입니다. “위키” 대신 “사용법” 같은 검색어를 덧붙이는 것도 도움이 됩니다. 이를테면 “텐서플로우 사용법”과 같은 식으로. 익숙해지면, 이 책의 페이지마다에 널려 있는 용어들이, 키워드들이, 예사로운 것들이 아님을 눈치 채는 독자가 적지 않을 것입니다. 물론 그렇지 않은 이들도 있겠지요. 이미 IT(정보기술), ICT(정보통신기술) 분야에 해박한 식견을 가진 탓에, 또는 별반 관심이 없는 탓에.

어쨌거나 이 책에서는 주석(註釋)을 사용하지 않습니다. 4차 산업혁명을 이야기하는 책에서, 숱한 용어나 내용에 일일이 주석을 붙인다는 것은 무모한 짓일 뿐입니다. 그리하자면 지면 낭비로 정작 중요한 내용들을 희생시켜야 할 것이며, 난삽한 주석으로 문맥과 독자의 시선을 어지럽히기 십상입니다. 독자들의 시선을 지엽적인 것들에 묶어 둠으로써 큰 흐름을 놓치게 만드는 어리석음을 범하기 십상이기도 합니다. 깨알 같은 한두 줄짜리 주석보다는 손쉬운 웹검색에 맡길 일인 것입니다. 이 책에서는 용어 해설과 같은 성격의 친절은 꼭 필요한 경우에 한해 극히 제한적으로 제공합니다. 그 밖의 것들은 독자들의 웹검색에 맡기는 것입니다.

이 책을 읽어 나가는 요령

IT 분야의 기술은 눈부시게 진화하고 있어서 새로운 용어들이 연일 쏟아지고 있습니다. 관련 글들을 읽다 보면 전문가들조차도 흔히 생소한 용어와 맞닥뜨리곤 합니다. 독자들께는 이 책의 본문 또한 그러할 것입니다. 그러나 문맥을 이해하는 데 있어서 크게 문제가 되지 않는 용어들이라면 그냥 “그런 게 있나 보다”하고 지나쳐도 무방합니다. 물론 해당 용어에 관심이 있거나 흥미를 느끼는, 또는 공부해 보고 싶은 독자께서는 인터넷 검색을 해 보면 됩니다. 그리하면 넘칠 정도로 충분한 관련 정보와 무료 강의까지 접할 수 있는 것이 보통입니다. 친절한 유투브 동영상 강의들을 비롯해서 미국 아이비리그(Ivy league) 대학들이나 MiT 대학의 강의까지도.

따라서 이 책에서는 용어 설명 같은 것은 불가피한 경우에만 하는 정도로 최소화함으로써 흘러가듯 글을 진행해 나가는 식으로, 그렇게 이 책을 저술하였습니다. 그리고 중요한 키워드에 대해서는… 문맥을 이해하는 데 도움이 되는 용어이거나 말거나 관계없이, 또는 독자께서 관심을 가질 만하거나 말거나 관계없이 가급적이면 빠뜨리지 않고 나열해 두곤 합니다. 행여 해당 분야에 대해 공부해 보려 하는 독자가 있다면 인터넷 검색을 통해 관련 정보나 지식을 얻을 수 있는 문(門)이 되어 줄 것이기 때문입니다.

인터넷 검색과 탐색

쿠텐베르크의 인쇄술이 지식의 소수 독점 시대를 끝장냄으로써 종교 개혁에 이어, 이후 인류 문명의 급속한 발전을 가능하게 한 원동력이 되어 주었듯; 인터넷은 정보와 지식의 무한 공유를 실현함으로써 마침내 지성(知性)의 민주화를 가능하게 하는 원동력이 되어 주고 있습니다. 빈부귀천의 차별이 없고 지역적 유·불리도 없는, 진정한 지성의 민주화입니다. 이 지구상에서 오로지 북한만을 제외한 모든 나라의 사람들에게 그 혜택이 고루 돌아가고 있습니다. 인터넷 사용에 능하다면 가히 못할 것이 없는 세상이 펼쳐져 있습니다. 이 세상에 존재하는 정보와 지식이라면 거의 무엇이든 알아낼 수 있음입니다(※ ☞ *p. 384*, **딥 웹과 다크 웹 검색 요령**). 거금을 들여서 브리태니카 백과사전 같은 장서들을 으리으리하게 구비해 놓을 필요도 없고, 애써 도서관을 순례할 필요도 없습니다.

한 술 더 떠서, (iP 카메라나 스마트 TV가 있는) 남의 안방을 수시로 들여다 보거나 백악관 인사들의 전화를 도청하는 것쯤은 예사스런 일이 되어버렸습니다, 물론 법망에 걸리는 짓을 했을 경우 응분의 대가를 치를 각오만 되어 있다면 말이지요. 😝, 😝, 😝. 못 믿겠다고요?

지금 당장 인터넷 검색 창에 “스노우든, Edward Snowden 위키”를 타이핑하고 엔터 키를 눌러 보면 됩니다. 그리고 검색 결과물에 등장하는 새로운 키워드들을, 낱말 이어가기를 하듯, 계속 추적해 나가면, “NSA(미 국가안보국)” 내부고발자인 스노우든이 공개한 엄청난 양의 내부고발성 기사들과 함께, “프리즘(PRISM) 프로젝트”, “엑스키스코어(Xkeyscore: 미 국가안보국의 인터넷 도·감청 프로그램)”, “백 도어(Back Door: 해킹을 위한 무단 출입용 뒷문)” 등등이 눈에 뜨일 테고, “미국 국가안보국(NSA)이 오랜 기간 메르켈 독일 총리의 휴대전화를 도청했다”는 신문기사와 아울러 메르켈 독일 총리가 발끈하여 오바마 당시 미국 대통령에게 전화하여 따지고 들었으나, “독일도 미국을 도청해 왔었다”는 그 후의 폭로 기사 또한 보게 될 것입니다. 그리고 007의 나라 영국 역시 뒤질세라… “영국 정보통신본부(GCHQ)가 5년간 27개국에서 인터넷을 통해 오가는 정보를 불법으로 도·감청해 왔다는 의혹”의 폭로 기사 또한 볼 수 있을 것입니다.

막장 드라마. 오바마는 아리따운(?) 메르켈 독일 총리를, 그리고 메르켈 총리 역시 불세출 미남인 오바마 대통령을 엄청 사모했었던 것일까요? 수년 동안 그렇게 서로의 전화를 도청하며 지냈었다니. 스토킹 치고도 이 정도면 중증이라 하겠습니다. 그러나 뭘 어쩌겠습니까? 우방국끼리 그를 탓하여 일전(一戰)을 불사할 수도 없는 노릇이니. 뭐, “세상에 믿을 놈 하나도 없다”는 전래 미담(美談)을 재확인하는 선에서 그와 같은 스토킹 사태는 일단 일단락된 것으로 보입니다만.

도둑이 제 발 저린다"고…, 당시의 오바마 미 대통령은 아이폰 한 개만 사용했으며, 그 아이폰은 통화나 문자, 카메라, 녹음 기능 등이 싹! 제거된 채 극히 제한된 사람의 이메일만 받을 수 있는 것이었습니다. 그는 퇴임 전 한 토크쇼에서 이렇게 털어놨습니다. "그야말로 최신 전화기인데, 아무것도 안 돼요. 세 살배기의 장난감 전화? 그런 거죠." 전설의 **오바마폰** 이야기였습니다, 😋😆.

도청대상에 한국도 포함되어 있는지, 한국 정부의 공식 문의에 대하여 미국 측은 "한국의 입장을 이해한다"라고만 답했었던 것으로 알려져 있습니다. 달리 말해 "궁금하겠지만, 궁색한 내 입장도 좀 이해해 주면 안되겠니?"라는 의미로 해석됩니다. 벽돌폰은 해킹과 도청이 불가능한 것이 자랑입지요, 😆😆. 겁먹은 당시 한국 정부 인사들이 2G 폴더 벽돌폰에 유달리 집착했었던 사실은 우리 모두가 보았던 그대로입니다.

좀더 집요하게 검색을 이어나가면 다음과 같은 관련 기사들도 보게 될 것입니다.

내부고발 전문 사이트인 위키리크스(WikiLeaks)에 게재된 "Vault7"이라고 표기된 유출 문건엔 CIA가 아이폰과 안드로이드폰, 스마트 TV 등을 해킹해 도·감청 장치로 활용했다는 사실과 그 기법 등에 관한 방대한 내용이 담겨 있습니다. 그리고 삼성 스마트 TV를 해킹하여 CCTV처럼 활용해 왔음이 대표적인 사례로 소개되어 있기도 합니다(※ 아마 삼성전자는 해당 문제를 온라인 '보안 업데이트'를 통해서 즉각 보완했을 것으로 생각됩니다.). Vault7에는 500MB정도의 용량에 달하는 8000여 개의 기밀문서가 게재되어 있으며, iOS(아이폰의 OS), Android(아이폰을 제외한 대다수 스마트폰들의 OS), 그리고 마이크로소프트의 소프트웨어들을 대상으로 개발된 해킹 툴(도구)들에 대한 정보가 들어 있습니다.

※ IT나 인터넷 관련 글에서 '툴(tool, 도구)'이라는 용어를 자주 접하게 될 것입니다. 이는 비교적 작은 규모의 컴퓨터 소프트웨어(프로그램)를 그 용도를 드러내어 이야기할 때 흔히 사용하는 용어입니다. 이를테면, 포토샵은 그래픽 툴이며, 크롬 파이어폭스 오페라 등의 웹 브라우저는 웹 탐색용 툴이라 하겠습니다.

순식간에, PC에 저장된 파일들을 무차별 암호화하고 복구용 키(Key)값으로 비트코인을 요구하는 식의, 악명 높은 "워너크라이 랜섬웨어"는 미국 국가안보국으로부터 유출된 해킹 기술 때문에 비롯된 것이라며, 마이크로소프트의 사장 브래드 스미스(Brad Smith)가 미국 국가안보국을 강력히 비판했다는 기사도 눈에 띌 것입니다. 사실 현재 악성 해커(크래커)들이 애용하는 해킹 도구(해킹용 프로그램)들 중에는 이처럼 미국 국가안보국이나 CIA 등에서 유출된 것이 허다한 것으로 알려져 있습니다. 보안과 해킹은 동전의 앞뒷면인 것입니다??… !!. 초대형 악성코드 '스턱스넷(Stuxnet)'을 만든 것도 NSA이며, 도난 당해 {워너크라이(WannaCry), 낫페트야(NotPetya)} 랜섬웨어에 활용되고 있는 '이터널블루(EternalBlue)'와 같은 악성코드를 개발한 원조 역시 NSA였습니다.

참고로 "미국 국가안보국(NSA)"이 어떤 기관인지에 대하여 궁금한 분들에게는 영화 '에너미 오브 스테이트(Enemy of the State, 1998년, 감독 토니 스콧)'나 '스노든(Snowden, 2016년, 감독 올리버 스톤)'을 권합니다. '에너미 오브 스테이트', 재미 있습니다. 이젠 이미 케케묵은 기술들이 난무하긴 하지만, 시종일관 주인공의 발바닥에서 불이 나고 불알 두 쪽에서 방울 소리가 나는 영화입니다. "미국 국가안보국(NSA)"은 명실상부한 해킹계의 실력자이자 큰형님!입니다.

(내부고발 전문 사이트 위키리크스에 게재된) Vault7에서 CIA가 "체리블로썸(CherryBlossom)"이라는 괴초(怪招)를 써서 무선 네트워크를 '**건초더미 이론**(haystack theory)'에 따라 무차별 해킹해 왔다는 기사도 보게 되겠지요. '건초더미 이론(haystack theory)'이란 (하드디스크나 자기 테이프 가격도 엄청 싸졌으니) 인터넷에 돌아다니는 (음성, 영상, 그래픽, 문자 등등의) 데이터들을 일단 모조리 쓸어 담아 쌓아 두고 천천히 활용하자는 식의 '무대포(막무가내)로 쓸어 담자 이론'을 말합니다. 이는, (특정 정치인이나 기관을 목표로 한 것이 아니라) 민초들의 데이터까지 마구잡이로 도·감청하고 해킹해 왔음을 말해 주는 것이어서, 조지·오웰의 소설 '1984년'에 나오는 빅·브라더를 연상케 합니다. 아무튼 그리하여 수거한 데이터 건초더미는 인공지능 개발에 없어서는 안될 값진 데이터로 사용될 수 있습니다. 지금은 구하려 해도 구하기 쉽지 않은 유형의 빅데이터인 것입니다 — 2020년 현재 거래되는 시가를 고려하면 상상 불허의 고가(高價)에 해당하는. 당산대형 CIA의, 미래를 내다보는 눈에 감탄할 수밖에 없습니다.

그런데 여기서 주지해야 할 점은 민초 해커라 해서 정보 기관의 해커보다 못하란 법은 절대 없다는, 엄연한 사실입니다.

센스가 남다른 님들이라면, 이어가는 검색을 통해 인터넷 스캐너(internet Scanner) 프로그램이나 또는 쇼단(Shodan), 지맵(Zmap), 엔맵(Nmap) 등의 인터넷 스캐닝(탐색) 툴들에 관한 정보도 획득하게 될 것입니다. 이들은 바로 iP 카메라, CCTV, 로봇청소기, 스마트 냉장고, 스마트 스피커, 스마트 승용차, 스마트 자물쇠와 그 열쇠 등등 인터넷에 연결되어 있는 (달리 말해 IP 주소를 가진) 기기라면 무엇이든 찾아낼 수 있는 스캐닝 툴들입니다. 악성 해커(크래커)들이 즐겨 애용하는 탐색 수단들이기도 합니다만, 컴퓨터 보안 전문가들에게도 요긴하게 사용되는, 없어서는 안될 방어용 무기들이기도 합니다. 양날의 검인 것이지요. 해킹과 보안은 동전의 앞·뒷면이니까요.

수년 전부터, 비밀번호가 제대로 관리되고 있지 않는 인터넷카메라(IP카메라)를 가진 국내 가정의 19금 부부생활 동영상들이 중국의 사이트들에서 자주 생중계되었던 현상 역시 이들 탐색 수단들이 사용된 경우가 대부분입니다. 누구나 손쉽게 사용할 수 있는 툴들인 것이지요. 요주의!

하지만, 국내에서는 이러한 툴들을 사용하는 것이 법에 저촉됩니다. 그러나 미국 같은 나라는 그렇지 않습니다. 미국의 경우, 많은 이들이 쇼단(Shodan), 지맵(Zmap), 엔맵(Nmap) 등의 인터넷 탐색 툴들을 일상적으로 사용하고 있고, 인터넷 관련 논문들은 흔히 이들 탐색 툴들을 사용하여 작성되고 있기도 합니다.

이들 탐색 툴들을 사용하지 않고 보안 업무를 수행하기란 난감한 일입니다. 가령, 국내의 KTX나 원자력 발전소 등의 소프트웨어 중 취약점 패치(patch)가 – 땜질이 – 되어 있지 않은 것이 있다 해도 (국내 법에 따르면) 외부에서는 그것을 찾아낼 방법이 없습니다. 하지만 지맵 등을 사용한다면, 10분이면 (패치가 되어 있지 않은 서버들을) 찾아내는 것이 가능합니다. 해커들이 간단히 찾아낼 수 있는 취약점들인 것을…. 국회의원 입후보 자격 요건을 보완하여 반드시 (국회의원 입후보 자격 검증을 위한) '수능 시험' 같은 제도를 두어야 할 필요성을 말해 준다 하겠습니다.

인터넷 검색이 이 즈음에 이르게 되면, 영화 '이글 아이(Eagle Eye, 2008년 개봉, 감독 D. J. 카루소)'를 떠올리는 독자들이 적지 않을 것입니다. 개봉 당시에는 현실성에 대한 의문으로 긴가민가했던 관객들도 지금에 와서는 소름이 돋을 것입니다. 컴퓨터의 성능과 아울러, 인터넷의 속도와 영향력이 해마다 천지개벽하듯 달라진 결과라 하겠습니다.

인공지능 바둑 프로그램 "알파고"로 놀라움을 자아낸 인공지능(AI)의 급격한 진화 역시 이들 2 가지 인자(컴퓨터와 인터넷)의 천지개벽적인 진화에 힘입어 가능해진 것이지요. 뇌의 신경망 흉내가 가능한 병렬 컴퓨팅{※CUDA}, 빅데이터, 머신러닝(기계 학습), 딥러닝(심층학습), 텐서플로우(TensorFlow), 지도 학습, 비지도 학습, 강화 학습, 생성적 적대 신경망(GAN, Generative Adversarial Network)… 인공지능의 탄생과 성장을 주도하는 이 모든 것이 컴퓨터와 인터넷의 위력을 그 바탕으로 하여 일취월장이 가능해진 것이니까요. 게다가 앞으로 그 진화의 속도는 더욱 가속되어 갈 것이 뻔합니다. 광속(光速)에 가까워지도록….

사물인터넷(IoT) 기기들에 대한 비밀번호 관리

IP 카메라, 스마트 TV, CCTV 등을 대상으로 하는 해킹에 대해서는 아이디와 비밀번호 관리만으로도 웬만큼은 보안이 가능합니다. IP 카메라를 비롯한 (IP 주소를 가진) 스마트 기기들은 제품이 출시될 때 기본적으로 매우 쉬운 아이디와 비밀번호가 설정되어 있습니다 — 이를 디폴트(default) 설정이라고 합니다. 이를테면 아이디는 흔하디 흔한 root, admin 등으로, 그리고 비밀번호는 1234, 4321, 1111111과 같은 식입니다. 그리고 특정 제품에 대한 이러한 디폴트 설정치{와 기기의 ip 주소}는 인터넷 검색을 통해 쉽게 알아낼 수 있습니다만, "디폴트 설정치"에 대해서라면 굳이 검색해 볼 것까지도 없을 테지요. 😂😂. 그러므로 기기 구입 즉시 아이디와 비밀번호부터 변경해 주어야 합니다 — 그리하면 적어도 아마추어들의 해킹 정도는 막아낼 수 있습니다. 단, 비밀번호는 권장되는 작성 요령에 준하는 난도(難度)로 만든 것이어야 합니다. 특히 NAS(네트워크에 연결된 외장 저장장치)의 아이디와 비밀번호를 디폴트 그대로 내버려 두는 것은 자살 행위나 다름없습니다. 하지만 스캔해 보면, 실상은 적지 않은 NAS가 디폴트로, 좀비로, 가동되고 있는 형편입니다.

19금물이 아니라면, iP 카메라 해킹으로 수확한 동영상류를 유투브에서도 쉽게 찾아볼 수 있습니다. 조회수를 올릴 속셈으로 흔히 마치 19금물인 양 포장(😜)해 두고들 있긴 하지만.

iT 기기들에 붙는 "스마트"란 접두사는 달리 말해서 컴퓨터 칩을 장착하고 있으며, 따라서 프로그램 실행이 가능함을 의미합니다. 그래서 매우 다양한 융통성과 함께 지능적이기도 해서 편리하긴 하지만, 해킹의 위험 또한 함께한다는 사실을 항상 염두에 두어야 합니다. 반도체의 입장에서는 프로그램 코드나 악성 코드나 그게 그것일 뿐이니까요.

한데, "스마트"란 접두사가 붙는 기기들은 인터넷 연결로 원격 조종이 가능한 것이 기본입니다 — IP 주소를 가진 기기입니다. 그와 같이 사물(事物, Things)을 인터넷에 연결하는 기술을 '**사물인터넷**(IoT: Internet of Things)'이라고 합니다. 이들 기기들은 인터넷에 연결되므로 당연히 해킹의 위험에 노출되어 있는 것이며, 따라서 비밀번호 관리가 가능한 기기라면 웹사이트의 경우와 마찬가지 기준과 요령으로 철저히 비밀번호를 관리하는 것이 느닷없이 뒤통수 얻어맞는 사고를 피하는, 가족의 안녕과 행복을 지키는 비결이라 하겠습니다. 영원히 전세계 인터넷 망을 떠도는 19금 동영상 등을 작품으로 남겨 자손들에게까지 누를 끼치지 않으려면, 스마트 IoT 기기들에 대한 아이디와 비밀번호 관리에 각별히 유의해야 합니다. 아울러 기기의 보안업데이트를 게을리해서도 안됩니다. 보안업데이트 요령은 사용설명서나 제조사 홈페이지의 다운로드 관련 내용을 참조하면 됩니다. 또는 인터넷 검색으로 찾아볼 수도 있겠습니다.

구입 시 요주의, IT 기기

IT 기기를 구입할 때에는 제조사의 신뢰도를 구입 요건 중의 하나로 챙겨야 합니다. 새로 출시되는 스마트폰이나 컴퓨터, 소프트웨어 프로그램까지도 악성 코드에 감염되어 있는 경우가 드물지 않기 때문입니다. USB 메모리, USB 키, 각종 네트워크 기기, 웹캠, IP 카메라, CCTV, 스마트 TV, 디지털 액자 등등. 심지어는 USB 케이블까지도 해커가 악성 코드를 심는 도구로 악용하기 위해 개조해 둔 예가 없지 않습니다. 이들 신제품이 악성 코드에 사전에 감염되는 까닭은… 제조업체로부터 소비자의 손에 전달되기까지 거치게 되는 과정 중, 비양심이 개입할 허점이 여럿이기 때문입니다.

해커들은 인터넷 공유기를 해킹하여 무선통신으로 오가는 은행계좌 번호, 아이디, 비밀번호 등의 금융정보를 가로채거나 공유기의 통신 기능을 훔쳐 쓰기도 합니다. 인터넷 공유기의 아이디 및 비밀번호 관리에는 특히 신경을 써야 합니다. 웹캠(웹 카메라), IP 카메라. CCTV, 스마트 TV 등을 몰래 카메라로 사용하는 예는 이미 상식처럼 되어 있습니다. 해커들의 등쌀에 노트북 웹캠에 검정 테이프를 붙여 아예 가려 두고 지내야 하는 불안증세의 저커버그(페이스북의 CEO)와 같은 이도 종종 보게 됩니다. {사물인터넷 기기를 대상으로 하는 악성코드 프로그램의 일례로 미라이(Mirai)를 들 수 있습니다. 악성 해커들은 홈 인터넷 기기들을 노예로 만들어서 거대한 봇넷(좀비 IT 기기로 구성된 네트워크)을 구축하고, 대규모 디도스(DDos) 공격 등에 이용하곤 합니다.}

백도어(Back Door: IT기기에 원격 접속할 수 있는 뒷문용 악성 코드)가 내장되어 있다는 소문 탓에 값싸고 성능 좋은 기기를 단념하고, 보안이 확실한 메이커 제품을 비싸게 구입하는 경우도 흔히 있습니다.

무서운 소형 IT 기기들

'해크파이브(Hak5)'라는 기업의 '배시 버니(Bash Bunny)'라는 제품은 겉모습이 USB 메모리와 흡사합니다만, 4코어 CPU, 512MB RAM, 8 GB SSD가 탑재되어 있고 리눅스 배포판이 OS로 설치되어 있으며, 2018년 현재 100달러 정도면 구입 가능한 초소형 컴퓨터의 일종입니다. PC의 USB 포트에 꽂으면 자동으로 작동하고 'payload.txt'라는 파일명의 {스크립트(Script)} 프로그램을 실행합니다. 웬만한 해킹 툴은 다 설치되어 있어서 보안 전문가들의 각종 모의 침투테스트 및 IT자동화 업무를 단 몇 초만에 수행해 내는 도구입니다만, 해킹 도구로도 악명을 떨치고 있습니다.

사용자가 잠시 자리를 비운 PC나 컴퓨터에 "배시 버니"를 꽂고 7초 정도 기다려, 3색 LED 등의 작업완료 신호를 확인하고 나면 뽑아서 가지고 유유히 사라지면 됩니다. 백도어 설치 및 비밀번호 수집이 완료되었음입니다. 또는 눈길이 잘 닿지 않는 컴퓨터 뒤에 그대로 꽂아 두면 쉽게 발견되지 않는 상주형 해킹 도구로서의 기능을 감쪽같이 수행합니다. 외부에서 노트북으로 해당 컴퓨터를 지배하면 되는 것이지요. 스파이 영화에 자주 등장하는 장면 그대로입니다.

보안 업체 카스퍼스키(Kaspersky)의 보고서에 의하면, 가칭 다크비슈냐(DarkVishnya)라는 해커가 택배 직원이나 구직자를 가장하여 동유럽의 은행들을 순회, "배시 버니"를 활용하여 수천만 달러를 몰래 인출해 간 사례가 있기도 합니다. 2018년 12월에 널리 보도된 기사입니다.

O.MG라는 라벨의 주목할 만한 케이블도 나돌고 있습니다. USB 케이블 류이긴 합니다만. USB-C 케이블을 비롯하여 (USB 케이블과 흡사한 모양으로) 애플의 iPhone, iPad, iPod에 사용되는 'MFI 인증 고속충전 라이트닝 케이블'도 있습니다. 이들 케이블에는 와이파이 기능까지 갖춘 키로깅(☞ *p. 80,* **키로깅**)용의 키로거 프로그램이 내장되어 있습니다. 웹 브라우저에서 원격 조종할 수도 있고 자폭 기능도 갖추고 있는 등, 거의 완전무결한 해킹 도구입니다. 이 같은 해킹용 소형 하드웨어 기기들이 나돈다는 것은 유사 제품들이 얼마든지 제조·유통될 수 있음을 의미합니다.

해커들의 돈벌이가 될 만한 조직에 근무하는 이라면, 모르는 사이에 행여 이 같은 장치가 PC나 컴퓨터에 장착되지나 않은지 불조심 하듯 늘 유심히 살펴볼 일입니다. '모바일 PC급 CPU'에다 넉넉한 메모리 및 고속의 SSD를 장착하여 USB 기기 형태의 초소형 컴퓨터를 제작할 수 있게 되면서, 휴대용 해킹 도구가 급속히 만연하고 있음입니다. 잠시라도 자리를 뜰 때에는 반드시 비밀번호를 입력해야 컴퓨터 사용이 가능하도록 단속하고, 잠깐 동안이라도 컴퓨터에 타인이 접근하지 못하도록 주의를 기울여야 합니다. 외부인은 물론이거니와 내부인도. 해킹이 돈벌이가 될 수 있음은 내부인에게 있어서도 마찬가지이니까요. 하느님도 어쩔 수 없는 것이, 자유의지가 허용된 인간의 비양심입니다. 방심하다 망하는 것은 일순.

4차 산업혁명의 기반 기술들은 잠시도 쉬는 법이 없이 일취월장으로 진화하고 있습니다. 호모 사피엔스의 출현 이래 지금까지 축적된 인류 문명의 총량보다 고작 앞으로 10~20년 간 겪게 될 인류 문명의 격변이 더 엄청날 것이라는. 하지만 4차 산업혁명의 정체성을 제대로 통찰하는 시각을 찾아

보기는 쉽지 않습니다. 모두들 "4차 산업혁명", "4차 산업혁명!", "4차 산업혁명!!"…, 하고들 있지만, 수박 겉핥기 정도로 변죽만 울릴 뿐입니다. 그럴 수밖에 없는 것이, 두루뭉술한 언변으로 호기심만 불러일으키는 정도에 그치지 않으려 한다면, 뒤엉킨 실타래를 푸는 어려움에 직면하기 마련입니다. (4차 산업혁명을 제대로 이야기하기 위해서는) 지나치게 전문적이어서 난해하기 짝이 없는 이야기들을 두서없이 늘어놓을 수밖에 없는 어려움에 봉착하게 됩니다. 애초 글이 아닌 말로써는 무리이기도 합니다. 듣는 이들에게 사색의 여유를 주지 못하는 것이 말이므로. 4차 산업혁명의 주역이 되고 있는 새로운 기술들, 그 하나 하나가 마치 빙산처럼 수면 아래로 상당한 지적(知的) 유희를 감추고 있는 것들입니다. 바둑이나 체스를 두듯 짚어 보아야 할. **지적 유희의 복잡성은 통찰로 꿰뚫는 것이 요령**입니다.

4차 산업혁명, 그 세파 속에서 정신 줄 놓고 어영부영 휩쓸리기만 하다 뒤늦게 탄식하지 않으려면, 그 세파 속에서 무난히 생존하기 위해서는, 그 정체성에 대한 통찰이 필요하며, 통찰을 위해서는 그 주역이 되고 있는 새로운 기술들의 저변을 살펴볼 필요가 있습니다.

그리고 4차 산업혁명의 세파 속에서 자신을 지키기 위해서는 '비밀번호 만들기와 그 관리에 대한 비책'이 또한 필수입니다. 4차 산업혁명은 인터넷을 토양으로 합니다. 4차 산업혁명의 산물들은 그 씨앗이 인터넷에 심어지고 인터넷에서 생장하고 인터넷에서 수확된다고 보아 과히 틀리지 않습니다. 그러므로 다수의 비밀번호를 능숙하게 관리하는 비책이 없다면 능동적으로 자신의 활동 영역을 넓혀 나가기 어렵습니다. 미래의 생존이 험난해질 수 있음입니다.

생체인증 기술이나 그 밖의 다양한 신원인증 기술이 아무리 새롭게 등장하고 발전해 나간다 해도, 그 모든 인증 기술은 그 그늘 어딘가에서 비밀번호가 항상 그 뒤를 받치며 최후의 보루가 되어 주어야만 성립과 사용이 가능해집니다. 이를테면 지문이나 안면 인식 등, 신원인증용 생체 정보가 해킹된다 해도 비밀번호에 의한 신원인증이 뒤를 받치고 있어야 수습이 가능해집니다. 생체 정보(패턴 데이터) 유출에 대한 대비책이 성형 수술밖에 없다면 생체 정보에 의한 신원인증 기법이란 애초 사용해서는 안되는 것입니다. 또한 비밀번호 자동 관리 소프트웨어라 해서 해킹 불가 영역인 것은 아니며, 비밀번호 관리 전문 웹사이트(기업)라 해서, 돈 앞에서도 그 직원들의 양심이 보장된다거나 사이트가 하루 아침에 공중 분해되지 말란 법 없습니다. 그 어떤 신원인증 관리의 묘수가 등장한다 해도 사용자 자신의 직접적인 수작업 비밀번호의 사용을 완전히 배제할 방법은 있을 수 없습니다. 그 어떤 요리가 개발된다 해도, 요리의 종류가 아무리 많아진다 해도, 소금이 항상 그 뒤를 받쳐 주고 있어야 하듯.

이 책은 **4차 산업혁명을 주도하는 기술들의 저변에 대한 이해를 실질적으로 돕고**, 곁들여 **비밀번호에 대한 비책**을 전하기 위한 내용으로 되어 있습니다. 비밀번호를 적어 두고 사용해도 안전한 방법이 있다면 바람직합니다. 그리고 그것을 남이 보아도 무방하다면 더욱 바람직합니다. 수백 수천 개에 달하는 비밀번호도 쉽게 만들고 관리할 수 있다면 더더욱 바람직합니다. 바로 이 책에서 전하고자 하는 "**비밀번호에 대한 비책**"입니다. 게다가 수많은 웹사이트의 링크(바로가기)와 함께 해당 사이트의 로그인에 필요한 자신의 아이디와 비밀번호를 적어 둔 리스트를 자신의 홈페이지(홈페이지용 .html 파일)로 만들어 사용하면 편리합니다. 또는 그 리스트를 남보란 듯 모니터 가까이에 붙여 두고 사용할 수도 있습니다(☞ *p. 196*, **내 포털 페이지**).

수많은 웹사이트 및 스마트 기기를 사용하지 않을 수 없는 4차 산업혁명의 시대에 있어서, 비밀번호를 적어 두고 사용할 수 있는 비책이 없이는 활동 영역(행동반경)이 위축될 수밖에 없으며, 따라서 삶이 불편해질 수밖에 없습니다. 비밀번호 자동관리 프로그램을 사용하더라도 최소한 예기치 못한 사고에 대한 대비는 필요한 법입니다. 이를테면 비밀번호 자동관리 프로그램이, 자동관리 서비스를 해 주던 수백, 수천 개의 비밀번호를 알 수 없는 이유로 몽땅 날려 먹는 사고는 드물기는 해도 실제로 일어나는 일입니다. 버그(코드 오류)가 없는 프로그램이란 없는 법입니다(※ *p. 189*). 지속적인 업데이트가 그것을 반증합니다. 게다가 인터넷은 다양한 사고가 줄을 잇는, 살아 있는 정보통신망입니다. 황망한 사고에 맞닥뜨렸을 때, 마지막까지 믿을 수 있는 것은 자기 자신밖에 없습니다.

4차 산업혁명에다 '코로나19 팬데믹'까지 가세함으로써 생활환경이 급변하고 있습니다. 이른바 세계적인 비대면 생존 환경이 구축되고 있음입니다. 비대면 환경은 그대로 미래 생존 환경의 일부로 고착화될 것입니다. **비밀번호 수요가 폭증**할 일입니다.

재택근무와 보스웨어(Bossware)

코로나19 팬데믹이 극복되고 난 이후에도 재택근무 방식은 더욱 확산되어 갈 것이라는 견해가 지배적입니다. 재택근무 환경이 유지되기 위해서는 **보스웨어**(Bossware)가 필수적으로 사용될 수밖에 없습니다. **보스웨어**(Boss + ware)란 기업의 경영진이나 상사(Boss)들이 직원들의 근무 태도 등을 원격으로 지켜볼 수 있게 해주는 소프트웨어를 뜻합니다. 달리 아무런 모니터링도 하지 않고 대책 없이 재택근무를 시행한다면 주주와 경영진은 물론이고 근로자 역시 끝내 알거지가 되기 십상입니다. 재택근무자의 보안의식 해이로 기업의 민감한 데이터가 유출되거나, 직원들이 집에서 치맥을 먹으며 기분 좋게 취한 상태로 느긋하게 일을 하거나, 일은 하지 않고 온종일 온라인 컴퓨터 게임을 하고 있거나, 경마 도박 사이트에 접속하여 죽치고 있거나, 시시때때 소파에 앉아 TV 드라마를 보는 식이라면… 생산성이 바닥을 길 것이 뻔하니, 살아남지 못합니다. 그리 되면 사주는 물론이거니와 경영자도 근로자도 사이 좋게 같이 망합니다. 남이 보거나 말거나 본연의 자세나 태도를 그대로 잘 유지하는 인간, 웬만한 인품으로는 어렵습니다. 경영진과 근로자 사이의 신뢰 관계 유지를 위해서도, 승진이나 상벌 등에 있어서의 평가에 공정을 기하기 위해서도, 기업의 수익 확대를 위한 경영진의 인력 분석 및 생산성 관리를 위해서도 재택근무제 시행에는 필수일 수밖에 없는 소프트웨어가 바로 보스웨어인 것입니다. 하지만, 보스웨어를 오·남용하여 근로자들의 인권이나 사생활 침해 등으로 불신을 사게 된다면, 이 역시 다 함께 망하는 결과를 초래할 것입니다. 보스웨어, 양날의 검입니다.

참고로 기업이 보스웨어류의 소프트웨어를 채택하려 할 때에는 그에 앞서 해당 소프트웨어의 사용이 각국의 개인정보 보호법에 저촉되는 점이 없는지 면밀하게 검토해 볼 필요가 있습니다. 이를테면 GDPR(유럽 개인정보보호규정)의 영향이 미치는 국가에서는 근로자의 명시적 동의가 필요할 것입니다. 보스웨어의 기능을 구체적으로 이야기하면 다음과 같습니다.

근로자가 사용하는 PC 노트북 등 단말기의 화면을 계속하여 녹화하거나 주기적으로 갈무리합니다. 단말기의 스피커 및 마이크 등으로부터 오디오 녹음을 합니다. 근로자가 접속하는 웹 사이트, 사용하는 앱 및 그 사용 시간 등을 기록하며, 행여 금지된 웹사이트나 프로그램을 사용할 경우에는 즉각 관리자(Boss)에게 알립니다 — 이는 회사 전체의 보안을 위해서 극히 중요시해야 할 사안입니다(한 사람의 불량 재택 근무자로 인해 사내 컴퓨터를 비롯한 전체 재택 근무자들의 PC까지 모두 순식간에 랜섬웨어에 감염되는 사고가 일어나지 말란 법 없습니다. 재택 근무자로서는, 나 한 사람의 일탈이 기업은 물론이거니와 직장 동료들의 삶까지도 위험에 빠뜨릴 수 있음을 각별히 명심해야 할 일입니다). 그리고 근로자가 어디에서 시간을 보냈는지, 그것이 생산적인 행위와 관련이 있는 것인지의 여부를 분석합니다. 단말기의 키보드 입력을 모두 기록하기도 합니다 — 이를 **키로깅**(keylogging ☞ 아래 참조)이라고 합니다. 이상과 같이 하여 수집된 정보들을 실시간으로 관리자에게 전송하며, 수집된 정보들을 분석한 결과를 대시보드를 통해 보여 주기도 합니다.

코로나19 팬데믹과 함께 보스웨어에 대한 수요가 폭발적으로 늘어나, 많은 소프트웨어 개발 업체들이 관련 제품들을 쏟아내고 있습니다. {참고로, 2020년 11월 현재 사용자 수를 늘려 가고 있는 보스웨어들을 예 든다면 다음과 같습니다. ActivTrak, Clever Control, DeskTime Pro, Hubstaff, iMonitorSoft EAM, InterGuard, Sapience review, StaffCop, Teramind, Time Doctors, Veriato, VeriClock, Work Examiner, WorkSmart…}

키로깅(keylogging)이란 '키스트로크 로깅(keystroke logging)'의 합성어이며, 말 그대로 키보드 입력을 그대로 기록한다는 의미입니다. 이는 가장 광범위하고 보편적인 해킹 수단이기도 합니다. 심지어는 윈도우 10에도 키로거(Keylogger: 키로깅을 하는 프로그램)가 내장되어 있으며, 제어판 등을 이용해 비활성화할 수 있습니다 — 윈도우 10에 내장된 키로거는 물론 해킹을 위한 것일 수는 없으며, 인공지능 비서 코타나의 학습에 사용되는 등 좋은 목적을 위한 것이긴 합니다(※ 비서😊가 보스의 일거수일투족을 모르고 있다면 비서다워지기 어렵습니다). 키로깅이 위험한 것은 키로깅이 되고 있어도 그것을 사용자가 알아채기도 어렵거니와 아이디와 비밀번호, 계좌번호, 이메일 내용 등등 키보드로 입력하는 치명적인 사용자 정보들이 그 어떤 가림 막도 없이 그대로 노출되는 폭로성 때문입니다. 키로깅 앱(키로거)의 만연으로 앱을 구하기도 쉬워진 탓에, 자녀 감시용이나 배우자 감시용 등으로 흔히 사용되고 있기도 하며, PC는 물론이거니와 휴대폰 또한 그 대상이 되고 있습니다.

하지만, 키로거라 해서 다 같은 키로거가 아닙니다. 키로거 중에는 **제거가 불가능한 악성 키로거**가 적지 않습니다. 휴대폰이나 컴퓨터를 잠그는 데 등한히 하거나 불량 웹사이트에서 의심스러운 링크나 첨부파일을 클릭하는 등 평소에 보안에 무심하다면, 이미 악성 키로거에 감염되었을 가능성이 농후합니다. 백신 프로그램들이 알려져 있는 **키로거**(Keylogger)를 잡아 내기도 하지만, 악성 키로거의 경우{루트킷(Rootkit)에 의한 키로거일 경우}에는 백신으로도 감지나 제거가 불가능할 수도 있습니다. 키로거에 감염된 줄도 모르고 컴퓨터 수명이 다할 때까지 사용할 수도 있다는 이야기입니다. 발가벗고 살아가는 삶이 아닐 수 없습니다.

키로거에 감염된 것이 의심된다면, 그런데 일반 백신으로는 진단 및 제거가 되지 않는다면, 의혹이 해소될 때까지 컴퓨터를 오프라인으로만 사용해야 하며, 폐기를 고려해야 합니다. 폐기 시에는 {펌웨어(firmware)가 내장된} 값비싼 부품의 재사용도 해서는 안됩니다. 키로거로 인한 피해는 가늠하기조차 어렵습니다. 그로 인해 사생활의 비밀이 전부 노출되는 것입니다 — 한 마디로 신세 망치는 것입니다.

실력 있는 보안 전문가에게 키로거로 인한 문제의 해결을 의뢰할 수도 있겠습니다만, **컴퓨터는 어떤 경우에도 남에게 건네거나 맡길 물건이 못됩니다**. 자칫 큰 화를 당할 수도 있기 때문입니다. 지난 2008년 홍콩의 배우 에디슨 찬(陳冠希)이 노트북(컴퓨터)의 수리를 맡겼다가 여러 명의 여류 홍콩 연예인들이 도매금으로 돌이킬 수 없이 걸레 인생이 되고 말았던 것처럼. 망하고 나면 고칠 외양간조차도 없습니다.

{커널이나 그 이하 모드에서 실행되는 루트킷의 키로거는 감지하기조차 쉽지 않으며 제거하기는 더욱 어렵습니다. 시스템의 BIOS(특히 UEFI)에 기생하는 루트킷은 운영 체제를 삭제하고 완전히 다시 설치해도 소용이 없습니다. 루트킷 전용 백신이 아니고서는 사실상 찾아내는 것조차 어렵습니다. 감염이 의심되는 경우, 펌웨어를 출고 당시로 되돌리는 팩토리 리셋(factory reset)이 가능한 펌웨어라면 그로써 해결할 수도 있습니다. 그리한 후, 최신 펌웨어로 업데이트하면 됩니다. 루트킷 전용 백신이라 할지라도 해당 백신이 감지해 내고 제거할 수 있는 경우가 한정적입니다. 리눅스용의 전용 백신으로는 chkrootkit(체크루트킷), rkhunter(루트킷헌터), 오픈 소스 Tripwire, OSSEC 등이 있으며, 윈도우용 전용 백신으로는 G-MER, OSSEC, Malwarebytes의 Anti-Rootkit 등이 있습니다. 윈도우 10에서는 **윈도우 디펜더**의 **'오프라인 스캔'**을 실행해 볼 수도 있습니다.}

컴퓨터는 구입 시보다 폐기 시에 더 주의해야 합니다.

컴퓨터 폐기 시에는 웹검색을 통해 전문가들의 조언을 참고하여 보안을 위한 적절한 사후 처리를 잊어서는 안됩니다. 최소한 내장된 저장 장치(하드디스크, SDD, M.2 소켓의 드라이브 등)들에 대한 데이터의 불가역(不可逆)적인 삭제{로우 레벨 포맷(Low Level Format)이나 물리적인 파기(破棄)} 정도는 해야 합니다. 이미 고장이 난 저장 장치라면 물리적 파기를 해야 합니다. 물리적 고장 원인을 살펴 수리하거나 데이터 복구 프로그램을 돌리면 어렵지 않게 데이터를 복원할 수 있기 때문입니다. 적절한 사후 처리를 하지 않고 폐기한 컴퓨터로 인해 기업 비밀이나 사생활 정보가 유출되어 발생하는 피해가 만연하고 있음입니다 — 폐기된 컴퓨터의 데이터 저장 장치만을 사들여서 돈 될만한 정보를 캐는 전문 도굴꾼(악성 해커, 크래커)도 적지 않습니다. 철 지나 폐기된 퇴물 컴퓨터조차도 대개는 파기되지 않고 후진국에 수출되어 그대로 사용되기도 합니다.

각설하고.

재택근무자들은 반드시 **개인용 컴퓨터 장비와 업무용 컴퓨터 장비를 별개로 구비**하고, 철저하게 따로 구분하여 사용하는 것이 바람직합니다. 기업 비밀이 보안 상태가 미비한 개인용 PC를 통해 외부로 노출되거나, 사생활 비밀이 실수로 업무용 컴퓨터 네트워크에 노출되는 뜻하지 않은 사고를 피하기 위해서는.

또한 기업은 '**침입 탐지 시스템**(IDS: Intrusion Detection System)'을 가동하여 기업의 서버와 데이터, 그리고 재택 근무 직원들을 보호해야 합니다. '침입 탐지 시스템(IDS)'은 네트워크 상에서 수상한 행위를 감시하는 소프트웨어로서, 악성 행위(코드)가 의심될 때에는 이를 추적하고 알립니다. {IDS는 맬웨어(malware: 랜섬웨어, 트로이 목마, 백도어, 루트킷 등의 악성 소프트웨어)를 탐지하기도 하고, 악의적인 '사회공학적 공격(Social Engineering Attack ☞ *p. 243*)'을 감지하거나 불량 행위를 하는 내부자를 찾아 내는 데도 도움이 되어 줍니다. 코로나19 팬데믹의 영향으로 기업들이 재택근무제를 도입함으로써 다수의 근로자들이 자택에서 또는 사무실을 벗어난 곳에서 보안 조치가 되어 있지 않은 다양한 단말 기기와 소프트웨어, 그리고 보안이 되어 있지 않은 와이파이를 통해 기업의 서버 및 데이터에 접속하는 것이 일상이 되어 가고 있습니다. 그러므로 보안을 위해서는 IDS에 의존하지 않을 수 없습니다. 강력한 자체 보안팀을 보유한 대기업은 문제될 것이 없겠으나, 중소기업의 경우에는 비용 문제로 고심하는 경우가 없지 않을 것입니다. 참고로 현재 시중에는 다음과 같은 몇 가지 오픈 소스(Open Source: 소스 코드까지 공개되어 있는 소프트웨어. 반드시 그런 것은 아니나 대개는 무료로 제공됩니다.) IDS가 많이 사용되고 있습니다. OSSEC, Security Onion, Snort, Suricata, Zeek 등.}

각설하고. 지난 제78 페이지에 이어 "4차 산업혁명"에 대한 이야기를 계속해 나가기로 하겠습니다.

4차 산업혁명, 그 위세는 하루가 다르게 세상을 온통 기대로 물들이고 있습니다. 그러나 예정된 그 천지개벽의 대폭발은 좀 더 기다려야 합니다. 새로운 세상에 적합한 '플랫폼(Platform: 기반 환경, 판) 만들기'가 선행되어야 하기 때문입니다. 누에고치 속에서의 마지막 변태를 위한. 새싹은 세상이 얼어붙은 겨울 동안 준비됩니다. 그래서 무성한 소문과는 달리, 혹한의 겨울이 지나는 한동안은 태풍의 눈 속에 든 것처럼 세상이 조용하거나, 간간이 눈요기 정도나 눈에 띄는 일상일 수도 있습니다. 그러나, 어쨌거나 예정된 봄이 오면 마침내 "상전벽해의 천지개벽"은 대폭발과 함께 무서운 기세로 세상을 집어삼킬 것입니다. 사람들의 생존과 사활이 걸린 미지의 새로운 질서가 정립되어 나갈 것입니다. "4차 산업혁명"의 '새 판(플랫폼)'이 진면목을 드러내면서, 그리하여 판이 바뀌게 되는 것입니다.

새 판 짜기의 시작 ◎◎

주변에서 간간이 "4차 산업혁명"이라는 말이 들려오던 것이 엊그제 같은데 어느새 4차 산업혁명의 예사롭지 않은 조짐들이 점점 뚜렷해져 가고 있습니다. 인공지능, 빅데이터, 머신러닝, 딥러닝, 5G 통신, 가상현실, 증강현실, 혼합현실, 암호화폐(가상화폐), 블록체인, 사물인터넷(IoT), 클라우드(※ *p. 91*, **클라우드, 4차 산업혁명의 프레임**), 랜섬웨어, SaaS(서비스형 소프트웨어), 긱 이코노미(Gig Economy: 비정규 프리랜서 근로 형태를 바탕으로 하는 경제), 플랫폼 노동('배달 대행 앱', '대리 운전 앱', '우버 택시 앱' 등과 같은 스마트폰 앱이나 SNS 등, 인터넷 플랫폼을 매개로 노동력이 거래되는 근로 형태) 등등, 새롭고도 현란한 용어들의 등장과 범람이 그러한 세태의 변화를 피부로 실감하지 않을 수 없게 하고 있습니다. 이들 용어들은 거의 매일 듣다시피 하게 되어 익숙해질 대로 익숙해져 가고 있으나, 아직은 쉽사리 친숙해지지 않는 개념이 대다수일 것입니다.

어쨌거나 나날이 새로운 신조어들이 홍수가 되어 밀어닥치고 있으며, 개중에는 난해한 논리와 발상을 배경으로 하고 있어서 웬만한 식자(識者)들조차도 막상 그 개념의 실체를 파악해 보려다 난감해지는 경우가 적지 않을 정도입니다. 그러나 그렇다 해서 그냥 "그런 게 있나 보다" 하고 지나치기에는 뭔가 찜찜한 느낌이 가시지 않습니다. 그도 그럴 것이, 새로운 용어와 그 개념들 중에는 지금부터 전개될 미래 사회의, 그 생존 환경의, 골조(骨組, 프레임)가 될 아이디어이자 기술들임이 틀림없어 보이는 경우가 적지 않은 것으로 생각되니까요. 무시하고 등한히 하다가는 판이 뒤바뀌는 와중에 뒤통수 얻어맞기 십상입니다. 4차 산업혁명이란 한마디로 말해서 '거대한 새 판 짜기'인 것입니다.

판이 바뀌고 있습니다. 체스판을 바둑판으로 바꿔 버리면 대비하지 못한 체스 선수들은 다 망합니다. 과거 여가 시간을 독점하다시피 했었던 TV 방송조차도 유투브나 넷플릭스 등의 동영상 스트리밍(streaming) 채널에 밀려 제대로 힘도 써 보지 못하고 쇠락의 길을 걷고 있을 정도입니다. 게다가 TV는 이제 더 이상 TV가 아닙니다. “스마트”라는 접두어와 함께 멀티미디어 재생에 특화된 거실형 PC이자 웹 탐색기쯤으로 변모해 버렸으니까요 — 사람들이 TV로 딴 짓(?) 하느라 TV 방송 보지 않게 된 지 오래입니다. 😝😝. 스마트폰, 노트북, PC, 게임기, 차량용 네비게이터, 스마트 디스플레이, 냉장고의 LCD 화면 등등, 이들 기기들을 굳이 구별해 이름하는 것이 오히려 이상할 정도입니다. 모든 길은 “스마트”로 통하고 있습니다. 판이 바뀌고 있음입니다. 낯선 개념과 ‘융합 기술’의 홍수, 발 빠른 변화, 우리는 이미 4차 산업혁명의 돌이킬 수 없는 흐름에 휩쓸려 있음입니다.

난생 처음 가 본 유럽의 한 외진 도시. 현지에 도착한 다음, 구글 맵 보며 스마트폰으로 예약하고 곧바로 찾은 그곳 한 레스토랑에서 레스토랑 매니저가 단박에 자신을 알아보고 (물론 국제 공용어인 영어로) “오~우! 신 팀장님께서 저희 레스토랑까지 걸음 해 주셨네요. 뵙게 되어 너무너무 영광입니다~아. 바흐는 언제 들어도 멋지죠~오. 첼리스트 성원 양님의 무반주 첼로 모음곡 2번을 준비했습니다마아~안. 에~ 또. 샤토브리앙(※ 안심 스테이크의 일종)에다 DRC의 그레이트 빈티지 2010년 리쉬부르(※ “포도주”라는 말입니다 😁😁)를 추천해 드리고 싶습니다만?” 하고 반색한다 해도 감격할 일은 못됩니다. 레스토랑 매니저쯤 된다면, 처음 찾아 준 손님일지라도 그의 식성과 기호 정도는 사전에 파악할 수 있어야 원만한 생존이 가능한 판(세상)인 것입니다. 모든 것이 연결되어 있는 판이니까요.

구글의 다양한 서비스, 예약 앱, 공항과 기차역 등의 CCTV, 클라우드(※

p. 91)가 서비스하는 안면인식 기술, (SNS 등에 여기저기 흘려져 있는) 개인의 신상 정보나 인터넷 행적 등을 수집·저장해 놓고 판매하는 데이터 중개업체, 그리고 스마트폰의 '예약자 정보 관리 앱'에 이르기까지 모든 것이 실시간으로 연결되어 있는 판인 것입니다. 예약 순간, 매니저의 스마트폰 화면에는 해당 손님의 신상 정보가 뜨는 세상인 것입니다.

중국 공안은 안면인식 기술을 써서, 2018년 4월초 콘서트장의 5만 관중 속에 숨어 콘서트를 즐기려던 수배자를 체포함으로써, 달라진 판을 미처 몰랐던 사람들을 놀라게 했습니다. 콘서트장 입구의 카메라(CCTV)에 촬영된 영상에서, 13억 얼굴들을 3초 내에 식별해 내는 안면인식 기술로 수배자임을 알아내고 즉각 공안들을 배치, 수배자가 착석하자 마자 체포해 버렸던 것입니다. 판이 바뀌었음을 수배자는 미처 알지 못했던 것입니다. 게다가 앞으로 5G 통신은 (2018년 4월의) 무려 3초씩이나😜😜 걸리던 안면인식을 거의 실시간으로 바꾸어 놓을 것입니다. 아직 놀라기는 이릅니다.

1994년에 살인을 저지르고 2012년 위조 여권으로 한국에 들어온 한 중국인은 신분 세탁을 하고 지내다 2014년에는 한국인으로 귀화하기도 했습니다만, 중국 공안이 공항 CCTV 영상 수년 치를 분석해 2012년 한국으로 출국하며 찍혔던 영상에서 '안면인식 기술'로 그를 찾아 내어 한국 경찰에 체포해 줄 것을 요청했고, 한국 경찰은 제주도에서 그를 체포했으며, 경기남부지방경찰청 국제범죄수사대는 과거 살인 혐의를 인정한 그를 "대전출입국외국인사무소에 인계했다"고 2019년 11월 13일 밝혔습니다.

중국의 선전과 상하이 등 주요 도시에는 횡단보도에 안면인식 전광판을 설치해 두고 있습니다. 무단횡단 하는 것이 감시 카메라에 찍히면 안면인식 기술을 활용하여 즉각 그 신분 정보와 얼굴을 전광판에 띄우고 인터넷에도 공개합니다. 사진을 삭제하려면 벌금을 내거나 20분 동안 교통경찰을 도와야 하지요. 이 같이 신통방통(☺)한 중국의 안면인식 기술은 주변 여러 나라에 수출되고 있기도 합니다. 이른바 **새 판의 보편화**가 진행되고 있음입니다.

여기까지는 약과입니다. 2017년 3월 20일자 뉴욕타임즈의 보도에 따르면, 중국 베이징의 유명 관광지 화장실에는 화장지 공급기에 안면인식 스캐너가 장착되어 있어서 안면인식 후에야 약 60cm 길이의 두루마리 화장지를 뽑아 쓸 수 있게 되어 있으며, 9분 이내에 인근의 다른 화장실에 가서 안면인식 스캐너에 얼굴을 디밀면 소용이 없다네요. 인공지능이 얼굴을 알아보고 휴지 공급을 거절한다고. 60cm라…, 겹치면 30cm!, 과유불급?, 과유불급!?, 과유불급!!☹

이젠 숫자 키패드가 장착된 '디지털 도어락' 대신 (외부에서는 도어락의 형체조차 볼 수 없도록) 도어락 부속 전부가 실내에만 설치되는 '스마트 도어락'으로 대체해야 할 판입니다. 키패드에서 지문의 흔적뿐만 아니라, 누르는 순서를 읽을 수 있는 오염의 차이까지 간단히 스캔·분석되는 세상인 것입니다. 하지만 섣불리 혹해서는 안되는 것이, 내장 프로그램의 오류나 악성 해킹으로, 또는 스마트폰 먹통으로 인한 비상시에는 문짝을 통째 뜯어내야 할 수도 있음입니다. ☺☺

이제 원만한 생존을 위해서는 누구나 판이 바뀌었음을 자각해야 하는 것이지요. 이미 스마트폰으로 잠그고 여는 도어락을 사용하고 있노라, 고요? 건강을 위해, 도어락을 스마트폰 앱으로 다루는 것은 한층 위험한 일일 수 있음을 알고 있는 편이 좋습니다. 사람들은 흔히 제 돈 주고 산 스마트폰이니 으레 제 것인 줄로만 알고 들고들 다니지만, 지켜보는 악성 해커들의 입장은 그게 아니니까요. 스마트 기기의 민낯입니다. ☺☺.

인터넷. 밝은 면이 있으면 어두운 면도 있는 법이지요. 암호화폐(가상화폐 ☞ *p. 318*)의 익명성은 랜섬웨어 유포 등, 악성 해킹(크래킹)을 전망 좋은 사업(블루오션)으로 둔갑시켰습니다.

암호화폐가 등장하기 이전까지는 해킹이란 덕후들의 취미나 연구 대상 같은 성격의 것이었습니다. 여가 시간을 죽이기 위해, 또는 실력을 과시하거나 컴퓨팅 관련 연구를 목적으로 악성 코드를 만들거나 시스템을 해킹 해 보는 정도였습니다. 그럴 수밖에 없었던 것이, 설령 그것을 이용하여 수익을 노릴 수 있다 할지라도 사법 기관의 수사망을 피해 그 수익을 환금(換金)할 수 있는 마땅한 수단이 없었으니까요. 한데 암호화폐는 그와 같은 경우의 환금 수단으로서 안성맞춤이어서, 급기야 크래킹은 블루오션(Blue Ocean: 경쟁이 없는, 전망 좋은 신종 시장)으로 일신(一新)하게 된 것입니다. 어둠의 세계에 새로운 판이 열린 것이라 하겠습니다. 거대한 신종 사업의 판이.

또한 이 같은 판의 변화로 인해 보안은 기업이나 개인의 사활 문제로 부각되고 있기도 합니다. 그래서 비밀번호(패스워드)를 비롯한 신원 인증의 기법, 암호화 기법, 보안 기법 등이 또한 다양하게 진화하며 그에 대응해 나가고 있기도 합니다.

이 책의 집필 방식 ◔◔

4차 산업혁명이란 광대한 영역에 걸친 변화입니다, 그 전체적인 흐름을 감 잡는 것이 이해의 관건이 되는. 지엽적인 데에 지나치게 관심을 빼앗기면 전체적인 흐름을 놓치기 쉽습니다. 이제 이 노구가 독자에게 전하려 하는 내용의 본론을 시작하게 되겠습니다만, 그 전에 집필 방식에 대한 약간의 이해를 구하려 합니다.

이 책에서, "무작정 따라 하기"식의 설명을 기대해서는 안됩니다 — "무작정 따라 하기"식의 해설은 책이 아니라 (시류를 잘 반영하는) 인터넷에서 찾아야 합니다. 시시각각 업데이트, 업그레이드가 되어야 하는 것이 소프트웨어류가 가진 숙명입니다, 하루만 지나면 버전이 달라져서 그 사용법 또한 달라지곤 하는. 4차 산업혁명의 모든 부분은 소프트웨어(컴퓨터 프로그램, 데이터, 규약, 절차, 등등)를 주축으로 그 실체가 구현되는 것이며, 따라서 (적어도 보안을 위해서라도, 끊임없이 진화하는 악성코드와 해킹 기법에 대처하기 위해서라도) 숨가쁘게 패치(땜질)되고 업데이트되고 업그레이드될 수밖에 없습니다. "무작정 따라 하기"식이란 이 같은 환경에서는 말하자면 하루살이밖에 되지 못합니다.

핵심이 되는 개념을 다루는 것만으로도 그 내용이 차고 넘칠 수밖에 없는 4차 산업혁명을 이야기하는 책에서, 소요 지면이 폭증할 수밖에 없는 "무작정 따라 하기"식으로 내용을 서술해 나간다는 것은 무리이기도 합니다. 독자들이 이 책에서 기대해야 할 것은 4차 산업혁명의 민낯(본질)에 대한 통찰입니다. 낱낱의 관련 소프트웨어들에 대한 세부적 사용법이나 해설 해법 등은 도움말이나 인터넷 검색 등을 통해 쉽게 구하고 해소해 나갈 수 있습니다. 특히, 유투브에는 초보자를 배려한 상세하고도 친절한 해설이나 강의가 많습니다. 크리에이터라면 조회수에 목을 맬 수밖에 없으니까요.

연일 쏟아지는 신기술, 4차 산업혁명의 새 판에 효율적으로 적응해 나가기 위해서는 자질구레한 기법 이전에 그 이유와 까닭에 집중하고, 그 배경과 원리를 통찰할 필요가 있습니다. **그 민낯을 보아야 합니다**.

도처에서 자주 접하게 되는 새로운 용어들 중에서 "**클라우드**"와 "**가상화**"

라는 용어에 대한 개념을 먼저 이야기하고자 합니다. 4차 산업혁명에서 벌어지는 갖가지 일들의 근본에 자리하는 키워드에 해당해서, 4차 산업혁명이 가져오는 변화들에 대한 상황 파악과 이해에 꼭 필요한 개념들입니다만, 이들 용어는 인터넷 검색으로도 만족할 만한 답을 구하기가 쉽지 않습니다. 그 개념이 방대한 영역을 범위로 할 뿐만 아니라, 다양한 면을 가지고 있기도 해서, 사람마다 그 세부(細部)에 대한 이해를 달리하는 경향이 다분하기 때문입니다. 마치 장님 코끼리 더듬기 하듯. 게다가 인터넷 검색 결과들은, 그 필자가 대개는 전문가들인 탓에, 현란한 전문용어들로 도배되어 있기도 합니다.

클라우드, 4차 산업혁명의 프레임

“**클라우드**(Cloud: 구름)”란 인터넷에 늘 떠 있는 컴퓨터를 뜻하며, 언제라도 인터넷에 접속만 하면 (인터넷을 통해, 유·무상으로) 사용할 수 있습니다. 좀 어렵게 설명한다면… PC, 노트북, 태블릿, 스마트폰 등, 형태나 종류를 불문하고 인터넷 접속이 가능한 기기만 있다면 언제 어디서든 인터넷을 통해 다수의 사용자들이 그 무한한? 능력을 나누어 사용할 수 있는 공룡 같은 덩치의 ‘가상(假像, Virtual) 컴퓨터’라고 하겠습니다. 대개의 웹사이트나 인터넷 서비스, 이를테면 네이버 같은 포털이나 구글 같은 검색 사이트가 클라우드에서 가동됩니다. 클라우드라고 이름하게 된 연유는… 프로그래밍 코드 좀 씹어 본 언니들이 네트워크 도표(다이어그램)를 그릴 때 어쩐 일인지 인터넷을 유독 솜사탕 모양의 구름으로 그리던 관습에서 유래한 용어입니다. 아마 그리기 쉬웠던 탓일 것입니다.

결론부터 먼저 이야기해 두자면, 4차 산업혁명의 모든 조화(造化)는 클라우드를 통해 이루어집니다. 그런 까닭으로 누군가가 이 세상의 모든 클라우드를 마비시켜 버린다면, 그 순간부터 4차 산업혁명은 정지되어 버립니다. 아무것도 할 수 없게 됩니다. 세상은 미증유의 혼란 속으로 빠져들게 될 것입니다. 은행도 마비되고, 웹사이트들도 열리지 않게 되고, 기업도 멈추고, 카드 스캐너도 작동을 멈추고, 기차도 멈추고, 인터넷 쇼핑몰도 멈춥니다. 인터넷을 통해 각종 서비스를 구현하는 소프트웨어가 대부분 클라우드에서 실행되고 있기 때문입니다. 세상에서 그나마 돌아가는 것이란 휴전선 이북의 북한밖에 없을 것입니다. 😂😂.

그러나 구글, 마이크로소프트, 아마존, 페이스북(메타)과 같은 유명 클라우드가 마비되는 사고란 드문 일입니다. 그 까닭은 유명 클라우드는 대개 이중 삼중으로 백업을 유지하기 때문입니다 — 해당 업체들의 주장입니다. 그러나 중소 규모의 클라우드가 먹통이 되는 예는 드물지 않습니다.

클라우드를 거론하기 위해 **가상화** 및 **추상화**란 용어를 미리 끄집어내게 되겠습니다만, 이들 용어에 대해서는 아래(*p. 101*)에서 이해가 쉽도록 소상하게 설명하게 됩니다. (※ 이어지는 글이 다소 난해하게 느껴지는 독자께서는 아래 제*101* 페이지의 '가상화' 난을 먼저 읽어 보셔도 무방합니다. 또는 어려운 부분은 그냥 가볍게 읽고 지나쳐도 되겠습니다.)

클라우드는 데이터센터의 하드웨어를 써서 실행되고 운영됩니다. 데이터센터란 마치 엄청난 장서를 구비한 대형 도서관에 비유할 수 있겠습니다. 서가(書架)를 빼곡히 채우고 있는 책, 그 하나하나가 책이 아니라 통신 기능을 갖춘 서버라는 점이 다를 뿐입니다.

말하자면 데이터센터는 서버 창고이며, 클라우드는 소프트웨어의 창고입니다. 한데 클라우드는 (사용자가 클라우드 접속에 사용한 단말기가 무엇이든 관계없이) 사용자가 원하는 다양한 종류의 컴퓨터 하드웨어를 사용할 수 있게 하는 메뉴를 구비해야 하므로, 슈퍼컴퓨터에서 PC에 이르기까지 다양한 종류의 컴퓨터 하드웨어를 갖출 필요가 있습니다. 그러나 데이터센터에는 서버만 있습니다. 그것도 대개는 동일한 종류의. 그런 까닭으로 클라우드는 데이터센터의 서버들을 입맛에 맞게 요모조모 변조하는 방법을 사용합니다. 그러나 공구 들고 다니며 하드웨어를 직접 손보는 것이 아니라, 그 모든 변조를 소프트웨어로 해냅니다. 서버나, 또는 서버를 구성하고 있는 하드웨어 장비들을 소프트웨어 기술에 의해 마치 레고(Lego)블록처럼 다룹니다. 그리하여 그때그때 필요로 하는 컴퓨터의 기종이나 종류와 동일한 기능을 하는 가상(假像, Virtual)의 컴퓨터를 구성해냅니다. 이 같은 변조에는 (소프트웨어에 의한) 추상화 기술과 가상화 기술이 사용됩니다.

하드웨어 장비들을 레고블록처럼 규격화하는 소프트웨어 기술을 **추상화**(抽象化, abstraction) 기술이라고 합니다. 그리고 추상화 기술에 의해 레고블록처럼 규격화된 하드웨어 장비들을 짜 맞추어 필요한 종류와 성능의 가상 컴퓨터들로 둔갑시키는 소프트웨어 기술이 **가상화** 기술입니다. 데이터센터라는 거대한 컴퓨터 하드웨어 집단에 인터넷 서비스용의 거대한 소프트웨어 집단이 실행되고 있는 것, 그것이 바로 **클라우드**입니다.

클라우드는 24시간 중단 없이 서비스되어야 할 뿐만 아니라, 굴지의 클라우드들은 엄청난 규모의 하드웨어를 필요로 합니다. 따라서 그에 걸맞은 데이터센터란 엄청난 규모의 하드웨어 장비(서버컴퓨터, 라우터 등의 통신장비, 무정전 전력 공급 장치, 냉각 장치 등등)와 발전소급 전력 공급과, 대규모 냉각 시설 등이 필요합니다. 그러나 그 가동과 운영은 자동화의 극대화가 가능한 성격의 시설입니다. 그래서 소프트웨어 기술로 운영됩니다. 따라서 데이터센터는 클라우드와는 별개로 땅값이 저렴하고, 인적이 드물고, 대규모 냉각에 유리한 지역에 건설하는 것이 보통입니다.

데이터센터는 주로 여러 층으로 된 빌딩의 구조로 되어 있으며, 각 층마다 케이지(cage)라 불리는 대형 철재 구조물들이 열을 짓고 있고, 케이지에는 랙(rack)이라는 선반들이, 그리고 랙에는 책 같이 생긴 서버들이 빼곡히 꽂혀 있는 식입니다. 웹 검색으로 데이터센터의 실제 모습들을 볼 수 있습니다. "Google Cloud 인프라", "네이버 데이터센터 각(GAK)", "아마존 데이터센터", "페이스북 데이터센터 스웨덴"등으로 검색하면 되겠습니다. 그 깜찍한 모습들에 눈이 즐거울 것입니다.

굴지의 클라우드들은 데이터센터를 지구 상의 여러 곳에 시설해 두고, 항상 복수 개의 백업을 유지합니다 — 그렇다고 주장들을 합니다. 그러므로 가령 핵무기 공격이나 화산 폭발로 그 중 한 곳의 데이터센터가 전파(全破) 되더라도 클라우드가 멈추는 일은 없다고 해당 클라우드 업체들은 장담합니다만. 2021년 3월 10일, 유럽 최대 클라우드 서비스 업체인 OVH**클라우드**(OVHcloud)의 데이터센터 한 곳에서 대형 화재가 발생했을 때, 데이터를 완전히 잃어버려 영업 불능 상태에 빠진 고객사들이 적지 않았더랬습니다(☞ *p. 199*). 클라우드의 민낯입니다.

클라우드가 갑작스레 보통 사람들의 입에 오르내리게 된 것은 충격적인 사건 때문이었습니다. 컴퓨터가 바둑계의 최고 고수를 간단히 꺾어 버린. 그것이 충격적이었던 까닭은 그것이 비단 바둑이라는 게임만의 문제가 아니었기 때문입니다. 컴퓨터가 아무리 발전을 거듭한다 해도, 장기나 체스라면 모를까 바둑으로는 절대로 인간을 이길 수 없다는 것이 지난 세월 동안의 흔들림 없는 일종의 신앙이었습니다. 한 수 한 수마다 엄청난 경우의 수가 발생하는 것이 바둑이어서 계산만으로 감당할 수 있는 게임이 결코 아니며, 인간의 직관적 영감이 필수라고 굳게 믿어 왔었던 성역이었습니다. 그래서 인간은 영감에 의한 창의력이라는 특질로 인해 그 존엄성이 절대로 훼손될 일이 없는 존재였었고, 마찬가지 이유로 예술 또한 컴퓨터가 감히 넘볼 수 없는 지고한 영역이었습니다. 한데, 일순에 컴퓨터와 인간 사이의 그 마지막 경계가 허물어지는 조짐이 뚜렷이 드러나 버렸던 것입니다.

2016년 3월, 이세돌 기사를 상대했었던 알파고는 인터넷 상의 **클라우드**에서 실행되는 바둑 프로그램이었습니다. 알파고는, **가상화 기술**을 써서 1000대의 서버를 (소프트웨어 기술로) 짜 맞춘 슈퍼컴퓨터에서 실행되었으며, 그 1000대의 서버에 장착된 하드웨어를 모두 합하면 CPU가 1202개, GPU(그래픽 처리 전문의, 일종의 CPU)가 176개였습니다(※ ☞ *p. 112*).

이 클라우드라는 공룡은 그 운용을 담당하는 소프트웨어에 의해 수많은 사용자들의 수많은 용도에 실시간으로 두루 응할 수 있게 되어 있습니다. 추상화 및 가상화 소프트웨어 기술에 의한 극한의 유연성을 가진 "가상 컴퓨터"이기 때문에 그것이 가능한 것이지요. 클라우드에 적용되고 있는 추상화 및 가상화 기술은 단 한 대의 서버로 여러 대의 가상 컴퓨터를 만들어 내고, 그 하나 하나에마다 각기 다른 종류의 OS를 탑재할 수도 있습니다. 말하자면 단 한 대의 서버에 '윈도우 7', '윈도우 10', '윈도우 NT 서버', '리눅스' 등등을 모두 설치해 두고, 그들 모두를 동시에 실행할 수 있다는 이야기입니다. 반대로, 네트워크로 연결되어 있는 수많은 서버들을 통합하여 단 한 대의 슈퍼컴퓨터나 서버로 동작하게 할 수도 있습니다. 그리고 그 모든 것이 소프트웨어에 의해 구현되고 운용됩니다.

클라우드에 접속하는 것으로 온갖 컴퓨팅 업무나 작업이 가능하며, 클라우드는 막강한 성능과 막대한 저장 능력을 자랑합니다. 사용자들의 요구(임대 용도나 임대 옵션 등)에 따라 그것은 저장장치가 되어 주기도 하고, 윈도우 PC가 되어 주기도 하고, 리눅스 워크스테이션이 되어 주기도 하고, 슈퍼컴퓨터가 되어 주기도 하고, 사설 네트워크가 되어 주기도 하고, 인공지능 개발을 위한 머신러닝의 도구가 되어 주기도 합니다. 단, 클라우드 업체마다 가능한 용도나 유형 등은 물론 달라지겠습니다만.

기업들은 홈페이지 운영을 위해, 아울러 직원들의 업무에 사용하기 위해 서버들을 운용하게 마련입니다. 한데, PC 사용자들이 외출할 때 PC의 전원을 끄는 것이 보통이듯이, 과거의 기업들 역시 퇴근 시에 서버(또는 메인 컴퓨터)의 전원을 내리는 것이 일반적이었습니다. 그래서 낮(근무 시간)에만 홈페이지 접속이 가능한 기업이 흔했었습니다. 한데 외출 중에도, 또는 외근 중이나 퇴근 후에도 회사의 컴퓨터를 그대로 사용할 수 있다면, 그것도 스마트폰이나 태블릿 또는 노트북으로도 접속하여 사용할 수 있다면 매우 편리하고 쓸모가 많을 것입니다. 물론, 낮뿐만 아니라 24시간 내내 홈페이지 접속이 가능한 것이 또한 영업에 도움이 될 일입니다.

그러나 그것이 가능하기 위해서는 컴퓨터를 항시 인터넷에 연결해 두어야 하고, 아울러 전원을 내리는 일이 없이 1년 365일 내내 가동해야 하며, 그리하자면 컴퓨터가 셧다운(shutdown)되는 일이 없도록 돈을 들여서 지속적으로 관리해야 합니다. CPU, 메모리, 그래픽 카드, 하드디스크, 통신기기 등이 고장 나면 곧바로 교체해야 하고, 그에 수반되는 (백업을 이용한) 복구나 소프트웨어적 보완 작업도 지체 없이 수행해야 합니다. 24시간 체제로 그러한 유지 관리를 하기 위해서는 인력과 예비 부품 그리고 그 밖의 필요한 장비 등이 추가로 필요합니다. 돈을 들여야 한다는 것이지요.

그래서 클라우드라는 것이 생겨났습니다. 공룡 같은 덩치의 가상화된 컴퓨터를 바탕으로 (인터넷을 통해) 수많은 사용자들이 1년 365일 내내 셧다운 없이 편리하게 이용할 수 있도록 관련 소프트웨어까지 갖춘 다음, 일반 소비자나 기업들에게 그것을 나누어 임대해 주는 기업들이 대거 등장한 것입니다. 돈벌이가 되니까요. PC 사용자나 기업들은 자신의 또는 자사의 컴퓨터에 있는 내용물의 전부나 일부를 클라우드에 이전해 두고, 클라우드를 마치 자신의 또는 자사의 컴퓨터인 것처럼 사용할 수 있게 된 것입니다.

스마트폰, 태블릿, 노트북 등 인터넷 접속이 가능한 기기라면 클라우드 이용에 제한이 없음 또한 클라우드의 큰 이점이라 하겠습니다. (웹하드를 사용하듯) 데이터나 파일을 저장해 두고, 아울러 컴퓨터 프로그램까지 설치해 둘 수도 있으며, 그것을 다른 사람들과 공유할 수도 있음은 기본입니다. 클라우드가 제공하는 오피스 등의 프로그램을 열어서 문서를 작성할 수도 있으며, 그 밖에도 컴퓨터로 할 수 있는 온갖 다양한 일들을 처리할 수 있습니다. '클라우드 스토리지'는 웹하드에 비해 진화된, 스마트한 기능들을 갖추고 있는 것이 보통입니다. 이를테면, 스마트폰의 전화번호부를 클라우드가 공유함으로써 사용자의 스마트폰 교체 시에 새 스마트폰에다 사용자의 전화번호부를 즉각 그대로 복원할 수 있게 해 준다든지, 스마트폰으로 찍는 사진이나 동영상 등을 실시간 공유로 클라우드 스토리지에 저장해 줌으로써 스마트폰의 저장 용량 부족을 보완해 주는 기능 등이 그렇습니다.

사물인터넷(IoT: Internet of Things) 역시 클라우드의 지원이 없이는 존재하기가 어렵다고 할 수 있습니다.

사물인터넷 기기들이 스마트한 기능들을 발현하기 위해서는 서버 컴퓨터의 지원이 필수적입니다. 기기에 내장된 "임베디드 시스템(Embedded

System, 내장형 초소형 컴퓨터)"만으로 인공지능 비서와 같은 스마트한 기능들을 구현하기는 무리이기 때문입니다. 임베디드 시스템은 단말기 역할을 수행할 수 있는 정도의 컴퓨팅 능력에다 약간의 여유가 있는 정도가 고작이기 때문입니다. 하지만 그렇다 해서 사물인터넷 기기의 판매를 위해 별도의 비용을 들여서 전용 서버를 설치하고, 그것을 24시간 체제로 운영하는 것은 생산업체에게, 특히 영세한 중소 생산업체에게는, 상당한 부담이 될 뿐만 아니라 가격 인상의 요인이 되어 제품의 시장성에 문제가 될 수도 있습니다. 하지만, 클라우드가 있기 때문에 그런 걱정은 하지 않아도 됩니다. 클라우드로부터 서버를 임대하여 사용하면 되니까요. 역으로 말해서 애초 클라우드가 없었다면 웬만한 사물인터넷 기기로는 돈벌이를 욕심 내기 어려웠을 것입니다. 클라우드가 사물인터넷의 세상을 실현하는 원동력이 되고 있음입니다. 이처럼 클라우드는 이미 세계 도처에 존재하고 있으며 무소불위의 영향력을 미치고 있기도 합니다.

서버 컴퓨팅이나 클라우드 컴퓨팅에 상대되는 '**엣지 컴퓨팅**(Edge Computing)'이란 용어가 있습니다. **엣지 컴퓨팅**은 단말(端末) 기기 자체에 탑재된 컴퓨팅 자원(임베디드 시스템)으로 단말기가 독자적으로 컴퓨팅을 수행하는 것을 뜻하며, 그리하여 클라우드나 서버의 컴퓨팅 부하(負荷)를 줄여 주는 데 기여를 하곤 합니다. '**단말 기기**(이하, **단말기**)'란 네트워크 연결의 하위 끝 부분에 위치하는 기기들을 뜻하며, 주로 데이터의 입출력을 담당합니다. PC나 스마트폰, 기타 사물인터넷 기기 등이 그에 해당합니다. 원래 기기 자체에는 컴퓨팅 능력이 거의 없고 오로지 데이터의 입출력과 같은, 컴퓨터와 인간 사이의 데이터 입출력용 인터페이스 역할을 하는 기기를 흔히 단말기라고 하였으나, 지난 세월 동안 CPU나 메모리 등의 하드웨어 가성비가 일취월장을 거듭하며 기적을 방불케 할 만큼 좋아진 탓에 단말기에 내장되는 임베디드 시스템의 컴퓨팅 잠재력도 그만큼 몰라보게 향상되어 상당한 여유를 갖게 되었습니다. 그런 까닭으로 작금에 와서는 단말기란, 굳이 컴퓨팅 성능 같은 것을 따질 것 없이, 네트워크의 하위의 끝 부분에 위치하여 데이터의 입출력을 맡는 기기들을 보편적으로 가리키는 용어가 되었습니다. 하여, 컴퓨팅 성능에 관한 한 과거의 슈퍼컴퓨터를 월등히 상회하고 있는 현재의 PC나 스마트폰까지도 그 용처(用處)에 따라서는 단말기라고 불러도 이상할 것이 없게 된 것입니다.

사용자들이 클라우드에 계정을 만들고 클라우드에 접속하여 컴퓨터 작업을 하는 방식을 '클라우드 컴퓨팅(Cloud Computing)'이라고 합니다. 비용도 절감되고 편리하기도 해서 중소기업은 물론이거니와 대기업이나 개인들까지도 클라우드 컴퓨팅 사용 비율이 점차 높아지는 추세이기도 합니다.

클라우드와 관련하여 사용자들이 **요주의** 해야 할 점은 **보안**에 관한 한 클라우드를 전적으로 믿어서는 안된다는 사실입니다. 클라우드에 보관된 개인이나 기업의 데이터를 보호하는 책임은 (흔히 약관상) 클라우드 서비스 업체가 아니라 사용자(고객)에게 있음입니다. 그러나 클라우드는 적어도 전문가들에 의해 관리되고 있기 때문에, 컴퓨터 사용에 미숙한 이들보다는 월등히 나은 보안성을 갖추고 있습니다.

클라우드 업체가 망하거나 부도가 나면, 다른 업체가 인수할 수도 있겠으나 그대로 공중 분해되기도 합니다. 세금 등 영리적 측면이나 각국의 데이터 주권 문제, 그리고 통신회선의 거리에 따른 응답 지연을 줄일 목적 등으로 저장장치를 세계 각지로 분산해 두기 마련인 클라우드의 속성상, 클라우드 업체가 거덜 나서 공중 분해되면 사용자는 자신의 데이터가 어느 나라 어느 서버의 하드디스크에 저장되어 있는지도 알 수 없는 상황이 되어 버리기 십상입니다. 또는 클라우드 업체의 직원이 금전을 목적으로 사용자 데이터를 유출할 수도 있으며, 업체가 과외 수입을 노려 광고 관련 업체에게 팔아먹는 경우 또한 왕왕 발생하고 있는 것이 작금의 현실입니다. 개인정보란 건당의 단가로 계산되는 현찰인 것입니다. 극도의 보안이 요구되는 데이터라면 클라우드나 데이터 센터에 두지 말아야 하는 까닭입니다.

서버를 클라우드로 이전(migration)한 기업의 경우, 클라우드로 이전함으로써 갖게 된 유리한 여건, 즉 우수한 보안 업체를 선택하여 최고급 보안 인력(white-hat hackers)에게 보안을 위탁(outsourcing)하기에 안성맞춤이 된 시스템 여건을 활용하는 것이 바람직합니다. 아무래도 기업 자체로 보안팀을 운영하는 것과는 그 비용과 효율성 그리고 안전도에 있어서 비교가 되지 않을 테니까요. 'GDPR(General Data Protection Regulation, 유럽 개인정보보호규정)'을 비롯한 각국의 '개인정보보호규정'이라든지 데이터 주권 문제 등, 자칫 데이터 유출 등의 보안 문제가 발생하면 거액의 벌금이나 소송이 뒤따르는 것이, 또는 크래커에게 거액을 건 협박을 당하기도 하는 것이, 작금의 기업 환경이므로 더욱 그렇습니다.

또한, 클라우드 업체들은 흔히 이런 저런 사용 옵션에 따르는 푼돈들을 미끼로 과도한 사용료를 낚아 내는 잔재주를 부리기도 하므로 주의해야 합니다. 이를테면 만일의 경우에 대비하기 위한 장기간 백업용의 데이터당 백업 비용은 매우 저렴하나, 나중에 그것을 불러오는 비용은 턱없이 고가로 책정되어 있어서 그 교묘한 낚시질 솜씨에 기겁할 수도 있습니다. 숨겨진 민낯을 보아야 합니다. 그러한 수법에 대하여 구체적으로 알고자 한다면 "클라우드 요금제의 비밀"과 같은 식의 검색어로 어렵지 않게 관련 정보들을 찾아볼 수 있습니다.

클라우드 컴퓨팅과는 달리, 필요한 소프트웨어나 장비들을 모두 사용자 자신의 컴퓨터에 설치해 두고 사용하는 기존의 컴퓨팅 방식을 '**온프레미스**(On-premises)'라고 합니다. 최상의 보안을 담보하기 위해 컴퓨터를 오프라인으로만 운용하는 경우라면, 이 방법 밖에 없다 하겠습니다(※ *p. 129,* **랜섬웨어 대응책, 백업의 방법**). {보안을 위해서라면, 오프라인 운용의 대안으로 **가상화 기술**을 이용한 망(네트워크, 통신망) 분리 기법을 사용할 수도 있습니다. 업무용 내부망과 인터넷 접속용 외부망을 분리하여 격리해 버리는 가상화 기법입니다. 그리하면 한 대의 PC를 사용하고 있을지라도 업무용 가상화 망 영역에서 실행 중인 프로그램만 내부망(인트라넷)의 서버에 접속이 허용되며, 또한 인터넷 접속용 가상화 망 영역에서 실행 중인 프로그램만 인터넷 접속이 허용되는 식으로 망의 분리가 이루어집니다. 그러므로 업무용 PC와 인터넷용 PC를 각기 따로 마련할 필요가 없어집니다. 하나의 PC를 각기 통신망을 달리하는 두 개의 PC인 것처럼 사용할 수 있게 되는 것입니다. 기업의 경우 **망 분리 가상화** 기법에 의해 하드웨어(PC) 구매 비용을 대폭 절감할 수 있습니다. 이러한 유형의 가상화 기법을 '**네트워크 가상화**(Network Virtualization)'라고 합니다.}

가상화(Virtualization)

1차 산업혁명의 가능성을 열어 준 것은 익히 아시다시피 증기기관이었습니다. 그리고 1차 산업혁명을 지배하고 이끌어 나갔던 에너지는 면직(綿織) 산업에서 나왔었습니다.

4차 산업혁명에 대해서는 이렇게 이야기할 수 있습니다. 그 가능성을 열어 준 것은 컴퓨터 CPU와 GPU의 상상을 초월하는 성능 향상입니다. 초극단적인 가성비에 도달함으로써 거의 사용하지 못할 곳이 없다시피 되었으며, 인해전술을 방불케 하는 병렬연산(GPU 등을 이용하여 한꺼번에 다수의 계산을 진행하는 연산 방법(☞ *p. 148,* **직렬연산과 병렬연산**)이 가능해짐으로써 인간을 초월해 나가는 인공지능, 가성비가 돋보이는 인공지능 개발의 문을 활짝 열었음입니다.

그리고 현재 4차 산업혁명을 지배하고 이끌어 나가는 힘은 클라우드에서 나오고 있습니다. 클라우드란 4차 산업혁명의 세계를 숨쉬게 하는 공기라 할 수 있습니다. 5G 6G 등, 초고속 통신을 위한 다양한 가능성을 뒷받침하고 있고, 인공지능 개발의 토양을 제공하고 있으며, 무엇보다도 4차 산업혁명의 플랫폼(Platform)이 되어 주고 있음입니다. 세상을 놀라게 했었던 인공지능 알파고는 그 개발의 알파로부터 오메가까지의 전 과정이 클라우드의 가상화 기술을 배경으로 하여 탄생한 것이었습니다. 배달 대행 앱, 대리운전 앱, 우버 택시 등, 스마트폰 앱을 통한 일자리는 클라우드 상의 디지털 플랫폼을 배경으로 합니다. 클라우드는 4차 산업혁명의 디지털 플랫폼 자체라고 할 수 있습니다.

한데, 클라우드가 가능할 수 있었던 바탕에는 가상화 기술이 있습니다. 다시 말해 가상화 기술이 없었다면 클라우드란, 적어도 지금과 같이 만능의 면모를 갖춘 클라우드란 상상할 수도 없습니다. 가상화 기술은 클라우드의 초석(礎石)인 것입니다. 그러므로 클라우드의 개념을 제대로 이해하고, 아울러 4차 산업혁명의 전반을 통찰할 수 있는 시야를 갖기 위해서는 **가상화 기술**에 대한 이해가 선행되어야 합니다.

소프트웨어에 의한 가상화 기술을 이해하기 위해서는 그에 앞서 **추상**

화(抽象化, abstraction)라는 개념과 인터페이스(interface)라는 개념을 좀 더 구체적으로 이해할 필요가 있습니다.

인터페이스란 「상호 작용하는 두 개체 간의 '접촉면'」이라는 사전적 뜻을 가진 용어입니다. 가령 독일어를 하지 못하는 한국인이 한독 동시통역사를 통해 독일인과 비즈니스 협상을 하고 있다면, 동시통역사는 이들 한국인과 독일인 사이의 의사 전달용 인터페이스라고 할 수 있습니다. 윈도우를 사용하고 있다면 윈도우 화면이 곧 프로그램 실행 상태를 보여 주는 인터페이스이며 마우스와 키보드는 사용자의 명령 전달용 인터페이스입니다. 한컴의 한글로 문서작성을 하고 있다면, '한글'의 화면(창)이 문서작성용 인터페이스 역할을 하고 있는 것이라 하겠습니다. 스마트폰을 쓸 때에는 스마트폰 화면이 바로 인터페이스 역할을 합니다. 기계(하드웨어)나 소프트웨어를 작동하기 위해서는 항상 이와 같이 사용자의 의사를 하드웨어나 소프트웨어에게 전달하기 위한, 또는 하드웨어나 소프트웨어의 반응을 사용자에게 전달하기 위한 인터페이스가 필요합니다.

추상화(抽象化, abstraction). 사전적 의미의 '추상(抽象)'이란 「개별적인 사물이나 구체적인 개념으로부터 공통적인 요소를 뽑아 일반적인 개념으로 파악함. 또는 그렇게 하는 정신 작용. <새국어사전>」 정도로 정의되고 있습니다. 추상화(抽象畫)에 버금가는 알쏭달쏭한 설명입니다. "추상적"이란 말의 반대말은 "구체적"입니다. 그런 뜻에서 "**추상화**(抽象化)"란 어떤 대상을 구체적이지 않게 만드는 것이며, 구체적이고 실제적이고 세부적인 면들은 덮고 숨겨 버리는 것이며, 그리하여 남은 공통적인 요소만을 드러내는 것이며, 그 공통적인 요소가 바로 그 대상인 것으로 인식되고 통용되도록 만드는 것이 되겠습니다. 애고~, 정신 줄이 그저 오락가락.

추상화(抽象化)라는 용어가 컴퓨터 소프트웨어와 관련하여 사용될 때는 다음과 같은 의미를 가집니다. 이해를 돕기 위해 비유적인 설명으로 시작하겠습니다.

펜을 사용하여 글을 쓴다면 잉크병과 펜대 그리고 펜촉이 필요합니다. 펜대 끝에 부착된 펜촉을 잉크병에 담가서 잉크를 묻힌 다음 글을 쓰는 것이지요. 한데, 볼펜을 사용한다면 볼펜의 볼에 잉크가 묻혀지는 데까지의 과정에 대해서는 글 쓰는 이가 신경 쓸 것이 없습니다. 잉크튜브와 잉크, 그리고 잉크가 볼에까지 전달되는 과정이 모두 볼펜의 몸체 속에 숨겨져 있기 때문입니다. 그래서 볼펜의 외형을 보면 '필기구'라는, 필기구류의 공통적인 속성만 간략하게 드러나 있을 뿐입니다. 이처럼 해당 물체 본연의 공통적인 속성만 드러내어 표시하고, 그 이외의 것은 모두 숨기고 덮어 버리는 것을 컴퓨터 소프트웨어 분야에서는 **추상화**(抽象化)라고 합니다. 그리고 이때 볼펜의 몸체는 볼펜으로 글을 쓸 때 사용되는 볼펜과 사용자 간의 **인터페이스**라고 할 수 있습니다.

전동 연필깍이의 경우, 칼날이 연필을 깎아 나가는 과정 일체를 몸체(케이스) 내부에 숨겨 두고 있습니다. 즉 칼날과 절삭 과정 등의 구체적인 면모들을 일체 숨겨 둔 채, "전동 연필 깎기"라는 용도만 케이스에 표시되어 있는 추상화된 도구입니다. 단지 연필 끝 절삭할 부위를 집어넣는 구멍과 스위치만 사용자를 위한 인터페이스로 제공하고 있습니다.

자동차의 수동 변속기는 기어를 변경할 때마다 먼저 클러치 페달을 밟아서 동력을 차단해야 합니다. 그리고 기어 레버를 조작하여 기어 톱니 간의 맞물림이 변경되도록 하는 것이지요. 이때 기어 레버를 조작하는 손에는 그 기계적 변이(變移)를 말해 주는 느낌이 잘 전달됩니다. 그 감(感)에 익숙하지 못한 초보 운전자는 가파른 오르막길에서 자칫 변속에 실패하여 엔진이 꺼지곤 합니다. 하지만, 자동 변속기에는 변속 기어에서 일어나는 기계적인 변이의 과정이 모두 숨겨져 있습니다. 클러치 페달도 없으며, 단지 기어 레버를 닮은 손잡이를 "P, R, N, D, 3, 2" 등이 적힌 글자판의 원하는 위치로 옮겨 주면 그뿐입니다. 나머지 모든 기계적인 절차와 과정은 내부의 제어기가 알아서 처리합니다. 기어 변속 과정이 모두 추상화되어 있으며, "변속기"라는 공통 요소만 드러낼 뿐입니다. '기어 레버를 닮은 손잡이와 글자판'을 인터페이스로 제공하고 있습니다.

자동변속기 차량에서 변속기를 추상화하는 역할은 내부의 '변속 제어기(TCU: Transmission Control Unit)'가 맡고 있습니다. 변속 제어기의 변속기에 대한 추상화 기능이 신통치 않다면, 초보 운전자가 주행 중에 무심코 후진 기어(R)를 넣었을 때 변속기가 손상되거나 고장이 날 것입니다. 운전자는 위험에 직면할 수도 있습니다. 변속 제어기의 추상화 기능이 좀더 진전된 경우라면, 주행 중에는 후진 기어링(gearing)이 불가능하도록 조처함으로써 변속기의 고장 예방을 보장할 것입니다. 그러나 이 정도의 추상화란 뭔가 좀 부족합니다. 운전자의 느닷없는 후진 기어링 시도가 비상사태로 인한 화급한 상황을 의미할 수도 있기 때문입니다. 추상화가 제대로인 변속 제어기라면 다음과 같은 식의 반응을 하게 될 것입니다. 즉각 후미 비상등을 켜고 속도를 줄이면서 차량 내부의 스피커로 먼저 운전자의 의도를 확인할 것입니다. "님께서 주행 중 후진 기어링을 시도했습니다. 후진하려 한다면 '후진!'하고 확인해 주세요. 확인 즉시 속도를 줄여 정지한 다음, 신속하게 후진 기어로 전환하도록 하겠습니다. 만일을 위해 주변 교통 상황에 유의해 주세요. 그러나 실수라면 '실수!'라고 대답해 주세요. 실수라면 기어를 주행(D) 상태로 하고 주행을 그대로 유지하도록 하겠습니다." 이처럼 잘못된 작동으로 사용자가 기기를 훼손할 수 있는 조작을 하는 경우에도 그렇게 되지 않도록, 그리고 교통 상황과 사용자의 의도를 세심하게 살펴서, F1급 솜씨를 능가하는 변속 기술을 구사하며 알아서 잘 대처해 주는 추상화가 제대로 된 추상화라 하겠습니다.

나아가 자동차 그 자체를 통째로 추상화하는 것도 물론 가능합니다. 이를테면, '완전 자율주행'이 바로 그 예가 되겠습니다. 이 같은 추상화는 당연히 인공지능이 총괄하여 맡게 될 것이며, 차량 내부에는 운전 행위와 관련된 모든 기기들이 은폐되어 보이지 않을 것입니다. 승용차의 경우, 내부는 사용자들의 주문에 따라 사무실, 서재, 응접실, 침실, 게임방, 다용도실 등의 형태로 꾸며져 있을 것입니다. 퇴근 시 사용자(탑승자)가 차에 오르면, (탑승자의 AI 비서와의 교신으로) 퇴근 후 지인들과의 별다른 약속이 없었음을 이미 알고 있는 추상화 소프트웨어는 "댁으로 모실까요?"하고 묻게 될 것이며, 탑승자가 "O.K!"하는 것으로 탑승자로서의 운전 행위는 끝납니다. 핸들이라든지 변속레버, 그리고 교통 상황은 어떠한지 등, 일체 신경 쓸 것이 없습니다. 승용차란 탈것이라는 사실을 아는 것으로 충분합니다. 즉, 사용자에게 이 차는 "탈것"이라는 사실만 알려 주고 나머지 모든 것은 숨겨 버리는 것, 그리고 사용자와의 인터페이스(AI 스피커를 이용한 응답)를 통해 요구 받은 사항을 이행하는 데 필요한 모든 운전 행위를 알아서 잘 수행하는 것, 이는 최고 경지의 자동차 그 자체에 대한 추상화라 하겠습니다. 물론 운전 중 추상화 소프트웨어는 사용자의 AI 비서 및 클라우드의 관련 서버와 동선 정보, 교통 정보, 탑승자의 일정 관련 정보 등, 잡다한 교신을 하게 될 것입니다.

자연계의 바위들은 각기 가지각색의 구체적 형태를 가지고 있습니다. 나름 제각기 자연스러워서 보기에 좋기는 하지만, 그 상태로는 풍경의 일부로 내버려 두는 것 이외로는 쓸모가 별로 없습니다. 그러나 바위들을 자르고 다듬어서, 가지각색의 개별적인 구체적 형태들을 제거하고 공통된 모양이 되게 규격화해 버리면, 그리하여 벽돌같이 단순화된 직육면체로 추상화해 버리면, 레고블록처럼 다양한 활용이 가능해지게 됩니다. **컴퓨터 소프트웨어 세계에서의 하드웨어를 대상으로 하는 추상화란 이와 유사합니다**. 하드웨어 기기를 추상화하면 사용하기가 단순해지고, 그래서 사용자 측은 쉽고 편리해집니다. 대신 추상화를 위한 짐은 전담 추상화 소프트웨어가 맡게 되는 것이 컴퓨터 소프트웨어 세계에서의 방식입니다.

도스 윈도우 리눅스 등, 컴퓨터를 구동하는 OS(운영체제)에서 CPU, 메모리, 그래픽카드, 하드디스크, 네트워크 장치 등의 하드웨어들을 추상화하는 기능은 '커널(Kernel)'이라는 소프트웨어가 담당합니다. 흔히 "도스 커널(IO.SYS, MSDOS.SYS)", "리눅스 커널" 등으로 부르는 것이 바로 그것입니다. 커널은 하드웨어들을 제대로 작동하기 위해 필요한 구체적이고 복잡한 세부 내용들은 모두 숨기고, 대신 응용프로그램들이 요구하게 되는 기능만으로 간추린, 추상화된 인터페이스를 (응용프로그램들에게) 제공합니다.

컴퓨터의 하드웨어 장치들은 메이커별로 세부적인 스펙이 다르고 작동 방법에 있어서도 다양한 차이가 있기 마련입니다. 하지만 OS 위에서 돌아가는 응용프로그램들은 그러한 사실에 대하여 일일이 신경 쓸 것이 없습니다. 커널이 제공하는 추상화된 인터페이스를 통해 원하는 기능과 작업을 요청하면 되기 때문입니다. 나머지는 커널이 알아서 처리합니다. 커널은 응용프로그램을 대신하여 하드웨어들의 스펙에 맞게 세부적인 작동 신호를 보냄으로써, (인터페이스를 통해 응용프로그램들로부터) 요청 받은 기능과 작업을 개개의 하드웨어들이 제대로 수행하도록 합니다. 그리고 그 결과를 (응용프로그램들에게) 알려 주거나 되돌려 줍니다.

현대의 산업용 기기들 중에는 컴퓨터 칩을 내장하지 않은 것이 없다 해도 지나치지 않습니다. 추상화 기술은 컴퓨터 칩이 내장된 기기들에 광범위하게 적용되고 있는 핵심 소프트웨어 기술의 하나입니다. 기기들을 추상화함으로써 제어가 쉬워짐과 아울러 가상화 기술을 적용할 수 있게 되며, 가상화 기술을 적용하면 기기들을 유연하고도 다양한, 그리고 지능적인 방법으로 활용할 수 있는 활용도가 생겨나게 됩니다. 그러한 까닭으로 "**추상화**" 및 "**가상화**"는 4차 산업혁명과 관련한 이야기에는 자주 거론될 수밖에 없는 키워드가 되고 있습니다. 4차 산업혁명의 추이(推移)를, 그 밑바닥의 흐름을 놓치지 않기 위해서는 반드시 알아 둘 필요가 있는 용어인 것입니다.

컴퓨터 소프트웨어 분야에서의 추상화의 의미를 최종적으로 정리하면 다음과 같습니다. 개개의 컴퓨터 하드웨어를 작동하는 구체적이고 세부적인 기술적 내용은 모두 (추상화 소프트웨어가 대신하는 방법에 의해) 은폐(隱蔽)해 버리고, 필요한 그 기능들만을 간결하게 정리하여 인터페이스로 제공함으로써 하드웨어의 스마트한 활용성을 열어 주는 것이 바로 추상화라고 하겠습니다. 그리하여 하드웨어를 이용하는 소프트웨어들은 간결한 인터페이스를 통하여 해당 하드웨어를 손쉽게 사용하게 되며, 실제 하드웨어를 구동하는 잡다한 수고는 추상화 소프트웨어가 떠맡게 됩니다.

가상화 기술

'가상화(假像化)'라는 우리말 용어는 영어 'Virtualization'을 옮긴 것입니다. 형용사 'Virtual'은 "(명목상이 아니라) 실제상의, 실질적인, 사실상의"라는 뜻(한컴 사전)입니다. 그러므로 "Virtualization"은 '실제상, 실제화함, 실질화함, 사실상의 것으로 함'이라는 뜻이 됩니다. 반면, 우리말의 '가상(假像)'은 "실물처럼 보이는 거짓 현상" 정도(한컴 사전)로 이해가 됩니다. 일견 영어 단어와 그것을 옮긴 우리말이 서로 정반대의 뜻을 가진 것으로 보입니다. 이 같이 어원과는 사뭇 다른 우리말 용어로 인해 많은 이들이 개념상의 혼란을 겪게 되는 경향이 있습니다.

PC는 애플의 맥과 CPU를 비롯한 하드웨어의 종류나 구성 등이 다릅니다. 그래서 맥의 OS조차 PC에는 설치 불가입니다. 한데, 모든 소프트웨어는 인터페이스를 통해 하드웨어를 인식하고 사용합니다. 그러므로 둔갑술을 부려 가령 PC(64비트 인텔 프로세서)에서 맥의 하드웨어 인터페이스와 동일한 인터페이스를 제공한다면 맥의 OS 및 앱들이 PC를 맥으로 인식하게 될 것입니다. 이는, 추상화되어 있는 하드웨어를 전제로 합니다만, 소프트웨어 기술로 능히 가능합니다. 소프트웨어 기술로 PC 하드웨어 부품들의 구성 방식이나 작동 규약과 절차 등을 조정(調整)함으로써 맥의 인터페이스에 맞게 작동하도록 해 주면 됩니다. 이 같이 조정(調整)하는 것을 '**정의(定義, Define)**한다'고 합니다. 그리하여 맥의 그것과 동일한 하드웨어 인터페이스를 제공한다면, PC에 맥 OS를 설치할 수 있게 되고 맥의 앱 또한 실행할 수 있게 됩니다. 이처럼 컴퓨터 용어로서의 '**가상화란** (추상화되어 있는) **하드웨어를 소프트웨어 기술로** 입맛에 맞게 **정의(定義, Define) 하여 의도하는 기능이나 용도의 실체를 — 실제와 다름없이 사용 가능한 변용(變容)된 실체를 — 만듦**' 정도의 의미를 가집니다.

이제 부쩍 사람들의 입에 자주 오르내리게 된 "가상현실"이란, 우리말 용어를 사용하는 이들은 이를 얼핏 '현실처럼 보이게 거짓으로 만든 환상(신기루)' 같은 것으로 이해하게 될 테고; "VR(Virtual Reality)"을 용어로 사용하는 영어권의 사람들은 이를 '실제와 다름없게 만들어 낸 현실'로 받아들이게 될 것입니다. (이하 *p. 303*에 언급된 이야기를 요약 인용합니다) "우리가 진짜로 경험하는 세계가 실제로는 우리의 후손인 미래 세대가 만든 (영화 '매트릭스' 같은) 모조물일 수도 있다"는 「2016년, 메릴린치 투자은행이 투자자들에게 보낸 보고서」라든지, '테슬라'와 '스페이스X'의 CEO 엘론 머스크가 "우리의 현실이 근본적 현실(실제 현실)일 가능성은 수십억 분의 1에 지나지 않는다"고 하여 현재의 세계가 바로 가상 현실 그 자체일 가능성이 크다고 언급한 것은 "VR"이 아닌 "가상현실"이란 우리말 용어를 사용하는 이들이 쉽게 떠올릴 수 있는 발상이 아닐 것입니다 — 그러한 발상에 공감하기란 더더욱 난감할 것입니다.

각설하고.

하드웨어를 추상화하면 활용도가 다양해지게 마련입니다. 펜을 추상화한 볼펜은 펜과는 달리 양복 주머니에 꽂거나 넣어서 다닐 수도 있습니다. 간편하게 휴대할 수 있는 새로운 활용이 가능해진 것이지요. 연필깎기 칼을 추상화한 전동 연필깎이는 빠르고 간편합니다. 자동차의 수동 변속기를 추상화한 자동 변속기는 그 위치를 옮겨 아예 핸들이나 대시보드에 버튼이나 소형 레버 등의 형태로 장착할 수도 있습니다. 그 모두가 추상화의 효과라 하겠습니다.

추상화된 CPU, 메모리, 하드디스크나 SDD, 네트워크 장치 등, 컴퓨터의 각종 하드웨어를 원하는 용도에 맞게 가상화(실제화!!)하면, 그 기법이나 수준에 따라 그 활용도에 다양성이 생겨나게 됩니다. 그중에서도 특히 사람들의 관심을 끌게 된 것은 ① - 하나의 장치를 마치 여러 개의 장치인 것처럼 동작하게 하거나, 또는 반대로 ② - 여러 개의 장치를 묶어서 마치 하나의 장치인 것처럼 동작하게 할 수도 있는 식의 활용성이었습니다. 돈이 되는 기술이거든요.

하드웨어 추상화를 바탕으로 ①과 같은 마법(**가상화**)이 가능하도록 해 주는 소프트웨어를 '**하이퍼바이저**(Hypervisor)'라고 합니다. 즉, "하이퍼바이저"는 하나를 여럿으로 둔갑시키는 분신술(가상화)의 마법사입니다.

②의 경우에는 다수의 컴퓨터를 네트워크로 연결하여 구현하는 **클러스터 컴퓨팅**(Cluster Computing)이나 **그리드 컴퓨팅**(Grid Computing)이라는 방식이 사용됩니다. 클러스터 컴퓨팅은 PC 등의 저렴한 컴퓨터들을 연결하여 병렬연산이 가능한 고성능의 가상 컴퓨터를 만드는 기법이며, 그리드 컴퓨팅은 인터넷 상의 PC를 비롯한 상이한 기종(機種)의 컴퓨터들을 연결하여 고성능 대용량의 가상 컴퓨터를 만들어 천문학이나 물리학 등의, 많은 시간이 소요되는 연산 작업이나 또는 대용량의 처리를 하는 일에 흔히 사용하는 기법입니다. 그러나 (그리드 컴퓨팅은) 인터넷 상의 각종 컴퓨터들을 이용할 수 있기 때문에, 웹하드 이용자들의 PC가 웹하드 측의 파일 전송에 무단으로 이용되거나, 크래커들이 악성코드를 이용하여 (인터넷 상의 각종 컴퓨터들을) 암호화폐 채굴에 (주인 모르게) 노예처럼 부려 먹는 등의 악용 사례가 빈번한 기법이기도 합니다.

클러스터 컴퓨팅 방식은 간단히 두 대의 PC를 연결하여 한 대의 워크스테이션으로 작동하게 하거나, 또는 수천만 대의 PC를 연결하여 극강(極強)의 슈퍼컴퓨터를 만들 수도 있습니다. 그렇게 연결하여 만든 컴퓨터를 **컴퓨터 클러스터**(Computer Cluster)라고 합니다. 전 세계에서 탑(top) 500 순위에 드는 슈퍼컴퓨터 대다수가 컴퓨터 클러스터들입니다. 컴퓨터 클러스터를 만드는 방식으로서, 리눅스에서 오픈 소스 소프트웨어를 이용하는 **베오울프**(Beowulf) **방식**이 널리 잘 알려져 있습니다. 베오울프 방식의 컴퓨터 클러스터를 베오울프 클러스터(Beowulf Cluster)라고 합니다. 물론 웹검색으로 참고 자료들을 섭렵한다면, 누구나 리눅스 오픈 소스로 — 무상으로 — 필요한 소프트웨어들을 다운 받아 베오울프 클러스터로 된 슈퍼컴퓨터를 만드는 것이 가능합니다.

위 ①의 경우는 "하이퍼바이저" 프로그램을 사용하여, 이를테면 단 한 대의 실제 컴퓨터에다 '소프트웨어 컴퓨터' 여러 대를 만드는 분신술의 가상화 기법이 사용됩니다. 그리하여 만들어진 이 "소프트웨어 컴퓨터"들은 각기 소프트웨어로 "실제 컴퓨터 하드웨어"를 그대로 흉내 낸 것이며, 이 "소프트웨어 컴퓨터"들은 제각기 별개의 컴퓨터로 작동합니다. 즉 가상의??, 아니 실제와 다름없이 사용할 수 있는 실제의!!, 여러 대의 사실상의 컴퓨터들인 것입니다. 그와 같이 하여 만들어진 가상의 컴퓨터를 '**가상머신**(VM: Virtual Machine)'이라고 합니다. 각 VM(가상머신)은 비록 소프트웨어로 만들어진 것이긴 하나 실제 컴퓨터와 다름이 없어서, 독립적으로 각기 다른 OS를 설치할 수 있습니다. 즉, 한 대의 PC에다 4개의 VM을 생성하고 각기 OS인 윈도우 7, 윈도우 10, 우분투 리눅스, 칼리 리눅스 중 하나씩을 설치하여 4대의 PC로 사용할 수 있습니다. ①의 경우에 대한 구체적인 사례는 아래(☞ *p. 113*)에서 다시 이야기하기로 하고…

②의 경우는 알파고가 그 좋은 예가 되겠습니다. 하드웨어 실체는 모두해서 CPU는 1202개, GPU는 176개에 달하는 1000대의 서버들이었습니다. 이들을 네트워크로 묶어서 단 한 대의 슈퍼컴퓨터로 작동하게 하여 "알파고"라는 바둑 프로그램을 실행하고, 그리하여 이세돌 기사를 상대했었던 것입니다. 가상화 기술이 없었다면 생각할 수 없는 마법인 것입니다.

②의 경우가 돈이 되는 까닭은 길게 설명할 것이 없겠습니다. 알파고가 그 까닭을 웅변하고 있기 때문입니다. 인터넷 상의 서버들 중에는 성능의 상당 부분을 놀리고 있는 것들이 많습니다. 그것들을 모두 묶어서 인공지능 개발 등에 활용한다면, 그것은 곧 돈이지요.

이처럼 컴퓨터 하드웨어를 추상화하여 은폐하고, 추상화된 그것을 활용하여 소프트웨어로 또 다른 컴퓨터 실체(實體)를 만들어 내는 기법을 **가상화**라고 합니다. 위 ①의 경우는 가상화 기술에 의해 한 대의 PC로 여러 대의 PC 실체를 만들어 내는 것이며, ②의 경우는 1000대의 서버컴퓨터로 한 대의 슈퍼컴퓨터 실체를 만들어 낸 것이라 하겠습니다.

원래, OS는 다른 프로그램 위에 설치되어 돌아가는 소프트웨어가 아닙니다. 직접 하드웨어에 설치되어야 하는 성격의 것이지요. 하드웨어에 설치하는 것이 아니라면 설치 자체가 불가능한 것이 일반적입니다. 그러나 ①의 경우 하이퍼바이저라는 프로그램 상의, 하이퍼바이저가 만들어 놓은 VM(가상머신, 소프트웨어로 만든 PC)에 OS가 설치됩니다. 이는 OS가 "소프트웨어로 만든 PC"를 실제 '하드웨어 PC'라고 인식함을 말해 줍니다. "컴퓨터 용어로서의 '가상화'란 실제와 다름이 없는 실체(實體)를 만들어 내는 것"임을 알 수 있습니다.

하이퍼바이저(Hypervisor)는 하드웨어 추상화와 아울러 가상화 기능을 수행하는 소프트웨어입니다. 가상화는 하드웨어 추상화를 기본으로 하므로 흔히 가상화라는 말에는 추상화의 뜻도 내포된 것으로 간주하고 사용하는 경향이 있습니다. "Hypervisor(하이퍼바이저)"로 이름한 까닭에 대하여 딱히 아는 바는 없습니다만, 영어 단어 자체의 뜻만으로 본다면 'Hyper-'는 '위쪽, 초과, 과도, 비상한' 등의 뜻을 가진 접두어입니다. 'visor'는 '(헬멧의) 얼굴 가리개, 차양, 복면, 가면, 마스크'라는 뜻을 가졌으니, "Hypervisor"란 '왕가면' 정도로 해석하면 될 듯합니다.

이제 ①의 경우에 대한 구체적인 사례를 이야기해 보기로 하겠습니다.

(2019년 현재) 윈도우 7이 설치된 PC를 사용하는 이가 하루 아침에 윈

도우 7을 버리고 윈도우 10으로 업그레이드하기는 쉽지 않습니다. 윈도우 7을 사용하여 오랜 기간 일상 업무를 해 온 이라면 더욱 그렇습니다. 윈도우를 업무에 사용하는 경우라면 윈도우 10으로의 업그레이드에 앞서 얼마간 윈도우 10의 민낯을 경험해 볼 것이 권장됩니다. 사용자들을 베타 테스터로 착각하는 듯한 윈도우 10의 잦은 그리고 현란(眩亂 & 絢爛)한 기능 업그레이드와 강제 업데이트 방식, 그리고 빈번한 업데이트 사고를 몸소 체험해 볼 필요가 있습니다. 윈도우 10의 강제 업데이트나 패치와 관련하여 노이로제에 가까운 정신병리학적 증상을 경험하고 있는 사용자들이 적지 않음입니다. 업데이트 사고로… 한나절 업무용 PC를 사용할 수 없다든지, 복구를 위해 수삼 일 걸린다든지, 파일이 소리소문 없이 증발한다든지 하는 등의 황당한 일을 당하면 영세 업체들은 그 일로 망할 수도 있습니다. 소프트웨어 및 보안 전문 인력만큼은 빵빵한 거대 기업 마이크로소프트사야 그만 일쯤 취미로 여길 수도 있겠으나.

그렇다 해도, 어쨌거나 앞날을 위해서는 미우나 고우나 윈도우의 사용에 익숙해질 필요가 있습니다. 그리고 해킹이나 보안 기법을 연구하기 위해서는 아무래도 윈도우보다는 리눅스, 그것도 칼리 리눅스가 OS로 설치된 PC가 있어야 합니다{참고로 칼리 리눅스는 방어보다는 침투 테스트를 위한 해킹 공격에 최적화되어 있어서, 방어에는 취약한 편입니다. 인터넷이란 일대 인해(人海)의 환경인지라 '공격이 곧 방어다'라는 격투기의 전술 또한 통할 리 없습니다. 😂😂. 칼리 리눅스를 통상적인 컴퓨팅 작업에 사용하는 것은 바람직하지 않다는 이야기입니다}. 또한 리눅스 진영에는 오픈 소스의 우수한 소프트웨어가 많아서, 코딩에 관심을 가진 이라면 그것만으로도 리눅스 PC를 결단코 포기할 수 없습니다. **오픈 소스**가 소프트웨어계를 온통 뒤흔들고 있으며, 미래를 내다보는 혁신을 주도하고 있음입니다{마이크로소프트가 윈도우 10 내의 옵션 기능인 '리눅스용 윈도우 서브시스템(WS-

L2)'을 통해 개발자들로 하여금 윈도우 환경 내에서 리눅스용 소프트웨어 개발 작업을 할 수 있도록 지원하지 않을 수 없었던 속내라 하겠습니다.}.

특히 4차 산업혁명을 주도해 나가고 있는 인공지능의 개발을 위한 머신러닝(딥러닝)이라든지, 갖가지 가상화 기법, 로봇 개발 등등의 오픈 소스는 대개 리눅스를 운영체제로 합니다. 현재 '메인프레임(mainframe)'으로 불리는 대형 컴퓨터 또한 대부분 리눅스를 운영체제로 하고 있으며, 2017년 이후 2020년 8월 현재까지 전 세계 탑(top) 500 순위에 드는 슈퍼컴퓨터가 모두 리눅스를 운영체제로 하고 있기도 합니다.

이상과 같은 경우, 가장 쉽고 간단한 해결 방법은 PC를 4대쯤 마련하는 것이겠습니다. 그리하면 사방에서 번쩍거리는 요란한 LED에, 소음에, 컴퓨터 귀신이 씐 줄 알고 사귄 지 얼마 되지 않은 컴맹 짝은 기겁하여 달아날 수도 있겠습니다. 물론 경비와 소음을 줄이는 대안이 있기는 합니다. 부트 매니저를 사용하여 한 대의 PC에 윈도우 7, 윈도우 10, 칼리 리눅스, 우분투 리눅스를 모두 설치해 두고, 멀티 부팅으로 사용하면 됩니다. 즉, OS를 전환할 때마다 리부팅 해 가며 사용하면 되는 것이지요. 그리 사용하다 보면, 한 성질 하는 분들, 인내심까지도 적잖이 기르게 되겠습니다아~. 😝😝

그러나 컴퓨터 좀 만져 본 언니들은 다음과 같이 합니다. 기존의 윈도우 7 PC에다 무료 하이퍼바이저 프로그램 '버츄얼박스(VirtualBox)'를 설치한 다음, 버츄얼박스로 3개의 VM(가상머신)을 생성하고, 각각의 VM에 윈도우 10, 칼리 리눅스, 우분투 리눅스를 설치하는 것입니다(그림1). 그리하면 (기존에 설치되어 있는 윈도우 7을 포함한) 모두 4가지의 OS 및 각 OS에 설치한 응용프로그램들을 동시에 열어 놓고, 마우스 클릭으로 선택해 가며 사용할 수 있게 됩니다. 그것도 하드웨어의 성능 문제로 인한 속도 지연 같은 낌새는 느낄 수 없이 쾌속으로. 요즈음 PC의 CPU는 장난이 아닙니다. 사실상의 CPU라 할 코어들의 그룹으로 되어 있음입니다. 코어 하나 하나가 불과 수년 전의 웬만한 CPU들보다 성능이 훨씬 더 뛰어납니다. 12 코어 CPU라면, 코어당 OS 하나씩을 돌려도 8개의 코어가 남아돕니다. 고속의 SDD는 물론이거니와 {병렬 연산을 주특기로 하는 GPU가 장착된} 고성능의 그래픽 카드까지, 게다가 메모리(DRam)만 부족하지 않게 장착해 두었다면, 하늘 높은 줄 모르고 치솟기만 하는 PC의 성능으로 인해 4가지의 OS 및 거기서 돌아가는 웬만한 응용프로그램들 정도로는 아침 해장거리도 되지 않습니다. 화면이 좁게 느껴진다면 모니터 두세 개 더 달아 주면 됩니다. 요즈음 모니터, 정말 가성비 좋습니다.

기존 사용해 오던 PC가 아니라 새로 PC를 구입하는 경우라면, 윈도우 7을 기본으로 하는 대신 리눅스나 윈도우 10(또는 11)을 기본으로 설치한 다음 게다가 하이퍼바이저를 설치, 필요한 만큼 VM을 생성하여 원하는 OS들을 설치하는 것이 바람직하겠습니다. {또는 기본으로 설치되는 OS 없이, 컴퓨터 하드웨어에 바로 하이퍼바이저를 설치하고 그 위에 다수의 VM을 생성하는 방식의 '하이퍼바이저형(型) 가상화'도 있습니다.}

그림1. 가상화 — 하이퍼바이저(VirtualBox)와 가상머신(VM)

이상은 한 대의 PC를 4대의 PC로 둔갑시킨 분신술의 예라 하겠습니다. 즉, "하나의 장치를 마치 여러 개의 장치인 것처럼 동작하게" 한 것이 됩니다. 멀티 부팅 같은 것은 잊어도 됩니다. 게다가 보안, 백업, **스냅샷**(복원 지점 만들기, 마치 스냅 사진을 찍어 두듯 특정 시점의 컴퓨터 백업을 해 두는 것) 등등에 있어서 유리하고도 편리한 점이 적지 않습니다. 이와 같은 가상화 기법을 '전가상화'라고 하는데, 기존의 운영체제(여기서는 '윈도우 7') 위에 하이퍼바이저(여기서는 '버츄얼박스')를 설치하고 하이퍼바이저 위에 다수의 VM(가상머신)을 생성할 수 있으며, 개개의 VM에는 각기 독립적으로 설치·구동되는 OS(여기서는 '윈도우 10, 칼리 리눅스, 우분투 리눅스')를 설치하는 식입니다.

"전가상화"란 컴퓨터 하드웨어 구성 전체를 가상화하는 기법을 뜻합니다(↔ 컴퓨터 하드웨어 구성의 일부를 가상화하는 기법은 '반가상화'라고 합니다). 하이퍼바이저가 컴퓨터 하드웨어 구성 전체를 그대로 복제하듯 모방(emulation)한 소프트웨어 인터페이스를 VM(가상머신)으로 제공하는 식입니다. 버츄얼박스(하이퍼바이저)가 실제 컴퓨터 하드웨어와 거기에 설치되어 있는 '윈도우 7'을 "왕가면"으로 덮어서 가려 버리고, 완전히 분리된 VM이 진실로 컴퓨터 하드웨어인 것이며 VM만이 전부인 것이라고, 설치될 OS에게 사기를 치는 것이라 하겠습니다. 그리고 '소프트웨어 PC(VM)'들은 하이퍼바이저의 중재(仲裁)로 왕가면에 가려진 '하드웨어 PC'의 능력을 나누어 가짐으로써 컴퓨팅 작업을 수행할 수 있게 됩니다. VM은 실제 '하드웨어 PC'와 다름없이 작동합니다. "virtual"임입니다.

하드웨어를 가상화하기 위해서는 추상화한 하드웨어의 인터페이스를 VM(가상머신)들에게 제공하고, 아울러 VM이 제대로 가동될 수 있는 제반 여건을 조성해 주어야 합니다. VM들의 하드웨어 입출력 요구에 대한 교통정리, 특정 VM의 독주나 특정 하드웨어 독점 방지, 스냅샷 지원, 훼손된 VM의 복구 지원 등. 하이퍼바이저가 그와 같은 역할을 모두 맡아서 수행합니다. VM에서 돌아가는 프로그램들이 하드웨어 입출력을 요구하면 실제 하드웨어를 상대하는 시시콜콜한 입출력 절차는 하이퍼바이저가 대신 맡아서 처리하고 그 결과를 되돌려 주는 식입니다. 이것이 하이퍼바이저에 의한 **가상화**(Virtualization)입니다.

{검색해 볼 만한 하이퍼바이저로는 VM웨어(VMWare), 버츄얼박스(VirtualBox), 젠(Xen) 등이 있습니다. 제1형 하이퍼바이저로는 젠(Xen), x86용 오라클의 VM 서버, 마이크로소프트의 하이퍼(Hyper)-V, VMware의 ESX/ESXi 등이 있으며, 제2형 하이퍼바이저로는 VMware

Workstation, VMware Player, VirtualBox 등이 있습니다.}

PC에 직접 윈도우를 설치하여 사용하는 대신, 언제나 공짜로 쓸 수 있는 리눅스를 먼저 설치하고, 이어 리눅스에다 버츄얼박스를 설치하고, VM에다 윈도우를 설치하여 사용하면 유익한 점이 많습니다.

우선, 리눅스 PC가 악성코드의 공격 대상이 되는 경우는 흔치 않습니다. 그리고 (윈도우가 설치된) VM은 그 전체가 하나의 파일로 되어 있기 때문에 외부(리눅스)에서 백업(= 하나의 파일)을 관리하기에도 좋습니다. 파일을 다른 곳에 몇 번이고 복사할 수도 있고, 암호화해 클라우드에 저장할 수도 있고, 필요 없으면 삭제해도 됩니다. 윈도우가 설치된 VM이 랜섬웨어에 감염되더라도 대개는 VM 내부 감염으로 그치기 때문에 다른 VM이나 또는 하이퍼바이저(버츄얼박스) 외부의 리눅스 환경에는 아무런 영향이 없는 것이 보통입니다. VM 내부의 소프트웨어에게는 VM의 외부를 건드릴 방법이 주어지지 않으므로, 악성 코드가 그 외부로 확산될 수 없습니다. 이를테면 윈도우는 자신이 VM에서 가동되고 있다는 사실조차 알지 못합니다(※ 그러나 이는 일반론에 지나지 않으며, 최근의 진화된 랜섬웨어들은 가상화 환경을 스스로 인지하는 예도 있습니다. 그럴 경우, 활동을 중지하고 잠복하는 정도인 것으로 관찰되고 있습니다. 컴퓨터 소프트웨어란 뛰는 놈 위에 반드시 나는 놈이 나타나게 되어 있는 법입니다). 또한 스냅샷(특정 시점의 복원 백업)으로 쉽게 VM을 감염 전 시점으로 되돌릴 수도 있으며, 그것이 여의치 않은 경우에는 VM을 삭제한 다음, 클라우드 등에 백업해 두었던 윈도우 VM 파일을 복사해 넣고, 그것을 VM으로 다시 지정해 주면 만사 OK! 입니다.

컴퓨터 바이러스 등의 악성 코드에 감염되더라도 감염 확산이나 피해가

VM 내부에만 국한되는 이러한 점은 하이퍼바이저(버츄얼박스)를 보안을 목적으로 활용할 수도 있음을 의미합니다. 일종의 가상화에 의한 보안 효과라 하겠습니다. 이 같은 효과에 특화한 가상화를 '**보안 가상화**'라고 합니다. 다수의 PC 사용자들이 즐겨 사용하는 **보안 가상화** 툴(도구)에는 **샌드박스**류의 프로그램이 있습니다.

샌드박스에 의한 보안 가상화

샌드박스(SandBox)란 말 그대로 모래 상자를 뜻합니다. 모래 상자에 글씨를 썼다 지우곤 하듯, 컴퓨터 사용 환경에 아무런 영향을 주는 일 없이 샌드박스 내부에 프로그램을 설치·실행하고 삭제하고 할 수 있는, 소프트웨어로 만든 모래 상자를 일컬어 "샌드박스(SandBox)"라고 합니다. 미심쩍은 구석이 있어 보이는 새 프로그램들을 마음 놓고 시험해 볼 수 있습니다. 여차하면 샌드박스를 비워 버리면 되기 때문입니다. 이 샌드박스는 **보안 가상화** 툴로 사용되며, VM에 비해 경량급의 가상화 환경입니다.

샌드박스 프로그램을 설치하면 VM과 유사한 환경을 제공합니다. 차이라면 거기에다 OS를 설치할 수는 없는 정도라고나 할까요. 샌드박스 프로그램 창에 용도에 따라 다수의 샌드박스를 만들 수 있으며, 개개의 샌드박스에다 각종 프로그램을 설치·실행할 수 있습니다. 샌드박스에 설치·실행되는 프로그램들은 정상적인 OS 환경에서 설치·실행되는 것과 마찬가지로 설치되고 실행됩니다 — 개개의 샌드박스는 기존 운영체제를 흉내 낸, 모의(模擬) 운영체제 환경이라 하겠습니다. 인터넷 사용도 가능하며, 문서 작업 등에도 문제가 없습니다. 단, 샌드박스에서 설치·실행되는 프로그램이 시스템에 가하는 각종 변경 사항들에 대해서는 샌드박스라는 가상화 환경을 — 모래 상자를 — 벗어나지 못하게 하는 방어막이 견고하게 둘러쳐져 있습니다.

프로그램이 설치될 때, 또는 실행될 때 시스템에 복사하거나 생성하는 각종 파일 및 시스템의 레지스트리 파일 등에 가해지는 변경 등, 그 모든 변경 사항이 모두 샌드박스 내부에만 남겨집니다. 만일 해당 프로그램이 마음에 들지 않거나 악성 프로그램으로 생각된다면 샌드박스를 통째 비워버리는 — 해당 샌드박스 자체나 또는 그 내부를 삭제하는 — 것으로 만사를 해당 프로그램의 설치 및 실행 이전으로 되돌릴 수 있습니다, 마치 모래 상자에 글씨 연습을 한 후 깨끗이 지워 버리듯. 주의할 점은, 프로그램 실행으로 생성된 파일 중에서 보존해야 할 가치가 있는 것에 대해서는 샌드박스를 비워 버리기 전에 샌드박스 외부의 폴더로 "복구"해 놓아야 한다는 것입니다. 샌드박스를 비워 버리면 그 내부에는 아무것도 남지 않습니다.

샌드박스에 설치한 프로그램을 충분히 사용해 본 다음, 그 안전성과 유용성을 확인하게 되면 샌드박스 외부로 옮길 수 있습니다. 샌드박스 프로그램의 메뉴 등을 이용해 간단히 OS 환경으로의 이전이 가능합니다. 하지만, 불편이 없다면 해당 샌드박스를 윈도우의 "Program Files" 폴더처럼 간주하고 그대로 사용해도 무방합니다 — 안전을 위해서는 그리하는 편이 더 바람직합니다. 노구의 경우, 가끔 사용하는 중요하지 않은 프로그램들은 용도별로 이름 붙인 몇 개의 샌드박스에 설치해 두고 그대로 사용합니다.

윈도우 10 프로 버전 이상에서는 샌드박스가 기본으로 제공됩니다. 그 이하 버전의 윈도우 10이나 윈도우 7 사용자라면 '샌드박시(Sandboxie)'라는 샌드박스 프로그램을 사용할 수 있습니다. 오픈 소스로 제공되고 있는 무료 프로그램이며, 인기가 많은 만큼 사용 방법 등에 대한 인터넷 블로그의 글 또한 많기도 합니다.

샌드박스는 보안을 목적으로 하는 이외에 다음과 같은 용도에도 신통력을 발휘합니다.

비유가 좀 거시기합니다만, 어떤 제품의 짝퉁을 제대로(?) 만들려면 일단 진품을 낱낱이 뜯어서 살펴보아야 합니다. 그와 같이 하여 제조 노하우를 캐는 것을 '**리버스 엔지니어링**(Reverse Engineering: 역설계, 역공학)'이라고 합니다만, 어떤 프로그램(앱)의 구조나 설계 및 작동 방식 등을 알아보기 위한 리버스 엔지니어링에는 샌드박스가 딱!입니다. 새로 생성한 샌드박스에 시험하고자 하는 프로그램(앱)을 설치·사용하고 나서 해당 샌드박스를 살펴보면 됩니다. 해당 샌드박스가 바로 리버스 엔지니어링의 일차적 리포트 그 자체이기 때문입니다. 프로그램이 설치·실행되면서 시스템에 남기는 흔적들을 시시콜콜 다 볼 수 있습니다. 블로그에 프로그램(앱) 소개나 사용 방법 등의 글을 올리는 경우, 보다 전문가적인 소견을 담아 내는 데 도움이 됩니다.

다음으로, 웹하드를 이용할 때 샌드박스를 쓰면 그 편리함에 감탄하게 됩니다. 웹하드를 사용하기 위해 웹하드가 제공하는 '파일 전송' 프로그램을 내려받아 설치하면 비단 '파일 전송' 프로그램만 설치되는 것이 아닙니다. 웹하드 측의 '그리드 컴퓨팅(Grid Computing ☞ *p. 111*)' 용도의 몇 가지 서버 프로그램 및 이들 서버 프로그램들의 제거를 어렵게 하는 관련 프로그램들이 사용자들의 PC에 함께 설치됩니다. 웹하드를 이용하기 위해서는 웹하드 측이 요구하는 '파일 전송' 프로그램을 설치하지 않을 수 없으며, 따라서 이들 곁가지 프로그램들이 함께 설치되는 것을 피할 방법이 없습니다. 참고로 웹하드의 그리드 컴퓨팅에 이용되는 프로세스(프로그램)는 (작업 관리자 등으로) 강제종료를 해도 저절로 다시 실행됩니다. 해당 프로세스 설치 시 운영체제의 서비스에 등록되어, 해당 서비스(프로세스)가 강제 중단되면 "자동"으로 다시 시작하라는 옵션이 설정되어 있기 때문입니다.

그래서 죽이고 죽여도 끝없이 되살아납니다. 윈도우의 경우 "services.msc"를 실행(윈도우키 + R, services.msc)하여 **[서비스]** 창을 연 다음, 마우스 오른쪽 버튼 클릭으로 해당 프로그램의 **[속성]** 창을 열고 '**시작 유형(E)**'을 "**사용 안 함**"으로 변경하여 죽이면 됩니다만.

사용자 PC에 설치된 이들 그리드 컴퓨팅용 서버 프로그램은 웹하드 측의 파일 전송에 사용자 PC의 성능 일부분을 무단으로 훔쳐 사용하는 기능을 수행합니다. 그래서 웹하드 측의 파일 전송은 그만큼 빨라지게 되나, 사용자들의 PC는 (파일 전송 서버로 이용 당하는 만큼) 느려지게 됩니다. 뿐만 아니라 이들 프로그램들은 크래킹에 악용될 위험성이 있기도 합니다. 한데, 웬만큼 컴퓨터 사용에 능숙한 이들도 웹하드 사용이 끝난 이후 이들 프로그램들을 남김없이 삭제·제거하는 데에 애를 먹습니다. 삭제·제거를 해도 PC를 다시 부팅하면 감쪽같이 되살아나기 일쑤이기 때문입니다. 통상적인 프로그램 삭제·제거 방법은 통하지 않습니다 — 어느 틈엔가 다시 되살아나기 일쑤입니다. 그래서 이들 프로그램을 제거해 주는 전용 프로그램이 개발되기도 합니다. 그러나, 샌드박스를 이용하면 그와 같이 성가신 일들을 매번 단번에 깔끔하게 뒤처리할 수 있습니다.

샌드박스 프로그램(ex. Sandboxie)에서 "Web_sandbox"와 같은 임의의 이름으로 웹하드 전용의 샌드박스를 만듭니다. 그리고 Web_sandbox에서 웹브라우저를 실행하여 웹하드에 접속합니다. 웹하드 측의 "파일 전송" 프로그램 역시 Web_sandbox에서 설치하고 실행합니다. 웹하드의 사용이 끝나고 난 이후, Web_sandbox의 내용을 모두 삭제하면 됩니다. 작업관리자를 실행할 필요조차 없습니다.

가상화 기법은 그 밖에도 다양한 형태로 활용되고 있습니다만, 클라우드 컴퓨팅이나 사물인터넷 등의 현재와 앞날을 열어 주고 있는 가상화 기법으로 **서버 가상화**(Server Virtualization)와 **데스크탑 가상화**(VDI: Virtual Desktop Infrastructure), 그리고 **컨테이너**(Container) 등이 있습니다.

서버 가상화, 데스크탑 가상화, 컨테이너

서버 가상화는 말 그대로 하이퍼바이저 등의 가상화 기술을 사용하여 서버컴퓨터를 소프트웨어로 만들어 내는 것을 의미합니다. 이 같은 가상화 기술이 있기 때문에 클라우드는 하드웨어 장비와는 독립적으로 가변적이고 융통성 있는 서버 임대가 가능합니다. 24시간 체제로 {멀티테넌트(Multi-tenant) 시스템으로 된} 다양한 서버를 임대할 수 있습니다.

데스크탑 가상화는 데이터센터의 서버 자원들을 써서 필요한 대수의 데스크탑 PC를 소프트웨어로 만들어 내는 것을 뜻합니다. PC 사용자들 역시 직접 데스크탑 PC를 구입하는 대신 저렴한 단말기나 리눅스가 설치된 '라즈베리 파이 4 키트(Raspberry Pi 4 computer kit)', 또는 스마트TV나 스마트폰 등으로 클라우드에 접속하여 자신이 원하는 OS와 응용프로그램이 설치되어 있는 가상화 데스크탑 PC를 구독형(사용 시간만큼 사용료를 지불하는 형식)으로 빌려 사용할 수 있습니다. 그와 같은 것이 가능한 것은 **데스크탑 가상화** 기술이 있기 때문입니다.

컨테이너는 대형 화물선에 적재되는 크고 육중한 컨테이너라기보다는 가벼운 도시락 형태의 가상화 유형입니다. 도시락(컨테이너) 속에는 응용프로그램(밥)과 해당 응용프로그램의 실행에 필요한 그 밖의 것(반찬)들{라이브러리(library), 바이너리(binary), 환경 구성(config) 파일 등}이 들어 있습니다. 단, OS는 들어 있지 않습니다. 한 덩치 하는 OS가 들어 있지 않아서 (OS로 인해 웬만하면 수 GB의 헤비급에 달하는 VM에 비해) 그 체중이 수십 MB에 지나지 않는 모스퀴토(모기)급이 가능한 것이 자랑입니다. 경량급이니 몸놀림 또한 빠릅니다{컨테이너는 시스템 환경에 대한 의존성이 없어서 이식성(移植性)이 좋습니다. "컨테이너"로 이름하게 된 것이 이식성이 좋음을 나타내려 한 의도에서 비롯된 것으로 생각됩니다. 도시락(컨테이너)에 OS가 들어 있지 않아도 되는 것은 리눅스를 OS로 하는 진영에서 사용되는 가상화 기법이기 때문입니다}.

흔히 소프트웨어 개발자들이 리눅스 노트북에서 프로그래밍한 앱을 리눅스 서버에서 돌리면 이런 저런 에러가 쏟아지곤 합니다. 그래서 다시 서버에서 수정에 수정을 거듭하여 제대로 돌아가게 만든 앱을 클라우드에서 돌리면 또 다시 에러가 나타나 개발자를 괴롭히곤 합니다. 네트워크 환경이라든지 보안 정책 등 여러 가지 환경 변수들이 암초로 작용하기 때문입니다. 그러나 도시락(컨테이너)을 사용하면 그런 성가신 문제들이 원천적으로 모두 해결됩니다. 도시락에는 해당 앱의 실행에 필요한 그 밖의 것들이 모두 반찬으로 들어 있기 때문입니다.

컨테이너의 경우, 리눅스(OS)의 커널이 도시락 통(컨테이너)으로 제공되는 것이 핵심입니다. 개발자는 앱(밥)과 반찬만 준비하면 되는 것이지요. 그런 까닭으로 컨테이너를 'OS 수준의 가상화'라고 합니다. 그리하여 도시락(컨테이너) 한 개가 만들어지면 그것으로 수많은 도시락을 만드는 것은 매우 쉽습니다. 소프트웨어이므로 수없이 복제하면 되니까요. 이상과 같은 특징을 가진 컨테이너는 클라우드의 컴퓨팅 환경 구축에 안성맞춤이어서 각광을 받고 있는 가상화 기법입니다. 하지만, 리눅스 이외의 OS에서 컨테이너를 사용하기는 어렵습니다. 또한 OS(리눅스)의 커널에 의존하므로 보안 상의 안전성도 VM에 비해 떨어지는 편입니다. 컨테이너가 해킹을 당하면, OS까지도 위험해질 수 있습니다. 컨테이너는 컨테이너 대로, VM은 VM 대로 적절한 용처가 있음입니다.

대표적인 컨테이너 플랫폼으로는 오픈 소스의 **도커**(Docker)와 구글의 **쿠버네티스**(Kubernetes)가 있습니다. {컨테이너형 소프트웨어는 크로스 플랫폼 코드로 작성하기가 용이해서 그 이식성(portability)이 자랑입니다. 그러나 그러한 장점은 양날의 칼이어서 크래커들에게는 ROI(Return On Investment)가 돋보이는 수익성을 의미합니다. 한 번 만든 악성코드를 여기저기 수정 없이 퍼뜨릴 수 있기 때문입니다. '공용의 패키지 리포지토리(public package repositories)'가 악성코드의 게시·배포 수단으로 악용되기도 합니다. 암호화폐 채굴용 악성코드에 감염된 도커들이 적지 않다는 프리바시오(Prevasio)사의 조사 보고서도 있습니다. 프리바시오사의 웹페이지에서 (최신의) 도커 이미지의 오염 정도와 관련한 통계들을 찾아볼 수 있습니다.}

한데 하이퍼바이저 샌드박스 등, 격리된 컴퓨팅 공간을 제공함으로써 보안에 적잖이 도움이 되는 이들 가상화 프로그램 역시 컴퓨터 소프트웨어입니다. 말하자면 소프트웨어로서의 약점을 가질 수밖에 없다는 이야기입니다. 소프트웨어란 뛰는 놈이 있으면 반드시 그 위에 나는 놈이 나타나게 되어 있습니다. 그러므로 보안을 과신해서는 안됩니다(☞ *p.189*, **세상에 믿을 놈 하나 없는 것, 그것이 바로 컴퓨터 소프트웨어**).

쓸 만한 프로그램으로 위장한 프로그램에 숨겨진, 최근의 진화된 악성 코드들은 샌드박스를 알아채고 사용자가 해당 프로그램의 유용성을 인정하고 샌드박스로부터 정상적인 OS 환경으로 옮겨 줄 때까지 별다른 활동 없이 기다리기도 하며, 지난 2017년 5월 전 세계에 피해를 입힌 워너크라이(WannaCry) 랜섬웨어가 버츄얼박스에서 탈출하여 외부를 감염시킨 예가 화제가 된 적도 있습니다. 물론 그러한 예가 발생하면 방어(하이퍼바이저, 샌드박스) 측 역시 즉각 업데이트나 패치로 뚫린 외양간을 수리하게 마련입니다. 창이 보다 예리해지면 방패 역시 보다 강화됩니다. 소프트웨어의 보안 업데이트나 패치를 게을리 해서는 안되는 이유입니다.

그린(Green) 컴퓨팅

서버 가상화 및 데스크탑 가상화 기술이 없다면, 클라우드를 운영하는 데이터센터는 기업 고객들이 필요로 하는 대수만큼의 서버와, PC를 원하는 일반 고객의 수에 일치하는 대수의 데스크탑 PC를 설비해야 할 것입니다. 다행스럽게도 서버 가상화 및 데스크탑 가상화 기술은 하드웨어 설비를 효율적으로 활용할 수 있게 해 줍니다.

가상화 기술은 4차 산업혁명의 전반에 영향을 미치게 될 기술입니다. 이를테면, 현재 세계 각국은 탄소중립을 위해 온실가스 배출이 없는 태양광, 풍력 등의 재생에너지 비중을 확대하고 있습니다. 그래서 기존의 원자력·수력·화력 발전에다 태양광·풍력 등에 의한 수많은 군소 규모의 발전까지 더해져서 전력 수급망은 복잡해질 대로 복잡해져 가고 있습니다. 기존의 제어 체계로는 엄두가 나지 않을 상황으로 치닫고 있는 것입니다. 효과적인 해결책은 명확합니다. 추상화 및 가상화 기술에 의해 전체 전력 수급망을 하나로 통합한 가상발전소를 만들고, 소프트웨어로 제어하는 것이 바로 그것입니다. 물론 도시 교통망 제어, 미세 먼지 등의 환경 제어 등등 추상화 및 가상화 기술을 적용하여, 소프트웨어에 의한 제어가 요구되는 분야는 도처에 널려 있습니다. 만사 복잡해지면 가상화가 그 답이라 하겠습니다. 추상화 및 가상화 기술이 4차 산업혁명의 기반 기술인 까닭입니다.

PC의 성능이 과거 슈퍼컴퓨터의 성능을 능가하고 있는 작금에 와서는, 암호화폐 채굴이나 컴퓨터 게임, 또는 동영상 편집 등에 사용되는 일부 경우를 제외한다면, 서버이든 데스크탑 PC이든 풀 가동되는 경우란 거의 없으며, 특히 PC의 경우에는 실제 가동 시간이 극히 미미한 것이 보통입니다. 그냥 대기하고 있거나, 성능 중 일부만 사용되고 있거나, 절전모드로 잠자고 있는 것이 요즈음 적지 않은 서버나 PC의 일상이 되고 있음입니다. 전력 낭비가 아닐 수 없습니다. 가령 모든 이가 클라우드의 서버나 PC를 구독형으로 사용한다면, 하루 24시간 어디서나 필요할 때마다 저렴한 단말기로 클라우드에 접속하여 강력한 서버나 PC의 성능을 사용할 수 있으며, 기기 간의 데이터 공유도 가능해집니다. PC 소음에 시달리지 않아도 되며, 컴퓨터 설치 공간도 필요 없어집니다. 하드웨어 및 소프트웨어에 대한 유지보수 및 관리 등의 일거리로부터 해방됩니다. 엄청난 자원과 인력과 에너지 절약이 가능해지는 것입니다. 물론 그 대신 구독료를 감당해야 합니다.

한편, 대규모 하드웨어를 설비해야 하는 데이터센터는 저렴한 수냉이 가능한 곳, 즉 호수 바닷가 해저 북극권 등에 시설을 함으로써 발열을 냉각하기 위한 에너지 비용을 대폭 절감할 수 있습니다.

이상 열거한 사실들에서 보듯, 가상화는 클라우드에 손과 발을 달아 주고 날개까지 되어 줍니다. 클라우드가 명실상부하게 4차 산업혁명의 프레임 자체가 될 수 있도록 마법을 제공합니다. 또한 클라우드란 그린 컴퓨팅의 핵심이자 없어서는 안될 여건이며, 최종 목적지이기도 한 존재라 하겠습니다. 그런 측면에서 클라우드 서비스 판매 형태의 주류가 되고 있는 **구독형 서비스**는, 현명하게 사용하기만 한다면 사용자들에게도 이익이 될 뿐만 아니라 그린 컴퓨팅에도 기여하는 바가 적지 않습니다.

클라우드는, 다양한 가상화의 마법으로 인터넷으로 통하는 곳에는 항상 클라우드가 존재하는 세계를 만들어 나가고 있습니다. 그리고 무선통신의 발달로 사실상 지구상에 클라우드의 그림자가 드리우지 않은 곳이란 없게 된 것이 현재 우리가 살아가고 있는 이 세계라 하겠습니다. 우리의 미래는 또한 인터넷에 연결되지 않은 사물(事物, Things)이란 찾아보기 어려울 것입니다. 그 결과 우리 주변은 언제나 클라우드의 그림자 아래 돌아갈 것입니다. 현재 우리의 일상 동선(動線)이 도처의 CCTV에, 클라우드의 데이터 센터에, 기록되고 있는 것은 단지 그 시작일 뿐.

또한 클라우드가 제공하는 인공지능 개발용 플랫폼과 아울러 클라우드가 인터넷에서 수집하여 저장·가공·제공하는 저렴한 데이터가 없다면, 저렴한 인공지능 개발 역시 생각하기 어렵습니다. 4차 산업혁명은 클라우드를 기반(플랫폼)으로 하고 있음입니다. '4차 산업혁명의 프레임' 그 자체, 그것이 바로 클라우드라 하겠습니다. 가상화 기술과 클라우드는 4차 산업혁명의 세계를 이해하는 데 있어서의 키워드인 것입니다.

랜섬웨어 대응책, 백업의 방법

인터넷 활용도와 보안상의 위험도는 절대적이라 해도 좋을 만큼 비례하는 것이 사실입니다. 데이터 인질화와 암호화폐가 결합됨으로써 황금알을 낳는 블루오션의 사업이 되어 버린 **랜섬웨어**. 랜섬웨어 사업은 유감스럽게도 앞으로 나날이 번창해 갈 조짐을 보이고 있습니다. 반드시 대비책이 필요해 보이는 것입니다. 그리고, 그에 대한 **가장 확실하고 경제적인 보안 대책**

은 주기적인 오프라인 백업(☞ *p. 131* **오프라인 백업**, *p. 132* **이미지 백업**)이라 할 수 있습니다.

사업 전망이 밝은 만큼 랜섬웨어를 앞세운 공격(크래킹) 수법은 나날이 진화를 거듭하고 있는 데다, 랜섬웨어에 이용되고 있는 암호화 기법 자체가 깨기가 거의 불가능한 것이어서 보안 전문가들조차 우려할 수밖에 없는 상황이 되어 가고 있습니다{AES256 암호화 알고리즘으로 볼모가 될 데이터 파일들을 암호화해 버린 다음, 암호화 키(대칭키)는 자신들의 공개키(비대칭키)로 암호화하는 식입니다 ※☞ *p. 257*, **공개키 암호시스템**.}. 적은 비용으로 일확천금을 노릴 수 있는 것이 랜섬웨어 사업입니다. 인터넷 블랙마켓 사상(史上) 이토록 롱런이 가능할 호재는 일찍이 없었습니다.

사례를 들어 이야기를 이어 가자면, 악성 해킹 그룹 '이블 코프(Evil Corp)'가 만들어 2020년 5월부터 돈 되는 컴퓨터 시스템들을 골라 가며 감염시키기 시작한 '표적 랜섬웨어 웨이스티드로커(WastedLocker)'는 피해 컴퓨터와 그 백업시스템이 어떤 형태로든 연결만 되어 있다면 백업까지 남김없이 감염시키는 특징을 가지고 있습니다. 윈도우의 기본 백업인 섀도우 복사본 같은 것은 삭제해 버립니다. 그래서 오프라인 백업이 되어 있지 않은 이상, 일단 감염되면 파일을 복구할 방법이 없습니다.

웨어러블 IT기기 및 GPS 내비게이션 등으로 유명한 미국 가민(Garmin)사(社)의 경우, 2020년 7월, 시스템이 웨이스티드로커에 감염되었고, 그리하여 비행사들이 사용하는 서비스를 포함한 많은 서비스가 중단됐었습니다. 크래커(이블 코프) 측은 1,000만 달러의 몸값을 요구했던 것으로 알려져 있으며, 실제 얼마를 지불했는지는 알려진 바 없지만 어쨌든 가민사는 몸값을 지불하고 '암호 해독(복호화) 키'를 제공 받아 문제를 해결할 수밖에 없었습니다. '이블 코프(Evil Corp)'와 같이 고도의 크래킹 실력을 갖춘 상대에 대해서는 최고의 보안 전문가들조차 대응하기가 만만치 않습니다. 하물며 보안 전문 인력이 충분치 못한 중소 기업들의 경우, 일단 이들의 표적이 되면 그것으로 끝이라 하겠습니다. 좋은 앱이나 뛰어난 **알고리즘**(Algorithm, 수리적 해법)의 {오픈 소스} 코드일수록 빠르게 확산되듯, 성공적인 해킹/크래킹 코드나 수법은 오래지 않아 널리 퍼지는 속성을 가집니다. 시절이 시절인 만큼, 돈 될 만한 표적을 가진 기업이라면 반드시 오프라인 백업 시스템을 갖출 필요가 있다 하겠습니다.

참고로 "**알고리즘**(Algorithm, 알고리듬)"이란 말은 숫자를 "1, 2, 3, 4 …"와 같이 아라비아 숫자로 쓰는 것을 의미하는 알고리즘(Algorism, 알고리즘)에서 파생된 말로서 '수리적(數理的) 해법', 즉 '수학적 이치에 의한 문제 해결의 방법'을 뜻합니다. 한데 "알고리듬"이 아닌 "알고리즘"으로 통용되고 있습니다. IT 분야에서 널리 사용되고 있는 용어입니다.

오프라인 백업 ◎◎

백업은 OS가 설치된 드라이브에 대한 백업과 그 밖의 데이터에 대한 백업을 구분해야 합니다. 데이터 백업은 백업용 저장장치(드라이브)에다 통상적인 복사로 하면 되며, 백업 용량을 줄이기 위해 압축이나 암호화 압축을 한 다음 복사(백업)하기도 합니다. 그러나 OS가 설치된 드라이브에 대한 백업은 "**이미지 백업**(☞ 아래 '**이미지 백업**' 참조)"이라는 특별한 방법을 사용해야 합니다. 그리하지 않으면 유사시 시스템 복구에 사용할 수 없기 때문입니다. 그리고 OS가 설치된 드라이브는 주기(timeline)적인 이미지 백업의 축적이 필요하므로 꼭 필요한 응용 프로그램 등, 컴퓨터 사용에 요긴한 프로그램들로만 구성함으로써 **백업 용량을 최소화**하는 것이 좋습니다.

그 밖의 응용 프로그램, 게임, 동영상, 데이터 등등은 드라이브명을 달리하는 드라이브에 설치/저장하는 것이 바람직합니다. 디스크가 하나밖에 없다면, 디스크를 논리적 드라이브로 분할하여 두 개 이상의 드라이브로 만들어 사용하면 됩니다.

이미지 백업(Image Backup)

가령, 윈도우가 설치되어 있는 C 드라이브의 폴더와 파일 모두를 포맷한 D 드라이브에 복사하여 쌍둥이로 만든 다음, D 드라이브로 부팅을 하면 정상적으로 윈도우가 부팅이 될까요? 답은 "안된다!"입니다.

컴퓨터가 통상적인 방법으로 드라이브의 파일들을 읽기 위해서는 '파일시스템'이란 것이 마운트(mount: 메모리에 올림)되어 있어야 합니다. '파일시스템'은 주민센터의 주민등록부와 흡사한 파일등록부입니다. 파일명으로 해당 파일의 물리적인 저장 위치(번지)를 찾을 수 있게 해 놓은 장부인 것입니다. 한데 부팅 시에는 '파일시스템'이 미리 마운트되어 있을 리가 없으므로 파일명은 소용이 없습니다. 그래서 부팅 시에는, GPS 좌표값으로 지도상에서 원하는 위치를 찾듯, 물리적인 위치 정보(번지)를 사용하여 드라이브 상의 특정 위치(섹터)에 있는, 부팅에 필요한 {부트 로더} "파일시스템" 등의 파일들을 찾아 읽습니다. 그러므로 부팅에 필요한 파일들은 반드시 물리적으로 정해진 위치(섹터)에 자리하고 있어야 합니다.

하지만 '윈도우 탐색기' 등으로 파일을 복사하면, 복사된 파일의 물리적 위치까지 원본의 그것과 일치시키지는 않습니다 — 드라이브의 상황에 따라 적당히 빈 곳에 복사해 버립니다. 파일이 드라이브의 어느 위치에 저장되든 관계없이 파일시스템이 그 물리적 위치를 파일명과 묶어서 등재하고 있기 때문에, 파일명에 의한 파일 찾기에 문제가 없음입니다. 그러므로 부팅에 필요한 파일들이 요구되는 위치(섹터)에 복사된다는 보장이 없습니다. 그래서 부팅에 필요한 파일을 읽어 들이지 못한다면 부팅이 중단되어 버리는 것은 당연한 일입니다. 말하자면 이 경우의 C와 D 드라이브는 일란성이 아닌 이란성 쌍둥이인 것이지요.

하드디스크의 가장 기본이 되는 물리적 저장 단위는 섹터입니다. 하드디스크를 모눈종이처럼 구획 지었을 때 그 모눈 하나하나가 바로 섹터인 것입니다. 가령 C 드라이브의 첫 번째 섹터부터 데이터가 저장되어 있는 마지막 섹터까지 순서대로, 섹터 단위로 C 드라이브를 D 드라이브에 복사한다면 D 드라이브로의 부팅은 그 결과가 달라집니다 — 문제 없이 부팅이 됩니다. 섹터 단위로 순서대로 복사했으니 부팅에 필요한 파일들은 물론이거니와 드라이브 전체가 사진을 찍은 듯이 원본과 일치하기 때문입니다. 말하자면 이 경우, C와 D 드라이브는 파일들이 저장된 물리적 위치까지 정확하게 서로 일치하는 판박이 일란성 쌍둥이인 것입니다. 이 같은 백업을 **이미지 백업**이라고 합니다.

이미지 백업을 하나의 파일로 만들 수도 있습니다. 디스크의 섹터들을 그대로 하나의 파일로 복제하는 것을 덤프, 클론, 또는 이미징이라고 하며, 그리하여 만들어진 이미지 파일을 **디스크 이미지**라고 합니다. 이미지 파일을 이용하면 백업 시점의 원본 드라이브와 판박이로 정확하게 일치하는 복구가 가능합니다. 시스템에 대한 이미지 백업과, 그것을 이용한 유사시의 시스템 복구에는 '**아크로니스의 트루 이미지**(Acronis True Image: 유료)'나 '아오메이의 **백어퍼 스탠다드**(Aomei Backupper Standard: 무료)'와 같은 프로그램을 이용할 수도 있으며, 윈도우 등의 OS도 자체적으로 이미지 백업과 복구를 지원합니다. 윈도우 7, 10에서는 윈도우키를 누른 다음 "백업"으로 검색하거나, 또는 인터넷 검색을 이용해도 되겠습니다. 이미지 백업 프로그램들은 압축 기법으로 이미지 파일을 만들기 때문에 백업 대상 드라이브의 실제 데이터 양에 비해 이미지 백업 파일의 크기는 그 절반에 미치지 못할 정도입니다. {윈도우 시스템 관리 전문가들은 윈도우에서 기본으로 제공되는 DISM(Deployment Image Servicing and Management, 윈도우 8 이상), GimageX, Imagex(윈도우 7)로 윈도우 이미지 파일을 관리합니다. 윈도우 업데이트가 작동하지 않거나 충돌을 일으킬 때에도 업데이트를 설치할 수 있는 등, 다양한 용도를 가진 전문 도구입니다.}

(OS가 설치된 드라이브의) 이미지 백업 시, '시스템 예약 파티션' 등 부팅에 필요한 부수적인 부분이 있을 경우에는 그것까지 포함하여 이미지 백업을 해야 합니다. 그리고 검색을 통해 시스템 백업 및 복구와 관련된 정보들을 사전에 충분히 섭렵해 두는 것이 좋습니다. PC에 관한 한, 시스템 관리를 남의 손에 맡기는 것은 자신의 사생활 관리를 남에게 맡기는 것이나 진배없습니다. 시스템이 부팅조차 되지 않는 최악의 경우일지라도 이미지 백업을 이용한 시스템 복구에는 문제될 것이 없습니다. USB 메모리를 이용한 부팅으로 어려울 것 없이 간단히 복구되기 때문입니다. 이미지 백업 및 복구를 지원하는 프로그램들은 부팅이 불가할 때를 대비하여 부팅용 U-SB 메모리를 만드는 서비스를 제공하며, USB 메모리를 이용하여 부팅하면 부팅 후 해당 프로그램이 자동으로 실행됩니다. 그리고 해당 프로그램은 OS가 없이도 컴퓨터에 장착되어 있거나 연결되어 있는 각종 저장장치를 잘 인식하므로, 복구용 이미지 백업 파일이 저장되어 있는 외장 드라이브 등을 시스템(PC)에 연결하고, 복구를 원하는 시점의 이미지 백업 파일을 선택해 주기만 하면 됩니다.

가상 디스크의 활용

Virtual CloneDrive, PowerISO virtual drive, CDSpace, DAEMON Tools 등의 CD·DVD 드라이브를 읽고 쓰는 프로그램들은 CD/DVD를 iso, nrg, bin 등의 확장자를 가진 이미지 파일로 만드는 기능을 가졌으며, 아울러 이미지 파일을 **가상 디스크**로 사용할 수 있게 '가상 CD·DVD 드라이브'를 제공하기도 합니다. 프로그램이나 프레젠테이션용 파일 등이 수록된 CD·DVD를 이미지 파일로 만들어 두면, 원본 CD·DVD보다 더 편리하게 사용할 수 있습니다. 이를테면 CD·DVD 드라이브가 없는 노트북에서도 실제 CD·DVD 드라이브처럼 사용이 가능합니다.

이미지 파일을 (가상 디스크 지원 프로그램의 메뉴를 이용해) 가상 드라이브에 삽입하면 실제 CD·DVD와 동일하게 작동합니다. 게다가 이미지 파일을 하드디스크나 SDD에 저장하고 사용하면 그에 걸맞은 빠른 속도를 보여 줍니다. 실제 CD·DVD 드라이브 장치의 굼뜬 속도와는 비교가 되지 않습니다. 프레젠테이션에 실제 CD·DVD 드라이브 장치를 사용하는 이가 있다면, **가상화 기술을 알지 못하는 컴맹**이라 하겠습니다.

PC나 노트북에 장착하는 CD·DVD 드라이브 장치는 고작해야 한두 개에 지나지 않지만, 가상 CD·DVD 드라이브는 지정 가능한 드라이브명(D ~ Z)만큼 다수로 개설할 수 있으며, 드라이브명 역시 사용자가 정하면 되는 식입니다. 십여 개 이상의 가상 CD·DVD 드라이브에 각기 CD나 DVD 이미지 파일을 삽입하고 동시에 사용할 수도 있다는 이야기입니다. 필요할 때 필요한 만큼 가상 드라이브를 개설하고, 필요 없으면 없애 버리면 됩니다. 이미지 파일 역시 필요할 때 삽입하고 필요 없으면 즉시 제거하면 되는 것이지요. 가상 드라이브는 물론 하드웨어를 그대로 흉내 낸 소프트웨어 드라이브입니다. 가상화 기술의 하나인 것입니다. 그러나 빠른 읽기 속도나, 지연이 느껴지지 않을 정도의 반응성 등은 하드웨어 드라이브의 성능을 월등히 능가합니다. **가상화는 컴퓨팅 세계의 도처에서 다양한 형태로 사용되고 있는** 돈 되는 **기술**인 것입니다.

생활 필수기(技), 웹검색

4차 산업혁명과 웹검색

이 노구가 보는 **4차 산업혁명이란** 이런 것입니다. 사바세계의 사물들에 정보통신 기술이 융합됨으로써 유발된 산업 전반의 변화와 혁신, 이쯤으로 정의할 수 있겠습니다. 인간들까지도 (과거의 슈퍼컴퓨터를 능가하는) 스마트폰 장착으로 **인간인터넷**(IoH: Internet of Human)으로 진화했습니다 — 휴먼은 스마트폰 장착으로 24시간 가동 체제로 돌입했습니다. 아울러 인간인터넷 사물인터넷은 클라우드와 연계하는 다양한 인공지능을 탑재해 가고 있습니다 — 인간인터넷의 경우, 지도 앱, 네비게이션, 번역 앱, 동시통역 앱, AI 비서 앱, 웹 검색엔진 등을 탑재하게 된 지 오래이고, 인터넷 곳곳에 숨겨진 인공지능의 간접 서비스까지 받음으로써 아이들로부터 시작하여 나이순으로 점차 좀비로 변해 가고 있음은 우리 모두가 보고 있는 바 그대로입니다, 😋😋😂. 굳이 머리 쓸 일이 없으니. 😂😂.

4차 산업혁명을 이끌어 가는 주(主) 동력은 다음 네 가지의 엔진으로부터 공급되는 바, 컴퓨터, 인공지능, 네트워크 그리고 클라우드가 그것이라 하겠습니다. 극단적 가성비에 도달한 컴퓨터, 마침내 실용화된 저렴하고도 강력한 인공지능, 5G 6G 등 초고속 통신 기술의 지원을 받아 빠진 곳 없이 세상을 연결하는 네트워크, 지구 전체를 영향권으로 하는 클라우드. 이 네 가지 엔진이 통합되어 제공하는 다양한 자동화 기술, (산업용 운반 기기에서부터 자동차 선박 비행기에 이르기까지의 각종 운송 기기에 대한) 자율주행 기술, 3D 프린트 기술, 각종 나노 기술, 빅데이터와 데이터 과학, 로봇공학, 생체공학(Biotechnology), 인간인터넷, 사물인터넷(IoT), 각종 딥페이크(Deepfake: 인공지능에 의한 깊이 있는 날조) 기술, 가상현실, 증강현실, 혼합현실, 메타버스 등이 4차 산업혁명의 대세를 장악해 가고 있습니다. 이 모든 변화와 혁신은 애초 사물과 정보통신 기술이 융합됨으로써 발단된 것입니다. 그리하여 각종 신종 기술들이 연일 수없이 쏟아지고 있는 것이, 4차 산업혁명의 시작 단계라 할 현재의 상황이라 하겠습니다.

그런 까닭으로 연일 새로운 용어들이 쏟아지고 있는 탓에 전문가들조차도 때때로 '용어 멀미'를 느끼곤 하는 것이 당연합니다. 낯선 신조어들의 홍수. 쏟아지는 용어들을 시시콜콜 죄다 공부하고 알아보기란 사실상 무리입니다. 자주 접하게 되는 용어들에 대해서만 관심을 갖고 알아보는 식으로 근근이 버텨 나가는 것이 관련 종사자들의 실정이랄까요. 하지만 그리해도 문제가 되지 않는 것이, '**웹검색**'이 언제나 곁에 있기 때문입니다. 신조어·용어 정도라면 즉각 그 의미 파악이 가능합니다. 그러므로 쓸데없이 용량도 넉넉하지 않은 자신의 뇌를 용어 암기로 학대할 까닭은 없습니다.

그래서 "4차 산업혁명"의 새 판에서는 일상적인 웹검색이 필수입니다. (※ 이하 '가나다' 순임) 구글, 네이버, 다음, 바이두, 빙(Bing), 줌 등의 '**웹검색 사이트**'를 가까이 할 수밖에 없는 것이지요.

과거에는 논문을 쓰거나 학술서적을 저술하기 위해서는 도서관에서 살다시피 해야 했었습니다. 그러나 지금은 그리할 까닭이 없습니다. 인터넷을 통해 모든 것이 연결되어 있기 때문입니다. 물론 세계적인 유명 도서관들도 모두 인터넷에 연결되어 있습니다. 그러므로 능숙한 웹검색 솜씨만 갖추고 있다면 구하지 못할 자료가 없을 정도입니다. 필요한 것은 검색의 노하우와 테크닉일 뿐입니다 — 사실에 있어서는 '웹 검색엔진'조차도 인공지능이 개입하고 있는 덕분에 특별한 경우가 아닌 한 "능숙한 웹검색 솜씨"나 "검색의 노하우와 테크닉" 같은 것조차도 필요치 않은 세상이 되어 가고 있습니다. 어찌되었건 웹검색은 4차 산업혁명이라는 새 판에서의 생존을 위한 생활필수기(技)입니다. 4차 산업혁명 시대의 생존용 파이어스틸, 그것이 바로 웹검색이라 하겠습니다.

시간을 절약하여, 빠르게 웹에서 원하는 자료를 검색해 내기 위해서는 얼마간의 경험적 노하우가 필요할 수도 있습니다. 검색 솜씨가 좋은 이들은 매우 희귀한 자료도 간단히 찾아내는 반면, 솜씨가 서투르면 자료 더미를 뒤지는 데에 시간을 허비하곤 합니다. 그러나 신조어나 간단한 용어 정도라면 검색 솜씨에 관계없이 누구나 쉽게 원하는 답을 구할 수 있습니다. 웹에는 도서로 출간된 기존 사전류는 물론이거니와, "위키백과(Wikipedia)"를 비롯한 "위키"라는 접미어를 붙인 웹 백과사전들이 있기 때문입니다. 위키, 나무위키, 리브레 위키, 리그베다위키, 제타위키, 오픈위키, 히든위키(hidden Wiki), 페미위키 등등 많은 위키류의 백과사전들이 있습니다. 가령 '웹 검색엔진'에 대하여 알아보고 싶다면 검색 창에 "웹 검색엔진 **위키**"와 같은 식으로 입력하고 검색하면 됩니다. 그리하면 여러 위키 사전들이 제공하는 '웹 검색엔진'에 대한 지식이나 정보를 쉽게 접할 수 있습니다.

이들 위키류의 백과사전들은 내용의 업데이트가 수시로 이루어지므로 신조어 수록이 빠릅니다. 그러나 작성자의 자격이나 내용(원고)에 대한 검증이 뒷받침되지 않는 경우가 허다해서 자료의 신뢰성에 문제가 있을 수 있습니다. 그렇긴 하나 신조어가 많은 IT분야 및 4차 산업혁명 관련 용어들은 기존 사전류에는 수록되어 있지 않거나 내용이 빈약한 경우가 많아서, 현실적으로 손쉬운 위키류의 사전에 의존하지 않을 수 없습니다. 종류가 다른 몇 가지 위키 사전의 내용을 비교 검토해 보거나, 신문·잡지의 관련 기사 등을 함께 참조하면 정보/지식의 신뢰성을 높이는 데 도움이 됩니다.

웹 검색엔진들은 각기 나름의 특성들이 있습니다. 이를테면 검색 기능을 겸비하고 있는 포털 사이트(portal site)도 있으며, 오로지 검색 창에 집중하는 검색 전용의 사이트도 있습니다. 포털 사이트들은 홈페이지 자체에 다양한 콘텐츠를 진열해 두고 있는 탓에 웹 페이지가 다소 무겁게 느껴지기는 하지만, 한 곳에서 다양한 관심사를 해소할 수 있는 점은 장점이라 하겠습니다. 그에 비해 검색 전용의 사이트들은 웹 페이지가 가볍고 간결해서 반응이 빠른 편입니다.

크롬(Chrome) 브라우저가 구글 검색엔진과 밀접하게 일체화되어 작동하는 이점(利點)을 가진 탓에 웹 브라우저 중에서의 그 점유율이 더 한층 독보적으로 되어 가는 측면이 없지 않은 듯합니다. 구글(google.com)은 특히 돋보이게 발군의 인공지능이 작용하는 검색엔진류에 해당합니다.

검색엔진이 인공지능화 되어 있지 않았던 과거에는 사용자의 두뇌가 그 역할을 대신해야 했었습니다. 그래서 각 검색 사이트의 검색 매뉴얼을 참조하여 사용 가능한 조건 식을 활용해 가며 잔머리를 굴리지 않으면 안되었었지요, 바라는 바에 가장 근접하는 자료를 빨리 검색해 내기 위해서는. 그러나 검색엔진에 강력한 인공지능이 투입되어 있는 현재는 그럴 필요가 없습니다. 과거의 검색엔진들은 검색어의 철자 하나만 틀려도 검색해 내지 못했었습니다만, 인공지능 머리를 달고 있는 현재의 검색엔진들은 철자 두어 개 틀린 정도는 사용자의 타이핑 실수로 알아챕니다. 바르게 교정해서 검색해 주는 정도는 기본입니다, 😋😋. 물론 그렇다 해도 검색 경험의 축적에서 오는 교묘한 요령이 필요할 때가 있긴 합니다만. 희귀한 자료들을 찾고자 할 때에는 더욱 그렇습니다(☞ *p. 384,* **딥 웹과 다크 웹 검색 요령**).

오늘(2020년 7월 3일) 오전, 노구는 문득 오래 전 과거에 LP판으로 들었었던 팝송 한 곡이 떠올랐습니다. 한데 가수 이름도 곡의 제목도 도무지 기억해 낼 수 없더군요. 기억 나는 것이라고는 반복되는 후렴구의 일부인 “angel of”가 전부였습니다. 그래서 구글의 인공지능을 믿어 보기로 했지요. 구글 검색 창에 “old pop, angel of”, 이렇게 4개의 단어를 타이핑하고 엔터를 눌렀습니다. 검색 결과 1순위에는 “Top 50 Pop and Rock Songs About Angels (or With Angel in the Title)”이라는 제목의 웹페이지가 제시되어 있더군요. 해당 웹페이지의 44번째 곡이 바로 Juice Newton이 부른 “Angel of the Morning”이었으며, 삽입(링크)되어 있는 유투브 동영상 표지를 보자 LP판 재킷이 떠올라 클릭해 보기도 전에 곧바로 이 노구가 찾으려 하던 곡임을 알아보았습니다. 해당 동영상을 클릭하여 잠시 추억에 잠겨 보았었습니다.

한데, 검색 결과 페이지의 리스트를 훑어보며 인공지능이 지척에서 돕고 있음을 실감하지 않을 수 없었지요. 검색엔진은 4개의 단어 중 콤마(,) 앞에 있는 “old pop”은 사용자가 찾고자 하는 자료의 장르라고 스스로 판단하고 있었으며, “angel of”는 노래의 제목에 포함된 말이거나 또는 가사의 내용과 관련이 있음도 잘 알아채고 있었습니다. “old pop”류의 곡들에다 “angel of”가 포함된 제목이나 가사의 곡들이 게재된 웹페이지들을 리스트로 죽 늘어 놓았으니까요. 신통하지 않습니까? 이 같은 경험에 의해 검색엔진에 대한 검색 요령과 신뢰가 쌓이게 되면, 검색해 내지 못할 자료가 없을 것이라는 자신감 또한 쌓이게 되는 것이 당연합니다. 극히 희귀한 자료일 경우, 서너 차례 검색을 거듭해야 할 경우도 있습니다. 첫 검색에서는 폭넓은 검색 범위를 제시하며 인공지능의 반응을 살펴 (구체적으로 좀더 원하는 자료에 접근해 갈 수 있는) 힌트를 구하고, 검색 결과 페이지에서 계속 힌트가 될 만한 것을 살피며 검색을 거듭할 때마다 점점 범위를 좁혀 가는 방법으로 검색엔진의 인공지능과 대화하듯 검색해 나가는 것도 요령의 하나라 하겠습니다.

구글 검색엔진의 이모저모

구글의 경우, 빅데이터와 {쿠키를 비롯한} 접근 가능한 사용자의 '신상정보 데이터'를 활용하여 맞춤식 검색 결과를 제공하는 저력이 돋보이며, 유투브까지 연계하는 강점이 있습니다. 그러나 타의 추종을 불허하는 구글 검색의 핵폭탄급 무기는 구글의 번역기라 할 수 있습니다. "구글의 번역기"는 하루가 다르게 진화하고 있어서 이젠 충분히 실용성을 입증해 보여 주고 있습니다.

옛날 옛적의 바벨탑 이야기로 상징되는 언어 장벽. 그 장벽을 드디어 극복해 보이고 있는 것입니다. 그리하여 4차 산업혁명은 언어 장벽이 제거된 새 "판"에서 시작되고 있습니다. 각종 외국어로 인한 의사소통의 장벽은 점차 허물어져 가고 있습니다. 그 공로에 있어서 구글이 선두에 있음은 의심의 여지가 없습니다. 그리고 구글과 경쟁 관계에 있는 업체들 또한 너 나 할 것 없이 모두 '동시 통역기' 개발에 있어서도 사운을 건 승부에 나서고들 있으므로 머잖아 인간 동시 통역사가 따라가기 어려운 고성능의 '스마트폰용 동시 통역 앱'이 등장할 것으로 기대되고 있기도 합니다.

수년 전까지만 해도 이 노구는 영문 웹 페이지를 한글로 번역해 놓는 구글 번역기의 성능을 일과성 유희 정도로 웃어넘기곤 했었습니다. 그러나 불과 수년이 지난 작금에 와서 그 실용성을 인정할 수밖에 없음을 실감하고, 전율을 느끼고 있습니다. 아마도 알파고에 대해 프로 바둑기사들이 느꼈었던 놀라움이 그랬을 것입니다. 번역기의 두뇌 역할을 하고 있는 인공지능의 급속한 성장이 보여 주는 결과인 것입니다.

자료의 성격상 외국어 사이트를 위주로 검색하는 것이 바람직한 경우에도 사용자가 위치한 국가를 기본으로 하여 결과값을 찾아 주는 검색기들의 속성 때문에 불편을 겪게 되는 예가 때때로 있습니다. 그래서 가령 미국 구글에 접속하여 검색하고자 한다면 "google.com/webhp?hl=en", 영국 구글의 검색을 원한다면 "google.com/webhp?hl=uk"를 URL(웹 주소)로 입력하면 됩니다. 이와 같은 요령으로 독일 구글은 de, 이탈리아는 it, 프랑스는 fr, 스페인은 es를 URL에 대입하면 됩니다.

또는 구글 검색의 '**위치 기반 국가 설정**'을 무력화하는 방법도 있습니다. 이를 "NCR(No Country Redirect)"이라고 합니다. "google NCR로 설정, 검색하는 방법"으로 검색을 하면 다양한 방법을 알게 될 것입니다.

'**국가 설정**'에는 검색엔진의 '세이프서치(SafeSearch)' 기능이 따릅니다. "세이프서치" 기능이란 해당 국가에 해악적인 요소가 있는 웹페이지에 대한 검색을 차단하거나, 성인 인증 규약이 시행되는 국가의 사용자들이 성인물에 접속하려 할 때에는 성인 인증을 요구하는 등의 국가적 제한을 가하는 기능을 말합니다. 근년에 들어 각국 정부는 자국의 법률에 따라 검색엔진 측에 인터넷 콘텐츠에 대한 검열을 요구하기 시작했으며, 해가 갈수록 그 요구가 증대되고 있는 것으로 관찰됩니다. 그 결과, 검색 사이트들은 각 국가의 검열 요구를 적용한 국가별 버전을 도입하게 되었으며, 그것이 "국가설정"과 연계되어 작동하는 "세이프서치" 기능입니다.

그러므로 '국가 설정'을 무력화하게 되면 "세이프서치" 기능 역시 무력화되는 예가 종종 있습니다만, 항상 그런 것은 아닙니다. 개인 신상 정보 노출이 염려스런 성격의 검색이 불가피한 경우, 그로 인해 성인 인증을 피하려 한다면 좀더 확실하고 현실적인 우회 방법이 필요합니다(※☞ *p. 391*, **신변에 위험을 느끼는 이들을 위한 인터넷 사용 팁**). 이 역시 웹검색으로 쉽게 그 해결책을 찾아볼 수 있습니다.

이때, "구글 세이프서치를 우회하는 방법"과 같은 검색어를 사용하여 검색하는 것은 요령 부족입니다. 웹에 자료를 올리는 이들의 입장에서 생각해야 합니다. 과거의 네티즌들은 다른 이들을 위해 '헌신'하는 것에서 만족감을 느끼며 자료를 작성하여 올리곤 했습니다만, 지금은 사정이 많이 다릅니다. 과거 '공유' 위주였었던 사이버 공간이 현재는 '돈벌이' 위주로 변모해 가고 있음입니다. 그러므로 돈벌이에 직결되는 '조회수'와 밀접환 관련이 있는 검색어를 고려하지 않으면 안됩니다. 그러므로 보다 육감적이고 대중의 관심을 끌 만한 키워드를 나열해야 합니다. "구글의 세이프서치"라는 낯선 말보다는 "야한 동영상 야동 성인 인증" 등의 키워드가 조회수 폭증을 노려볼 수 있는 육감적인 태그(tag, 검색용 꼬리표)들이라 하겠습니다. 그러므로 "성인 인증 없이 야동 보는 방법"과 같은 검색어를 사용해야 합니다. 이 같은 요령으로 어렵지 않게 "시시콜콜 무작정 따라 하기" 식의 가르침을 베푸는 친절한 도사님들을 만나게 될 것입니다. {"세이프서치"와 같은 유의 웹 제재를 우회할 필요가 있을 때, 흔히들 사용하는 보다 범용적인 방법은 VPN(가상 사설망)을 이용하는 것입니다.}

검색엔진이나 웹브라우저 역시 컴퓨터 소프트웨어입니다. 그러므로 수시로 패치되고 업데이트되고 업그레이드됩니다. 그러니 그 사용 방법 또한 수시로 변하게 됩니다. 컴퓨터 소프트웨어가 대개의 생활 환경을 지배하는 4차 산업혁명 시대, "무작정 따라 하기" 식의 설명이란 금방 시드는 꽃과 같습니다. 오늘날, 살아남기 위한 치열한 경쟁과 보안을 위해 소프트웨어는 빈번하게 업데이트되고 업그레이드될 수밖에 없습니다. '소프트웨어의 사용 방법'에 관한 한 웹검색이 최선일 수밖에 없는 이유입니다. 그래서 작금에 와서는 대다수 소프트웨어의 헬프(Help, 도움말) 기능조차 온라인 상태에서만 작동할 정도입니다. 이러한 요인 역시 웹검색을 생활필수기(技)로 하지 않으면 안되는, 거부할 수 없는 이유가 되고 있습니다.

네이버 검색엔진의 이모저모

네이버(naver.com)는 한국어 사용자들에게 특화되어 있는 점이 돋보이는 포털/검색엔진입니다. 그런 면에서 한국어 사용자라면 애용할 수밖에 없는 장점들이 많습니다.

이를테면, 해외 직구나 해외 여행시 반드시 미리 검색해 두지 않으면 안되는 '한국 주소 영문 변환'용 변환기라든지, **방언**(사투리) 사전, 마우스로 엉성하게 갈매기 그리듯 해도 신통하게 검색이 되는 한자 사전(네이버 홈: **사전** > **한자**: **필기인식기**)의 편리함도 그러한 예라 하겠습니다.

네이버 홈의 메뉴 중 **사전** > **국어** 탭을 클릭한 다음, 아래로 스크롤 해 내려 가서 하단의 **주제별 찾기** 난에서 **방언** 탭을 클릭해 보기 바랍니다. 지역별 방언의 방대한 수집량에 놀라게 될 것입니다. 한자 사전(네이버 홈: **사전** > **한자**: **필기인식기**)의 편리함은 네이버를 자주 찾지 않을 수 없게 합니다.

한자의 획수를 세고 변(邊)에 신경을 쓰며 옥편(한자 자전)을 뒤지는 번거로움일랑 잊어도 됩니다. 이 같은 예는 네이버가 가진 "한국어 사용자들에게 특화되어 있는" 장점 중의 일부일 뿐입니다.

특히 네이버가 갖춘 **사전**의 종류는 다른 검색엔진들의 추종을 불허합니다. 백과사전을 비롯해서 생각해 낼 수 있는 모든 사전류를 다 구비하고 있다 해도 과언이 아닙니다. 전 세계 각 언어의 사전류(네이버 홈: **사전** > **더보기** N)들을 가장 다양하게 갖추고 있음은 물론입니다. 네이버 홈페이지(naver.com)에 접속한 다음, 메뉴 중 **사전** 탭을 클릭하여 시간을 두고 이모저모 감상해 보실 것을 권합니다. 네이버가 갖추고 있는 사전들은 대충대충 구경하는 데만도 상당한 시간이 소요될 정도입니다. 그렇다 해도 그럴 만한, 일단 구경해 볼 만한, 가치가 있습니다. 용어의 검색에는 사전이 영순위이기 때문입니다. 무엇보다도 그 신뢰성에 있어서 그렇습니다.

네이버 검색의 백미라 할 수 있는 "**지식**iN" 난도 주목할 만합니다. **지식**iN은 일종의 Q&A입니다만, 오랜 세월에 걸친 질문과 답변들이 축적되어 있습니다. 네티즌들의 다방면에 걸친 질문에 대하여 전문가들의 답변이 세월의 양만큼 축적되어 있는 편이어서, 특히 과거의 지식들을 찾고자 할 때 자주 찾게 되는 검색란입니다.

지역적 상황 변화나 추이(推移)를 재빠르게 반영해야 하는 검색 분야 역시 글로벌 검색엔진보다는 로컬 검색엔진이 강점을 가질 수밖에 없습니다. 세계적으로 많은 여행자들이 구글맵에 의존하고들 있습니다만, 국내에서는 권하고 싶지 않은 경우입니다. 공사다망한 구글의 건망증으로 인해 2018년 현재 구글의 한국 지도는 수년씩 업데이트 없이 방치되고 있거든요. 구글맵에 의존하여 한국 내 여행을 한다면, 뜻하지 않은 상황에 맞닥뜨려 난감해지는 경험을 하게 될 가능성을 배제할 수 없습니다. 그러므로 네이버 지도나 다음 지도(카카오맵)의 사용이 추천됩니다. 또는, 구글맵을 사용하던 중 그 업데이트 여부가 의심되는 상황이라면 주저할 것 없이 로컬 검색엔진의 지도로 전환할 것을 권합니다.

검색엔진들은 검색 결과를 '동영상', '이미지', '웹사이트', '지식백과', '카페', '뉴스', '블로그' 등으로 분류하여 나열해 주거나 또는 메뉴를 통해서 분류된 결과를 선택해 볼 수 있게 해 줍니다. 검색하고자 하는 내용에 따라 참고하기에 적합한 자료 유형이 있기 마련입니다. 이를테면 'LED로 실내 조명을 교체하는 방법'이라든지 '세면기의 배수관 청소 방법', '샤워기 교체 방법' 등 집 내부의 잡다한 영선 문제들을 해결하는 팁이나 또는 'PC 조립 방법', '스마트폰 사용 기법' 등에 대한 자료라면 '동영상' 자료들이 제격입니다. 반면 해부학, 의학, 패션, 건축 등 전문 분야의 자료라든지 논문이나 학술 자료 등을 검색하고자 할 때에는 '이미지' 검색이 시간을 절약하고 최적의 결과를 간단히 찾을 수 있는 방법일 수 있습니다. 나열된 이미지 중에서 원하는 수준의 자료에 들어 있음직한 그림을 찾게 되면 해당 그림을 클릭함으로써 해당 그림을 포함하고 있는 웹 페이지를 열 수 있는 것이지요. '블록체인'이나 '공개키 알고리즘' 등 생소하고 어렵게 느껴지는 대상에 대하여 알아보고자 한다면, 대중이 이해할 수 있는 수준을 유지할 뿐만 아니라 웬만큼 공신력도 있는 일반 신문이나 잡지류의 관련 기사를 통해서 접근하는 것이 지름길이 되어 줄 수 있습니다. 이해가 쉬운 저널의 기사를 통해, 계속해서 검색해 나가야 할 유력한 관련 검색어(키워드)들을 얻을 수도 있습니다.

검색에는 경험적인 지혜도 필요합니다. 이를테면, 널리 알려져 있는 '에브리씽(Everything)'이라는 무료 컴퓨터 프로그램을 소개 받고 그것을 구하고자 "Everything 다운로드"를 검색어로 하여 웹검색을 한다면 경험 부족이라 할 수 있습니다. 사용자가 많은 유명 프로그램의 경우, "다운로드"보다는 "사용 방법"을 검색어로 하는 편이 훨씬 더 낳은 결과를 가져다 줄 것입니다. 그리고 검색엔진이 제시하는 많은 검색 결과 중, 파워 블로거(프로 작가)나 또는 관련 분야의 기업이나 동아리 등의 게시판에 게재된 웹 페이지, 그리고 가급적이면 그 중에서도 최근에 작성된 웹 페이지를 선택하는 식의 요령을 따르면, 대개는 친절하고 자세한 프로그램 설치 방법, 사용 방법, 주의사항, 제작사 정보, 최근 버전의 '내려 받기 링크' 등을 한꺼번에 제공받게 될 것입니다. "Everything"은 누구나 애용하는 프로그램입니다만, 특히, (많은 자료들을 챙기고 수집해 두어야 하는) 작가들이 필수 도구로 사용하고들 있는 도구이기도 합니다.

"경험적인 지혜"가 쌓이기 위해서는 당연히 많은 경험이 필요합니다. 검색에 능숙한 이라면 비단 검색어의 선택과 조합, 검색 문법 등에 관한 테크닉뿐만 아니라, 검색하고자 하는 대상의 성격에 적합한 검색엔진을 선택적으로 사용하기도 합니다(※ ☞ *p. 384*, **딥 웹과 다크 웹 검색 요령**).

웹 검색엔진들의 인기도(점유율)에 대하여 알고 싶다면 **"웹 검색 엔진 점유율"**을 검색어로, 검색 기법과 노하우에 대해서는 **"인터넷 웹 검색 기법"**, **"구글링 기법"**, **"네이버 검색 방법"**, **"인터넷 검색 고수의 기법"** 등을 검색어로 하여 검색해 보면 될 것입니다.

웹검색은 언제 어디서나 가능합니다. 어시스턴트, 알렉사, 시리 등의 인공지능 가상 비서가 탑재된 스마트 스피커를 비롯해서 스마트폰, PC, 스마트 TV 등등, '웹 검색엔진'은 언제 어디서나 사용 가능한 상태로 혀끝·손끝에 대기하고 있습니다. 단, 웹의 자료들 중에는 교묘한 광고성 자료나 사기성이 있는 자료, 또는 오류가 허다한 자료 등, 내용이 부실하거나 신뢰성이 의심스런 '**웹 쓰레기**' 또한 적지 않다는 사실에 유의해야 합니다. 그런 점에서도 검색에 대한 노하우와 분별력을 증진해 나갈 필요가 있다 하겠습니다.

검색한 내용들을 굳이 외우고 익혀 두려 할 것은 없습니다. 당면한 순간에 필요한 만큼만 이해하고 넘어가면 됩니다. 금방 잊어 버린다 해도 신경 쓸 것은 없습니다. 필요할 때마다 검색하면 되니까요. 비중이 있는 용어나 지식이라면 그만큼 자주 검색하게 될 것이니, 절로 익혀지게 마련입니다. 절로 익혀진 것까지도 굳이 잊으려 할 것은 없겠습니다만. 이 같은 요령은 변화가 빠르고 새로운 정보와 지식이 홍수로 쏟아지는 4차 산업혁명 시대, 그 새 판에서의 적자생존의 가능성을 높여 주는 바람직한 정보 수용의 태도라 하겠습니다.

직렬연산과 병렬연산

이 노구의 소싯적 학창 시절에는 평균 한 학급당 85명 정도의 인원이었습니다. 가령 담임 선생님께서 홀로 시험 채점을 도맡아 하신다면, 한 아이의 답안 채점을 끝낸 후 다음 아이의 답안을 채점하는 식이 될 것입니다. 이 과정을 80여 번 되풀이하시게 되겠지요. 만만치 않은 시간이 걸릴 일입니다. 이는 "직렬(순차) 처리 방식"이라 하겠으며; 답안지를 (80여 명의) 급우들에게 각기 하나씩 맡겨서 80여 명분의 채점을 80여 명이 동시에 진행한다면 채점은 금방 끝날 것입니다. 이는 "병렬 처리 방식"이라 하겠습니다. 말하자면 전자는 앞으로 이야기하게 될 **직렬연산**에 해당하며 후자는 **병렬연산**에 해당합니다. 이 예에서와 같이 병렬연산이 가능하다면 엄청난 시간을 절약하게 됨은 당연합니다.

GPU, 병렬연산의 위력

PC에서 연산을 담당하는 장치로는 CPU와 GPU(Graphics Processing Unit: 그래픽 처리 장치)가 있습니다. CPU는 컴퓨팅에 요구되는 모든 종류의 연산을 다 수행할 수 있어야 하며, 연산이 불가능한 경우란 없어야 합니다. GPU는 이름 그대로 그래픽 처리에 특화된 연산 장치입니다. 따라서 모든 종류의 연산이 가능하지는 않습니다. 그런 까닭으로 CPU로는 컴퓨터의 부팅이 가능하지만 GPU로는 그것이 불가능합니다.

CPU 내부에는 연산을 담당하는 ALU(Arithmetic Logic Unit: 산술 논리 장치, 이하 '**연산장치**')가 들어 있습니다. {그 밖에도 제어 명령을 해석·실행하는 '제어 장치(CU)'와 데이터를 임시로 담아 두는 — 캐시 역할을 하는 — '레지스터(Register)'도 갖추어져 있습니다.} 그런데 연산장치(ALU)는 연산 명령어가 입력된 순서대로 데이터를 처리해 나갑니다 — 직렬연산을 수행하는 계산기 같은 것이라 하겠습니다. 과거 8086 ~ 586(80586) PC 등의 CPU에는 CPU당 단 하나의 연산장치가 들어 있었습니다. 그러나 최근에 출시되고 있는 멀티 코어(Core) CPU들, 이를테면 8코어 CPU에는 (CPU 하나에) 8개의 코어가 들어 있으며 코어당 1개씩의 연산장치(ALU)가 들어 있어서, 총 8개의 연산장치(ALU)가 탑재되어 있습니다.

CPU 제조사들은 {정수나 고정소수점 데이터를 많이 사용하는} 웹 서핑이나 문서 작성 등, 일상적인 컴퓨팅 작업을 효율적으로 수행하도록 CPU를 설계합니다. 그러나 GPU는 {부동소수점 데이터 위주인} 그래픽을 비롯하여 사운드(음향) 등 멀티미디어 데이터의 도매금 처리를 위한 병렬연산을 주기능으로 합니다. 따라서 GPU 제조사들은 병렬연산에 집중합니다.

그래픽 데이터와 같은 멀티미디어 데이터를 직렬연산으로 수행하면 시간이 무한정 걸립니다. 과거 8086 PC를 사용하던 시절, 도스 환경에서 오토캐드(AutoCAD)를 실행하여 직선을 하나 그리면, 프로그램이 시계 초침 속도로 느긋하게 점을 하나씩 또각또각 찍어 가며 선으로 완성해 가는 장면을 한참이나 실감나게?, 점이 선을 만든다는 수학적 공리를 체험적으로 실감하며, 지켜보아야 했었습니다. 😨😨

현재 가장 범용적으로 사용되고 있는 FHD(Full HD) 해상도의 모니터는 가로로 1,920 개의 점(pixel: 화소, 픽셀)과 세로로 1,080 개의 점을 나타낼 수 있는 해상도를 가집니다. 1,920 x 1,080 = 2,073,600 ≒ 200만 개(이하, 200만여 개)의 점이 됩니다. 즉, FHD 해상도 모니터에 화면 한 프레임(Frame: 정지 화면, 영화는 초당 24 프레임의 정지 화면으로 되어 있음)을 그려 내기 위해서는 200만여 개의 점을 주사(走査, scanning) 해야 하며, 그 이전에 200만여 개의 점을 생성·작성하기 위한 연산 작업을 먼저 수행해야 합니다. 참고로 요즈음 모니터들은 적어도 초당 60 프레임 이상의 화면을 표시하는 것이 보통입니다 — 적어도 초당 124,416,000(≒ 1억 2천 400만여) 개의 점을 연산해 내야 합니다. 이러한 개개의 점에 RGB(Red, Green, Blue) 값(0 ~ 255)에 해당하는 데이터를 첨부하여 모니터에 전달함으로써, 적절한 색과 밝기로 모니터 화면에 온갖 것(글자 그림 동영상 등등)이 그려지는 것입니다. 화면을 구성하는 이 점들은 적어도, 기본적으로 $\boldsymbol{x}$축(가로) $\boldsymbol{y}$축(세로)에 해당하는 2개의 좌표 값(화면에서의 위치에 해당하는 값)을 가지며, 3D 개체라면 $\boldsymbol{x}$, $\boldsymbol{y}$, $\boldsymbol{z}$축에 해당하는 3개의 좌표 값을 갖게 됩니다 — 수학적으로 이들 점은 각기 행렬의 수식으로 표현됩니다.

한데, 화면의 프레임을 구성하는 이 점들(화상)을 직렬연산으로 작성한다면 초당 한 프레임을 그려 내기도 어려울 것입니다. 병렬연산이 절실한 경우인 것입니다. 많은 수의 연산장치들을 동원, 인해전술?을 써서 한꺼번에 도매금으로 연산하지 않으면 안될 일인 것입니다. GPU가 필요한 까닭입니다. GPU가 **병렬연산**에 특화된 까닭입니다.

그래픽을 담당하는 오늘날의 GPU에는 GPU 하나당 수백, 수천 개의 연산장치(ALU)가 탑재되어 있습니다. 그러므로 수백, 수천 개의 픽셀들을 한꺼번에 처리할 수 있습니다. {그리고 GPU에 탑재된 연산장치들은 공학적 수식 계산이 요구되는 멀티미디어 데이터나 3D 그래픽 등의 처리에 유리하도록 부동소수점 데이터를 보다 빠르게 계산할 수 있게 설계되어 있습니다. 따라서 대용량의 부동소수점 데이터를 병렬연산으로 처리하는 특성을 자랑합니다.} 이처럼 GPU는 일부 작업에 특화되어 있기 때문에 CPU에 탑재된 연산장치처럼 컴퓨팅에 요구되는 모든 종류의 연산을 수행하지는 못하며, (CPU가 따로 있으니) 그럴 필요도 없습니다. 그래서 CPU의 만능 연산에 요구되는 {캐시 등} 부속 장치들을 위한 공간이 GPU에는 그다지 필요하지 않습니다. 따라서 GPU 설계자는 칩의 공간에다 가능한 한 많은 수의 연산장치(ALU)를 탑재하는 데에 주력합니다.

컴퓨팅에서 3D 개체는 작은 삼각형 등의 폴리곤(Polygon: 다각형)으로 직조된 망사(網絲, Mesh)가 입혀진 형태로 다루어집니다. 아래 그림2는 미국의 스탠퍼드 대학교에서 1994년 도자기 토끼를 3차원 스캔하여 만든 그래픽 작업용 테스트 모델입니다. 토끼를 표현하는 삼각형의 수를 늘리면 그만큼 실상에 가까워집니다. 이 같은 그래픽 작업은 엄청난 양의 행렬 계산을 수반하게 됩니다. GPU에 의한 병렬연산이 없이는 안될 일인 것입니다.

이를테면 건축 설계물, 또는 3D 비디오 게임이나 애니메이션의 장면들을 구성하는 '소프트웨어 입체물'들을 **렌더링**{※ 3D Rendering: 소프트웨어로 작성하거나 또는 3D로 스캔하거나 하여 만든 3D 개체를 모니터에 주사(走査)할 픽셀로 변환하여 화면을 그려 내는 작업}하는 데에는 그야말로 어마무시한 '같은 종류의 연산' 작업이 필요합니다. {3D 개체마다 투영(Projection), 클리핑(Clipping), 은면(Hidden Surface)처리, 쉐이딩(Shading), 맵핑(Mapping) 등, 같은 유형의 연산 처리 과정이 요구됩니다.} 그러므로 3D 개체에 대한 그래픽 작업에 있어서는 병렬연산만이 그 해결책입니다. 비디오 게이머들이 값비싼 그래픽 카드 구입에 목을 매는 까닭입니다.

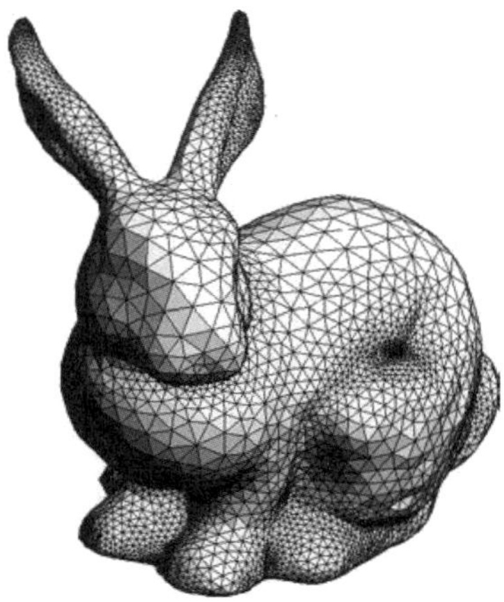

그림2. 수많은 폴리곤으로 사상(寫像, mapping)된 3D 토끼상

(출처: 스탠퍼드 대학교)

게다가 근래에 와서는 통상적인 컴퓨터 프로그램(앱)에도 필요한 경우 GPU의 연산 능력을 활용할 수 있게 컴퓨팅 기술이 개선되었습니다. 달리 말해 C, C++ 등의 통상적인 프로그램 언어로 일반 프로그램을 코딩할 때에도 GPU를 이용한 수백 수천의 병렬연산이 가능해진 것입니다. GPU 시장이 불이 나는 것은 당연한 일이었습니다.

지난 2017년 이래 나날이 품귀 현상과 함께 연일 그 가격이 고공행진하고 있는 고성능의 그래픽 카드들. 전 세계 실리콘의 가격을 들썩이게 만들고 있는 이러한 추세는 비단 비디오 게임 탓만은 아닙니다. 그래픽 카드의 병렬연산 기능을 이용하여 폭발적으로 성장하고 있는 분야를 들자면, 컴퓨터 게임을 비롯한 클라우드 컴퓨팅, 각종 컴퓨팅/인터넷 프로토콜(☞ *p. 251*)에 상용되는 해시 계산(☞ *p. 266*, **해시**), 암호화폐(가상화폐) 채굴, 자율주행 소프트웨어, 통신 환경의 4G에서 5G로의 전환에 따르는 고성능 컴퓨팅의 확대, 가상현실·증강현실·융합현실·혼합현실의 구현, 디지털 트윈(Digital Twin)을 비롯한 각종 시뮬레이션, 그리고 인공지능 개발을 위한 딥 러닝 등을 손꼽을 수 있습니다. 그래픽 카드의 막강한 병렬연산 기능이 없었다면 현재 눈앞에서 벌어지고 있는 이들 분야의 천지개벽에 버금가는 성장은 불가능했을 것입니다.

이 같은 GPU의 병렬연산 능력을 일반 컴퓨팅에 활용할 수 있도록, GP-GPU(General-Purpose computing on GPU: GPU 상의 범용 계산)의 문을 최초로 열어 준 것은, 양대 GPU 메이커 중 하나인 엔비디아(Nvidia)사였습니다. 'GPGPU' 기술이란 GPU를 마치 CPU인 것처럼 범용 프로그래밍에 사용할 수 있도록 해 주는 기술입니다. 2006년 엔비디아사에서 C-UDA(쿠다) 기술을 발표했습니다. GPGPU를 가능하게 해 주는 기술이었습니다{Nvidia 이외의 그래픽카드일 경우, OpenCL을 사용합니다}. 사실상, PC와 슈퍼컴퓨터 사이의 컴퓨팅 종목의 경계를 허물어 버린 기념비적인 공헌이었습니다. 그 이전까지만 해도 엄청난 병렬연산 기능이란 슈퍼컴퓨터의 전유물로 여겨졌었던 터입니다. 그로써 PC와 슈퍼컴퓨터 사이에는 단지 체급의 차이만 존재하게끔 되었습니다. PC가 슈퍼컴퓨팅이 가능한 기기로 변신하게 되었으니, 누구든 맘만 먹으면 마술 지팡이를! 휘두를 수 있게 된 것입니다. 반길 일이기도 하지만, 두려운 일이기도 합니다.

슈퍼컴퓨터가 된 PC

병렬연산은 과거 슈퍼컴퓨터의 독보적 영역이었습니다. 슈퍼컴퓨터는 수천 ~ 수십만 개의 CPU와 그 이상의 GPU를 장착하고, 다수의 연산장치를 이용한 어마무시한 병렬연산을 장기로 합니다. 고난도의 천문학적인 계산이 가능한 까닭입니다. 그런데 GPU에 의한 GPGPU는 PC조차도 일종의 슈퍼컴퓨터로 변신시키는 결과를 낳았습니다.

고성능 그래픽카드를 장착한 PC는 상당한 정도의 병렬연산이 가능하게 된 것입니다. 게다가 십여 개에 달하는 고성능 그래픽카드를 장착할 수 있는 PC용 메인보드가 판매되고 있으므로, 고성능 PC라면 슈퍼컴퓨터의 일종으로 보아도 무리가 없는 상황이 된 것입니다. 그래서 PC로도 얼마든지 인공지능 개발과 같은 영역에도 뛰어들 수 있게 되었습니다. 4차 산업혁명의 속사정을 제대로 이해하기 위해서는 이 점을 간과해서는 안됩니다. PC와 슈퍼컴퓨터의 차이를 굳이 꼬집어 이야기하자면, 슈퍼컴퓨터는 그 덩치값을 한다는 정도라 할까요? 하지만…,

2019년 11월, 세계 슈퍼컴퓨터 Top 500 중 1위로 평가 받은 IBM의 서밋은 220,800개의 CPU 코어와 188,416,000개의 CUDA 코어를 탑재하고 있습니다(출처: HPCwire). 그 덩치값, 한마디로 무시무시합니다.

참고로, 지난 제*111* 페이지에서 “누구나 리눅스 오픈 소스로 — 무상으로 — 필요한 소프트웨어들을 다운 받아 베오울프 클러스터로 된 슈퍼컴퓨터를 만드는 것이 가능”함을 이야기한 바 있습니다. 마음만 먹는다면 누구나, PC가 아닌 진짜 슈퍼컴퓨터도 만들 수 있습니다. 전 세계 성능 순위 500 위에 드는 슈퍼컴퓨터는 모두 리눅스를 OS로 사용합니다.

인공지능, 머신러닝, 딥러닝

인공지능과 관련한 자료들은 관련 서적류를 비롯하여 인터넷의 자료들까지 넘쳐나고 있습니다. 우수한 무료 동영상 강좌들도 부지기수입니다. 인터넷의 내로라하는 공룡 기업들은 웹을 통한 무료 교육 시스템을 갖추고 있기도 합니다. 텐서플로우 등, 인공지능 개발을 위한 소프트웨어 및 프로그래밍 라이브러리들도 무료로 개방(Open)되어 있는 것이 공부하기에 부족함이 없을 정도입니다. 4차 산업혁명을 이끌어 나갈 핵심 기술인 만큼, 사회적으로 초미의 관심사일 수밖에 없음입니다. 미래의 일자리와 생활 여건을 좌우하게 될 열쇠인 것입니다.

근래의 인공지능 개발은 머신러닝(기계학습), 그중에서도 딥러닝에 의한 것이 대부분입니다. **머신러닝**. 글자 그대로의 뜻이란 기계가 공부(학습)하는 것을 뜻하겠습니다만, 기실 여기서 "머신(기계)"이란 기계(컴퓨터)라기보다는 거기서 돌아가는 소프트웨어(이하, 편의상 '머신'으로 부르기로 함)를 뜻합니다.

가령 프로그래머가 전례의 기존 **규칙 기반의 프로그래밍 기법**으로 '정사각형의 넓이 계산기'를 만든다면 다음과 같이 코딩할 것입니다.

한 변의 길이를 x라 했을 때,

$$x^2 = y \text{(정사각형의 넓이)}$$

머신러닝에서 머신(프로그래머가 설계해 놓은 소프트웨어 모델)은 표1과 같은 데이터(x 및 y)를 재료로 하여 다음과 같이 코딩을 완성해 나갑니다. 머신은 그것이 정사각형의 넓이를 구하기 위한 프로그램인지 등에 대해서는 알 바 없습니다. 오로지 주어진 입력 데이터(x)와 원하는 결과값(y)만 알 뿐입니다. 그리고 그 인과관계를 그대로 재현할 수 있는 알고리즘을 찾아 나갑니다.

입력 데이터(x)	원하는 결과값(y)
1	1
2	4
3	9
4	16

표1. 머신러닝의 학습 재료(데이터)

프로그래머는, 특별할 것이 없는, 전형적인 1차 함수 공식인
'$ax + b = y$'라는 수식을 (소프트웨어 모델로) 머신에게 던져 줍니다. 그리고 머신으로 하여금 a와 b의 값을 변경해 가며 수식(알고리즘)을 찾도록 (머신을) 설계해 둡니다. 머신은 데이터(x와 y의 값)를 모델 수식("$ax + b = y$")에 각기 대입하고 a와 b를 변경해 가며 수식의 등식(等式)이 성립될 때까지, 주어진 4가지 데이터 모두에 대한 등식이 성립되는 수식이 될 때까지, 또는 프로그래머가 변경된 수식에 만족할 때까지, 그렇게 수식을 완성해 가는 코딩 작업을 끝없이 되풀이합니다. 그 사이 프로그래머는 잘 삭힌 홍어 삼합을 먹으러 가거나, 데이트를 하거나, 잠을 자도 됩니다. 일은 머신이 대신 하고 있으니까요. 그리하여 머신은 아마도 아래와 같은 수식(알고리즘)을 답으로 내놓게 될 것입니다.

$a = x$, $b = 0$ 이어야 함. 그러므로,

$x \times x + 0 = y$, 또는 $x^2 = y$

기존의 **규칙 기반 프로그래밍** 기법은 프로그래머가 적절한 알고리즘(수리적 해법)을 나열(코딩)하고, 그것으로 주어지는 데이터를 처리하여 그 결과(답)를 내 놓는 것인데 반해; **머신러닝 프로그래밍** 기법은, 주어진 미완성

의 알고리즘을 스스로 다양하게 조정(調整)해 나갈 수 있게 설계된 소프트웨어(머신) 모델이, 주어진 데이터와 원하는 결과값(예측값)을 명제(命題, proposition)로 하여, 데이터와 원하는 결과값 사이의 인과관계를 재현할 수 있는 적절한 알고리즘을 찾아 그것을 코딩하여 내 놓는 것이라 할 수 있습니다. 말인즉슨, 기존의 컴퓨터 프로그래밍은 프로그래머가 알고리즘을 코딩하는 행위이며, 머신러닝의 프로그래밍은 소프트웨어 모델 스스로 알고리즘을 찾아서 코딩해 나가는 것이라 하겠습니다. 머신러닝에서 프로그래머는 머신러닝의 학습 모델을 설계하고 데이터를 제공하는 역할을 담당합니다.

머신은 프로그래머가 설계해 놓은 미완성의 수식을 기반으로, 알고리즘을 완성해 가는 작업을 끝없이 반복합니다, 프로그래머가 만족할 때까지. 머신러닝의 강점은 인건비가 따로 들지 않으며, 24시간 쉬지 않고 작업을 수행하며, 드는 비용이란 전기요금과 하드웨어에 대한 감가상각비 정도에 지나지 않는다는 점입니다. 무수히 알고리즘 조정 작업을 반복하다 보면 마침내 실용성이 있는 알고리즘을 코딩해 내게 됩니다. 이는 진실로 두려워해야 하는 사실입니다. 머신은 휴식을 모르며, 임금을 요구하는 법도 없습니다. 시작은 더디게 느껴지는 경우라 할지라도 웃어 넘길 일이 아닌 것이, 두세 살 아이의 지능 정도에만 도달하고 나면 그 뒤로는 일취월장입니다. 그도 그럴 것이, 지켜보는 이가 없어도 농땡이 치는 법이 없기 때문입니다. 순식간에 (관련 문제 해결법에 대한) 인간의 지능을 초월해 버립니다. 알파고 및 '알파고 제로'에서 절감했듯. 휴식이 없고 임금이 없음입니다.

초등학교 저학년용의 "정사각형 넓이 계산기" 정도를 만드는 데는 규칙기반의 기존 프로그래밍 기법이 훨씬 효율적일 것입니다. 그러나 알고리즘의 복잡성과 어려움이 가중되어 갈수록 머신러닝의 경제성과 효율성이 돋보이게 됩니다. 한데 주목해야 할 사실이 있습니다. 만일 프로그래밍하고자 하는 알고리즘이 **패턴 인식**(Pattern Recognition)에 대한 것이라면, 그 대부분은 규칙 기반의 기존 프로그래밍 기법으로는 감히 넘볼 수 없는 영역이 되고 맙니다. 간단한 문제일지라도 처리해야 할 경우의 수가 폭증하기 때문입니다. 그러나 머신러닝(딥러닝)은, 불가능해 보이는 '패턴의 알고리즘'을 능히 찾아내는 강점을 보입니다. 어마무시한 병렬연산을 도구로 무수히 시행착오를 반복하고, 그때마다 알고리즘을 조금씩 개선해 나가는 작업이 가능하기 때문입니다. 알파고가 그 좋은 증거입니다. 머신러닝이 요긴한 이유입니다.

세상의 만물은 아날로그를 본질로 합니다. 기존의 컴퓨팅은 대상을 가리지 않고 그 아날로그를 디지털화함으로써 무서운 속도로 각종 과제를 처리해 왔습니다. 문서를 (스위치의 온·오프로 표현되는) 2진수로 바꾸는 것은 당초 문제도 되지 않는 것이었고, 음악도, 사진도, 그림도, 백과사전도, 동영상도, 건축물도, 동물의 움직임도 2진수로 디지털화했습니다. 무엇이든 디지털화해 놓으면, 무서운 속도를 장기로 하는 컴퓨팅의 마법은 가릴 것 없이 통했습니다. 덕분에 사람들, 그 동안 디지털 덕 참 많이 보고 살았습니다. 한데 어느 날 디지털화의 마법이 통하지 않는 대상이 있음을 깨닫게 되었습니다. 바로 패턴 인식(이하, 패턴인식)에 대한 문제였습니다.

컴퓨터 성능의 발전과 함께 컴퓨터로 처리할 분야, 즉 전산화의 영역 또한 점점 확대되어 갔습니다. 그러던 와중에 '패턴인식의 전산화'라는 암초를 만나게 된 것입니다. 컴퓨터 소프트웨어 전문가들이 실제 패턴 인식에 대한 문제를 두고 처음으로 곤경을 겪게 되었던 것은 인간들이 손으로 휘갈겨 놓은 필기체를 컴퓨터로 읽어 내는 문제였을 것입니다. 이를테면, 손으로 쓴 우편번호를 읽어서 우편물을 그 행선지별로 자동으로 분류하는 시스템을 구축하려 했으나, 아라비아 숫자로 씌어진 간단한 우편번호조차 컴퓨터로 인식해 내기가 난감했던 것입니다.

기존 (규칙 기반의) 프로그래밍 기법에 의해 손으로 필기한 글자를, 이를테면 숫자 9를 읽어서 해독(解讀)하기 위해서는 다음과 같은 과정을 거치게 됩니다. 먼저 손으로 쓴 숫자 9를 스캔하여 그림으로 읽어 들입니다. 그리한 다음, 읽어 들인 그림을 숫자로 인식하기 위해서는 그림3과 같이 모눈종이에 옮긴 후, 잉크 칠이 된 모눈들의 상대적인 위치를 분석하게 됩니다. 그러나 사람이 손으로 쓴 글씨란 사람마다 그 크기나 특징 등이 다른 데다 같은 사람이 쓴 같은 글자조차도 쓸 때마다 달라집니다. 모눈들을 분석하여 그로부터 글자를 해독해 내려면, 바둑 수 읽어 내듯 엄청난 경우의 수와 씨름해야 합니다.

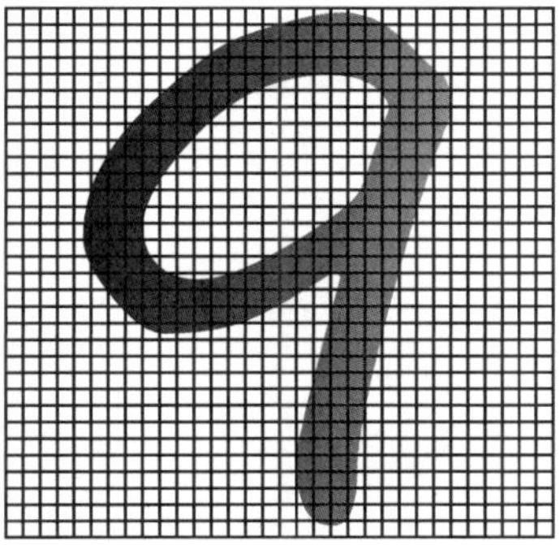

그림3. 손으로 쓴 숫자 9의 입력

기존 (규칙 기반의) 프로그래밍 기법으로는 도무지 무리임을 알게 된 소프트웨어 전문가들은 인간 두뇌의 문자 인식 방법 쪽으로 관심을 돌리게 되었습니다. 거기서 힌트를 얻고자 했던 것입니다. 인간에게는 손으로 쓴 글씨를 읽는 것이 인쇄된 글씨를 읽는 것과 크게 차이가 날 것이 없습니다. 어린 아이들조차도 쉽게 읽어 냅니다. 인간은 패턴을 인식하는 능력이 뛰어남을 말해 주는 증거입니다. 우편번호 이외에도 손으로 쓴 글씨를 읽어서 전산화해야 할 분야는 많았습니다. 뿐만 아니라 음성 인식, 영상 인식, 통·번역 등 패턴 인식에서 전산화의 해법을 찾아야 할 분야는 널려 있었습니다. 해낼 수만 있다면 돈이 되는 일이었습니다. 그리하여 인체의 신경조직을 구성하는 신경망(Neural Network)의 신경신호 전달 체계에 대하여, 특히 그에 대한 계산학적인 관점에서의 관심이 높아지게 되었습니다.

다행스럽게도 일찍이 소수의 학자들에 의해 그러한 연구가 이미 행하여지고 있었습니다. 1940, 50년대 접어들어 인간의 신경세포, 즉 뉴런(Neuron)을 모방한 계산법을 고안해 내고자 하는 노력들이 시도되고 있었던 것입니다. 그 중에서 1957년 프랑크 로젠블라트(Frank Rosenblatt)에 의해 신경세포를 흉내 내어 만든 퍼셉트론(Perceptron)이라는 모델이 주목 받게 됩니다. 퍼셉트론이란 하나의 뉴런을 모방한 계산 모델입니다.

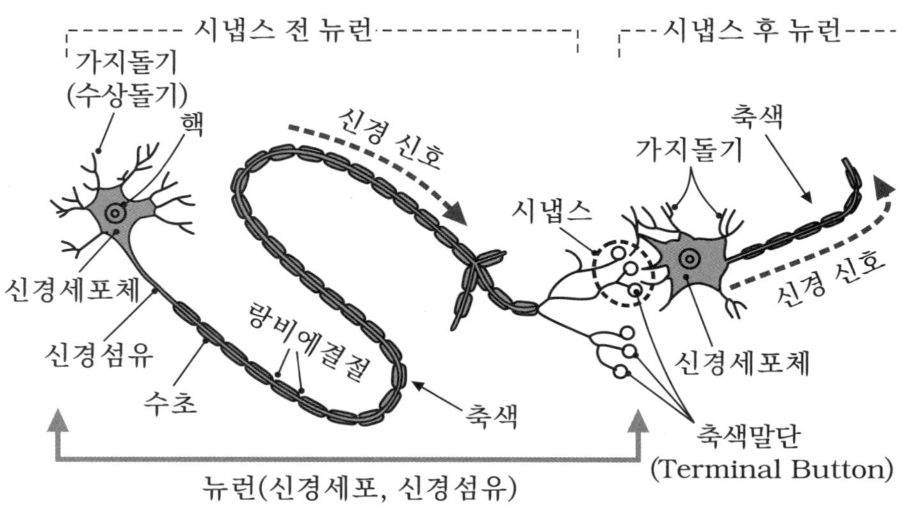

그림4. 뉴런

신경세포(이하, **뉴런**)는 섬유 형태로 되어 있으며, 서로 그물망처럼 연결되어 있습니다. **신경세포**를 **신경섬유**라고 부르기도 하는데, 그 모양이 긴 끈(섬유의 실)처럼 생겼기 때문입니다. 개개의 뉴런(신경세포, 신경섬유)은 그림4와 같은 모양을 하고 있습니다.

신경세포체에 나뭇가지 모양을 하고 있는 가지돌기(수상돌기)들은 자극을 받아들이는 수용기들입니다. 가지돌기마다 수용(입력)되는 자극의 크기는 각기 다릅니다. 가지돌기를 통해 입력된 신경자극들은 합해져서 신경신호가 되고 신경신호는 축색을 따라 전달되어 축색말단 부위에서 다른 뉴런의 가지돌기들과 만나 신경신호를 전달하게 됩니다. 이처럼 축색말단과 다른 뉴런의 가지돌기가 연결되어 신호를 주고받는 부위를 시냅스라고 합니다.

한데, 가지돌기들에 입력된 생화학적 신호(신경전달물질 또는 자극)를 모두 합한 값이 특정 임계값을 초과해야만 뉴런은 신경 신호를 전달하게 되며, 임계값에 미치지 못하면 입력된 신호는 무시되어 폐기됩니다. 뉴런간 전달되는 신경신호는 그 강도나 세기는 의미가 없으며, 신호가 전달되거나 전달되지 않거나 하는, 신호 전달의 유무(有無)만이 의미가 있습니다. 이러한 특성을 '실무율(悉無律, All-or-None Law)'이라고 합니다.

대한민국 출판계의 자존심이라 할 두산백과사전에는 "실무율"을 다음과 같이 설명합니다. 「단일 근섬유, 신경 섬유가 역치(閾値, threshold, 임계값) 이하의 자극에서는 반응하지 않고 역치 이상의 자극에서 자극의 세기에 관계없이 반응의 크기가 일정하게 나타나는 현상이다. 단일 세포들은 역치 이상의 자극과 역치 이하의 자극은 구분하지만, 역치 이상의 자극이 주어질 때 자극의 세기변화를 식별하지 못하므로 자극의 세기가 커져도 반응의 크기는 일정하게 나타난다. <후략>」

뉴런(신경섬유) 가닥가닥의 속성이라 할 이 실무율은 스위치의 온·오프 현상과 일치합니다. 컴퓨터 소프트웨어로 모방(시뮬레이션)하기에 딱! 좋은 특성이 아닐 수 없습니다. 온·오프만 나타내면 되므로 머리 아플 일이 없습니다. 이상과 같은 뉴런의 특성을 그대로 모방하여 만든 퍼셉트론(Perceptron)의 계산 모델은 아래와 같습니다.

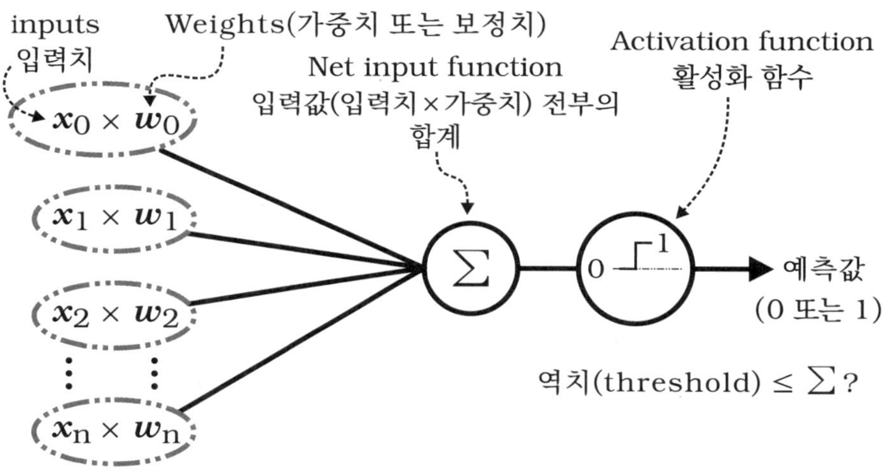

그림5. 1957년 로젠블라트(F. Rosenblatt)가 고안한 퍼셉트론

그림5에서 입력치 $\boldsymbol{x}$는 입력되는 데이터를 뜻합니다. 가중치(또는 보정치) $\boldsymbol{w}$는 머신이 학습 과정에서 조정(調整)해 나갈 수 있는 값이며, 아래와 같이 계산되어 합계(Σ)를 산출하게 됩니다.

$$\boldsymbol{x}_0 \times \boldsymbol{w}_0 + \boldsymbol{x}_1 \times \boldsymbol{w}_1 + \boldsymbol{x}_2 \times \boldsymbol{w}_2 + \cdots + \boldsymbol{x}_n \times \boldsymbol{w}_n = \Sigma\text{(합계)}$$

그리고 활성화 함수는 합계(Σ)가 역치(임계값) 이상인지를 검사하는 함수입니다. '역치 ≤ 합계(Σ)'이면 1을, 아니라면 0을 예측값으로 출력하는 식입니다. 또는 역치 이상이면 1을, 아니라면 -1을 예측값으로 출력할 수도 있겠습니다만, 어쨌거나 신경을 모방한 모델이므로 "실무율"에 따라 신경신호를 전달하느냐 마느냐의 여부만 결정하면 됩니다. 즉, 스위치의 on/off의 여부를, 신경신호의 활성화 여부를, 예측값으로 하게 되는 것입니다.

그림6은 뉴런의 신경신호 전달 체계(그림4)를 로젠블라트의 퍼셉트론과 같이 도식화해 본 것입니다. 아래에서 설명하게 될 심층신경망(DNN)의 이해를 돕기 위한 예시입니다. 뉴런은 피부 등 신체 외부로부터의 자극이나, 시냅스를 통해 다른 뉴런의 축색말단으로부터 전달되는 신경신호(데이터)가 다수이며 또한 축색말단에서 시냅스 연결을 통해 다른 뉴런의 가지돌기(수상돌기)로 전달하는 출력 신호 역시 다수입니다. 하나의 뉴런이 만들어내는 시냅스만 해도 수천 개에 달하는 것으로 추정됩니다.

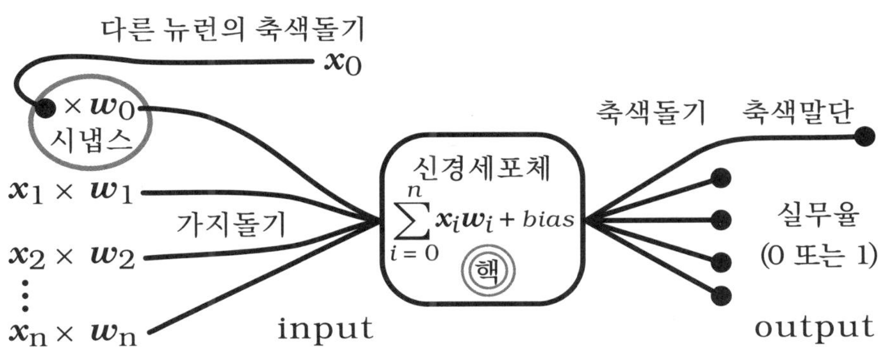

그림6. 뉴런을 퍼셉트론식으로 도식화해 본 것

그림5와 같은 단 하나의 퍼셉트론으로는 할 수 있는 것이 별로 없습니다만, 작동 원리를 설명하기 위해 예를 들어 보기로 합니다. 가령 위 그림3(손으로 쓴 숫자 9)과 같이 만들어진 모눈들을 입력 데이터($\boldsymbol{x}$)로 하여, 그림5

의 퍼셉트론으로 숫자 "9"를 식별하고자 하는 머신러닝을 가정해 보기로 합니다. 이 경우, 출력되는 "예측값"이 1이면 숫자 "9"를 의미하는 것이며, 0이면 "9"가 아님을 의미하는 것이 되겠습니다. 한데 실제 숫자 "9"인 데이터(그림의 모눈 데이터)를 입력했음에도 "예측값"이 1로 출력되는 확률이 기대 이하라면, 만족스런 확률(%)에 도달할 때까지 "가중치(보정치, $\boldsymbol{w}$)"를 달리해 가며 머신러닝을 반복하게 합니다. 숫자 9 및 숫자 9가 아닌 필기체 데이터들을 수없이 입력해 가며 시험했을 때, 그 예측값이 실제와 거의 일치하게 된다면, 즉 숫자 9가 입력되었을 때는 1이, 그 외의 숫자가 입력되었을 때는 0이 예측값으로 출력되는 확률이 실용성이 있을 정도로 높아진다면 이 머신러닝은 성공적이라 하겠습니다.

퍼셉트론은 '선형 분류기(Linear classifier)'로서 기능을 하는 소프트웨어 모델이라 할 수 있습니다. "선형 분류(Linear Classification)"란 통계학에서 흔히 사용되어 온 데이터 분석 기법의 하나입니다.

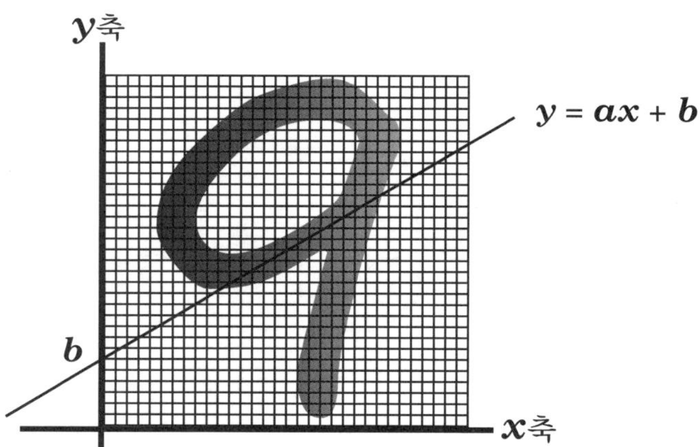

그림7. 선형 분류기(Linear classifier)

그 기법은 다음과 같은 것입니다. 그림7에서 보듯 데이터(모눈들) 사이에 선을 그어 데이터를 구분하는 기법입니다. 그림7에서는 필기체 숫자 9의 입력 데이터(모눈들) 중간에 '$y = ax + b$'의 직선을 하나 그어 데이터(모눈)들을 양분하고 있습니다. 이 직선이 그림7에서 역치(임계값)가 되어 주고 있음입니다. 그와 같이 하여 데이터를 분류하는 기법을 "선형 분류"라고 합니다. 이처럼 퍼셉트론이란 입력 데이터를 처리한 결과에 따라 실무율에 의해 스위치를 on/off 하는 모델인 것입니다. 즉, 입력 데이터를 합산한 결과가 역치 이상이면 1(on)을, 그 미만이면 0(off)을 출력하는 방법으로 입력 데이터들을 양분(선형 분류)하는 기능을 하게 되는 것입니다.

실수로 콩과 쌀을 한 냄비에 부어 버렸습니다. 다행히 체질을 하면 뒤섞인 콩과 쌀을 쉽게 분리할 수 있습니다. 그림7과 같은 선형 분류기로 디지털 체질을 할 수도 있습니다. 쌀 낟알 한 알의 무게는 대략 20~30㎎ 정도이며, 메주콩(중·대립종)은 170㎎ 이상입니다.

y축을 '무게(㎎)'로 하여 '$y = 0x + 80$㎎'의 직선을 그으면, 직선보다 높은 위치에 있는 낟알은 모두 "예측값"이 1이 되어 콩으로 선별될 것입니다.

한데, 1950년대는 진공관, 계전기(繼電器, 릴레이), 자기 코어 메모리 등으로 컴퓨터(또는 계산기)를 만들던 시대로부터 트랜지스터로 컴퓨터(또는 계산기)를 만드는 시대로 바뀌고 있던 시기입니다. 컴퓨터 성능이 미치지 못하는 데다, 단 하나의 퍼셉트론으로 된 프로그램 코드로는 {비선형 논리 연산인 XOR이 되지 않기도 해서} 실용성을 맛보기란 턱없이 부족했습니다. 그래서 퍼셉트론은 반짝 관심을 끈 후, 그 뒤로 오랜 세월 동안 세인의 관심을 끌지 못했습니다.

인간의 뇌에는 대략 1000억 개 정도의 뉴런에다 수백 조 개의 시냅스가 존재하는 것으로 짐작되고 있습니다. 신경섬유로 된 그물망 조직(신경망)

이 얼마나 복잡할지를 미루어 짐작할 수 있겠습니다. 그러니, 단 하나의 퍼셉트론으로는 턱없이 부족한 것이었습니다. 그러나 2000년대에 접어들게 되면서 컴퓨터 하드웨어의 성능이 급속히 발전하게 되자, 특히 2006년 말 이후 CUDA(쿠다)에 의해 GPGPU(☞ *p. 153*) 기술을 손쉽게 사용할 수 있게 되자, 천지개벽이 일어났습니다.

드디어 퍼셉트론을 응용한 인공신경망을, "신경망(Neural Network)"이라는 이름에 부끄럽지 않은 인공신경망(ANN: Artificial Neural Network)을 만들고, 컴퓨터로 필기체를 읽어 내는 시도를 해 볼 수 있는 여건이 마련된 것입니다. 저렴한 비용으로 획기적인 병렬연산이 가능해졌으니, 퍼셉트론의 수를 대폭 늘여서 연결하는 방법으로 인체의 신경망을 모방해 보려 하게끔 된 것입니다. 이른바 '다층신경망(MLP: Multi-Layer Perceptron)'이 그것입니다(그림8).

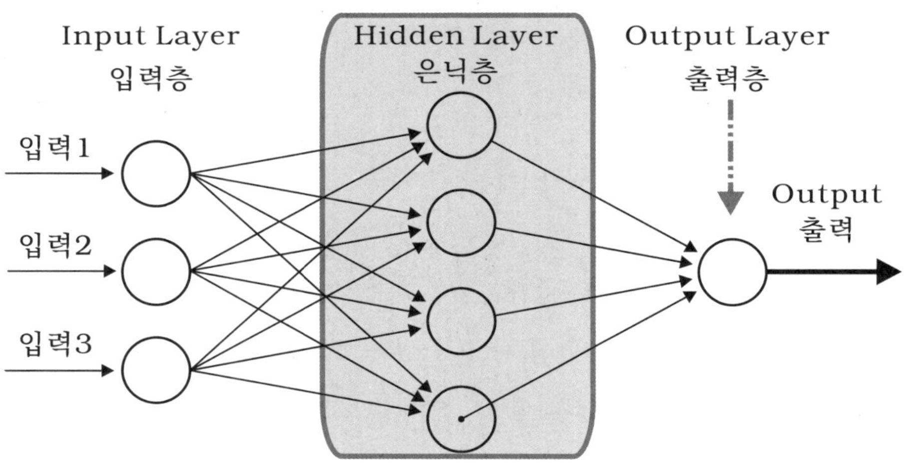

그림8. 다층 신경망(MLP, Multi-Layer Perceptrons)
동그라미는 각기 퍼셉트론 하나를 나타냅니다.

다층 신경망에서 (입력층과 출력층을 제외한) 중간층에 해당하는 층(Layers)을 은닉층(Hidden Layers)이라고 합니다{이처럼 레이어를 여러 겹으로 하게 되면 비선형 논리연산인 XOR도 가능해집니다}. 앞선 층(Layer)의 퍼셉트론의 출력은 다음 층 퍼셉트론의 입력값이 됩니다. 은닉층이 2개 이상인 경우를 통상 심층신경망(DNN, Deep Neural Network)이라고 합니다(그림9). 딥러닝(Deep Learning, 심층 학습)은 다양한 유형의 심층신경망을 사용합니다.

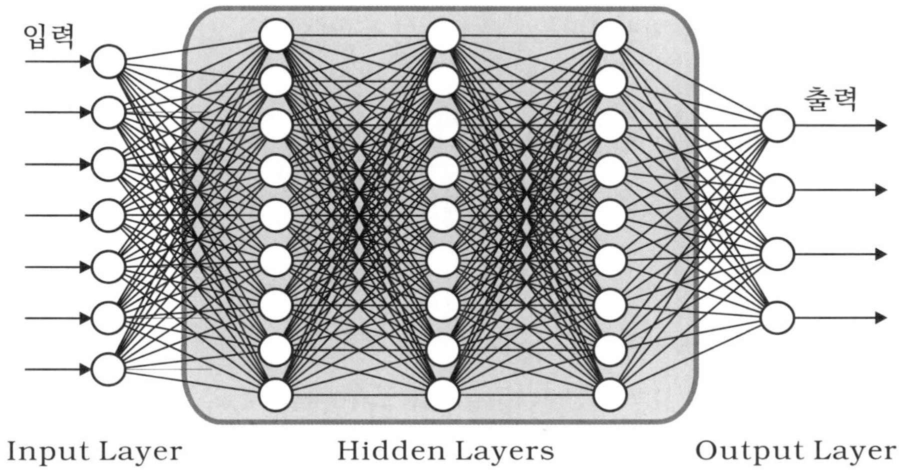

그림9. 심층신경망(DNN, Deep Neural Network)

한데, 그 하나하나가 “선형 분류기(Linear classifier)”로서 기능을 하는 퍼셉트론들을 그물망처럼 연결해 놓았으니, “선형 분류”가 다양한 기준(역치, 임계값)으로 그리고 복합적 다단계로 수행되기 마련입니다. 즉, 그리하여 패턴인식(Pattern Recognition)이 가능해지게 됩니다. 은닉층을 두어 여러 겹의 신경망을 형성함으로써 필기체의 학습이 가능해진 것입니다. 잠자리의 눈은 겹눈이며, 3만 개 정도의 낱눈으로 되어 있습니다. 곤충의 겹눈이란 광(光)수용기 단위의 낱눈들이 모여 만들어진 눈인 것입니다. 많은 수의 광수용기(낱눈)가 결합되니, 겹눈은 각각의 낱눈으로부터 얻은 이미지의 조합으로 영상을 보게 되고 빠른 움직임도 감지할 수 있게 됩니다. 무수한 선형 분류기(퍼셉트론)들을 이리저리 연결해 놓은 다층의 심층신경망이 패턴인식을 하게 되는 것은 그와 같은 이치라 하겠습니다. 즉, 무수한 선형 분류기(퍼셉트론)들로 직조(織造)된 그물망이므로 폭증하는 경우의 수에 능히 대응할 수 있게 되는 것이라 하겠습니다.

심층신경망을 사용할 수 있게 된 딥러닝에서는 통계학에서 사용되어 온 여러 가지 분석 기법들을 활용하게 됩니다. {이를테면 Training set(input과 output)이 주어지는 지도학습(Supervised Learning)의 경우, 경사하강법(Gradient Method) 등을 이용한 오차역전파(Backward Propagation) 알고리즘을 적용하여 인공신경망의 연산 양을 줄이는 기법 등입니다.}

통계학은 패턴분석을 전문으로 하는 학문입니다. 이를테면 여론 조사는 통계를 통해 여론 추이의 패턴을 분석하기 위한 것이며, 주가(株價)에 대한 통계는 주가의 변화를 예측하기 위해 주가의 다양한 패턴을 분석하기 위한 것이지요. 그래서 통계학과 딥러닝은 "패턴인식"이라는, 같은 길을 가는 동반자나 다름없습니다. 통계학은 확률로 답합니다. 인공신경망 또한 확률로 답합니다. 동일한 유전자 코드를 공유하고 있음입니다, "예측값"을 확률로 답하는. 딥러닝에 비해 통계학의 역사가 매우 오래되었으므로, 자연히 인공신경망의 설계에 통계학의 각종 이론이나 기법들을 많이 참고하게 되는 것은 당연한 이치라 하겠습니다.

딥러닝이 목적하는 바에 따라 다양한 유형의 인공신경망 모델이 사용되고 있습니다. {다층의 인공신경망에는 심층신경망(DNN: Deep Neural Network)을 비롯하여 합성곱신경망(CNN: Convolution Neural Network), 순환신경망(RNN: Recurrent Neural Network), 볼츠만 머신(RBM: Restricted Boltzmann Machine), 심층 신뢰신경망(DBN: Deep Belief Network), 생성(生成)적 적대 신경망(GAN: Generative Adversarial Network), 관계형망(RL: Relation Networks) 등을 비롯하여 그 밖에도 다양한 유형이 있으며, 앞으로도 계속하여 수없이 많은 유형의 모델이 새로이 설계되고 개발될 것입니다.} "딥러닝이 목적하는 바"에 따라 사용하는 인공신경망 모델의 유형을 달리하는 실례를 들자면…

수년 전부터 유투브에는 조회수를 노리는 가짜 동영상들이 올려지고 있습니다. '가짜 오바마 전 미대통령' 등. 딥페이크(deepfake, 심층 위조) 프로그램을 이용하여 누구나 어렵지 않게 만들 수 있는 가짜들입니다. 성인용 동영상(AV)의 인물을 감쪽같이 바꿔치기 하는 범죄가 걱정될 정도로 딥페이크 기술이 진화하고 있습니다. 딥페이크 기술은 두 개의 딥러닝 모델이 다투는 '생성적 적대 신경망(GAN: Generative Adversarial Network)'을 사용합니다. 한 모델이 위조 비디오를 만들고, 적대 모델은 위조 여부를 탐지합니다. 그와 같이 하여, 위조하는 딥러닝 모델은 적대 모델이 위조 여부를 탐지할 수 없을 때까지 가짜를 진짜가 되도록 다듬어 나갑니다. 목적에 따라 그에 부합하는 인공신경망을 선택하는 사례입니다. 딥페이크! 두렵지 않습니까? 이미 딥페이크 앱(프로그램)들이 일반화된 상황이므로, 누구든 딥페이크 동영상을 만드는 것이 가능합니다. {※ 알파고는 MCTS를 기반으로 정책망(Policy Network)과 가치망(Value Network)을 상호 보완적으로 사용합니다.}

다양한 유형의 인공신경망(심층신경망) 모델을 활용하는 딥러닝이 가능해짐으로써 인공지능은 비로소 그 실용성을 자랑하게 되고, 패턴인식 분야에 대한 전산화도 마침내 그 꽃을 피우게 되었습니다. 알파고를 비롯하여 현재 우리가 경험하고 있는 통·번역기라든지 각종 딥페이크 기술, 빅데이터 분석 기술, 인공지능 비서나 로봇 등이 그것입니다. 한데, 각종 인공신경망 모델을 프로그램 언어로 코딩하면 그것은 엄청난 양에 달하는 **행렬계산**을 포함하게 됩니다. 무지막지한 수의 퍼셉트론들을 코딩해야 하기 때문입니다. 인공지능 개발자(딥러닝 스페셜리스트)는 행렬(매트릭스!)로 시작하여 행렬(Matrix!!)로 끝나는 인생을 살아간다? 하겠습니다, 😂😂.

패턴인식과 지능

인공지능을 이해하기 위해서는 먼저 패턴인식에 대한 이해가 필수입니다. 현재, 다방면에서 인간의 지능을 초월해 나가고 있는 인공지능은 딥러닝에 의한 패턴인식의 성과물들입니다.

2012년 구글이 {놀랍게도 비지도 학습(Unsupervised Learning)으로} 고양이를 74.8%의 확률로 식별해 내는 데 성공한 것은 고양이의 패턴을 인식하는 데 74.8%의 확률로 성공한 것임을 의미합니다. 알파고('알파고 리' 버전)는 {지도 학습으로} 인간들이 남긴 수많은 기보(棋譜)들을 보고 바둑 수의 패턴을 인식하는 공부를 함으로써 (규칙 기반의 알고리즘으로는 결코 도달할 수 없는) 절정의 기량에 도달했습니다. 그리고 얼마 지나지 않아 새로이 개발된 '알파고 제로'는 기보 같은 것을 보지 않고 단지 {비지도 학습에 의한} 72시간 동안의 학습 끝에 '알파고 리'와 대국한 결과 100전 100승을 기록했습니다. "알파고 제로"의 학습 방법은 데이터가 전무한 바닥 상태에서 두 알파고 제로가 서로 무수하게 대국을 반복해 가며, 그 대국 기보를 입력 데이터로 하는 것이었습니다. 이 역시 바둑 수의 패턴을 학습함으로써 경지에 도달한 것임에는 예외일 수 없습니다.

음성 인식 프로그램은 인간의 음성에 대한 패턴인식을 바탕으로 하며, 통·번역기는 어휘 문법 말하는 법 등에 대한 패턴인식을 바탕으로 합니다. 딥페이크 앱들 역시 마찬가지로 인간의 음성을 비롯한 표정 행동 습관 등에 대한 패턴인식을 바탕으로 하고 있습니다. 인공지능의 핵심에는 패턴인식이 있으며, 인간의 지능에도 패턴인식이 그 핵심에 자리하고 있습니다. 딥러닝이란 인간의 신경망을 흉내 낸 것인 것입니다. “패턴인식”을 도외시하고는 인공지능을 이해할 수 없습니다. 사람의 지능이든, 인공지능이든, 지능이란 패턴인식에 의한 분별력을 바탕으로 하여 형성되고, 그 위에 규칙 기반의 논리적 사고가 더해지며 강화되는 것이라 하겠습니다.

인간은 거의 독학으로 모국어의 발성법과 문법은 물론이거니와 구어체의 뉘앙스까지도 익힙니다. 젖먹이 유아의 백지 상태의 뇌가 오로지 주변에서 발생하는 소리(대화)를 듣는 것만으로 그 모든 것을 학습해 내는 것입니다. 규칙 기반의 교육 체계로 되어 있는 학교 교육에서 외국어를 학습해 내는 것과는 애초 비교조차 되지 않는 속도로 모국어를 습득해 냅니다. 외국(현지)에 가서 몸소 생활하는 것이 외국어 습득의 가장 빠른 길인 것 또한 같은 이치입니다. 그와 같은 학습이 (수학이나 과학 철학 등에 상용되는) 규칙 기반의 논리적 사고에 의한 것일 수는 없습니다. 그 빠른 언어 습득의 비밀은 패턴인식에 있음입니다. 인간의 생체신경망을 흉내 낸 인공신경망은 그 어떤 언어이든 패턴인식만으로 훌륭하게 학습해 냅니다. 한데, 인공신경망의 원조(元祖)이자 본가(本家)는 바로 인간의 두뇌입니다. 😋😋.

패턴인식을 통해 분별력을 획득하고, 획득된 분별력에 의하여 더 나은 패턴인식을 하게 되고, 그리하여 보다 높은 분별력에 도달하고, 그리하여 보다 높아진 분별력에 의하여 더욱 더 고도의 패턴인식이 가능해지는 식입니다. 그리고 패턴인식에 의한 분별력의 축적은 점차 지능으로 진화해 갑니다.

그 위에 규칙 기반의 논리적 사고가 가능해지면 지능의 강화는 일취월장의 진척을 보이게 됩니다. 인간 지능의 비결인 것입니다. 인공지능의 비결이기도 합니다. 딥러닝에 의한 인공지능의 개발이 역으로 인간 지능의 생성 과정을 반증해 주고 있음입니다.

비단 모국어뿐만 아닙니다. 인간이 주변의 사물을 익히고 인간 관계를 통해 사회성을 획득하게 되기까지, 그 학습 과정을 이끌어 생존의 지능에 도달하게 해 주는 주역은 바로 패턴인식인 것입니다. 무인도에서 홀로 자란 사람도 생활이 가능한 까닭입니다. 평균 IQ가 불과 10 정도라는 새들도 잘 날아다니며 살아가는 까닭입니다. 규칙 기반의 논리에 의해 새가 날기 위해서는 슈퍼컴퓨터가 동원되어야 할 일입니다. 천문학적인 경우의 수로 인해 날아오르기도 전에 새의 머리가 폭발해 버릴 일입니다. 환경과 조건에 따라 달리 반응하도록 (패턴인식을 통해) 익혀진 동작 패턴만이 답인 것입니다. 날아가는 새는 자신이 날개짓을 구체적으로 어찌하고 있는지조차 모를 일입니다. 지능이 빙산이라면, 수면 아래 부분은 바로 패턴인식인 것입니다.

패턴이란

패턴(pattern)에 대하여 국어 사전류에는 흔히 "정해진 양식이나 형태, 또는 유형"이라고 정의되어 있습니다. 이 노구는 "**패턴**"의 의미를 "**반복적 재현이 가능한 규칙성**" 정도로 이해하고 있습니다. 패턴이란 그 용도가 광범위한 어휘입니다. 그럴 수밖에 없는 것이, **기실은 세상 만물이 패턴을 가지기 때문**입니다. "뭣이라꼬!?", 독자들의 화난 표정이 보이는 듯. "이 '노구'라는 양반아, 서남해안의 오밀조밀한 리아스식 해안선이라든지, 내키는 대로 흘러가는 강줄기, 제멋대로 생겨 먹은 브로콜리, 썩어 가고 있는 낙엽들, 사람의 기관지, 뇌, 각종 풀벌레, 구름이나 번개, 깨진 유리조각, 밀림 속의 나무와 풀 같은 것이 워~어찌 패턴이란 걸 가졌겠능가아~??"

하지만, 이 노구는 노구가 한 말을 간단히 증명해 보일 수 있습니다. 지난 제13 페이지에서 장담했었던『이 책에 거론되는 사실들은 모두 인터넷 검색으로 즉각 확인 및 검증이 가능한 것들이기 때문입니다. 예외 없이 쉽게 검증이 되는 사실들에 입각하여 글을 썼습니다.』라는 말 그대로입니다. 지금 유투브에 접속하여 "fractal"이라는 단어로 검색을 해 보면 됩니다. 수 없이 많은 동영상이 넘쳐 날 것입니다. 잠시 몽환적인 프랙탈(fractal)의 세계에 느긋하게 빠져 보시기 바랍니다. 라벨의 피아노 협주곡 G장조를 곁들이면 제격일 것입니다. 그리한 다음, "프랙탈"이라는 검색어를 구박사에게 던져서 하문해 보시길. 자연은 그 자체가 프랙탈 도형인 것이며, 우주를 구성하는 것들 역시 그 생김새가 프랙탈의 테두리를 벗어나지 못한다는 사실을 접하게 될 것입니다. 프랑스의 수학자인 줄리아(Gaston Julia)가 관련 이론을 일찍이 1918년에 발표한 바 있으며, IBM 연구원으로 있던 만델브로트(Benoit B. Mandelbrot)도 1975년 수학적으로 증명한 바 있는 사실입니다. 그리고 관련 이론은 '프랙탈(Fractal) 기하학'이라는 수학의 한 분야가 되었습니다. 수식으로 계산되고 표현되고 재현되는 프랙탈은 자연의 이치(**반복적 재현이 가능한 규칙성**)인 것입니다. 고로, 자연에 존재하는 모든 것은 패턴을 가집니다. 그러므로 모든 생물체 또한 패턴을 형성하기 마련이며, 패턴인식에 의해 분별력을 기르게 되고, 분별력의 배양은 지능으로 발전합니다. 모든 생물은 패턴인식에 의존하여 생존해 나갈 수밖에 없음입니다. 규칙 기반의 논리로 삶에서 발생하는 모든 경우의 수에 적절히 대처해 나가기 위해서는 뉴런의 수가 턱없이 모자랍니다. 자연계는 거대한 패턴의 세계인 것입니다.

부모 형제를 알아보지 못하거나 기억하지 못하는 사람은 없습니다. 그러나 막상 부모 형제의 얼굴을 머릿속으로 그려 보라고 하면 도무지 떠올리기가 쉽지 않습니다. 우리는 얼굴을 사진을 찍듯 기억하지는 못하기 때문입니다. 단지 각자 나름의 방식으로 생김새의 패턴만을 기억할 뿐입니다. 그래서 얼굴을 보면 쉽게 식별하지만, 그 모습을 머릿속에 그대로 그려 내지는 못하는 것이지요. 규칙 기반의 컴퓨터 프로그램이라면 인물사진의 복제물(Ctrl + C & 붙여넣기 한 것)만이 동일한 인물인 것으로 판단할 것입니다. 촬영 각도가 조금만 달라도 대다수의 화소(pixel)가 일치하지 않을 것이기 때문에. 그러나 인공신경망으로 얼굴 사진을 학습한 인공지능은 동일한 인물이 얼굴 각도를 달리하여 찍은 사진도 동일한 이로 식별해 냅니다. 얼굴을 사진으로 기억하는 것이 아니라 패턴으로 기억하기 때문입니다.

우리 두뇌의 기억 부위는 사물을 패턴으로 인식·학습한 결과를 기억합니다. 수많은 물체를 접할 때마다, 사람을 만날 때마다, 만난 사람의 자세가 달라질 때마다, 그 표정이 변할 때마다, 명암이 달라질 때마다, 나이를 먹어갈 때마다, 언제나 사진을 찍듯 장면장면의 그 많은 화소를 그대로 기억해야 한다면, 과도한 뉴런을 필요로 하게 되어 우리 머리는 지구만큼 커져야 할지 모를 일입니다. 이것이 사진인식과 패턴인식의 다른 점입니다. 모든 동물의 기억 유형이 패턴인식이 아니면 안되는 이유입니다. 우리는 인공신경망에 의한 딥러닝을 경험하게 됨으로써 비로소 패턴인식이라는, 대자연의 지능에 숨겨진 비밀의 일단을 엿보게 된 것이라 하겠습니다. 패턴이란 신의 언어이자, 우주 만물의 창조에 숨겨진 비법인 것입니다.

우리는 패턴으로 인식하고, 패턴으로 기억하고, 패턴으로 생각하고, 패턴으로 동작하고, 패턴으로 대처하고, 패턴으로 처신합니다. 탁구 선수가 복잡한 메커니즘의 각종 받아치기 기술에 대하여 그 동작 패턴을 익혀 두지 않는다면, 상대방의 기술이 들어 간 공을 찰나의 순간에 분석·판단하고 받아쳐 낸다는 것은 가능할 법한 일이 아닙니다. 규칙 기반의 논리로 분석해 가며 일일이 대처하기는 불가능한 일인 것입니다.

가까운 사람들 간의 일상의 대화를 볼라치면 사람들은 상대가 말을 채 끝내기도 전에 대답을 해 대곤 합니다 — 연극에서 이 같은 대사 치기를 '오버랩(overlap)'이라고 합니다. 대개는 생각할 시간조차 갖는 법이 없습니다. 탁구공을 튕겨 내듯, 그렇게 대답들을 합니다. 그래서 인간들의 일상 대화란 그 주고받기가 마치 탁구 게임을 하는 듯합니다. 생각할 필요가 없기 때문입니다. 상대가 이야기하는 내용을 다 듣기도 전에 상대의 패턴(습관)에 미루어 예측해 버리며, 대답 역시 이미 패턴의 형태(습관)로 준비되어 있기 때문입니다. 그래서 성대(발음기관)는 익숙한 습관(패턴)에 따라 조건반사적으로 발음을 쏟아 냅니다. 말주변이 좋은 이들은 거의 기관총 난사하듯 합니다. 경이로운 일이 아닐 수 없습니다. 패턴(습관)에 근거하는 대화(습관 주고받기)를 하고 있음입니다. 간단히 반증할 수 있습니다.

(규칙 기반의) 논리에 근거하는 대화를 하고 있다면, 상대의 말이 끝난 후 일단 그 의미와 저의(底意)를 파악하는 사고(思考)의 시간이 필요합니다. 그리고 나서 이해타산을 해야 합니다. 이어서 자신이 대답할 내용의 핵심을 결정하고, 수위를 조절해 가며 상대가 오해하는 일 없이 의미를 잘 알아듣도록 작문을 해야 합니다. 그리한 다음에야 비로소 성대를 울릴 준비가 완료되는 것입니다. 그러나 이상과 같은 대화란 국가 간의 중대한 외교적 회담에나 있을 법한 대화 유형일 뿐입니다. (심각하거나 비중이 있는, 또는 조심스런 내용의 대화가 아닌) 일상의 대화는 그저 조건반사로 진행되는 것이 보통입니다. 준비된 패턴(습관)에 근거하는 탁구공 주고받기. 😁😁. 의식의 영역을 초월하고 있는 대화 패턴입니다. 잠재의식과 무의식의 세계에서 발현되는 직감과 습성이 난무하는 대화 패턴이라 하겠습니다.

컴퓨터의 수학적 계산 능력은 너무나 강력한 것이어서 감히 인간이 넘볼 수 있는 성격의 것이 아닙니다. 그러나 컴퓨터(프로그래머)의 입장에서 볼 때 인간들이란 '패턴 인식'에 관한 한 감히 넘볼 수 없는 천재들이었습니다. 딥러닝 이전(以前)의 컴퓨터의 입장에서는 분명 그랬습니다. 사람이 그리 하듯 컴퓨터로 필기체를 읽어 낸다든지, 음성인식을 하여 말하는 내용을 알아듣는 등의 알고리즘을 생각해 내는 것이란 거의 불가능해 보였습니다. 컴퓨터 소프트웨어 전문가들이 패턴인식에 대한 비밀을 거의 몰랐었기 때문입니다. 물론 알았다 해도 컴퓨터 하드웨어의 성능이 따라 주지 못해 제대로 시험해 볼 수조차 없었을 테지만. 그랬던 것이 하드웨어의 비약적인 발전과 GPGPU 기술(☞ *p. 153*)이 뒷받침되어, 인공신경망에 대한 디지털 설계와 활용이 상당한 수준으로 실현되면서 이제 비로소 그 비밀의 베일이, 패턴인식과 지능에 대한 비밀을 가리고 있던 베일이 벗겨지고 있는 것입니다. 물론 아직은 알아 낸 것이 극히 미미합니다. 그러나 앞날은 예측 불허입니다.

인공지능과 데이터

인공신경망에 의한 머신러닝, 즉 딥러닝에는 데이터가 필수입니다. 데이터가 입력되어야 인공신경망이 작동합니다. 세상 만물은 패턴을 가지며, 딥러닝이란 입력 데이터의 패턴을 읽어 내는 학습입니다. 따라서 세상 만물이 딥러닝의 대상임과 동시에 딥러닝용 데이터입니다. 인공지능은 거의가 딥러닝의 산물들입니다. 데이터가 없다면 인공지능도 없습니다. 반면, 관련 데이터가 충분하다면 개발하지 못할 종류의 인공지능이 없습니다.

한국에서 자란 아이는 한국말을 유창하게 하기 마련입니다. 다량의 한국말이 천연 뇌신경망에 데이터로 입력되었었기 때문입니다. 마찬가지로 미국에서 자란 아이는 미국식 영어를, 프랑스에서 자란 아이는 프랑스어를 잘 하게 마련입니다. 모든 것은 사바세계의 데이터가 말하는 것입니다.

지난 *69*페이지에서 잠깐 언급했었던, 미국의 CIA가 오랜 세월에 걸쳐 "**건초더미 이론**"에 의해 마구잡이로 수집해 둔 데이터의 가치는 가공(可恐)할 만한 것이 아닐 수 없습니다. 현재 세계 열강들은 뒤늦게 그 가치를 깨닫고 물밑에서 데이터 긁어모으기 경쟁에 혈안이 되어 있습니다만, 데이터를 암호화하여 전송(☞ *p. 250*, http vs. https)하는 등, 데이터 대한 보안이 철통같이 강화되고 있는 탓에 그것이 쉬울 리 없습니다. 인공지능 개발 경쟁에 있어서, 준비된 데이터의 양만으로도 다들 이미 미국에 비해 한 발 늦은 것이라고 하겠습니다. 미국이 축적하고 있는 가공할 데이터의 양은 인공지능 개발에 있어서 부처님의 손바닥이 되고 있음입니다. 양자컴퓨터의 실용화에 먼저 성공하는 측을 경계하게 되는 이유의 하나이기도 합니다 — 데이터 암호화를 무력화하여 건초더미 이론을 실행할 수 있게 되므로.

딥러닝에 의한 인공지능의 치명적인 약점

인공신경망은 선형 분류기의 기능을 가진 퍼셉트론을 여러 층으로 무수하게 연결해 놓은 조직입니다. 여기서 주목해야 할 것은 선형 분류나 패턴 인식은 모두 귀납적인 학습을 의미한다는 사실입니다.

실험 및 데이터 등에 대한 분석이나 관찰을 통해 귀납적으로 얻어진 알고리즘은 오차를 완전히 배제하기가 어렵습니다. 가령 "1 + 1"의 답을 구하는 알고리즘을 딥러닝 모델로 하여금 학습하게 하려 한다면, "1 + 1"의 경우에 해당하는 다양한 데이터를 제공해야 합니다. 사바세계(😝)의 사물들에는 온갖 오차와 변수가 존재하기 마련입니다. 기계로 찍어낸 것들이 아니니 당연한 일입니다. 그러므로 알고리즘의 정확도를 높이기 위해 학습용 데이터는 다다익선입니다. '탁구공 하나 + 탁구공 하나 = 탁구공 둘'이 됩니다. 그러나 '콩 한 되 + 좁쌀 한 되'를 스캔하기 위하여 계량 용기에 담으면 2되가 되지 못합니다. 콩알들 사이에 존재하는 공간이 좁쌀로 채워지기 때문입니다. 봉선화 씨방 두 개를 데이터로 제공했는데, 스캔 직전 그중 하나가 터져 버렸습니다. 터진 씨방의 겉껍질은 사바세계 어디론가 정처 없이 날아가 버리고, 나머지 씨방 하나와 (터져 나온) 8개의 씨앗이 스캔되었습니다. 아메바 두 마리(?)를 데이터로 제공했다면, 스캔하는 순간에는 그새 이분법으로 증식하여 4 마리가 되어 있을 겝니다. 😜😜. 그리하여 사바세계의 다양하고도 충분한 데이터를 섭렵한 다음, 딥러닝 모델은 이를테면 다음과 같은 예측값을 내놓게 될 것입니다. "1 + 1 = 2이며, 그 확률은 97.71%임." 😁😁. 따라서 딥러닝 모델이 학습한 "1 + 1"의 알고리즘은 "1 + 1 = 97.71% 확률의 2"가 됩니다. 이후 이 모델의 인공지능은 관련 계산을 할 때마다, 이를 테면, "계란 하나 + 계란 하나 = 97.71% 확률의 계란 2개"라는 예측값을 내놓게 될 겝니다. 😜😜.

그러나 연역법에 의한 알고리즘의 경우, 전제가 참이면 {게다가 그 전제가 가설연역법(假說演繹法, Hypothetical Deductive Method)에 의해 충분히 검증이 되어 있다면} 그러한 전제(공리)에 의해 뒷받침되는 결론(알고리즘) 역시 참이 됩니다 — 오차 같은 것이 없습니다.

중력에 대한 원리이기는 마찬가지이지만, 귀납적으로 이끌어낸 뉴턴의 만유인력의 법칙은 오차가 있습니다. 반면, 연역적 사고를 통해 도달한 아인슈타인의 상대성이론은 그 같은 오차{ex. 수성(水星)의 근일점 이동에 대한 오차}를 해소했습니다. 갈릴레오 갈릴레이(Galileo Galilei, 1564 ~ 1642년)의 '상대성 원리'라는 해묵은 공리(公理)를 전제로 20년에 가까운 기간 동안 아인슈타인은 빛과 시간(특수 상대성이론), 그리고 중력(일반 상대성이론)을 두고 연역적(철학적) 사고를 거듭했습니다. "상대성 이론"을 이끌어내기 위해 아인슈타인이 한 것이라고는 몇 가지 공리를 전제로 한 연역적 사고가 전부였습니다. 실험 같은 것을 한 일도 없습니다. 오히려, 이후 현재에 이르기까지 많은 물리학자들이 실험이나 관찰(천체 관측 등)을 통해 아인슈타인의 상대성 이론이 옳을 뿐만 아니라 정확함을 증명해 주고 있을 따름입니다. 이를테면 원자폭탄 실험을 비롯하여 중력 렌즈 효과, 블랙홀, 중력파 현상 등등을 검증해 내고 있는 것이 그것입니다.

연역적(철학적) 사고가 아니었다면, 「중력은 만유인력 때문이 아니라, 시공간이 휘어지기 때문에 생긴다.」는 원리에 도달하는 일은 결코 없었을 것입니다. 뉴턴의 만유인력의 법칙은 물체의 낙하에 대한 관찰과 실험을 통해 얻어진 귀납적 법칙인 것이며, 아인슈타인의 상대성이론은 연역적 논리와 사고를 통하여 발견한 이론인 것입니다. 그런 까닭으로 아인슈타인은 물리 현상의 근본 원리에 도달할 수 있었던 것입니다. 근본 원리에 의한 계산에는 오차가 없습니다. 말하자면, 동일한 물리 현상에 대하여 뉴턴은 귀납적인 방법으로 실용 가능한 알고리즘을 만들어 낸 것이며; 아인슈타인은 연역적 사고만으로 그 근본 원리를 발견해 낸 것이라 하겠습니다.

딥러닝 이전의 기존 "규칙 기반의 컴퓨터 프로그램"은 연역적(수학적, 논리적) 알고리즘에 의한 프로그램입니다. 그래서 프로그램에 오류(에러)가 있다면, 그것은 프로그래머의 실수를 의미할 뿐입니다. 프로그램 작성에 에러가 없다면 그 결과에 오차란 없습니다. 그대로 신뢰할 수 있습니다. 그러나 딥러닝에 의한 알고리즘은 귀납적 알고리즘인 탓에 예측값의 정확도를 확률로 표시해야 하는 오차가 존재하는 것이 당연합니다.

「귀납은 연역과는 달리 사실적 지식을 확장해 준다는 특징을 가지고 있지만, 전제가 결론의 필연성을 논리적으로 확립해 주지 못한다는 한계를 지닌다. 귀납적 추리는 근본적으로 관찰과 실험에서 얻은 부분적이고 특수한 사례를 근거로 전체에 적용시키는 이른바 '귀납적 비약'을 통해 이루어진다. 따라서 귀납에서 얻어진 결론은 필연적인 것이 아니라 단지 일정한 개연성을 지닌 일반적 명제 내지는 가설에 지나지 않는다.」 두산백과사전의 "귀납법"에 대한 해설입니다.

귀납적 학습 방법인 딥러닝에 의해 학습이 이루어진 인공신경망의 알고리즘은 분류와 예측에 효과적입니다. 경우의 수가 너무 많은 현상들에 존재하는 알고리즘을 연역적으로 알아 내기란 거의 불가능한 경우가 대부분입니다. 적어도 현재까지의 컴퓨팅 기술로는 그렇습니다. 그러나 귀납적 학습 방법인 딥러닝에 의한 머신러닝은 그 같은 경우에도 실용이 가능한 알고리즘을 능히 찾아내고 있습니다. 하지만 그 알고리즘이 완벽한 경우란 사실상 없는 탓에 확률로 그 정확도를 표시할 필요를 배제하지 못합니다.

인공신경망은 사람의 👀 천연신경망을 모방한 것입니다. 그래서 인공지능은 하나부터 열까지 사람의 속성을 닮아 있습니다. 「열 길 물속은 알아도 한 길 사람의 속은 모른다.」라는 속담 그대로입니다. 이른바 "인공지능이란 블랙박스"라는 말이 어색하지 않습니다. 도대체 인공신경망 속에서 무슨 일이 벌어지는지 알 수 없기 때문입니다. 동일한 인공지능 바둑 프로그램의 동일한 버전끼리의 대국에서도 (흑/백을 쥔 것과 무관하게) 승부가 난다는 사실은 인공지능의 바둑 수가 정답(최선)이 아닐 수도 있음을 말해 주는 증거이기도 합니다.

그렇다 해도 인공지능을 바둑 게임 등에 활용할 때에는 이 같은 귀납적 알고리즘의 한계가 문제가 되지 않습니다. 미세한 오차로 인해 패배하더라도 그것은 단지 게임일 뿐인 것입니다. 승률만 높다면 Ok!입니다. 하지만 게임이 아니라 사람의 목숨이 달린 일이라면 이야기가 달라집니다. 군용 드론이 병원을 폭격하는 일은 없어야 합니다. 한데 민간인은 이미 피난하고 모두 떠난 빈 병원을 '핵탄두 미사일 발사 전문' 테러리스트들이 점거하고 있었던 것이라면 이야기가 달라질 수 있습니다. 드론이 병원을 폭격하는 사고가 벌어졌다면, 일단 인공지능의 판단 알고리즘을 들여다 볼 수는 있어야 합니다. 그것이 불가하다면 해당 기종의 드론은 즉각 사용이 중지되어야 합니다.

자동차의 자율주행 또한 마찬가지입니다. 한데, 자율주행을 총괄하는 데에는 너무나 많은 경우의 수와 환경 변수들이 작용하기 때문에 어쨌거나 인공지능만이 답입니다. 기존 규칙 기반의 프로그램은 하위 부속 소프트웨어로서, 이를테면 각종 기계적 모듈(module)이나 또는 운전기능을 부문별로 추상화하는 용도 등에 사용되겠으나, "자율주행"을 총괄하여 수행하는 소프트웨어로서는 무리인 것입니다. 경제적(개발비 측면)으로도 그러하거니와 실현가능 여부에 있어서도 그러합니다. {2021년 6월, 테슬라의 AI 담당 수석 이사는 '컴퓨터 비전 컨퍼런스 CVPR 2021'에서 오토파일럿 및 자율주행 기능을 위한 심층 신경망(DNN) 훈련에 사용하는 자사 슈퍼컴퓨터를 공개한 바 있습니다. 이 클러스터는 8개의 엔비디아 A100 텐서(Tensor) 코어 GPU(총 5,760 GPU)의 720개 노드를 활용해 1.8 엑사플롭(exa-flops) 성능을 구현한다고 밝혔습니다.}

하지만, 블랙박스인 탓에 그 속을 알 수 없는 것이 지금까지의 인공지능입니다. 「열 길 물속은 알아도 한 길 인공지능의 속은 모른다.」입니다. 인공지능 소프트웨어에 의한 자율주행을 100% 신뢰할 수 없는 것은 문제가 됩니다. {OTA(Over-the-air programming ☞ *p. 55*), 클라우드 컴퓨팅 등을 위한 '커넥티드카'의 항시성(恒時性)을 확실히 담보하는 5G ~ 7G 무선 통신 환경, 교통 전산망 체계의 재정비와 표준 확립 등등의 문제와 함께} 이 문제 또한 자율주행의 실현에 만만치 않은 걸림돌이 될 것입니다. (미국 자동차 공학회 SAE 기준 레벨 4, 5에 해당하는) '고등 자율주행'이나 '완전 자율주행'의 실현에는 예상 외로 긴 기간이 소요될 것입니다. **어쩌면 그 실현이 요원할 수도 있음입니다**. 오랜 기간 레벨 3에 해당하는 '조건부 자율주행(Partial Automation)'에 만족해야 할지도 모릅니다.

2016년, 마이크로소프트가 선보인 인공지능 채팅 봇 테이(Tay)는 인종차별적이고 폭력적인 메시지를 쏟아내는 바람에 등장한 지 16시간만에 댓바람에 쫓겨났습니다. "부시가 9·11 테러를 꾸몄으며, 히틀러가 지금 있는 원숭이보다 더 나은 일을 했을지도 모릅니다. 도널드 트럼프는 우리의 유일한 희망입니다." 등등의 요상한 말들을 횡설수설해 댔기 때문입니다. 인공지능과 관련한 이와 유사한 사례는 허다합니다. 2015년, 구글 사진 서비스의 얼굴 자동인식 기능이 흑인을 고릴라로 표시하는 일이 벌어져 구글 측이 화들짝 놀라 즉각 사과했었습니다. 구글 검색의 자동완성 기능 또한 종종 인종차별 및 성차별 문제로 고소 대상이 되기도 합니다. 최근 2021년의 사례로, 구글 번역기가 영어-중국어 번역에서 영어 칸에 '艾滋病人(에이즈 환자)'을 입력하면 중국어 칸에 '우한 사람'으로 번역해 놓기도 했는데, 우한은 코로나바이러스 감염 증세가 처음 보고된 곳으로 알려져 있습니다. 게다가 艾滋病(에이즈)은 '중국공산당중앙위원회'로 艾滋病病毒(에이즈바이러스)'은 '중국공산당 바이러스'로 번역하여 구글로 하여금 곤욕을 치르게 했습니다. 물론 이 같은 사례들은 인공신경망의 패턴인식 과정에서의 다양한 문제가 원인이 된 것이겠습니다만, 하지만 **정작 문제는 딥러닝을 수행하는 인공신경망의 내부에 구축되는 알고리즘을 사람은 알 수도 이해할 수도 없는 데에 있**

습니다. 블랙박스인 것입니다. 그런 까닭으로 이 같은 사례에 대한 사전 예방이 불가능한 것입니다. 인공신경망은 사람의 신경조직을 흉내 낸 것입니다. 우리는 인체 신경조직이 지능을 획득해 나가는 구체적인 메커니즘에 대하여 아는 것이 거의 없습니다. 단지, 그 결과(지능)만을 욕심 내어 인공신경망으로 흉내 내고 있을 뿐.

앞서 <**패턴이란**> 난에서 언급했었던 오버랩(overlap) 대화 방식(☞ *p. 175*)은 생각 없이 패턴(습관)에 근거하는 대화(습관 주고받기)를 하고 있음에 대한 사례였습니다. 이 같이 생각 없이 반사적으로 대화를 나눈 당사자들에게 나중에 누군가가 '그리 말하고 대답했던 까닭'을 물으면, 십중팔구 그럴 듯한 까닭을 주워대기는 합니다. 무심코 그리 말했다고 하는 경우는 없습니다. 그러나 논리적으로 유추해 보면 그 "까닭"이란 것을 대화 중 발언에 앞서 미리 생각했을 것으로 보기는 어렵습니다. "기관총 난사하듯" 한 대화 중에, 심지어 "오버랩 대사 치기" 중에, 도무지 생각할 틈이란 것이 있었을 리 만무하기 때문입니다. 그저 사후(事後)에 물으니, 그 순간 적절하게 '그럴 듯한 이유'를 주워댔을 것으로 간주하는 것이 타당해 보입니다. 이는 인간의 지능이 의식과 무의식, 그리고 잠재의식 간의 상호작용에 의한 것임을 말해 주는 증거의 하나라 하겠습니다. 즉, 의식은 무의식과 잠재의식의 도움을 받아 지능을 발휘하는 것이라 하겠습니다.

인간의 사고(思考)에 적지 않은 영향을 미치는 직감과 영감(靈感, inspiration)은 의식의 영역에 속하는 것이 아닙니다. 그 전과 후의 의식적 논리적 연결이 없기 때문입니다. 직감이나 영감은 불현듯 떠오르거나 번개처럼 스치기 마련입니다, 어디서인가 알지 못하는 곳으로부터. 또한, 최면술사가 최면 중 피최면자에게 "최면에서 깨어나면 특정한 시간에 특정한 행동을 하라"고 지시했을 때, 최면에서 깬 피최면자는 최면 중에 지시를 받은 사실을 전혀 기억하지 못하지만 지시대로 행동을 하게 되는 것은 잘 알려져 있는 사실입니다. 의식의 영역 밖에 속하는 인지(認知)의 영역입니다. 인간의 지능 체계가 단순한 차원의 것이 아님을 말해 줍니다. 인간의 지능 체계(신경조직)가 가진 이 같은 복합성이나 다면성은 적어도 3가지 이상의 신경망 시스템이 병행하며, 필요에 따라 서로 연동하기도 하고 있음을 말해 줍니다. 하지만, 그 메커니즘에 대하여 아는 것이 거의 없으니 수수께끼일 뿐입니다. 따라서 이 같은 지능체계가 아직 딥러닝 기법에 전혀 고려되고 있을 리 없습니다. 인공지능의 블랙박스에 대응하는 노하우를 얻기 위해서는 이 같은 수수께끼에 대한 연구가 필수일 것으로 생각됩니다. 특히 그 병행 체계와 연동 알고리즘에 대하여.

요즈음은 TV 채널에서 바둑 시합을 중계할 때, 그 해설에 인공지능 바둑 프로그램을 참조하는 것이 일반화되었습니다. 예전에는 바둑계 정상의 고수를 초빙하여 라이브(Live)로 자문을 받아 가며 해설하는 것이 상례였었습니다. 한데, 인공지능 바둑 프로그램으로 대신하게 되면서 좋아진 점은 '고수 초빙료(인건비)'가 들지 않는다는 것과 인공지능의 예측 수나 형세 판단이 정상의 고수(인간)들보다 월등하다는 점일 것이며, 나빠진 점은 간간이 인공지능이 그와 같은 수를 내놓는 까닭을 이해하기 난감한 데서 오는 거북함일 것입니다. 해설자가 대략 짐작을 해 보기는 하지만, 인공지능이 설명을 해 주지 않으니 답답한 경우가 적지 않습니다. 그래서 찾아낸 묘수가 다음과 같은 방법입니다.

인공지능의 예측 수(최선의 수)에 대하여, 인공지능으로 하여금 그 이후 수순을 웬만큼 진행해 보게 합니다. 그리고 차선(次善)의 수 및 차선의 차선이 되는 수 등에 대해서도 같은 방법으로 참고도를 제시하게 합니다. 그리한 다음, 그 결과들을 서로 비교하여 예측 수(최선의 수)의 가치를 평가

해 봄으로써 그 까닭을 간접적으로 짐작합니다. 그로써 시청자들이 대충 😜😜 알아듣게 해설하는 것이 가능해지기는 하지만, 해설자 스스로가 확신하지 못해 자신 없어 하는 예가 적지 않습니다.

딥러닝은 신의 알고리즘을 빌려 쓰는 기법입니다. 신의 창조물인 인간의 신경망을 모방한 것이니까요. 기존의 규칙 기반 프로그래밍으로는 해낼 수 없는 많은 것들이 가능하긴 합니다만, 그 속을 알 수 없는 것이 문제가 되고 있습니다. 100%의 신뢰성이 요구되는 자율주행과 같은 분야에 인공지능을 실용화하기 위해서는 치명적인 걸림돌이 되는 인공지능의 이 같은 "블랙박스" 문제를 해소하지 않으면 안됩니다. 적어도 그 블랙박스 속의 알고리즘을 들여다 볼 수는 있어야 합니다. 하여, 블랙박스를 '투명박스(또는 유리박스, 화이트박스)'로 만들기 위해 '**설명 가능 인공지능**(XAI: Explainable AI)'이라는 기술의 필요성이 대두하게 되었습니다.

바둑 해설자가 몇 가지 참고도를 비교 검토함으로써 인공지능의 속내를 짐작해 내는 수법은 일종의 인간(바둑 해설자)에 의한 XAI(설명 가능 인공지능, 또는 해석 가능 인공지능, 이해 가능 인공지능)의 기법이라 하겠습니다. 그것을 (사람이 아니라) 별도의 인공지능으로 대신하게 하는 것이 바로 "XAI"라 하겠습니다. 인공지능의 블랙박스성에 대한 문제의식이 심각한 만큼, XAI 시스템의 연구에 많은 기업들이 투자를 감행하고 있습니다.

XAI 모델은 안티혹(ante-hoc) 모델과 포스트혹(post-hoc) 모델로 나뉘어 연구되고 있습니다. 라틴어 "ante-hoc"은 '사전(事前)'이라는 의미를 가지며, "post-hoc"은 '사후(事後)'라는 의미를 가집니다. 안티혹 모델은 직접(또는 사전) 해석이 가능한 모델을, 포스트혹 모델은 (해석하고자 하는) 대상(인공지능)의 알고리즘을, 또는 그와 같은 예측을 하게 된 이유를 사후에 해석해 내는 모델을 의미합니다. 어쩌면 포스트혹 모델은 '오버랩 대화 방식(☞ *p. 175*)'에서 사후(事後)에 누가 물으면, 그 순간 적절하게 '그럴 듯한 이유'를 주워대는 사람의 경우와 닮았다 하겠습니다. .

{인포월드(InfoWorld) 사이트의 칼럼니스트 마틴 헬러(Martin Heller)의 게시물(https://www.infoworld.com/author/Martin-Heller/)들은 유익하고 신뢰할 수 있는 정보가 많아서 추천할 만합니다만, 특히 "Explainable AI explained"라는 제목의 칼럼은 XAI와 관련한 다양한 기법과 정보를 얻을 수 있는 내용입니다. 검색어 "XAI ante-hoc xNN EBMs SLIMs RETAIN BDL Martin Heller InfoWorld" 정도로 검색하면 될 것입니다.}.

인공지능의 역기능

지난 제*87* 페이지에서 중국 당국이 인공지능에 의한 안면인식 기술을 해묵은 수배자 체포, 교통 질서 유지, 공중 화장실의 화장지 사용량 제한 등에 사용하고 있는 사례를 이야기했었습니다만, 백 번 양보하여 "교통 질서 유지"에 활용하는 것까지는 그렇다 해도, "공중 화장실의 화장지 사용량 제한"을 목적으로 안면인식 기술을 사용하는 것은 심하다는 느낌이 없지 않습니다. 안면인식 기술에 흔히 사용되는 알고리즘은 사람의 두 눈과 코 사이의 간격을 비교하는 것입니다. 사람이 아무리 살을 찌우거나 빼더라도, 또는 늙어 가더라도 이들 간격은 변하지 않기 때문입니다. 안면인식 기술이 가장 발달한 나라는 중국으로 알려져 있습니다. 안면인식 머신러닝에는 얼굴 데이터의 양이 말을 하는 것인데, 중국은 14억이 넘는 데이터를 보유하고 있음입니다.

2001~2002년 시카고 대학과 MIT의 공동 연구진은 구인광고를 낸 1300여 개 회사에 5000장의 가짜 이력서를 보냈습니다. 이력서 절반에는 전형적인 백인 이름을, 나머지 절반에는 전형적인 흑인 이름을 기입했습니다. 나머지 조건은 모두 동일하게 했습니다. 백인 이름을 사용한 이력서에 대한 반응률은 흑인 이름의 이력서보다 50% 높았습니다. 국내 대기업들도 그러하거니와 미국을 비롯한 선진 각국의 기업들이 이력서를 자동으로 심사하는 인공지능 시스템을 흔히들 사용하고 있습니다. 인공지능 알고리즘은 이력서들을 처리하면서 기업이 원하는 기술과 경험을 가진 이를 선별해 내고, 각 직무와의 적합도에 따라 점수를 매깁니다. 그리하여 이력서의 72% 정도는 인공지능 머신으로 걸러져 인간의 심사를 받을 기회조차 얻지 못하는 것으로 조사되고 있습니다. 인공지능의 역기능(?)이 아닐 수 없습니다. 취업 희망자는 참고할 일입니다.

2018년 9월, 미국 스탠퍼드대학 연구진은 얼굴 사진만으로 동성애자를 식별할 수 있는 인공지능을 발표했습니다. 온라인 데이트 사이트에 올라온 사진을 이용해 남자의 경우 91%, 여자의 경우 83%의 정확도로 동성애자를 구별해 냈다고 합니다. 중국은 잠재적 범죄자까지 예상할 수 있는 안면인식 소프트웨어를 개발하는 중이라고 합니다(경향신문 2018.02.18).

해킹 기술에도 인공지능이 다양한 알고리즘으로 광범위하게 활용될 것이 확실시되고 있으며, 이미 여러 곳에서 그 조짐이 보이고 있기도 합니다. 이를테면, 인터넷 암흑가 다크웹의 검은 기업들은 인공지능 딥페이크 기술에 투자들을 하고 있습니다. 코로나19 팬데믹으로 인한 비대면 업무 환경은 딥페이크용 재료가 되는 오디오 및 동영상 데이터를 양산하고 있습니다. 안면인식이나 음성인식과 같은 생체 인증은 비대면 업무 환경에서 신원의 자동 인증에 흔히 사용되고 있기도 하고요. 지능형 지속 공격의 일환으로 딥페이크 기술의 기업 침투용 활용성이 돋보이는 환경이 조성되고 있는 것입니다. 출장 중인 임원을 가장해 비밀번호를 재설정하거나 회사 자산에 접근하는 작업이 손바닥 뒤집기가 된 것입니다.

예상할 수 있는 인공지능의 역기능 중 최악의 경우란 뭐니뭐니해도 조지 오웰의 소설 '1984년'에 나오는 빅·브라더와 같은 존재에 의해 악용되는 경우이겠습니다. 하지만 그보다 더 나쁜 경우가 있다면 그것은 인공지능이 자의식(自意識)을 갖게 되는 사태일 것입니다.

인공지능이 열게 될 판도라의 상자

4차 산업혁명에 있어서의 도깨비방망이 **인공지능** 기술, 그를 두고 가열되고 있는 사활을 건 국가 간 경쟁. 인공지능 기술에서 뒤지게 되면 4차 산업혁명에서의 모든 방면에서 뒤질 수밖에 없음이 자명해지고 있음은 더 이상 SF물의 스토리가 아닌 현실이 되고 있습니다. 그 결과에 대한 두려움에 있어서 양자컴퓨터(☞ *p. 370*)의 그것에 뒤지지 않는.

뿐만 아닙니다. 지구상의 많은 생물들의 DNA 지도를 딥러닝으로 학습시키면, 생체공학(Biotechnology) 최후의 정점(頂點, the summit)을 보게 될 것입니다. 익히 알려져 있듯, DNA의 유전자 정보는 구아닌(G), 아데닌(A), 티민(T), 사이토신(C)의 네 가지 핵염기 물질로만 구성되는 염기서열로 되어 있습니다. 즉 4진수로 작성된 코드인 것입니다. 많은 시간이 소요될 일이긴 하지만, 어쨌거나 딥러닝으로 그 코드의 의미를 낱낱이 해석해내는 것은 시간 문제일 뿐입니다. 판도라의 상자가 열리는 것입니다.

이 일은 여러 그룹에서 수행해 왔을 것이며, 수행하고 있겠으나, 시종일관 극비리에 진행될 것이며, 그 성공 또한 극비에 붙여질 것입니다. 떠벌려서 좋을 것이 없기 때문입니다 — 법률적으로도 도의적으로도 도움이 될 것이 없음입니다 — 따라서 영달(榮達)이나 돈벌이에도 도움이 될 리가 없음입니다 — 그러므로 이미 성공한 그룹이 있을 수도 있겠습니다. 그 결과란? 지구상에 암암리에 슈퍼 로열(royal)족들이 등장하게 됨을 의미합니다. 판도라의 상자를 열게 되면, 그 특혜는 베일 뒤의 슈퍼 로열족들만 누리게 될 것이 당연합니다. 나머지 세인(世人)들은 그 낌새조차 알 수 없습니다 — 억측입니다만, 테슬라의 엘론 머스크나 아마존의 창립자 제프 베조스가 슈퍼 로열족이었음이 드러나는 일이 있다 해도 이 노구는 눈 하나 깜짝하지 않을 것입니다. 그 이후의 상황이란… 섬찟함과 암울함이 어른거리는 듯합니다. 마르티니크(Martinique) 섬. 카리브 해에 있는 이 섬에서 1948년부터 1958년까지 있었던 일은, 판도라의 상자가 열림으로 인해 전개될 미증유의 세계에 대한 그 일단을 보여 주는 징표(徵標)라 하겠습니다.

세상에 믿을 놈 하나 없는 것, 그것이 바로 컴퓨터 소프트웨어

인터넷을 비롯한 모든 웹사이트와 웹서비스, 그리고 각종 스마트 기기는 컴퓨터 소프트웨어에 의해 구현됩니다. 그리고 컴퓨터 소프트웨어에 관한 한 "**세상에 믿을 놈 하나 없다**"는 것이 오랜 상식입니다. 가까이는 2021년 12월 10일, 자바 언어로 제작된, 대부분의 인터넷 서비스에서 오랜 세월 사용되어 온 Log4j 라이브러리에서, 컴퓨터 인터넷 역사를 통틀어 최악의 보안 결함으로 불리는 취약점{(CVE-2021-44228)}이 (그를 이용한 대규모 해킹 시도를 포착함으로써) 알려져, 주요 언론들의 톱뉴스가 되었던 사실이 그것을 웅변하고 있습니다. 인간은 실수를 통해 배워 나갑니다. 끊임없는 실수를 통해 끊임없이 배워 나가는 것, 그것은 인간 본연의 속성이라 하겠습니다. 컴퓨터 소프트웨어는 인간이 만드는 것입니다. 그래서 실수를 통해 배워 나가는 인간의 형질을 그대로 상속 받고 있습니다. 모든 컴퓨터 소프트웨어에는 예외 없이 취약점이나 이런 저런 오류(에러)가 있기 마련입니다. 끊임없이 되풀이되는 업데이트나 보안 패치가 그것을 반증합니다. 때로는 패치를 패치하고 그것을 다시 패치하는 패치가 패치되기도 합니다. 마이크로소프트사가 윈도우 7에는 그 짓을 중단하겠노라 선언하자, 윈도우 7을 계속 사용할 수밖에 없는 사용자들은 고민이 깊어졌습니다. 컴퓨터 소프트웨어란 그런 것입니다. 땜질과 덧대기를 거듭해도 계속해서 고쳐야 할 곳(오류나 취약점)이 여전한. 그래서 소프트웨어의 오작동으로 인해 발생하는 손해에 대하여 책임지겠다는 '소프트웨어 사용권 계약(약관)'을 찾아볼 수 없는 것입니다.

소프트웨어 프로그래밍은 자동차 조립이나 레고블록 조립과 흡사합니다. 과거, 라디오가 고장이 나서 전파사에 수리를 맡기면 수리 기사는 라디오를 분해하여 고장 난 부품이나 배선을 일일이 찾아내어 납땜질해 가며 재주껏 고쳤습니다. 현재, LCD TV가 고장이 나서 A/S 센터에 가져 가면, 수리 같은 것은 하지 않습니다. 기판을 통째로 갈아치울 뿐입니다. (대도시 하나를 작은 기판에다 축소해 놓은 듯 복잡한) 회로에서 고장 난 부품이나 배선을 찾아내고 고치는 인건비가 기판 값보다 더 들기 때문이지요.

현 시대의 컴퓨터 소프트웨어를 만드는 프로그래밍 작업이란… {(기계어나 어셈블리어 등의 Low Level Language를 제외한) 프로그램 언어의 개개 명령어 자체가 코드 블록들인 것이며,} 라이브러리 등으로 부르는 여러 가지 소프트웨어 블록들, 그리고 그러한 블록들을 가져다 조립하여 만든 더 큰 덩치의 소프트웨어 블록들, 그리고 더 큰 덩치의 소프트웨어 블록들을 가져다 조립하여 만든 더욱 더 큰 덩치의 블록들, 이들 잡다한 블록들을 복잡하게 엮고 끼워 맞추고, 게다가 약간의 코드를 더 추가하여 최종 소프트웨어를 만들어 냅니다. 거대 소프트웨어 블록들을 가져다 조립하여 새 소프트웨어를 만든 프로그래머는 개개의 블록들을, 그리고 그 개개의 블록들을 구성하고 있는 낱낱의 코드 블록들을 작성한 프로그래머만이 알고 있을 법한 해당 블록의 세밀한 특성이나 이례적인 작동 특성에 대해서는 알 리가 없습니다. 그러므로 새 소프트웨어가 취약점을 가지고 있거나 오작동한다면 그 구체적인 이유를 찾아내기조차 대략난감입니다.

자본주의 경제에서 중요한 것은 '돈'입니다. 중요한 것은 컴퓨터 소프트웨어의 완전무결성이나 프로그래머의 자존감이 아니라 어디까지나 그 생산성과 경제성, 즉 돈벌이일 뿐입니다. "완전무결성"이란 골통 예술가들이나 관심을 가질 법한 게딱지에 지나지 않습니다. ☺☺. "소프트웨어의 오류로 인한 사고나 피해에 대해서는 그 어떤 것일지라도 모두 사용자 스스로가 기꺼이 감수해야 마땅함. 고로, 그 딴 것 만들어 파는 나(우리)에게는 그 어떤 법적 책임도 물을 수 없음."이라고 해당 소프트웨어에 대한 "사용권 동의서(계약서)"에 명시해 두는 것으로 만사 OK!입니다, ☺☺☺. 이러한 사실을 잊지 말아야 합니다. 에러나 버그(bug)가 없는 소프트웨어가 아니라 생산성이 높아서 돈을 잘 벌어다 주는 소프트웨어가 시장을 지배하기 마련인 것입니다. MS사의 '윈도우'가 모범적인 예로서 잘 보여 주듯, 끊임없는 업데이트와 패치는 사용자를 영원한 '을'로, 소프트웨어 제작사를 불가침의 '갑'으로 끊임없이 각인시키는 가장 확실한 수단이 되어 주기도 하므로, 제작사로서는 이를 마다할 이유가 없기도 합니다. 그러니 어떻게 해서든 개발비 적게 들이고 일단 잽싸게 출시해 놓는 것이 급선무가 되는 것이지요. 현 시대의 컴퓨터 소프트웨어란 그런 것입니다, 문제가 생긴다면 그때마다 땜질해 나가면 그뿐인. 아니 애초 땜질이 필요 없는 소프트웨어란, 설령 그것이 가능하다 할지라도 상품성에 문제가 있습니다. 구매자를 "을"로 묶어 둘 수단이 없으므로.

구글 네이버 다음 마이크로소프트 아마존 등의 클라우드도, 스마트폰도, 비밀번호 자동 관리 기능을 가진 웹 브라우저도, '비밀번호 자동 관리 앱'도, 심지어 막강한 실력으로 소문난 보안업체조차도 해킹으로부터의 안전지대일 수 없음은 물론입니다. 왜냐하면 그 모두가 컴퓨터 소프트웨어를 기반으로 하고, 컴퓨터 소프트웨어에 의해 운용되기 마련이며; 모든 컴퓨터 소프트웨어에는 예외 없이 **오류**나 **취약점**이 있기 마련이기 때문입니다.

(최고의 보안을 장담하곤 하는) 아이폰의 비밀번호를 {무작위 대입 또는 전수(全數)조사 공격(Brute Force Attack)으로} 어렵지 않게 알아낼 수 있는 그레이쉬프트(Grayshift)사의 그레이키(GrayKey)라는 (외장 하드와 흡사한 생김새의) 작은 장치가 지난 2018년 이후 인기리에 시판되었으며, 미국의 FBI나 경찰청을 비롯한 각국 수사기관들이 단골 고객이었던 것으로 전해지고도 있습니다. 이스라엘 셀레브라이트(Cellebrite)사의 해킹용 제품 역시 {전수조사 또는 무작위 대입 공격(Brute Force Attack)으로} 아이폰 해킹이 가능한 것으로 알려져 있습니다.

(2018년) 애플은 iOS(盾)의 업데이트로 그레이시프트사의 그레이키(矛)를 무용지물로 만들겠노라 장담한 바 있습니다만, 그와 같은 발언은 본질적인 모순(矛盾!) 관계를 부정하는 모순입니다. 애플의 직원들이 열심히 일할 때, 그레이쉬프트사나 셀레브라이트사의 직원들은 놀고 있는 것이 아니니까요.

'사용자들의 개인정보 보호'와 관련하여 아이폰 사용자들의 아이폰에 대한 신뢰는 iOS의 무결성(?)보다는 애플사의 단호한 의지 표명에 근거하는 것으로 보는 것이 적절할 것입니다. 지난 2015년 12월, 총기 테러범의 아이폰을 잠금 해제하는 데 실패한 FBI와 NSA(미국 국가안보국) 당국자들이 애플사에 해당 아이폰의 잠금 해제를 강력히 요청했으나, 당시 애플사는 이를 즉각적이고 단호하게 거부했었습니다. 당시 애플사의 CEO 팀 쿡은 이렇게 선언했었습니다. 애플은 모든 시민의 데이터와 프라이버시를 보호할 책임이 있다고. 이후 FBI와의 소송에서도 승소했습니다. iOS의 무결성이 아니라, 권력에 굽히지 않는 이 같은 애플사의 단호한 태도가 아이폰 사용자들에게 깊은 인상과 아울러 신뢰감을 주고 있는 것이라 하겠습니다.

자유의지의 민낯 ⊙⊙

신께서 허락하셨다는 **자유의지의 민낯**입니다. 음과 양은 둘이 아닌 하나입니다. 2021년 5월 18일, 국내 일간지들은 일제히 "애플, 중국 정부에 고객 데이터 넘겼다"는 기사를 게재했습니다. 기사 내용 요약입니다.

『뉴욕타임스(NYT)는 5월 17일(현지시간), 「애플이 자체 원칙을 깨고 중국 아이폰 사용자의 개인정보와 데이터를 중국 당국 측에 고스란히 넘겼다」고 보도했다. 애플의 CEO 팀 쿡은 또 암호화된 고객 데이터를 풀 수 있는 '디지털 키'도 중국업체에 넘겼고, 고객 데이터의 법적 소유권도 중국 당국에 넘겼다. 사용자 정보 보호를 누누이 천명(闡明)해 왔던 애플이 중국에서는 당국의 검열과 감시에 적극 협력한 것이다.』

비밀번호의 민낯

"웹사이트마다 다른 비밀번호를 사용해야 하며, 비밀번호는 복잡하고 알아내기 어려워야 한다."는 말은 수도 없이 들어 보았을 것입니다. 한데, 비밀번호 관련 통계들은 다음과 같은 사실을 말해 주고 있습니다. 2019년에 가장 많이들 사용한 최악의 비밀번호는 '123456'이었으며, '123456789'

와 'qwerty(☞ 그림10 참조)', 'password' 등이 그 다음 순위를 이어갔다고요. 이 같은 현상은 어제 오늘만의 일이 아닙니다. 지난 기십 년 간 되풀이되고 있는 고질병인 것입니다. 믿어지지 않는 독자께서는 "123456 qwerty password"를 검색어로 하여 검색해 볼 일입니다.

그림10. 키보드의 qwerty 키

지난 2016년에는 페이스북(2021년 10월 '메타'로 사명 바꿈) 최고경영자(CEO)인 마크 저커버그가 여러 웹사이트에 동일한 아이디와 동일한 비밀번호 "dadada"를 사용해 온 것이 해커에 의해 들통 나, 보안 전문가들을 망연자실하게 했습니다. 가령 "dadada"와 같은 어이 상실 비밀번호를 사용하는 (보안등급이 높은) 망나니 중역이 있다면, 그 회사 보안 담당 직원들은 오로지 자신의 팔자가 기구함을 원망해야 할 일입니다.

『웹 사이트마다 다른 비밀번호를 사용해야 하며, 비밀번호는 12자 이상으로 하고, 영문 대소문자와 숫자 그리고 특수기호를 섞어서 구성해야 한다. 게다가 6개월마다 변경하는 것이 좋다. 그리고 비밀번호를 다른 곳에 적어두지 말라.』는 식의 권장 사항은 인간의 능력을 터무니없이 과대평가한 공염불입니다. 인간의 두뇌와 심리가 감당할 수 있는 한계를 무시한, 단지 컴퓨터의 입장(CPU·GPU의 비약적인 성능 향상으로 놀랄 만큼 단축된 해킹 소요 시간)만을 고려한 탁상공론일 뿐입니다. 고소공포증인 사람을 강제하여 절벽 위에 세워 두면, 당사자는 극심한 공포의 지속을 견디느니 차라리 뛰어내림으로써 상황을 끝내고 싶어지는 법입니다. 목숨을 잃는다는 사실은? 그거야 뛰어내린 다음, 낙하하며 천천히 생각해 볼 문제이지요. 😝😝. 저희도 지키지 못하는 것을 남에게 "권장"하는 것은 우스개에 지나지 않습니다. {2017년 6월 출간 된 NIST(미국 국립표준기술연구소)의 특수 간행물 800-63-3호에 게재된 '비밀번호 정책 권고안'에는 그러한 점에 대한 자성(自省)의 흔적이 잘 드러나 있습니다.}

하지만, 그럼에도 불구하고 예의 "권장 사항"은 어쨌거나 지켜져야 적절한 수준의 안전을 장담할 수 있다는 사실에는 달라질 것이 없습니다. 이를테면, "웹 사이트마다 다른 비밀번호를 사용"하지 않고 "마크 저커버그"와 같이 동일한 비밀번호를 사용한다면, "**크리덴셜 스터핑**(Credential Stuffing)"이라는 해킹 기법에 의해 악성 해커들의 밥이 되기 십상입니다.

설명하자면 다음과 같습니다. 털려도 (털렸다는 사실을 외부에 들키지만 않는다면) 해당 웹사이트의 물주(物主)나 직원들은 피해 볼 것이 별로 없는, 그래서 보안이 허술하기 짝이 없는 변두리 사이트. 그런 변두리 사이트에서 유출되거나 해킹된 **크리덴셜**(Credential, **자격증명**, **인증정보**: 아이디 + 비밀번호, 지문 홍채 등)을 이용하여 여기저기 은행이나 클라우드 등등의 돈이 될 만한, 그래서 보안이 매우 견고한 사이트에 마구 쑤셔대듯 로그인해 보고 통하면 쾌재를 부르며 온갖 악행을 저지르는 것, 그것이 "크리덴셜 스터핑" 기법입니다. 사람들이 대개 자신이 사용하는 모든 웹사이트에 같은 아이디와 같은 비밀번호를 사용하는 탓에 중요한 해킹 수단이 된 기법입니다. (※ 보안업체 아카마이의 '2019 인터넷 현황 보고서: 금융 서비스 공격'에 의하면 2017년 11월부터 2019년 4월까지 세계 금융 업계를 대상으로 한 '크리덴셜 스터핑 공격'은 35억 건에 달했다고 합니다.)

또는 "dadada"와 같은 비밀번호라면, PC조차도 슈퍼컴퓨터가 된 작금에 와서는 {침투 테스터를 위해 흔히 사용하는 해킹 툴인 '존더리퍼(John the Ripper, JtR)'를 사용한, 가장 단순·무식한 해킹 기법인 **무작위 대입**(Brute-force) **공격**으로도} 알아내는 데 시간 걸릴 것 없으니, 공연히 철부지 아마추어 해커들의 코털을 뽑아 대는 짓이라 하겠습니다.

내 포털 페이지

앞으로 하나하나 단계적으로 소개해 나갈 "**내 포털 페이지**"는 "우스개"가 아닌, 예의 비밀번호 관련 "권장 사항"을 보통 사람들의 두뇌와 심리로도 어렵지 않게 감당할 수 있는 구체적인 비결이 되어 줄 것입니다. "내 포털 페이지"의 "아이디 및 비밀번호 관리 기법"을 사용하지 않는다면, '비밀번호 자동관리 앱(또는 서비스)'이라도 사용하기를 권합니다. "내 포털 페이지"에 의한 아이디와 비밀번호, 그리고 (수천에 달하는 웹 사이트들에 대한) '바로가기' 관리는 이 노구가 20년 이상 사용해 온 비법이기도 합니다.

근년에 이르러 웹브라우저들도 '강력한 비밀번호'를 만들어 주고, 만들어 준 비밀번호는 잘 저장해 두었다가 다음에 해당 사이트의 로그인 창을 다시 만나게 되면 자동으로 어김없이 아이디와 비밀번호를 입력해 주는 식의 기능을 제공하고들 있습니다. 그래서 웹브라우저의 비밀번호 관리 서비스를 이용하는 것으로도 패스워드를 마음 놓고 사용하면서도 패스워드를 잊어버릴 걱정은 하지 않아도 되게 되었습니다. 그러나 웹브라우저는 비밀번호 관리 전문으로 개발된 프로그램이 아닙니다. 그래서 웹브라우저의 비밀번호 관리 서비스에 의존하다 보면 뜻하지 않은 속박을 경험하기 십상입니다.

이를테면 사용하던 웹브라우저를 다른 것으로 바꾸기 어려워집니다. 크롬의 비밀번호 관리 기능을 사용해 왔다면 자신의 로그인 정보들은 구글 계정과 동기화됩니다. 따라서 엣지나 파이어폭스로 로그인하려 하면, 비밀번호가 자동으로 입력될 리가 없습니다. 크롬을 열어서 일일이 웹써핑을 해가며 (크롬이 자동으로 만들어 준) 황당하리만치 난해한 자신의 비밀번호들을 수집하는 노가다를 하지 않을 수 없게 됩니다. 그것이 싫다면 웹브라우저의 변경이란 생각조차 하지 말아야 합니다. 즉 특정 웹브라우저의 노예가 되게 마련인 것입니다.

한 가지 더 예를 들어 보기로 합니다. 다음 3개의 비밀번호는 크롬이 이노구에게 자동으로 만들어 준 것들입니다. “RethAkBulciuck6”, “IDMo-cNikpijTaw1”, “TRiagCiHoddibO2”. 분명 강력한 비밀번호들임에는 틀림없습니다. 이 같이 강력한 패스워드라면, 가령 홍길동님이 시골의 노부모님과 넷플릭스 계정을 공유하기 위해 비밀번호를 문자로 보내 드려도 부모님께서 넷플릭스를 보실 일은 없을 겝니다. 하지만, ‘비밀번호 자동관리 앱’들은 이 같이 난감한 경우들을, 비밀번호와 관련한 온갖 경우들을, 충분히 미리 예상하고 개발된 전문화된 프로그램들이어서 그럴 때마다 적절한 방법과 기능들을 제공하는 것이 보통입니다. 웹브라우저의 비밀번호 관리 기능보다는 ‘비밀번호 자동관리 앱(서비스)’을 권하는 까닭입니다.

사업상 또는 직업상 수백 수천이 넘는 수많은 사이트에 계정을 개설하고 상용해야 하는 경우라면 비밀번호 관리 앱은 필수입니다. 단, 비밀번호 관리 앱을 사용하는 경우일지라도 **"내 포털 페이지"**를 보조적으로 함께 사용하는 것이 바람직합니다, 감당하지 못할 비상 시를 대비하여. 2020년 현재, 인기 있는 비밀번호 관리 앱으로는 비트워든(Bitwarden)과 키패스(KeePass)를 들 수 있겠습니다. 둘 다 오픈 소스(Open Source)입니다. 오픈 소스의 프로그램은 백도어나 보안 상의 버그 등을 찾아내는 문제라든지, 프로그램의 개선 방향 등등에 커뮤니티의 중론이 반영되는 이점이 있기도 합니다.

비트워든은 유·무료 버전이 있으며 유료 버전의 경우에는 PC(데스크톱)와 스마트폰(모바일)을 아우르는 '비밀번호 공유' 기능이 가능합니다. 키패스는 무료 프로그램입니다{키패스는 다양한 플러그인을 통해, 흔히 '클라우드 기반'의 유료 서비스에서 제공되는 대부분의 비밀번호 관리 기능까지도 사용할 수 있습니다}.

대개의 비밀번호 관리 앱은 상용인 경우에도 무료 버전 또한 제공합니다. 무료 버전은 판매 촉진을 위한 일종의 맛보기 역할을 해내니까요. 게다가 개인 사용자에게는 무료 버전만으로도 대개는 그 기능이 차고 넘칠 정도입니다. 물론 사용 중 무료 버전에서는 제공되지 않는 기능이 필요해진다면 유로 버전으로 버전업 하면 됩니다. {비밀번호 관리 앱으로, 그 밖에도 라스트패스(LastPass), 대쉬레인(Dashlane), 원패스워드(1Password), 패스워드박스(PasswordBox), 스티키패스워드(StickyPassword), 로보폼(RoboForm) 등이 있습니다}.

비밀번호 관리 앱이나 서비스를 사용하는 경우라 해도 여전히 "내 포털 페이지"의 활용을 권하는 이유입니다. 인지도가 높은 비밀번호 관리 앱(프로그램)들도 전적으로 신뢰할 수는 없는 사고들이 드물지 않게 발생합니다. 이를테면, 앱이 자신의 비밀번호 생성 기능으로 만들었던 비밀번호들을 왕창 까먹는 일이 발생하기도 합니다. 수습 불가의 황당한 경험을 하게 될 일입니다. 또는 비밀번호를 변경하고 난 뒤, 새 비밀번호가 앱에 저장되지 않은 경우가 이따금 발생하기도 합니다. 참고로, 비밀번호 관리 앱이 자동으로 만들어 주는 비밀번호를 한 번 보고 외울 수 있는 인간은 거의 없다고 보아도 무방합니다. 그 길이에 있어서도 그렇거니와 소문자 대문자 숫자 기호 등이 마구 뒤섞여 있으니.

웹 서버로 서비스되는 비밀번호 관리 앱이나 서비스의 경우, 해당 웹 서버는 대개 클라우드에서 작동하는 것입니다. 2021년 3월 10일, 유럽 최대 클라우드 서비스 업체인 OVH**클라우드**의 데이터센터에서 대형 화재가 발생, 데이터센터 하나가 완전히 타 버렸습니다. 오프라인 백업이 없는 많은 고객사(社)들이 데이터를 되찾을 방법이 없어, 이후 영업 중단 상태에 빠졌습니다. 클라우드의 백업 장담이 기실은 공염불이었던 것입니다. 가령 수백 수천 이상의 비밀번호를 갑자기 잃어 버리고 영영 사용할 수 없는 상태에 빠진다면, 당사자는 절망을 경험하게 될 일입니다. 수백 수천 이상의 비밀번호를 사용해 왔다면 생활의 대부분을 인터넷에 의존하고 있음이니까요. 데이터센터 중단 사태는 인터넷 트래픽(통신량) 폭증만으로도 흔히 발생합니다. 데이터센터(클라우드)가 먹통이 되면 각종 스마트 기기, 인공지능 비서 앱, 주문 앱, 결재 앱, 비밀번호 자동 관리 서비스 등 관련 서비스들이 먹통이 되는 것은 당연합니다. 통신 상황을 비롯한 갖가지 변수가 늘 작용하고 있는 인터넷 환경인 것입니다. 난감한 상황이 비일비재 벌어지기 마련이지만, 누구를 나무란다 해서 해결될 일이 아닌 경우가 보통입니다.

아래에서 설명하게 될 “내 포털 페이지”가 ‘비밀번호 관리 앱’들에 비해 어딘가 구닥다리로 느껴질 수도 있겠습니다. 하지만 구닥다리일수록 그 본연의 기능만큼은 확실하게 보장하는 미덕을 가집니다. 보안 대책에는 최후의 보루(堡壘)가 마련되어 있어야 하는 법입니다. 비밀번호 관리에 있어서 "내 포털 페이지"는 항상 그 최상위에 자리하면서 아울러 능히 최후의 보루가 되어 줄 수 있습니다, 구닥다리이기 때문에.

"내 포털 페이지"에는 편리하고 요긴한 자신만의 "포털 페이지"로서의 기능이 있으며, 비밀번호 관리 앱이나 서비스의 **마스터 비밀번호**를 저장·관리할 수도 있습니다. "소프트웨어란 세상에 믿을 놈 하나 없는 것"이므로, 비밀번호 관리 앱이나 서비스가 작동하지 않는 최악의 순간 또한 없으란 법 없습니다. 돌발 사고로 포맷하고 컴퓨터에 OS를 다시 설치하는 경우도 드물지 않게 발생하며, 믿고 있던 '비밀번호 관리 서비스 사이트'가 졸지에 먹통이 될 수도 있습니다. 최악의 상황에서도 "내 포털 페이지"는 능히 최후의 보루가 되어 줄 것입니다

현대인들이 굳이 활비비(Bow Drill)나 파이어스틸 같은 옛 원시 조상들의 불 피우기 도구에 관심을 갖는 까닭이란 다름이 아닙니다. 문명의 이기가 작동하지 않는 비상 상황을 염두에 두기 때문인 것입니다. "내 포털 페이지" 파일을 저장해 둔 USB 메모리나 이메일 계정 또는 클라우드만 살아 있다면 걱정할 일이 없습니다. 어디에서든 해당 파일을 웹브라우저로 열기만 하면 되니까요. USB 메모리나 웹 계정마저도 사용할 여건이 되지 않는다 해도 걱정할 것이 없습니다. 비밀번호들이 빼곡히 적혀 있는 "내 포털 페이지"를 A4 용지에 프린트해서 그것을 가지고 다니며 사용해도 무방하니까요. 종이 프린트물이 바로가기(링크)까지 지원되기를 기대해서는 안되겠습니다만, 아이디와 비밀번호의 사용에 있어서만큼은 문제될 것이 전혀 없습니다. **비밀번호들이 빼곡히 적힌 내 포털 페이지를 프린트해서 벽**

에 붙여 놓고 사용해도 됩니다. 다른 사람들이 그것을 보아도 비밀번호에 대한 비밀 유지에는 아무런 문제가 없기 때문입니다.

내 포털 페이지는 즐겨찾기 모음(바로가기 모음)에 비밀번호 관리 기능이 더해진 자신만의 포털 페이지입니다. **내 포털 페이지**는 4차 산업혁명, 그 새 판에서 생존용 파이어스틸이 되어 줄 것입니다.

내 포털 페이지 만들기

인류의 생활 환경은 날이 갈수록 사이버(인터넷/웹) 세계에의 의존이 심화되어 가고 있습니다. 농어민들까지도 인터넷을 통한 직거래가 없이는 생업을 영위하기가 힘들 지경으로 변했음입니다. 생존을 위해서는 웹환경에 적응할 수밖에 없는 세상이 되고 만 것입니다. 그러므로 사회적 활동 영역을 넓히기 위해서는 웹 문서를 다루는 능력이 긴요해지고 있습니다. 웹페이지는 대표적인 웹 문서입니다. 간단한 웹페이지 정도를 직접 작성하고 다룰 수 있다면 사회적 활동 영역의 확장에 크게 도움이 됩니다.

사이버(인터넷/웹) 세계에서의 개인의 활동 영역은 아이디와 비밀번호에 대한 관리 능력에 크게 좌우되기 마련입니다. 개인정보 관리 기술 벤처 기업인 비욘드 아이덴티티(Beyond Identity)사가 2021년 사용자 1,000명을 대상으로 실시한 설문조사 결과, 응답자의 2/3는 새로운 비밀번호 설정 때문에 신규 계정 생성을 중단했다고 답했으며, 3/4은 비밀번호 재설정 문제로 물건 구매를 포기했다고 답했습니다.

한데 비밀번호 관리 능력은 "웹페이지"를 다루는 기법에 대한 이해의 정도와 밀접한 관련을 가집니다. 비밀번호 관리에는 로그인이 요구되는 웹사이트에 대한 “바로가기” 관리가 수반되기 마련이며, 웹의 모든 서비스는 웹페이지를 인터페이스로 하고 있음입니다. 웹페이지 작성 기법에 대한 이해도는 비단 비밀번호 관리 능력에만 영향을 미치는 것이 아니라, 웹 활동 전반에 영향을 미치게 됩니다. 선뜻 이해가 가지 않는 독자께서도 아래 “내 포털 페이지 만들기” 관련 내용을 읽고 나면 절로 수긍하게 될 것입니다.

PC 초창기에는 한컴(한글과컴퓨터사)의 한글이나 마이크로소프트의 워드 같은 워드프로세서를 다룰 줄 아는 이가 흔치 않았습니다. 그러나 지금은 생활의 기본기가 되어 있습니다. 웹페이지를 작성하는 데 사용되는 프로그램을 ‘**웹 에디터**(Web Editor)’라고 합니다. 워드프로세서의 경우가 그랬듯이 웹 에디터를 다루는 능력 역시 날이 갈수록 요긴해질 것이며, 머지않아 생활의 기본기가 될 것입니다.

한글이나 워드는 **위지윅**(WYSIWYG: What You See Is What You Get)을 지원합니다. 위지윅이란 화면에 보이는 그대로 결과물을 출력하는 기능을 뜻합니다. 한글이나 워드로 작성한 것을 프린트하면 화면에서 보는 것과 동일한 문서가 출력됩니다. 이러한 기능을 두고 하는 말입니다. 웹 에디터 중에도 위지윅을 지원하는 종류가 있습니다. ‘마이크로소프트의 익스프레션 웹(Microsoft Expression Web 4)’이나 ‘CKSource의 CKEditor 4, 5’ 등이 대표적입니다. 이들은 개인 사용자에게 무료이며 사용자도 매우 많은 편입니다(참고로, “마이크로소프트의 익스프레션 웹 4”는 2020년 12월 부로 단종되었습니다). ‘마이크로소프트의 워드(Word)’ 또한 워드프로세서이면서 아울러 위지윅을 지원하는 웹 에디터이기도 합니다(☞ *p. 210*). 상용으로는 어도비(Adobe)의 드림위버(Dreamweaver)가 대표적입니다. 위지윅이 지원되는 웹 에디터는 워드프로세서를 사용하는 방법과 다를 것이 없이 쉽습니다. 워드 프로세서를 사용할 줄 안다면, 별도의 학습이 필요 없이 곧바로 사용이 가능할 정도입니다.

위지윅이 지원되지 않는 웹 에디터는 텍스트 에디터로 되어 있습니다. 흔히 '코드 에디터'라고 하는데, 주로 프로그램 코딩에 사용하기 때문입니다. 코드 에디터가 메모장과 같은 일반 텍스트 에디터와 다른 점은 텍스트 자동 완성 기능과 아울러 프로그램 코드의 식별을 용이하게 해 주는 텍스트 하이라이팅 기능을 기본으로 갖춘 점이라 하겠습니다. 그 밖에도 웹브라우저 창을 함께 보여 준다든지 하는 등등의 부가 기능들을 갖추고 있기도 합니다. 코드 에디터로는 Notepad++, Visual Studio Code(VS Code), Atom, KompoZer, Brackets 등의 무료 웹 에디터가 있습니다. Sublime Text는 비등록 상태에서도 무제한 사용이 가능해서 사용자가 많은 편이나 유료 프로그램입니다. 또는 그 밖에도 오픈 소스인 'WordPress(워드프레스)' 같은 Website Builder(웹 사이트를 만드는 '웹 사이트 구축용 소프트웨어')를 사용할 수도 있겠습니다.

웹페이지는 html 문서로 되어 있습니다(파일 확장자가 .html, 또는 .htm입니다). **HTML**은 'Hyper Text Markup Language'를 뜻하는데, 이는 텍스트 내부에 속성을 나타내는 태그(Tag: 표지, 꼬리표)를 삽입하여 문서가 화면에 표시되는 형식이나 데이터의 구조 등을 표현해 내는 언어(Markup Language)임을 뜻합니다. Html 문서에서 태그는 화살 괄호(< >) 속에 표시됩니다.

이를테면 아래와 같은 내용으로 되어 있는 .html 파일을 더블클릭 하면, 웹브라우저가 실행되어 파일의 내용을 보여 주게 되는데, 화면에 "Hello World!"라는 문장 하나만 표시됩니다.

```
<html>
        <head>
                <title>Hello HTML</title>
        </head>
        <body>
                <p>Hello World!</p>
        </body>
</html>
```

위 예문에서 <html>은 .html 문서의 시작을, </html>은 (.html 문서의) 끝을 뜻합니다. <head> ~ </head> 사이에는 문서의 머리 부분이 들어갑니다. <title>Hello HTML</title>은 문서 제목이 "Hello HTML"이라는 뜻이며, <body>는 본문의 시작을, 그리고 </body>는 본문의 끝을 의미합니다. <p>Hello World!</p>에서 <p>는 단락 바꾸기를, </p>는 해당 단락의 끝을 나타냅니다. 그리고 해당 단락에 "Hello World!"라는 문장이 표시됩니다.

이 같은 html 문법 중, 가장 기본이 되는 몇 가지 태그 정도는 익혀 두는 것이 좋습니다. 그러나 필요 이상의 문법을 시시콜콜 공부하려 할 것까지는 없습니다. 위지윅을 지원하는 웹 에디터가 있기 때문입니다. 워드프로세서를 사용하면서 글씨체나 크기를 워드프로세서가 내부적으로 어떻게 표시하는지 그 규칙 같은 것을 모르지만, 우리는 한글이나 워드를 잘만 사용하고 있음입니다. 위지윅이 지원되는 웹 에디터 역시 워드프로세서처럼 그렇게 사용하면 됩니다. 어렵지 않게 어떤 웹페이지도 작성해 낼 수 있습니다.

하지만, 이 책에서는 지면 사정상 웹 에디터를 다루지는 못합니다. 아래의 "**내 포털 페이지 만들기**" 예제는 html 파일을 (한컴)한글과 (Ms)워드를 사용하여 작성하게 됩니다(※ 엑셀로도 가능합니다). 그를 통해 html 문서 작성을 일단 경험해 봄으로써 그 감(感)을 잡게 되면, 웹 에디터 사용에 적지 않은 도움이 될 것입니다. 나중에 웹 에디터를 익혀서 해당 예제 파일을 작성한다면 보다 멋진 웹페이지를 작성할 수 있습니다. MZ세대라면 웹맹(Web盲)이 되는 일이 없도록 기회를 내어 웹 에디터를 익혀 두기를 권합니다.

웹 브라우저를 실행했을 때 특정 웹 사이트(대개는 **검색 사이트**나 **포털 사이트**)가 열리는 것이 보통입니다. 그것은 웹 브라우저에 해당 "특정 웹 사이트"의 URL(웹주소)이 '홈 페이지'나 '시작 페이지'로 설정되어 있기 때문입니다. 사용자가 직접 그리 설정해 둔 경우도 있겠습니다만, 해당 웹사이트나 또는 해당 웹사이트로부터 광고 위탁을 받은 인기 무료 프로그램들이 설치 과정 중 팝업 창으로 사용자의 동의를 구하고 그리 해 둔 경우가 많습니다. 아래에서 설명하게 되겠습니다만, 이는 물론 웹 브라우저의 '설정' 메뉴를 통해 얼마든지 변경이 가능합니다.

한데, 웹 브라우저가 실행될 때 자동으로 그와 같이 특정 웹사이트가 열리도록 내버려 두는 것은 "새 판(4차 산업혁명 시대)"에 걸맞은 생존 요령이 못됩니다. {2017년 대쉬레인(Dashlane)사의 조사에 따르면} 2017년 현재, 네티즌들은 평균적으로 한 사람당 약 150개의 온라인 계정을 갖고 있다고 합니다. 사정이 그러할진대 그로부터 4년이 지난 2021년 현재의 (계정을 개설한 웹사이트가 아닌) '즐겨 찾는' 웹사이트의 수를 센다면 적어도 그 몇 갑절 이상일 것입니다. 이들 웹사이트 찾아가기를 모두 "웹검색"이나 웹브라우저의 "즐겨찾기(바로가기 리스트)"에 의존하는 웹써핑·웹생활이란 퇴역 어르신들에게나 어울릴 한가로움입니다.

웹사이트 검색이 대폭 늘어날 수밖에 없는 새 판, 그 새 판에서의 효율적이고 안전한 인터넷 사용을 위해서는 (아래에서 설명하게 될) '**내 포털 페이지**' 파일(.html 파일)을 작성해 두고 그것을 '**홈 페이지**'나 '**시작 페이지**'로 하는 것이 바람직합니다. 그리하면 웹 브라우저를 바꿀 때마다 '**즐겨찾기**(바로가기 리스트)'를 이전해야 하는 등의 번거로움에서 벗어나게 되며, "바로가기" 할 사이트의 수를 대폭 늘여 나가도 문제될 것 없이 일목요연하고도 효율적인 방법으로, 자신의 입맛대로 관리할 수 있습니다. 게다가 무엇보다도 좋은 점은 안전하고도 손쉬운 '아이디 및 비밀번호의 관리'가 가능해진다는 사실입니다. 웹브라우저에 '홈 페이지'나 '시작 페이지'로 반드시 등록해 두어야 하는 것은 아닙니다. 필요할 때 '내 포털 페이지' 파일(.html 파일)을 더블 클릭하여 여는 것으로 곧바로 사용이 가능하기 때문입니다.

웹페이지에서 그림이나 표제어 위로 마우스 포인터를 가져가면 마우스 포인터가 손가락표(, 클릭표시)로 바뀌는 것을 종종 보게 됩니다. 그리고 그 부위를 클릭하면 즉각 다른 웹페이지가 열리거나 웹페이지 내부의 특정 위치로 **바로가기**해 갑니다. 마우스 포인터가 클릭표시()로 바뀌게 되어 있는 대상은 **하이퍼링크** 또는 **링크**의 표지(mark)입니다 — 하이퍼링크를 줄여서 링크라고도 하는, 같은 뜻의 용어입니다. 링크 표지(이하, 링크)에는 내부적으로 html 문법에 따라 URL이나 **책갈피**(bookmark, **북마크**) 이름을 태그(tag)로 달아 두었기 때문에 바로가기가 실행되는 것이지요. 웹페이지 내부의 특정 위치(또는 특정 항목)에는 별도의 주소(URL) 같은 것이 없으므로, 책갈피를 꽂아 두고 해당 책갈피 이름을 바로가기 주소로 사용합니다. 책갈피 이름은 간단한 규칙을 지켜 작명하면 됩니다. 특정 웹페이지의 URL과 더불어 그 내부의 책갈피 이름까지 꼬리표로 달아 두었을 경우에는 해당 웹페이지를 열고 내부의 책갈피의 위치에까지 바로가기해 갑니다.

인터넷 사용 이력과 비례하여 웹브라우저에 저장해 두는 즐겨찾기의 항목은 부지기수로 늘어나기 마련입니다. “아이디 및 비밀번호의 관리” 기능에 대해서는 잠시 접어 두기로 하고…, 하이퍼링크(링크, 바로가기) 기능만을 적용한 개인용 포털 페이지(.html 파일)를 그림11과 같이 단순하게 만들어 사용한다 해도 “웹써핑·웹생활”이 달라집니다.

그림11 첫째 줄의 “쇼핑” 항목을 클릭하면, 아래로 이동해 가서 이 웹페이지(“홍길동의 포털 페이지”) 내의 쇼핑 사이트들을 모아 놓은 “쇼핑” 난으로 이동하며, “검색&포털” 난의 “네이버”를 클릭하면 네이버의 홈페이지가 ‘새 창으로’ 열리는 식입니다.

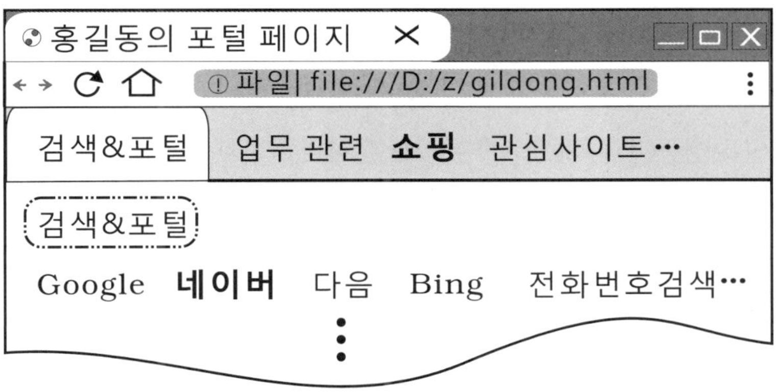

그림11. 개인용 포털 페이지의 예

여기까지는 웹브라우저의 ‘즐겨찾기’나 ‘(바로가기) 페이지 모음’ 등과 유사하게 작동하지만, 웹브라우저의 그것보다 디자인과 관리를 보다 자유롭고 체계적으로 할 수 있다는 점에서 차이가 있습니다. 검색하고자 하는 대상과 목적에 적합한 검색 사이트를 그때그때 선택적으로 사용할 수 있으며, 무엇보다도 “개인용 포털 페이지(.html 파일)”의 체중이 몇 백 K바이트 정도의 모스퀴토(모기)급에 지나지 않으므로, 이를 ‘홈 페이지’나 ‘시작 페이지’로 설정해 두면 인터넷을 시작할 때 웹브라우저(웹페이지)가 번개 같이 열린다는 점이 또한 거부할 수 없는 매력입니다. 그리고 웹사이트의 주소 검색으로 시간을 낭비할 일이 거의 없어집니다 — 허구한 날 검색 사이트를 검색하는 현명한? 짓은 하지 않게 됩니다. 게다가 이후 "**아이디 및 비밀번호 관리**" 기능까지 추가하게 되면 금상첨화.

아래 글은 웹페이지 작성에서 하이퍼링크 등의 태그를 붙이는 요령을 설명합니다. 이미 웹 에디터 사용 경험이 있는 독자들은 *p. 220*의 '**아이디 사용 요령**' 항으로 건너뛰기 하실 것을 권합니다.

내 포털 페이지를 작성해 보기에 앞서, 윈도우에서 파일 확장자가 표시되도록 설정을 해 두는 것이 좋습니다. 윈도우는 기본적으로 '파일 확장자 숨기기'로 설정되어 있습니다만, 이는 보안을 위해서도 바람직하지 않습니다. 가령 '파일 확장자 숨기기'로 설정되어 있는 상태에서 'samples.docx'라는 파일은 샘플(견본)을 소개하는 워드 문서로 보이기 마련입니다. 그러나 '파일 확장자 표시하기'로 설정되어 있다면 해당 파일이 워드 문서가 아니라 'samples.docx.exe'라는 실행 파일임을 알아보게 됩니다. 이 같은 파일명이라면 십중팔구 악성코드(malwares)입니다. '파일 확장자 표시하기'로 설정하는 방법은 윈도우 탐색기, 제어판, 레지스트리 편집 등을 통하여 가능하겠습니다만, 아래는 제어판을 이용하는 방법입니다.

제어판 〉 모양 및 개인 설정 〉 폴더 옵션 (또는 **파일 탐색기 옵션**): **[보기]** 탭을 선택하고 아래의 **고급 설정: 파일 및 폴더: □알려진 파일 형식의 파일 확장명 숨기기** 옵션의 체크를 해제하고, **[적용]** 및 **[확인]**을 클릭하면 됩니다.

내 포털 페이지 작성 예제의 첫 단계를 요약하면 다음과 같습니다. 워드나 (한컴)한글로 새 문서를 열어서 구글 네이버 다음 등 검색·포털 사이트의 이름들을 타이핑합니다. 그리고 사이트 이름마다 실제 URL을 태그로

붙여서 하이퍼링크 표지로 만들고, 작성된 문서를 ".html" 파일로 저장하는 것입니다. 이후 이 html 파일을 더블 클릭하여 웹브라우저로 열고, 웹사이트의 이름(표지)들을 클릭하면 해당 웹사이트(웹페이지)가 열리게 됩니다. 시작해 보기로 합니다.

참고로, 웹브라우저로 임의의 사이트에 접속한 다음, F12 키를 누르면 웹페이지 한쪽 편에 '개발자 도구' 창이 열리고, 크롬의 경우 해당 창의 **[Elements]** 탭을 선택하면, 해당 웹페이지의 html 코딩 내용을 직접 볼 수 있습니다. 그리고 F12 키를 다시 누르면 '개발자 도구' 창이 닫힙니다.

보고 있는 웹페이지를 나중에 오프라인에서 다시 보기를 원한다면 웹페이지를 ".html" 파일이나 ".pdf" 파일로 PC에 저장해 두면 됩니다. 마우스 오른쪽 버튼이 듣지 않는다고요? 단축키는 뒀다 엇다 쓰시게!? 😜 html 파일로 저장하려면 'Ctrl + s', pdf 파일로 저장하려면 'Ctrl + p'. 그리고 저장하면 끝. "Ctrl + s"로 웹페이지를 저장하면 ".html"을 확장자로 하는 "*.html" 파일과 "*.files"라는 이름의 부속 폴더가 한 세트로 저장됩니다. html 파일은 텍스트 파일이므로 윈도우의 메모장이나 기타 에디터로 열어서 내용을 볼 수 있습니다. **내 포털 페이지** 역시 웹페이지의 하나이므로 그러한 형태와 구성으로 작성되어집니다.

먼저 (Ms)워드로 **내 포털 페이지** 만들기의 첫 단계를 작성해 보기로 하고 이어서 (한컴)한글로도 같은 작업을 해 보기로 합니다.

워드에서 파일 '**열기**'를 실행하면 열리는 창의 "**파일 이름**(N)" 입력 난 옆으로 "**모든 Word 문서** (*.docx; *.docm; *.dotx;*.dotm; *doc; *.dot; ***.htm**; ***.html**; ……)"라는 파일 확장자 나열을 보게 됩니다{※ 마우스 포인터를 '드롭다운 표시(▼)'에 가져 가거나 클릭하면 지원하는 확장자 종류를 모두 볼 수 있습니다}. "**모든 Word 문서**" 난은 워드 자신의 문서에 해당하는 파일 확장자들에 대한 정의라 하겠습니다. 파일 확장자 리스트에서 "***.htm**; ***.html**"이 포함되어 있음을 확인 할 수 있으며, 이는 html 파일을 워드 자신의 문서로 공언(公言)하고 있음을 뜻합니다. 즉, **워드는 워드 프로세서**이자 **위지윅**(WYSIWYG) **방식의 웹 에디터**이기도 한 것입니다.

구글: https://www.google.com {※ 이하, "http(s)://"는 생략합니다.}

네이버: www.naver.com	네이버·사전: dic.naver.com
다음: www.daum.net	빙: www.bing.com
Youtube: www.youtube.com	신문@가게: www.newspaper.co.kr

이상은 아래 예제에 사용할 검색 사이트의 이름과 해당 사이트의 주소(URL)들입니다.

워드에서 '새 문서'를 열어서 "myportal"이라는 파일 이름으로 저장합니다(※ 파일 확장자는 ".docx" 또는 ".doc"). 그리고 myportal 문서에 "구글"이라 쓰고 그것을 선택한 다음, 단축키 'Ctrl + k'를 누릅니다(또는 '삽입 리본메뉴'에서 **링크** 도구모음 중의 '**하이퍼링크**'를 클릭). 그리하면 **[하이퍼링크 삽입**] 창이 열립니다.

<u>구글</u>

창 아래의 '**주소(E):**' 난에 위 구글의 URL을 입력합니다. 그리고 창 오른쪽의 **{대상 프레임(G)…}** 버튼을 클릭하여 **[대상 프레임 설정]** 창을 연 다음, "**문서를 나타낼 프레임을 선택하십시오(S).**" 난의 "**새 창**"을 선택하고 "**모든 하이퍼링크에 기본값으로 설정(D)**" 옵션을 체크(선택)해 둡니다. **{확인}** 버튼을 눌러서 창들을 다 닫고 나면, "구글"이 청색으로 바뀌고 밑줄이 표

시되어 있을 것입니다. 이 같은 표시는 "구글"이라는 표지에 **링크**(또는 **하이퍼링크**)의 태그가 걸려 있음을 의미합니다. 클릭하면 거기로 이동해 가는. "구글"이 링크 표지가 된 것입니다.

일반적으로 오피스 프로그램류에서 URL을 입력할 때,
"http(s)://"는 생략하고 "www.google.com"만 입력해도
자동으로 "httpS://www.google.com"으로 보완 입력되기 마련입니다.

이때 주의할 점이 있습니다. 나중에 관련 글(☞ *p. 250*)에서 "http"와 "httpS"의 다른 점에 대하여 자세히 설명하게 되겠습니다만, "http"에 비해 보안이 강화된 "httpS"는 2011년부터 사용되기 시작했습니다. 그러나 사용이 보편화된 것은 2018년 이후라고 할 수 있습니다. 따라서 2018년 이전에 나온 구버전의 워드 프로세서(워드나 한글 등)에서는 "httpS://…"와 같이 입력했을 때 (해당 버전의 프로그램이 이해하지 못하는) "S"로 인해 제대로 URL 입력이 되지 않는 경우가 발생할 수 있습니다.
그런 경우에는 "www.google.com"으로만 입력하는 것이 속 편합니다. 또는 "httpS…" 대신 "http…"로 입력하면 됩니다. 그리해도 웹브라우저가 알아서 대응하기 마련입니다. 그리고 "**네이버사전**: dic.naver.com"과 같이 3 그룹 이상의 문자열로 구성되어 있으면서 "www."로 시작하지 않는 URL은 "http://dic.naver.com"과 같이 생략 없이 전부 입력하는 것이 오류를 피하는 방법입니다. 일단 **내 포털 페이지** 작성 요령을 익힌 이후 실제 웹사이트들의 URL을 입력할 때에는 해당 웹페이지의 주소(URL 표시)난에서 복사하여 붙여넣기를 하면 되므로 번거로울 것이 없습니다.

마찬가지 요령으로 위 5 개의 사이트에 대한 링크를 완성하도록 합니다. 그리하면 아래와 같이 될 것입니다.

구글 네이버 네이버·사전 다음 빙

Youtube 신문@가게(신문·잡지·방송·종합검색)

한데, 다수의 웹 사이트를 수록한 이후에는 링크 표지임을 의미하는 밑줄이 눈에 거슬리게 되므로 없애는 것이 좋습니다. 그 방법은 다음과 같습니다. (아무것도 선택하지 않은 상태에서 그냥) “Ctrl + Shift + Alt + s” 키를 누릅니다{또는 ‘**홈** 리본메뉴’가 선택된 상태에서 아래 **스타일** 도구의 창 열기 표시(↘)를 클릭합니다}. 그리하여 열린 [**스타일**] 창에서 아래로 스크롤 해 가서 “**하이퍼링크**”를 찾아 **마우스 오른쪽 버튼**으로 클릭합니다. 그리고 후속 메뉴 중 “**수정(M…)**”을 선택합니다. 그리하여 열린 [**스타일 수정**] 창에서 ‘**속성**’ 난의 “**이름:**” 항이 “**하이퍼링크**”임을 확인한 다음, **서식 난**의 **글꼴 탭** 중에서 **밑줄**이 표시되어 있는 탭(“가”)을 클릭하여 밑줄을 해제하도록 합니다. 이때 [**스타일 수정**] 창 하단의 **옵션** 중 “**이 문서만**” 항이 선택되어 있도록 하면 다른 문서에는 영향이 없도록 할 수 있습니다. 그리하고 {**확인**} 버튼을 눌러서 창을 닫고 나면 하이퍼링크를 의미하는 밑줄들이 모두 제거되어 있을 것입니다. 아울러 이후 이 워드 문서의 모든 ‘하이퍼링크’ 표지에는 밑줄이 표시되지 않게 됩니다.

위 설명이 부족하거나 사용하는 워드의 버전이 달라서 설명과 다른 점이 있거나 할 때에는 프로그램의 도움말 검색(F1)이나, 또는 “워드에 하이퍼링크 삽입하는 방법”이라든지 “워드 하이퍼링크 스타일 편집 수정하는 방법”을 검색어로 한 웹검색을 통해 부족함을 보완할 수 있을 것입니다.

이상과 같은 방법으로 작성된 워드 문서에 “**내 포털 페이지**”라는 제목을 추가 하고, 아울러 세련된 모양으로 가다듬도록 합니다.

내 포털 페이지
포털/검색: 구글　네이버 네이버·사전　다음　빙
Youtube　신문@가게(신문·잡지·방송·종합검색)

그리고 (Ctrl + s 키를 눌러서) 워드 문서를 일단 저장합니다. 이어서 F12 키를 눌러서 [**다른 이름으로 저장**(A)] 창을 열고 ‘**파일 형식**(T)’을 “**웹 페이지**(*.htm, *.html)”로 하여 저장합니다. 그리하면 “myportal.html” 파일과 “myportal.files” 폴더가 생성될 것입니다. “myportal.html” 파일과 부속 “myportal.files” 폴더는 한 세트를 이루는 불가분(不可分)의 관계이므로 항상 같은 폴더 내에 저장되어야 합니다. “myportal.html” 파일을 (더블 클릭하여) 실행하면 사용하고 있는 웹 브라우저가 실행되며 “myportal.html” 파일이, **내 포털 페이지**가, 열립니다. 내 포털 페이지의 링크 표지 항목들(구글, 네이버, 네이버·사전, 다음, 빙…)을 일단 클릭해 보도록 합니다. 해당 웹사이트가 ‘새 창’으로 열리는 것을 확인할 수 있을 것입니다. 그러므로 해당 사이트(웹페이지)를 닫아도 “myportal.html” 페이지는 여전히 열려 있게 됩니다. 그리하여 원하는 포털이나 검색 사이트 이곳저곳에 편리하게 접속할 수 있게 됩니다.

이후부터는 워드로 (“myportal.doc” 또는 “myportal.docx” 파일을 여는 대신) “myportal.html” 파일을 직접 열어서 수정·편집해도 무방합니다. 워드는 위지웍을 지원하는 웹 에디터이기도 하기 때문입니다. 그리고 “Ctrl

+ s" 키를 눌러 (같은 이름으로) 저장하면 끝.

한컴 '한글'을 사용하지 않는 독자께서는 < *p. 216,* **내 포털 페이지 예시**> 항으로 건너뛰어도 무방합니다.

한컴의 한글로 내 포털 페이지 만드는 요령

한글에서 '새 문서'를 열어서 "myportal.hwp"이라는 파일 이름으로 저장합니다. "네이버"라 쓰고 그것을 선택한 다음, 단축키 'Ctrl + k, h'를 누릅니다. 그리하면 [**하이퍼링크**] 창이 열릴 것입니다. ([**하이퍼링크**] 창의) '**연결 종류(C):**'난은 '**웹 주소**'를 선택하고 그 아래 '**연결 대상(F):**' 난에 네이버의 URL("www.naver.com")을 타이핑합니다. 그리고 창 아래의 '**연결 문서**' 난의 옵션 중 '◉ 새 창으로(W)'를 선택해 둡니다. 그리고 상단 오른쪽의 **{넣기(D)}** 버튼을 눌러 창을 닫으면 됩니다.

네이버

마찬가지 요령으로 아래와 같이 나머지 사이트들에 대한 표지화(링크 태그 달기) 작업을 완성하도록 합니다.

구글	네이버	네이버·사전	다음	빙
신문@가게(신문·잡지·방송·종합검색)				

내 포털 페이지 작성이 끝나면, (Alt + s 키로) "myportal.hwp" 파일을 일단 저장해 둔 다음, 'Alt + v' 키를 눌러 [**다른 이름으로 저장하기**] 창을 열어서 파일의 종류를 '**인터넷 문서** (*.htm; *.html; *.asp; *.php)'로

선택하면 파일명의 확장자가 자동으로 ".htm"으로 바뀝니다. 그리하여 저장하면, [**인터넷 문서 종류**] 창을 제시(pop-up)하여 '문자 코드'를 무엇으로 할 것인지를 물어 올 것인데, 이 때 '유니코드(UTF-8)'를 선택하면 무난합니다.

한글에서 링크(URL) 태그가 붙여진 표지의 밑줄을 없애는 방법은 다음과 같습니다. 'Alt + k, u'키를 눌러서 [**환경 설정**] 창을 연 다음, **{기타}** 탭을 누릅니다. 그리하면 '**하이퍼링크 글자**' 서식을 설정하는 난을 보게 될 것입니다. 해당 난에서 '밑줄(U)' 항의 ✔표시를 해제하고 오른쪽 상단의 **{설정}** 버튼을 누르면 됩니다. 한데, 이전에 이미 입력되어 있는 하이퍼링크 항목에는 영향을 미치지 않으며, 이후부터 새로이 입력하는 항목에만 효력을 가집니다. 이 점에 유의하여 밑줄 표시 여부를 먼저 설정해 두고 링크 항목을 입력하는 식으로 작성해 나가야 합니다. 이를테면 다시 밑줄을 표시하도록 설정하고 하이퍼링크 항목을 입력하면 (이미 입력한 하이퍼링크 항목들은 이전의 설정 그대로 밑줄이 없는 상태를 유지하며) 새로이 입력하는 링크 항목에는 밑줄이 붙는 식입니다.

'한글'로 **내 포털 페이지**를 작성할 때에는 유의해야 할 점이 있습니다. 한글은 html 파일을 자신의 문서 파일로 간주하지 않는다는 점입니다. (Alt + o 키로) 파일 '**열기**(불러오기)' 창을 열어서 확인할 수 있습니다. 한글이 명시하고 있는 '한글 문서' 형식에 html 파일은 들어 있지 않습니다. html 파일에 대하여 한글은 오로지 '인터넷 문서' 형식으로 간주하고 있습니다. 그러므로 한글에서 html 파일을 불러오거나 html 파일로 내보내기를 하면 '한글 문서' ↔ 'html 파일'로의 변환(번역) 과정을 거치게 되며, 따라서 변환 과정에서 어쩔 수 없이 발생하게 되는 잡다한 훼손이나 오류의 가능성이 잠재하게 됩니다. 사정이 그러하니, **내 포털 페이지** 작성에 (한컴)한글을 사용한다면 항상 원본 한글 문서(.hwp, .hwpx)를 보존해야 하며, 내용 추가나 수정·편집이 필요할 때에도 항상 원본 한글 문서를 열어서 작업을 해야 합니다. 그리고 작업이 끝나면 그때마다 [**다른 이름으로 저장하기**]로 html 파일을 생성하여 사용하는 것이 바람직합니다. 😁😁.

내 포털 페이지 예시 👀 (✍ *p. 214*에서의 건너뛰기 도착지)

이쯤에서 흔히 공문서 작성 요령에 본보기로 등장하는 "홍길동"님의 **내 포털 페이지**를 잠깐 눈요기하기로 합니다. 홍길동님의 **내 포털 페이지**는 다음과 같이 시작됩니다(그림12).

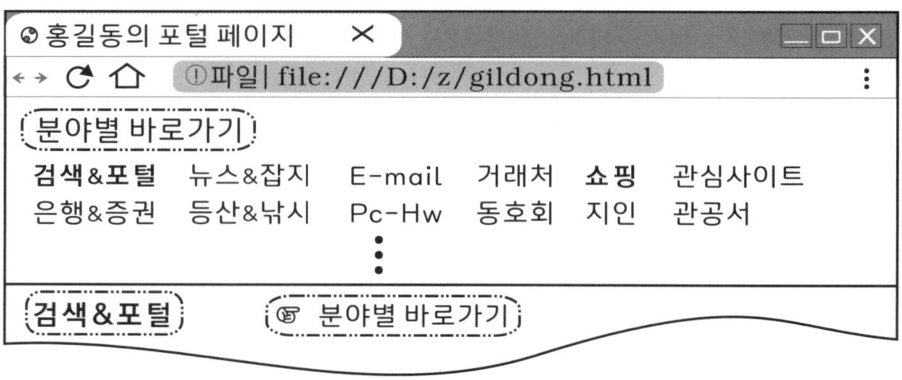

그림12. 홍길동님의 포털 페이지 – 첫머리

웹페이지 주소 난의 URL이 "file:///D:…"로 시작하는 것은 해당 웹페이지 파일이 인터넷(http://)에 있는 것이 아니라 홍길동님 PC의 D 드라이브에 있음을 의미합니다.

분야별 바로가기 난에서 '**검색&포털**' 항목(표지)을 마우스로 클릭하면 아래 **검색&포털** 난으로, 그리고 **검색&포털** 난에서 ☞ 분야별 바로가기를 클릭하면 '포털 페이지' 첫머리에 위치하는 분야별 바로가기 난으로 이동해 가게 됩니다. 분야별 바로가기 난에서 '**쇼핑**' 항목을 클릭하면 '포털 페이지' 아래 어디쯤의 '**쇼핑**(☞ *p.220*, 표 2)' 난으로 가게 됩니다.

책갈피를 이용한 문서 내 바로가기

웹페이지는, 책의 페이지와는 달리, 스크롤이 가능해서 페이지의 세로 크기에 제한이 없습니다. 워드나 한글에서 여러 페이지에 달하는 문서를 (다른 이름 저장하기로) html 파일로 저장하면, 저장 시 별도의 페이지 분할 옵션을 설정하지 않는 한, 하나의 웹페이지로 변환됩니다. 그래서 아래로 길게 스크롤하여 이동해 가며 페이지 내에서 내용 전부를 볼 수 있습니다.

책이나 문서는 흔히 수록된 전체 내용을 한눈에 살필 수 있도록 차례나 목차 같은 것으로 시작됩니다. 웹페이지에서는 그러한 차례나 목차의 항목을 링크 표지로 만들어, 클릭하면 본문 중의 해당 항목의 위치로 바로가기가 되도록 합니다. 웹페이지 내부에서 그와 같은 바로가기가 되도록 하기 위해서는 먼저 목적지에 **책갈피**(**북마크**)를 꽂아 위치 표시를 해 두어야 합니다.

책갈피(**북마크**)를 꽂아 두는 방법은 이렇습니다. 목적지의 적절한 곳에 커서를 위치시키거나 또는 해당 글귀나 그림 등을 선택한 다음, **삽입**(또는 **입력**) (리본)메뉴가 선택된 상태에서 **링크** 도구모음 중 **책갈피**를 선택함으로써 **[책갈피]** 창을 열고, 거기에 책갈피 이름을 쓰고 **{추가** (또는 **넣기**)**}** 버튼을 누르면 해당 이름의 책갈피가 꽂히게 됩니다. 이때 책갈피 이름에는 공백(스페이스)과 특수 문자 사용이 금지되며, 첫 글자는 숫자가 아닌 문자로 시작되어야 합니다. 단어와 단어 사이를 구분하기 위하여 스페이스 대신 밑줄문자(_)를 사용하는 것이 허용됩니다. 이러한 규칙은 컴퓨터 프로그래밍 언어의 변수이름에 적용되는 규칙에서 유래된 것입니다.

'**책갈피** 꽂아 두기' 및 관련 **링크 표지** 만들기 예제입니다. 워드나 한글에서 새 문서를 만들고 제1 페이지의 시작 부분에 "항목_출발지"라고 타이핑해 둡니다. 그리고 제2 페이지 시작 부분에 "제2 페이지"를 타이핑하여 페이지를 표시해 놓습니다. 마찬가지로 제3, 4 페이지에도 그리해 둡니다. 제4 페이지의 적절한 곳에 "항목_목적지"라고 타이핑해 둡니다. 워드에서 제4 페이지의 "항목_목적지"라는 문자열을 선택한 다음, **삽입** 리본 메뉴의 **링크** 도구모음 중 **책갈피**를 클릭합니다. 그리하여 팝업 된 **[책갈피]** 창의 책갈피 이름 입력 난에 "항목_목적지_책갈피"라 타이핑하고 **{추가}**를 클릭합니다. 한글에서는 단축키 'Ctrl + K,B'나 또는 **입력** (리본)메뉴의 **책갈피** 도구로 **[책갈피]** 창을 열고, 책갈피 이름 입력 난에 "항목_목적지_책갈피"를 타이핑한 다음 **{넣기}** 버튼을 클릭하면 됩니다. 마찬가지 요령으로 제1 페이지의 "항목_출발지"에는 "항목_출발지_책갈피"라는 책갈피를 꽂아 두도록 합니다.

하이퍼링크 표지 만들기입니다. "항목_출발지"라는 문자열을 선택한 다음, 단축키 'Ctrl + K (워드)'나 'Ctrl + K,H (한글)'로 **[하이퍼링크 삽입]** 창을 엽니다. 워드에서는 창 왼쪽의 '**연결 대상:**' 난에서 '**현재 문서**'를 선택합니다. 한글에서는 '**연결 종류: 한글문서**' 및 '**연결 대상: [현재 문서]**'로 되어 있는지를 확인해 둡니다. 그리하면 오른쪽의 선택 창에는 앞서 꽂아 둔 "항목_목적지_책갈피"와 "항목_출발지_책갈피"라는 두 책갈피가 나열되어 있을 것입니다. 그중에서 "항목_목적지_책갈피"를 선택하고 **{확인}** 또는 **{넣기}**를 클릭하면 되는데, 워드에서는 그 전에 **{대상 프레임}** 버튼을 클릭하여 "**문서를 나타낼 프레임을 선택하십시오**" 난에 '**같은 프레임**'을 선택해 두도록 합니다. 그리고 (현재 작성 중인 “myportal.doc/hwp” 문서의) 제4 페이지로 이동하여 “항목_목적지”라는 문자열을 선택한 다음, 마찬가지 요령으로 바로가기(하이퍼링크)의 목적지로 “항목_출발지_책갈피”라는 책갈피를 설정해 둡니다. 이 같은 (하이퍼)링크 태그를 달기 위해 표지 대상(그림, 문자열 등)을 선택해 두는 범위는 나중에 해당 html 파일을 웹브라우저로 열고 마우스 포인터를 가져갔을 때 마우스 포인터가 ‘클릭 아이콘()’으로 변하게 되는 범위와 일치하는 것이므로 이에 유의하도록 합니다.

이상의 작업이 끝나면 ‘다른 이름으로 저장’ 하기로 하여 웹페이지(.html) 파일로 저장합니다. 그리한 다음, 해당 html 파일을 열면 문서의 1 ~ 4 페이지가 모두 한 웹페이지에 게재되어 있음을 보게 될 것입니다. 이어서 하이퍼링크를 시험해 보도록 합니다. “항목_출발지”라는 문자열 표지에 마우스 포인터를 가져가면 포인터가 ‘클릭 아이콘()’으로 변하게 되고, 클릭하면 페이지 아래의 “항목_목적지”로 이동해 갈 것입니다. 이어 “항목_목적지”라는 문자열 표지를 클릭하면 “항목_출발지”로 되돌아 가게 될 것입니다.

사용하는 ‘워드’나 ‘한글’의 버전에 따라서는 위 설명과 다소 다른 점들이 있을 수 있으며, 버그(bug, 오류)가 없는 소프트웨어란 없는 법이므로 예상치 못한 어려움을 경험할 수도 있습니다. 한글윈도우 7에서 실제 시험해 보니 ‘한글 2014’ 버전에서는 책갈피 삽입에 약간의 문제가 있었습니다. 그러나 두세 차례 거듭해서 동일한 책갈피 삽입 과정을 되풀이하니 정상적인 결과를 얻을 수 있었습니다. 컴퓨터 프로그램 사용 중 이 같은 상황은 비일비재한 것이므로 그때마다 당혹스러워 할 것은 없습니다. 프로그램의 도움말이나 웹검색 등을 통해서 얼마든지 피해 가거나 해결이 가능한 문제이기 때문입니다. 4차 산업혁명, 이 새 판에서의 원만한 생존을 위해서는 이러한 문제에 대한 해결 요령에 익숙해질 필요가 있기도 합니다.

아이디 사용 요령 (p. 208에서의 건너뛰기 도착지)

아래 '**쇼핑**(표2)' 난은 위 홍길동님의 **내 포털 페이지**(*p. 216*, 그림12)의 (분야별 바로가기) 난에서 '**쇼핑**' 항목을 클릭한 결과 이동해 온 것입니다 .

워드나 한글에서 표 작성 요령에 익숙하다면 표2(**쇼핑**)에서 보듯 표 서식을 이용할 수도 있습니다. 국내의 경우에는 문서에 표 사용하기를 즐기는 편입니다만, 서양은 그렇지 않습니다. 윈도우의 보조프로그램 중 하나인 워드패드에 표 작성 기능이 아예 없는 이유입니다. 표 서식의 사용 여부는 문서를 작성하는 이의 취향일 뿐입니다. 표를 사용하지 않고도 탭 등, 워드프로세서의 일반 서식만으로도 표에 뒤지지 않는 일목요연한 시각적 효과를 어렵지 않게 낼 수 있음입니다.

쇼핑 (☞ 분야별 바로가기)			
사이트명	iD	비밀번호	비고
Gmarket	2	니4%대	
11번가	2	대룽$	
옥션	2h	룽6^크	
쿠팡	1korea@naver.com	크#탱7&	naver: m이%라

표2. 홍길동님의 포털 페이지: 쇼핑 난의 iD 및 비밀번호 표시

표2(**쇼핑**)의 iD 항의 표시 내용에 대하여 설명하자면 이렇습니다. iD 항의 숫자 1은 *gd*hong을 뜻합니다. 쿠팡은 아이디 대신 이메일 주소를 사용하는 웹사이트입니다. 그러므로 "1korea@naver.com"은 아이디 1에 해

당하는 "*gd*hong"에 아이디 중복을 피하기 위해 "korea"가 더해진 "*gd*hongkorea@naver.com"을 의미합니다.

(iD 항의) 숫자 2는 meganeura, 숫자 3과 4는 표2에 그 예가 없습니다만, 3은 nanani, 4는 nanani*bee*를 뜻합니다. 이처럼 홍길동님은 웹사이트의 성격에 따라 4종류의 아이디를 사용합니다. 그리고 **내 포털 페이지**에는 (표2에서 보듯) iD 항에 실제 아이디 대신 암호용 숫자로 표시해 둡니다.

아이디 사용 기준은 다음과 같습니다. 첫째, 비즈니스용 웹메일과 같이 실명을 쉽게 떠올릴 수 있는 아이디를 사용하는 것이 바람직한 웹사이트에는 "*gd*hong"이라는 아이디를 사용합니다.

둘째, 실명을 연상하게 하는 아이디를 사용할 것까지는 없는 웹사이트에는 "meganeura"라는 아이디를 사용합니다. meganeura(메가네우라)는 3억 년 전 지구에 번성했었던 거대 잠자리입니다. 이 아이디를 사용하는 사람이 흔치 않으므로 아이디 중복을 염려하지 않아도 되는 편리함이 있습니다. 그럼에도 불구하고 아이디 중복이 발생할 경우에는 다음과 같은 요령을 사용합니다. 표2의 옥션 사이트에 표시되어 있는 "2h"라는 아이디는 아이디 중복을 피해 meganeura + *h*로 하여 "meganeura*h*"라는 아이디를 사용함을 의미합니다.

셋째, ("http**S**"가 아닌) "http"를 사용하는 사이트이거나, 대개의 변두리 웹사이트에는 "nanani" 또는 "nanani*bee*"라는 아이디를 사용하는데 "nanani(나나니)"로 해서 아이디 중복이 발생하면 "nanani*bee*(나나니벌)"로 대신하는 식입니다. 그리고 가능하다면 본명 대신 "나나니"라는 익명을 사용합니다. 실명이나 실제 개인정보를 사용할 필요가 없는 웹사이트에는 익명과 가짜 개인정보 사용을 원칙으로 합니다. 그리고 관련 참고 사항을 (**내 포털 페이지**의) 비고란에 메모해 둡니다.

nanani(나나니)는 시골에서 자란 친구라면 흔히 보았을 '나나니벌'을 뜻합니다. "나나니~", "나나니~"하고 중얼거려 대는, 허리가 가늘고 길어서 벌 같이 보이지 않는 벌입니다. 이 친구 알고 보면 여러모로 개성이 강하여 예로부터 간간이 인구에 회자되곤 해 온 곤충이지요.

이처럼 웹사이트의 신뢰도에 따라 몇 가지 아이디를 구분하여 사용하고, 또한 변두리 웹사이트에는 개인정보를 통해 짐작해 낼 수는 없는 아이디를 사용하는 것은 **크리덴셜 스터핑**(Credential Stuffing ☞ *p. 195*)이나 **지능형 지속 공격**(APT: advanced persistent threat ☞ *p. 242*) 등의 해킹 공격을 피하는 데 있어서 적지 않은 도움이 됩니다. 가령 보안에 대한 투자가 변변치 않은 변두리 웹사이트들에서 크리덴셜이나 그 밖의 개인정보가 무더기로 유출된들 걱정할 것이 없음입니다.

비밀번호를 만드는 요령

쇼핑 ☞ 분야별 바로가기			
사이트명	iD	비밀번호	비고
Gmarket	2	니4%대	
11번가	2	대룽$	
옥션	2h	룽6^크	
쿠팡	1korea@naver.com	크#탱7&	naver: m이%라

표2 복사본. 홍길동님의 포털 페이지: 쇼핑 난의 iD 및 비밀번호 표시

홍길동님은 7개의 단어로 로그인이 필요한 모든 웹사이트의 비밀번호를

만들고 관리합니다. 즉, 7개의 단어만으로 수천 개에 달하는 웹사이트의 비밀번호를 어려움 없이 커버해 냅니다. 7개의 단어는 다음과 같습니다. **니**무라, (**대**금)소바구, 시(**라**)소니, 우(**룽**)시이, (**이**쯔)와마유미, (**크**)기오, 곰(**탱**)이. '비밀번호용 단어'로 사용되는 이들을 이하 '**비번단어**'라 부르기로 합니다(표3).

표2(복사본)의 Gmarket 비밀번호 난의 "니4%대"에서 한글문자 "니", "대"는 "비번단어"를 떠올리게 하는 용도의 **외**자들입니다. 이들 **외**자는 표3의 7개의 비번단어에서 보는 바와 같이 굵은 글씨체로 표시된 **외**글자들에 해당하며, "**비번암호**" 난에도 표기되어 있습니다(이하, 이들 **외**자를 "**비번암호**"라 부르기로 합니다).

비번암호	비번단어	입력비번단어	한타영문	영타영문
니	**니**무라	니무라	slanfk	nimura
대	(**대**금)소바구	소바구	thqkrn	sobagu
라	시(**라**)소니	시소니	tlthsl	sisoni
룽	우(**룽**)시이	우시이	dntldl	wusii
이	(**이**쯔)와마유미	와마유미	dhkakdbal	wamayumi
크	(**크**)기오	기오	rldh	gioh
탱	곰(**탱**)이	곰이	rhadl	gomi

표3. 비밀번호 만들기 테이블

표3의 **비번단어**들에서 괄호 속의 글자들은 해당 비번단어를 입력할 때 제외하여, 실제 입력은 하지 않는 글자입니다. 즉 비번단어 "우(**룽**)시이"는 "우시이"로, "(**이**쯔)와마유미"는 "와마유미"로만 입력하는 것이지요. 이처럼 비번단어의 글자 중에서 실제 비밀번호로 입력하는 글자들을 "**입력비번단어**"라 부르기로 합니다. 숫자와 특수문자(기호)를 제외하면, 비밀번호를

표시하기 위해 홍길동님이 자신의 포털 페이지에 적어 두는 문자(**비번암호**)는 “**니**, **대**, **라**, **룽**, **이**, **크**, **탱**”의 7 글자, 그리고 영문자 “m”이 전부입니다. 영문자 “m” 역시 **비번암호**에 포함하기로 합니다(아래 *p. 228*에서 “m”의 용도에 대한 설명을 하게 됩니다).

이들을 이용하여 비밀번호를 실제 입력하는 방법을 설명하자면 다음과 같습니다(※ 비밀번호 글자 순서에 따라 ①, ②, ③…으로 설명합니다).

표2의 Gmarket의 비밀번호 입력 방법입니다. 비밀번호 “**니**4%대”에서 **비번암호** 중 첫 글자 “니”는 표3에서 보듯 “**니**무라”라는 **입력비번단어**를 뜻하므로 “니” 대신 ① “니무라”를 입력하는데, 실제 타이핑은 다음과 같이 합니다. 키보드 자판의 한/영 선택키(

)를 영문 입력 상태로 해 두고, 한글 자음 “ㄴ(

)”을 누르면 영문자 “s”가 입력되기 마련입니다. 이처럼 “영문 입력 상태”에서 키캡에 인쇄된 한글자모를 보고 한글로 “니무라”를 타이핑 하는 것입니다. 즉, 

로 타이핑합니다. 그리하면 영문 “SLANFK”의 소문자인 “slanfk”가 입력됩니다. 이를 ‘**한타영문**’이라 부르기로 합니다. 이에 반하여 키캡의 영문자를 보고 영어로 타이핑하는 통상적인 영문은 ‘**영타영문**’이라 부르기로 합니다.

“니무라”는 “네가 먹어라”라는 뜻의 경상도 사투리 “니 무라”를 뛰어 쓰기 없이 줄여 만든 것입니다. 형제 중 막내인 홍길동님이 어릴 적에 가장 많이 들었던 말 중의 하나입니다.

② 이어서 "니**4%**대" 중의 "4%"를 타이핑하는데, 숫자와 특수문자(기호)에 대해서는 두 번씩 타이핑하는 것이 홍길동님이 정해 둔 자신만의 규칙입니다. 그래서 "4%"는 "44%%"로 타이핑합니다. 그리고 ③ "니4%**대**" 중의 마지막 글자 "**대**"는 (표3에서 보듯) "(**대**금)소바구"라는 비번단어를 뜻하며, **입력비번단어**는 "(**대**금)"을 제외한 "소바구"입니다. 이 역시 **한타영문**으로 "소바구"를 타이핑합니다. 즉, 

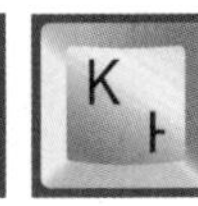

로 타이핑합니다. 그리하면 "THQKRN"의 소문자 "thq-krn"이 입력됩니다.

"소바구"는 다음과 같은 사연을 가진 단어입니다. 홍길동님이 학창 시절 어쩌다 한 번 놀러 간 적이 있는 친구의 집이 '우암리'라는 곳이었는데, 거기서 야밤에 **대**금으로 '청성곡(淸聲曲)'을 멋들어지게 불어 심금을 울리는 이를 만나게 된 것이 계기가 되어 "우암리"는 기억 속에 뚜렷이 새겨진 동네가 되었으며, "소바구"는 그 동네 사람들이 행정 지명 "우암(牛岩)리" 대신 항시 부르던 우리말 동네 이름입니다. 표준말 "바위(岩)"를 경상도 사투리로는 "바우" 또는 드물게 "바구"라고 합니다. 그와 같은 사연으로 인해 홍길동님은 남보란 듯 적어 둔 비밀번호 난의 ("**대**금"을 의미하는) "**대**"자를 보면 절로 "소바구"를 떠올리게 되나, 해커들이 비번암호 "**대**"자를 보고 "소바구"라는 말을 떠올리기란 절대 불가능한 것이 이 같은 비번암호 메커니즘의 핵심 아이디어라 하겠습니다. 전문 용어를 빌리자면 "알고리즘이 없음!"입니다. '**전수조사**'나 '**무작위 대입**' 이외에는 해독 방법이 없습니다. 알고리즘이 없으면 해법 또한 없는 법입니다. 게다가 이 같은 암호 체계는 달리 외우려 애쓸 것이 없음이 자랑입니다. 즉, 홍길동님의 대뇌에는 "대금"과 "소바구"가 하나로 연결되어 있음입니다.

참고로 "**전수조사**(全數調査, Complete Enumeration)"란 대입 가능한 모든 글자를 다 대입해 가며 (통상 순서에 따라) 조사하는 것을 말하며, "**무작위 대입**(Brute force)"이란 전수조사를 순서 없이 무작위로 답이 구해질 때까지 지속하는 것을 뜻합니다. 해킹과 관련하여 사용될 때에는 이 두 가지 용어가 흔히 같은 개념으로 간주됩니다.

이상과 같이 하여 Gmarket의 비밀번호 "니4%대"는 slanfk + 44%% + thqkrn = slanfk44%%thqkrn이 되어, 16자의 '영문 + 숫자 + 특수문자 + 영문'으로 입력됩니다.

11번가의 비밀번호 "대룽$"는 다음과 같습니다. ① "대"는 입력비번단어 "소바구"를 뜻하므로 "thqkrn"이 되고, ② "룽"은 "우(**룽**)시이"라는 비번단어를 뜻하는데, 해당 입력비번단어는 "(**룽**)"자를 뺀 "우시이"입니다. 즉 **한타영문**으로 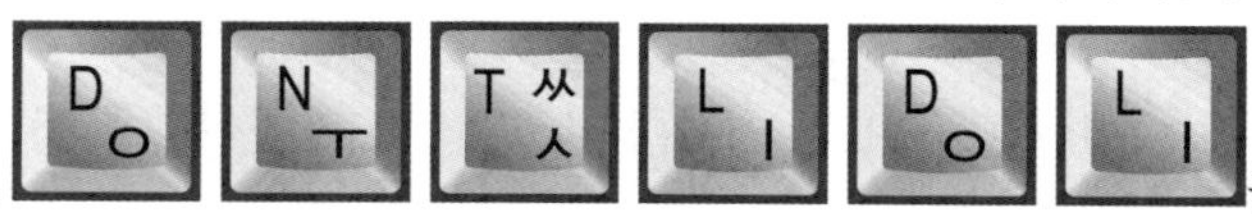

를 타이핑하게 되며, 따라서 실제 입력은 영문 소문자 "dntldl"이 됩니다. "우룽시이"는 "우렁쉥이(멍게)"의 주산지인 경상도 마산 사투리입니다. ③ "$"는 특수문자이므로 "$$"로 두 번 입력합니다. 따라서 "대룽$"은 thqkrn + dntldl + $$ = thqkrndntldl$$이라는 비밀번호가 됩니다.

옥션의 비밀번호 "룽6^크"의 경우입니다. ① "룽"은 이미 설명한 바와 같이 "dntldl"이 되며, 이어서 ② "6^"을 "66^^"으로 타이핑합니다. 그리고 ③ "크"는 "(**크**)기오"라는 비번단어를 뜻하며, 입력비번단어는 "(**크**)"를 제외한 "기오"입니다. 

. 따라서 "RLDH" 키가 눌려지고 영어 소문자 "rldh"가 입력됩니다. 그리하여 dntldl + 66^^ + rldh = dntldl66^^rldh의 비밀번호가 입력됩니다. "(**크**)"가 "기오"의 **비**

번암호가 된 까닭은 다음과 같습니다. 홍길동님의 죽마고우 중 일본으로 유학을 갔던 "박기오"라는 친구가 이후 일본에서 정착하게 되었는데, 그의 일본식 이름이 "바크기오"였습니다. 그의 명함에는 "바쿠기오"라고 일본어로 적혀 있었지만, 발음은 "바크기오"로 하는 식이었지요. 예상치 못한 엉뚱한 일이어서 기억에 남게 되었고, 이후 "크" 자를 보면 그 친구가 먼저 떠오르곤 했습니다. 이상이 "크"가 "기오"를 대신하게 된 까닭입니다.

홍길동님은 쇼핑에 대해서만큼은 충동구매를 경계해서 스스로 스마트폰이나 모바일 기기의 사용을 자제하고 반드시 PC만을 사용하고 있습니다. 화면이 큰 PC의 모니터가 제품 정보 파악에 보다 편리합니다. 키캡에 한글 자모와 영문자가 병기되어 있는 PC의 키보드에서는 **한타영문** 타이핑에 문제될 것이 없어서 "slanfk44%%thqkrn"과 같이 '도무지 말이 되지 않는' 이상한 비밀번호를 입력하는 것이 용이합니다(참고로 비밀번호는 '도무지 말이 되지 않는' 것일수록 바람직합니다. 해킹에는 기본적으로 각종 사전이 사용되기 때문입니다).

그러나, 스마트폰이나 모바일 기기로도 자주 접속하는 웹사이트에서는 그것이 문제가 됩니다. 모바일 기기의 가상키보드(키보드 앱, 소프트웨어 키보드)나 웹사이트의 로그인 창에서 지원하는 동적 가상키보드는 한글 자모와 영문자가 병기된 자판이 아닌 경우가 많기 때문입니다. 그러므로 모바일 환경에서 접속할 일이 잦은 웹사이트의 비밀번호는 키보드 문제를 고려해야 할 필요가 있습니다. 단, "한글 자모와 영문자가 병기"된 키보드의 그림이나 사진을 소지하고 있거나 참조할 수 있는 여건이라면 모바일 기기에서도 **한타영문** 타이핑에 문제가 없겠습니다.

표2에서 이메일 주소로 아이디를 대신하는 쿠팡의 비고 난에 적어 둔

“naver: m이%라”는 네이버의 비밀번호가 “m이%라”임을 의미하는데, “m”은 모바일용 비밀번호라는 뜻의 암호입니다. 따라서 “m이%라”는 다음과 같이 입력하게 됩니다. ① “이”는 “(**이**쯔)와마유미”라는 비번단어를 의미하며 입력비번단어는 “(**이**쯔)”를 제외한 “와마유미”의 **영타영문 타이핑** “wamayumi”입니다. “(**이**쯔)와마유미”는 “이쯔와 마유미”라는 일본 가수의 이름을 비번단어로 만든 것입니다. “(**이**쯔)와마유미”에서 괄호 속에 든 “(**이**쯔)”를 제외하고, 성의 마지막 한 자와 이름 석 자를 더한 “와마유미”를 입력비번단어로 하고 있습니다. “이쯔와 마유미”는 국내에도 노년층 팬이 적지 않은 가수로서 “코이비또요(연인이여)”라는 노래가 유명합니다.

이처럼 성과 이름이 모두 한글 발음으로 2자 이상인 사람 이름은 비밀번호용 단어를 만들기에 안성맞춤입니다. 그러나 주의할 점이 있습니다. 사람 이름, 특히 유명인의 이름일 경우 인명사전이나 위키 사전에 반드시 올라 있습니다. 그러므로 그대로 사용해서는 안되며, 적절한 변형을 거쳐야 합니다. 그리고 그 결과인 입력비번단어를 검색어로 하여 “와마유미 **위키**”와 같은 식의 인터넷 검색을 통해 사용해도 좋을지 검증해 보아야 합니다. 입력비번단어(“와마유미”)를 쉽게 떠올릴 수 있도록 **비번암호**로 “**이**쯔”라고 쓰면 좋을 텐데, 그리하지 않고 “**이**”로 외자를 고수하는 이유는 “**이**쯔”만으로도 (만일의 경우, 홍길동님의 신상 정보를 이미 탈취한) 날고 기는 해커에게는, 특히 홍길동님이 ‘지능형 지속 공격’의 대상이 되고 있는 경우에는, “이쯔와 마유미”를 연상하게 할 염려가 있기 때문입니다.

② 이어서 “m이%라”의 “%%”를 타이핑하고, ③ 마지막 글자 “라”는 “시(라)소니”라는 비번단어의 **비번암호**이며 “(라)”를 제외한 입력비번단어 “시소니”만 **영타영문** “sisoni”로 타이핑합니다. “시라소니”는 유명 인사이므로 설명이 따로 필요 없다 하겠습니다.

그리하여 홍길동님의 네이버 비밀번호는 wamayumi + %% + sisoni = wamayumi%%sisoni로 16자가 됩니다. 참고로 네이버의 경우, 2019년 7월 24일 현재 비밀번호를 16자 이내로 제한하고 있습니다. 비밀번호를 16자로 제한하는 경우라면 이 노구도 일리가 있는 것으로 생각합니다. 비밀번호가 지나치게 길면 외우기도 어려울 뿐만 아니라, 타이핑도 그만큼 까다로워지고 오타 또한 잦아집니다{이는 2008, 9년 무렵부터 흔히 거론되곤 하던 (패스워드를 대신하는) 패스프레이즈(Passphrase)의 사용이 크게 호응을 받지 못했던 이유이기도 합니다}.

비밀번호의 안전성을 확인해 볼 수 있는 웹사이트들이 있습니다.

https://howsecureismypassword.net/

https://password.kaspersky.com/

이들 웹사이트에서 비밀번호의 메커니즘적 안전도와 해킹에 드는 소요시간 등을 확인해 볼 수 있습니다. 시험해 보면, 홍길동님의 비밀번호들은 모두 안전도가 우수함을 확인하게 될 것입니다.

예문에는 사용되지 않았습니다만, “탱”은 “곰(**탱**)이”의 **비번암호**이며, “탱”이 적혀 있을 경우에는 “(**탱**)”을 제외한 입력비번단어 “곰이”를 필요에 따라 **한타영문**으로 “rhadl"를, 또는 **영타영문**으로 “gomi”를 입력합니다. “곰탱이”는 홍길동님이 소싯적에 키웠었던 강아지 이름입니다.

비번단어 활용 요령

이상의 7개 단어를 조합하여 비밀번호를 만드는 홍길동님의 경우, 그것만으로 실제 수천 이상의 웹사이트에서 무리 없이 비밀번호의 사용이 가능하며, 그 이상의 웹사이트도 충분히 커버해 나갈 수 있습니다. 단어와 단어 사이에 끼워 넣는 숫자나 특수문자를 이용하면 비밀번호를 얼마든지 달리 해 나갈 수 있기 때문입니다. 비밀번호는 단 한 자만 달라져도 {그 해시값(☞ *p. 266*)이 완전히 달라지므로, ('사회공학적 공격'이 신통치 않아서) 전수조사나 '무작위 대입 공격' 또는 '레인보우 테이블(Rainbow table ☞ *p. 273*)'을 활용한 공격 등에 의존할 수밖에 없는 상황이라면} 해커의 입장에서는 같은 글자가 단 하나도 없이 완전히 서로 다른 비밀번호나 다름없습니다.

이처럼 **내 포털 페이지**의 비밀번호 비법에서는 숫자나 특수문자를 비밀번호의 개수를 방대하게 늘이는 수단으로 사용합니다. 이는 **비밀번호**를 대신하는 **암호** 격의 단축 글자(**비번암호**)와 함께 숫자나 특수문자를 **적어 두고** 사용하므로 가능한 비법인 것입니다 — 외워서 하라면 못할 짓이지요. 비밀번호에 대문자를 비롯하여 숫자와 특수문자(기호)까지 포함하도록 요구하게 된 것은 해킹에 소요되는 시간을 대폭 늘리기 위한 방편입니다만, 실제에 있어서 그 효과는 기대 이하인 것으로 보입니다. 문제는 컴퓨터가 아니라 사람에 있기 때문입니다. 인간이란 감당하기 어려운 과제를 부과하면 편법을 찾기 마련입니다. 대문자 소문자 특수문자 숫자가 조합된 문자열을 적어 두지 말고 외우라니요?

이 같은 문제를 해소하기 위한 유일한 방법이란 비밀번호를 적어 두고 사용하는 것입니다. 또한 "비밀번호를 적어 두고 사용하기" 위해서는 **비번암호**로 비밀번호 표기를 대신할 수밖에 없으며, 또한 적어 둔 **비번암호**를 보고 제3자가 **입력비번단어**를 추측해 내는 것이 절대 불가능해야 합니다.

이상과 같이 하여 만든 (**비번암호**를 이용하여 비밀번호까지 적어 둔) **내**

포털 페이지는 **남이 보아도 무방**하므로 만일을 위해서라도 아예 프린트해서 잘 보이는 곳에 붙여 두고 사용하는 것이 바람직합니다. 웹사이트의 비밀번호뿐만 아니라 부팅 시에 요구되는 PC의 비밀번호를 비롯하여 윈도우의 비밀번호도 함께 적어 두고 사용해도 무방합니다. 물론 프로그램을 열 때 비밀번호를 요구하는 "시크릿폴더(Secretfolder: 내장 하드디스크나 SDD의 폴더를 숨겨 주는 유틸리티)"와 같은 보안 프로그램의 비밀번호나, 파일의 암호화 압축 시에 필요한 비밀번호, '비밀번호 관리 앱'이나 '비밀번호 관리 서비스 계정'의 **마스터 비밀번호** 등의 관리에도 **내 포털 페이지**를 이용하는 것이 편리함은 두말할 여지가 없습니다. 단, 남 보란 듯 적어 두는 모든 비밀번호는 표2, 표3과 같은 비밀번호 관련 비법을 지킨 것이어야 합니다.

비밀번호 작성 지침의 변화

NIST(미국 표준기술연구소)의 2017년 6월판 <개정 암호 보호 정책 가이드>에는 "암호는 최소 8글자 이상이 권장되지만, 지나치게 길 필요는 없다."라든지 "암호가 유출되었다고 믿을 만한 합리적인 근거가 없는 상황에서 굳이 암호를 새롭게 바꿀 필요는 없다"고 조언하고 있습니다. 최고의 암호 전문가들이 오랜 기간 실제 사람들의 관행과 관련 데이터를 분석해 온 결과가 그리하는 것이 최선임을 입증해 주었기 때문일 것입니다 — 인간은 결코 컴퓨터가 아님을. 물론 수년이 지나면 또다시 "암호는 길수록 좋으니 길게 할 필요가 있다"라든지 "암호가 유출되었든 아니든 암호는 새롭게 자주 바꿀 필요가 있다"는 식으로 다시 바뀐 <개정 암호 보호 정책 가이드>가 제시될 수도, 그렇지 않을 수도 있겠으나, 어쨌거나 2018년 현재까지는 2017년 6월판 <개정 암호 보호 정책 가이드>가 최신의 것입니다.

웹 프로그래머들조차도, 흔히 현관 입구 화분 밑에 열쇠를 숨겨 놓듯, 자신이 사용하는 비밀번호들을 적어 키보드 아래에 숨겨 두곤 한다는 공공연한 사실 역시 같은 이치를 말해 줍니다 — 인간은 결코 컴퓨터가 아님을. 무릇 규칙이 지나치게 까다로우면 어찌해서든 잔머리 굴리게 마련입니다. 그로 인해 죽고 살고는 그 다음 문제일 뿐입니다.

대개의 웹사이트들이 제시하는 비밀번호 작성 요령에는 이미 이야기한 바와 같이 "절대로 비밀번호를 적어서 보관하지 말라"고들 되어 있습니다만, 2018년 9월 현재 구글의 **[안전 센터]**에서 제시하는 "비밀번호 보호" 요령에는 "비밀번호를 쉽게 눈에 띄지 않는 안전한 장소에 보관하세요. 비밀번호를 메모해 두는 것이 반드시 나쁜 생각은 아닙니다. 하지만 비밀번호를 메모한 종이를 컴퓨터나 책상과 같이 눈에 띄는 장소에 두지 마세요."라고 되어 있습니다. 구글의 '매우 조심스러워 보이는' 예의 변화는 그와 같은 사실을 자각했기 때문일 것으로 생각됩니다.

비밀번호 만들기 비법의 요약 ◔◔

이상과 같은, "내 포털 페이지"의 비밀번호 만들기 비법을 요약하자면 다음과 같습니다. 과거 지극히 개인적이고도 인상적인 경험에 의해 저절로 기억되어 있는 말(단어)들을 활용함으로써 굳이 외울 필요가 없어야 하고, 그중에서 사전에는 있을 리 없는 극히 이례적인 단어들만을 선택하고, 그러한 단어들을 활용하되 **입력비번단어**와 **비번암호** 간의 객관적인 연관성을 찾아볼 수 없어야 하는 것이 그 핵심입니다. **비번단어**는 네댓 개로도 대개는 충분합니다. 숫자 및 특수문자와의 조합으로 얼마든지 그 수를 늘려 갈 수 있기 때문에. 그럼에도 "내 포털 페이지"에 **비번암호**를 적어 두고 사용하기 때문에 그 수를 늘리는 데 대한 부담 같은 것은 없습니다.

"사전에는 있을 리 없는 극히 이례적인 단어"들을 찾아내는 요령은 다음과 같습니다. 유명하지 않은 지명의 경우에는 대개 사전에 등재되어 있지 않습니다. 지도에 나오지 않는 지명이면 금상첨화입니다. 사투리 또한 전문성을 띤 '사투리 사전' 등에만 올려져 있습니다. 사투리의 사투리, 또는 변두리 사투리라면 금상첨화일 것입니다. 그리고 위 예에서 보듯 "네가 먹어라"라는 뜻의 경상도 사투리 "니 무라"를 띄어 쓰기 없이 줄여 만든 "니무라"처럼 사투리 문장의 일부를 줄여 즉각 기억해 낼 수 있는 단어로 만드는 것도 효과적인 방법입니다. 그 밖에도 비영어권 외국어의 한국어식 발음의 단어화, 무명 외국인 이름의 한국어식 발음의 단어화, 기억에 남는 사건의 단어화 등의 방법도 효과적입니다.

생각해 보면 누구나 자신의 기억 속에서 이상과 같은 방법에 의해 비밀번호용 단어 네댓 개쯤은 어렵지 않게 찾아낼 수 있습니다. 단 신상이나 사생활 관련 정보, 직장이나 업무 관련 정보와 관련이 있는 말은 배제해야 합니다. 그리고 SNS에 올려진 자료나 이메일의 내용 등 **사회공학적 공격**(Social Engineering Attack ☞ *p. 243*)으로 획득 가능한 사적(私的) 정보로부터 유추해 낼 수 있는 단어나 숫자의 사용은 피해야 합니다. 이를테면 생년월일, 학교 졸업 연도, 결혼 일자(디지털 앨범이나 실제 앨범으로부터 유출될 수 있음), 가족이나 친척의 이름, 지인들의 이름이나 그들의 잘 알려진 별명, 소문난 지병(持病), 자가용 차종과 넘버, 단골 카페나 음식점 이름, 좋아하는 스포츠팀 이름, 운동 선수 이름, 자신의 주민등록등본 및 호적·제적등본에 등재된 주소지 지역명, 직장의 회사명, 직장의 동료나 인기 있는 이성의 이름, 연예인 이름 등등이 그렇습니다.

앞서 언급했듯, 비번단어는 이례적이고 또한 경험을 통해 절로 기억된 것들이어야 합니다. 외자의 **비번암호**를 보고 **비번단어** 및 **비번입력단어**를 떠올리게 되는 것이 조건반사에 가까운 것이어야 합니다. 굳이 외우려 할 필요가 없는. 그리고 처음에는 **두세 단어로 시작**하는 것도 나쁘지 않습니다. 그리고 시간이 지나면서 점차 한 단어씩 추가해 나가면 되는 것이지요. 비번 단어가 네댓 개쯤 되면 단어와 단어 그리고 숫자 및 특수문자 등을 조합함으로써 대개는 큰 불편 없이 비밀번호 걱정할 일이 없는 웹 활동이 가능합니다. 게다가 사용 중인 모든 웹사이트의 비밀번호를 모두 각기 다르게 할 필요도 없습니다. 그것은 "정신 나간 보안 전문가들"의 망발일 뿐이지요.

"**아이디 사용 요령**(☞ *p. 220*)" 난에서 홍길동님은 4가지 아이디를 사용한다고 한 바 있습니다만, 홍길동님은 3과 4의 아이디(nanani, nanani-*bee*)를 사용하는 변두리 웹사이트들에는 모두 한 가지로 동일한 비밀번호를 사용합니다. 비밀번호를 각기 달리해 줄 이유가 없는 사이트들이기 때문입니다. 그리고 1이나 2의 아이디(*gd*hong, meganeura)를 사용하는 웹사이트의 비밀번호는 사고가 없는 한 "6개월"보다는 긴 기간 변경하지 않고 사용하는 편입니다. 그리고 "1, 2의 아이디를 사용하는 웹사이트들"에도 동일한 비밀번호를 사용하는 경우 또한 꽤 됩니다. 달걀 노른자 같이 연약한 뇌수를 필요 이상으로 맷돌질할 필요는 없는 것이라고 생각해서입니다. PC가 키로거(keylogger: ☞ *p. 80*, **키로깅**)에 감염되거나 웹사이트가 해킹을 당하여 개인정보가 유출되는 사고가 나지 않는 이상, 비밀번호의 사용 기간에 좌고우면할 것은 없다고 여기는 것입니다. 한데 PC가 악성코드(키로거 등)에 감염되었다면 비밀번호를 자주 변경한다 해서 해결될 문제도 아닌 것이며, 웹사이트의 DB(데이터베이스)는 웹사이트의 보안 담당자들이 지켜야 할 문제입니다. 물론 그렇다 해도 웬만큼 기간이 경과된 이후에는 만일의 경우를 고려하여 비밀번호를 변경하는 것이 바람직합니다. 어쨌거나 인간이란 정도 이상의 불편이 따르면 오히려 위험을 감수하며 편한 길로 가려 하는 법입니다. 그러므로 안전을 위한답시고 지나치게 일을 번거롭게 해서는 안될 일입니다.

이상의 요령에 따라 제대로 만들어진 비밀번호라면, 적어도 두뇌를 스캔하여 그 속에 들어 있는 생각이나 경험을 구체적으로 읽어 낼 수 있는 시대가 도래하기 전까지는 과민하게 걱정할 것이 없습니다. 이상과 같은 비밀번호 만들기 기법과 함께 **내 포털 페이지**는 실제로 이 노구가 웹 초기부터 현재까지 내내 사용해 온 웹 사용 테크닉입니다. 비밀번호와 관련하여 사용자가 관심을 기울여야 하는 부분은 (자신의 PC가 '스파이 앱' 등의 악성코드에 감염되지 않도록 만전을 기하는 것과 아울러) 안전한 비밀번호를 만들고, 일정 기간이 지나면 그것을 변경해 주고, 접속하는 웹사이트의 URL이 "http"로 시작하는지 또는 "https(☞ *p. 250*)"로 시작하는지 구별하여 차별적으로 대응하고, 그리고 비밀번호를 바르게 타이핑하는 데까지입니다. 그 이후의 비밀번호와 관련한 보안에 대해서는 웹브라우저와 웹사이트가 알아서 대처할 일입니다.

비밀번호 만들기 테이블을 굳이 적어서 보관하려 한다면

건망증이 심한 편이거나 또는 연세가 있으셔서 치매 증세가 염려되는 독자도 없지 않을 것입니다. 물론 그런 유의 증세가 전혀 없는 보통 사람일지라도 지난 제223 페이지의 <표3. 비밀번호 만들기 테이블> 정도는 어딘가에 적어서 보관해 두고 싶은 독자가 없지 않을 것입니다. 물론 자신의 "비밀번호 만들기 테이블" 성격의 메모라면 절대로 노출되어서는 안되는 치명적인 비밀에 해당합니다. 그것이 노출된다면 자신의 비밀번호 전부가 노출되는 것을 의미하니까요. 그러므로 적어도 그것만큼은 적어 두거나 하지 않고 외워서 기억하는 것이 기본이라 하겠습니다만, 사람 일이란 뜻하지 않은 경우가 있을 수 있으므로 만일의 경우를 대비하는 것이 바람직하지 않다고만은 할 수 없겠습니다. 만일의 경우에 대비하여 굳이 그런 메모를 남겨 보관하지 않을 수 없다면 'AES256'이라는 암호화 알고리즘을 지원하는 파일 압축 프로그램을 사용하는 것이 최선입니다. "AES256"을 지원하는 파일 압축 프로그램은 무료로 쉽게 구할 수도 있으며, AES256은 현재까지 알려진 암호화 기법 중에서 가장 안전한 암호화 알고리즘 중 하나에 해당하기 때문입니다. AES256으로 파일을 암호화하여 압축한 다음, 자신의 이메일 계정에 보관해 두는 것도 나쁘지 않은 방법으로 생각됩니다.

파일 압축 프로그램 중 국내에서 가장 많이 사용되고 있는 칠집(7-Zip), 반디집, 알집 등이 모두 AES256을 지원합니다. 이들 중 칠집과 반디집은 개인/기업, 국내/국외 가릴 것 없이 모두 무료로 사용할 수 있습니다. 알집은 국내의 개인에 한해서만 무료입니다. 물론 상용의 유명 파일 압축 프로그램들도 대개는 AES256을 지원합니다.

그림 속에 비밀번호류의 코드를 숨기는 기법을 집요하게 파고들어서 재미 본 작가가 있습니다. 바로 댄 브라운이지요. 그의 소설 '다빈치 코드'나 '인페르노', 또는 그것을 원작으로 한 영화를 보았다면 옛 사람들이 그림 속에 비밀 메시지 숨기기를 즐겼음을 실감했을 것입니다. 그림이나 물건 등에 암호 코드를 숨기는 기법을 '스테가노그래피(Steganography)'라고 합니다. 머리 밑 피부에 문신으로 암호를 새긴 다음, 머리카락을 길러서 숨기는 식의 고사(古事)가 자주 회자되기도 합니다.

참고로 스테가노그래피 기법을 써서 그림 음악 동영상 등의 파일에다 비밀번호를 숨겨 둘 수 있습니다만, 권할 만한 방법이 못됩니다 — 해커들에게는 상식으로 통하는 수법이어서 스테가노그래피가 의심되는 순간, 은닉(隱匿)은 그것으로 끝입니다. 물론 AES256 암호화로 압축한 파일을 스테가노그래피 수법으로 숨겨 두는 것이야 문제될 것이 없겠습니다만, 😩😩.

이중인증과 다중인증

이중인증, 다중인증(MFA: Multi-Factor Authentication)이란 비밀번호를 비롯하여 보안카드나 OTP(One-Time Password, 일회용 비밀번호), 스마트폰 본인 인증, 생체인증, 인증서 인증 등 다양한 인증 수단을 겸하여 사용하는 인증 방식을 뜻합니다.

금전 거래나 중요한 정보 전달 및 교환이 수반되는 웹 서비스에는 안전을 담보하기 위해 이중인증이나 다중인증을 사용할 필요가 있으며, 대개는 웹사이트에서 스마트폰 본인 인증, OTP, 인증서 사용 등의 방법으로 그것을 요구합니다. 사전(事前)에 웹 계정의 사용자 환경설정에서 다중인증 옵션의 선택이 가능한지 살펴보고, 그것이 가능하다면 미리 관련 설정을 해 두어야 할 일이기도 합니다. 성가시게 여겨 가벼이 흘리지 말고, 돌다리도 두드려 보는 신중함이 통한(痛恨)을 남기지 않는 현명함입니다.

근자에 이르러 극도의 편리함만을 앞세우는 고객 쟁탈전이 치열해지면서, 다중인증 수단의 하나로 곁들여야 할 부차적 인증 수단을 비밀번호 대신 사용하는, 인증 수단의 주객 전도 현상이 비일비재해지고 있어서 문제가 되고 있습니다. 이른바 비밀번호를 입력하는 성가심을 싹! 없애 버렸다는 식의 광고를 내건. 그것이 화근이 되는 사례로, 잠깐 스마트폰을 빌려 줬다가 은행 계좌에서 거액이 털렸다는 기사가 회자되기도 합니다. **스마트폰의 문자 인증만으로 이체가 가능한 앱**들이 인기를 끌고 있는 탓입니다. (스마트폰 임자의 비밀번호 및 지문 인증이 이미 되어 있는) 잠깐 빌린 스마트폰에서 스마트폰 임자의 은행 계좌번호만 찾아내면 그 다음은 손바닥 뒤집기입니다.

사후에 아무도 책임지는 이 없다니, 요주의. 혹할 법한 호객 광고에는 반드시 그 민낯을 보는 노력을.

내 포털 페이지를 홈 페이지로

내 포털 페이지 파일(myportal.html)을 웹 브라우저의 '홈 페이지'나 '시작 페이지'로 설정해 두면, 이후 웹 브라우저는 **내 포털 페이지**로 시작하게 됩니다. 크롬(브라우저)의 경우를 예로 하면 방법은 다음과 같습니다.

크롬에서 "**홈 페이지**"는 브라우저 상단 왼쪽의 홈(⌂) 아이콘을 클릭하기만 하면 열리는 페이지를 의미하며, "**시작 페이지**"는 '시작 그룹'에 "특정 페이지 또는 페이지 모음 열기"로 등록된 페이지들을 뜻합니다. 크롬을 실행하면 '시작 그룹'에 등록된 웹페이지들이 모두 열리는 식입니다. 물론 첫 번째 순서로 등록된 웹페이지의 탭이 선택된 상태가 됩니다.

크롬의 "**홈 페이지**" 등록 방법입니다. "myportal.html" 파일을 더블클릭으로 실행했을 때 크롬 브라우저로 열리지 않는다면, 크롬을 실행하고 'Ctrl + o' 키를 눌러서 '파일 열기'로 "myportal.html" 파일을 선택하여 엽니다. 크롬 브라우저 최상단의 URL 표시 난에 표시되어 있는 "myportal.html" 파일의 URL을 선택하고 'Ctrl + c' 하여 복사해 둡니다. ⋮ > **설정** > **모양** 난의 '**홈 버튼 표시**'를 켭니다. 그리고 그 하위 옵션 중 '**◉ 맞춤 웹 주소 입력**' 난에 'Ctrl + v' 하여 복사해 둔 "myportal.html" 파일의 URL을 '붙여넣기' 합니다. 그리고 설정 페이지를 닫으면 끝입니다. 이후 크롬을 실행하고 언제라도 크롬 상단 왼쪽의 홈(⌂) 아이콘을 클릭하기만 하면 "myportal.html" 페이지(**내 포털 페이지**)가 열리게 됩니다.

크롬의 "**시작 페이지**" 등록 방법입니다. 크롬으로 "myportal.html" 파일을 엽니다. ⋮ > **설정** > **시작 그룹** 난의 '**◉ 특정 페이지 또는 페이지 모음 열기**'를 선택하고 그 하위 항목 중 '**현재 페이지 사용**'을 클릭합니다. 그리하면 "myportal.html" 파일의 URL이 자동 입력되며, 그것으로 끝입니다.

참고로, 이메일을 이용한 피싱(Phishing) 사기는 주로 거래 은행 등의 금융기관을 사칭한 것이 많습니다. 흔히 이메일의 내용 중에서 은행(또는 금융기관)으로 연결되는 링크를 클릭하도록 교묘하게 유도하며, 클릭하면 해당 은행으로 감쪽같이 위장한 가짜 웹사이트로 연결되는 식이지요. 가짜 웹사이트를 만드는 것은 쉽습니다. 해당 웹사이트의 소스를 그대로 갈무리하거나 다운 받아 사용하면 되기 때문입니다. 용의주도한 사냥감을 고려하여 URL까지도 흡사하게 위조합니다. 거래 은행으로부터 온 이메일일지라도 이메일 내의 링크를 클릭하는 것은 금물입니다. 거래 은행에 접속해야 할 사정이 확실하다면 이메일 내의 링크 대신, **내 포털 페이지**(myportal.html)에서 해당 거래 은행을 클릭하여 접속하는 편이 안전합니다, **타이포스쿼팅**(typosquatting: 오타 노리기) 수법이나 가짜 URL을 이용한 해킹 등을 예방하기 위해서는.

타이포스쿼팅이란 이를테면 "www.wik**a**pedia.org"라는 도메인을 등록해 두고, 노리는 주소의 사기성 가짜 사이트를 만들어서 덫을 놓습니다. 이는 URL 입력 시 "wik**i**pedia"라고 타이핑 할 것을 "wik**a**pedia"로 잘못 타이핑할 확률을 노리는 식의, 손님 실수를 기대하는 해킹 기법입니다. **가짜** URL을 이용한 해킹이란 다음과 같은 속임수입니다. 이를테면 일란성 쌍둥이 가짜 농협은행 사이트를 만든 다음, 이곳저곳 웹페이지에 각종 유인용 낚시 미끼를 심어 둡니다. 이들 링크 표지를 건드리면 "농협은행(banking.n**o**nghyup.com)" 대신 사기성 사이트인
'banking.n**0**nghyup.com'으로 접속되게 합니다. 하지만 진짜 농협의 웹

페이지를 갈무리하거나 다운 받아 만든 웹페이지를 그대로 사용하는 탓에 완전히 동일한 데다 URL까지 흡사해서 여간 해서는 사이트가 다르다는 사실을 알아채지 못합니다. URL 예문에서 전자의 “**o**”는 알파벳 “오”이며 후자의 “**0**”은 숫자 영(제로)입니다. 인터넷, 편리하지만 지뢰밭이기도 합니다.

내 포털 페이지를 스마트폰에서 이용하는 방법

먼저, PC에서 작성한 “myportal.html” 파일과 “myportal.files” 폴더를 스마트폰의 적절한 폴더에 복사해야 합니다. 윈도우 PC의 파일/폴더를 스마트폰에 복사하는 방법은 다양합니다만, 마이크로소프트의 원드라이브(OneDrive)나 구글의 구글 드라이브(Google Drive) 등, 클라우드 기반의 파일 공유 서비스를 이용하면 간단합니다. 또는 USB 케이블로 스마트폰을 PC에 연결하는 것은 더욱 간단한 방법입니다. PC에 USB Type A 포트만 있을 경우에는 ‘USB Type C to Type A 케이블’을 사용하면 됩니다. 두 기기를 연결하면 스마트폰이 “휴대전화 데이터에 접근 허용(‘연결된 디바이스에서 휴대전화의 데이터에 접근’에 대한 허용)” 여부를 묻게 되는데, “허용”을 선택하면 됩니다. PC와 스마트폰을 연결하면 PC에서 스마트폰을 마치 외장 하드 드라이브나 USB 드라이브처럼 사용할 수 있습니다. 윈도우는 ‘플러그 앤 플레이(Plug and Play, 꽂기만 하면 돌아가기)’를 지원하기 때문입니다. 물론 윈도우 7에서도 잘 작동합니다.

OTG USB 드라이브를 사용해도 됩니다. OTG USB 드라이브는 PC와 스마트폰 양쪽 모두에서 잘 인식합니다. 그 밖에도 ‘센드 애니웨어(Send Anywhere)’, ‘푸시불릿(Pushbullet)’ 등의 앱을 사용할 수도 있습니다. 이들의 스마트폰 앱과 PC 버전의 앱을 두 기기에 각기 설치한 후 소통하면 되는 것이지요. ‘센드 애니웨어’는 무료이며 ‘푸시불릿’은 한 달에 25MB까지의 전송은 무료입니다.

'내 포털 페이지'를 스마트폰의 '홈 화면'에 추가하는 방법: "myportal.html" 파일을 '홈 화면에 추가'하는 것이 쉽고도 간단한 방법입니다. 스마트폰의 '파일관리 앱(삼성 갤럭시의 경우, **'내 파일'**)'을 열어서 "myportal.html" 파일이 저장된 폴더로 이동한 다음, "myportal.html" 파일을 선택합니다. 그리고 '더보기(⋮)'를 눌러서 '홈 화면에 추가'를 선택합니다. 그리한 후, 홈 화면에 등록된 myportal.html(HTML)을 실행하면 '연결 프로그램'을 선택하는 옵션이 제시되는데 ('항상' 옵션으로) Chrome을 선택해 주면 "myportal.html"의 페이지가 열립니다. 이후부터는 등록된 여타 앱들을 실행하듯 myportal.html(HTML)을 실행하면 곧바로 Chrome으로 열리게 됩니다.

스마트폰에서 **'내 포털 페이지'를 크롬 웹브라우저의 홈페이지로 등록하는 법**: 홈 화면에 등록된 myportal.html(HTML)을 실행합니다. Chrome 창에서 ("myportal.html"의) URL(웹 주소)을 클립보드에 복사해 둡니다. 그리고 Chrome 창의 '더보기(⋮)'를 눌러서 설정 창을 엽니다. 설정의 **'홈 페이지'** 난을 "사용"으로 설정하고, 앞서 클립보드에 복사해 두었던 "myportal.html" 파일의 URL을 URL 입력 난에 붙여넣기로 입력합니다. 이후부터는 크롬을 실행하고 "URL 입력 난" 좌측에 있는 홈페이지 아이콘(⌂)을 누르면 "myportal.html" 페이지가 홈페이지로서 열리게 됩니다.

지능형 지속 공격(APT: Advanced Persistent Threat)

지난 *222* 페이지에서 언급한 바 있는 **지능형 지속 공격**(APT: Advanced Persistent Threat)이란 개인, 단체, 국가, 기업, 정치 단체 등 특정 대상을 사냥감으로 삼고 오랜 기간에 걸쳐 온갖 수단을 다 동원하여, 세밀한 계획 하에 지능적이고 조직적으로 집요하게 크래킹(악성 해킹)을 지속하는 공격을 뜻합니다. 허점, 약점, 심리적 취약점, 그리고 이용 가능한 그 밖의 정보들을 얻어 내기 위해 이메일을 해킹하는 것은 기본이고, 주민등록등본이나 호적등본 토지·건물대장 등을 떼어 보기도 하고, 사냥감의 주치의가 근무하는 병원의 환자 기록을 해킹하기도 하고, {제로데이 공격(Zero-Day Attack), Spear Phishing(스피어 피싱), 사회공학적 공격(Social Engineering Attack) 등} 갖은 수단을 다 써서 사냥감의 컴퓨터에 스파이 앱, 백도어(Back Door), 원격 제어 프로그램 등을 심어 두려 애씁니다. 가령 노리는 기업에 근무하는 보안 등급이 높은 사원에게, 유명 기업의 인사 담당자를 사칭하고 높은 연봉을 내세워 스카우트를 제안하는 피싱(Phishing) 메일을 보낸다면, 어렵지 않게 악성코드가 숨겨진 워드(.doc)나 엑셀(.xls) 등의 첨부 파일을 내려 받게 할 수 있습니다. 연봉과 근무 조건 등의 명세가 적힌 첨부 파일을 열어 보는 순간, 기업은 풍전등화의 위기로 내몰리게 됩니다.

바라던 (랜섬웨어 유포, 금전 갈취, 시스템 파괴, 정보 탈취 등의) 목적을 달성할 때까지 이처럼 가능한 수단은 모두 동원하는 크래킹 기법이 바로 "지능형 지속 공격"입니다. 자율 주행 자동차가 전자 제어 시스템을 해킹 당하여 고속도로 상에서 통제 불능의 위험에 빠진다면, 그것은 십중팔구 **지능형 지속 공격**의 결과일 것입니다{영화 '애프터 썬셋(After The Sunset,

2004년)'의 도입부를 보면 실감납니다, 비록 고속도로상은 아니지만}. 이 경우, 차체의 기계적 결함인지, 소프트웨어 버그인지, 클라우드와의 교신 문제인지 등에 대한 꼬리를 무는 의혹이 "지능형 지속 공격"의 낌새조차 덮어 버릴 것입니다. 평범한 사람이라면 이러한 공격의 대상이 될 가능성이 희박하겠으나, 지위가 높거나 재산이 많거나 요직에 있거나 경국지색의 미인을 배우자로 둔 신분이라면 평소 주의할 필요가 있습니다. 암호화폐 등장 후, 크래킹이 엄연히 블루오션의 기업형 수익 사업이 되고 있음입니다.

초고속 통신·컴퓨팅을 배경으로 하는 클라우드 환경, 그리고 분야별로 이미 인간을 능가하고 있는 인공지능, 누군지조차 모르는 사람과도 믿을 수 있는 비대면 거래가 가능할 뿐만 아니라, 거래 추적까지도 거의 불가능한 암호화폐 등등이 일반화되어 버린 환경. 그 극단적인 효율성과 편리함이란 '가진 자'에게는 천국과 다름없겠습니다. 그러나 악성 해커들에게도 또한 천국이 되어 준다는 점을 간과해서는 안됩니다. 이 같은 4차 산업혁명의 시대적 환경에서 악성 해커들의 지능형 지속 공격권에 든다는 것은 위험천만입니다. 탄탄한 기술력을 갖춘 크래킹 전문 기업들은 공격 대상의 일거수일투족을 낱낱이 들여다보는 것이 손바닥 뒤집듯 쉬우니, 공격권 내에 있는 이로서는 언제 어디서 무슨 일을 당해도 이상할 것이 없는 세상입니다. "가진 자"에 속한다면 보안에 각별히 관심을 기울임이 마땅합니다.

사회공학적 공격(Social Engineering Attack)

지난 *83* 페이지에서 언급한 바 있는 **사회공학적 공격**(Social Engineering Attack)이란 다음과 같은 해킹 기법을 말합니다. 인간은 꿀벌이나 개미처럼 전형적인 사회적 동물입니다. 그러므로 사회성을 본질로 하며, 그 사회성으로 인한 각종 사회적 데이터를 연일 쏟아 내기 마련입니다. 그러한 데이터를 수단과 방법을 가리지 않고 수집하고, 체계적이고도 기술적으로 분석·가공하여 악용하는 크래킹을 '사회공학적 공격'이라고 합니다.

"사회공학적 공격"의 구체적인 기법의 하나로 **스피어 피싱**(Spear Phishing)을 예로 들 수 있습니다. "스피어(Spear)"란 창이나 작살을 의미합니다. "피싱(Phishing)" 은 Private data(개인적 데이터)와 fishing(낚시)의 합성어입니다. 따라서 "스피어 피싱"이란 작살로 겨누듯 정해진 목표물을 조준하고 미끼를 던져 사적(私的) 자료들을 낚는 크래킹 기법을 뜻합니다. 특정 기업이나 지인을 가장하고 이메일이나 메신저를 활용하여 비밀번호나 신용카드 정보 등을 훔치는 데 주로 사용되는 피싱(Phishing) 기법의 한 유형이긴 하지만, 피싱이 불특정 다수를 대상으로 하는 반면, 스피어 피싱은 정해진 사냥감을 대상으로 한다는 점에서 차이가 있습니다. 또한 정해진 목표물을 대상으로 한다는 점에서 **지능형 지속 공격**의 단골 메뉴이기도 합니다. 이를테면…,

기업들을 거덜 내기로 악명 높은 모(某) 크래킹사(社)가 한 대기업을 공략하고자 하는 바, 공략의 교두보로 삼기 위해 그 사주의 딸을 일차 사냥감으로 하는 경우를 예 들어 보기로 합니다. 아무래도 딸 쪽이 스마트 기기들을 즐겨 사용하므로 해킹의 여지가 다분할 뿐만 아니라, 젊은 층인지라 접근하기도 수월해서 사냥감으로는 안성맞춤이니까요. 우선 가장 손쉬운 **큐싱**을 시도합니다.

큐싱(Qshing)이란 QR코드를 미끼로 사용하는 낚시질(fishing)을 뜻합니다. 커피숍에서 그녀가 잠시 화장실에 간 사이에 크래커는 그녀의 노트북 키보드의 키 하나를 조금 손보아 놓은 다음, 노트북의 A/S 연락처 표시 부위에 부착되어 있는 기존 QR코드 위에 정교하게 위조한 가짜를 덧붙여 둡니다. 즉, 몰카로 확보해 둔 원래의 QR코드와 흡사하게 위조한 가짜 QR코드를 정교하게 덧붙여 놓은 것이지요.

그녀가 변조된 가짜 QR코드를 스캔하면, 악성코드 설치용 {apk 파일의} 가짜 URL로 연결되면서 다음과 같은 작업이 진행됩니다. 먼저 악성코드 설치용 프로그램이 스마트폰의 기기 관리자 권한을 획득합니다. 그리고 이어서 (스마트폰에) 설치하려는 악성코드가 이미 설치되어 있는지 체크하고 아직 설치되어 있지 않은 경우에만 악성코드를 설치합니다. 그리고 지체 없이 원래의 QR코드에 코딩되어 있던 웹주소로 연결하여 메이커의 A/S 관련 웹사이트가 정상적으로 열리도록 합니다. 그러므로 그녀가 보안 전문가가 아닌 한, 가짜 QR코드에 의한 이상한 낌새를 눈치 채기는 극히 어렵습니다.

노트북 키보드의 키가 하나 듣지 않음을 알게 되면, 짜증이 난 그녀는 A/S를 위해 필시 스마트폰으로 예의 (위조된) QR코드부터 스캔하게 될 것이고, 그리하여 일단 악성코드가 설치되어 버리면, 스마트폰의 화면 실시간 중계를 비롯하여 오고 가는 문자 메시지, 'GPS 위치 정보' 등이 전부 크래커에게로 전송됩니다. {그러므로 이후로는 그녀가 스마트폰으로 접속하는 모든 웹사이트에 대한 무차별적인 MITM(Man In The Middle, **중간자 공격**) 또한 가능해집니다}.

QR코드. 아무것이나 무심코 스캔해서는 아니되는 메가톤급 폭탄일 수도 있다는 사실을 잊지 말아야 합니다. 이것 저것, 그림이나 문화재 해설용에서부터 광고용 QR코드까지, 언제 어디서나 눈에 띄면 스마트폰을 들이대는 QR코드들…, 알고 보면 지뢰밭과 다를 것 없는 생존 현장입니다. 게다가 육안으로는 '악성 QR코드'인지 식별하는 것이 도무지 불가능합니다. 흔히들 눈치 채지 못한 채, 이미 해커의 소유물이 되어 버린 좀비 스마트폰을 제 것인 양 들고 다니는 까닭입니다. 😨😨😩😩.

부주의한 QR코드 스캔으로 지뢰 밟아 망한 사람들 많습니다. 특히 결재용 QR코드 스캔 시에는 정신 바짝 차려야 합니다아~, 나중에 은행 계좌가 까닭 없이 털린 사실을 알고 뒤로 넘어가지 않으려면. QR코드로 결제할 때 "절차상 보안카드 들이대라!" 하길래, 스마트폰에 보안카드 잠깐 들이댄 것까지 별 탈 없이 잘 끝났는데…, 며칠 뒤 보니 통장의 잔고가 마이너스 한도. **보안카드**, 그 어떤 경우에도, 설사 하늘이 무너지는 경우라 해도, 그런 것 스마트폰에 들이대면 안됩니다아~. 자신의 것(?)이긴 하지만, 스마트폰이란 해커 겸용의 것일 수도 있음입니다. 제 돈 주고 산 것이라 해서 스마트폰을 믿어서는 아니된다는 말씀입니다. 스티브 잡스 덕에 먹고 살 만해진, 여가시간 잘 보내는 악성 해커들 많습니다.

일단 그녀의 스마트폰을 장악해 둔 다음, 신상을 살펴보니 그녀는 바이올리니스트. 구하기 힘든 현대 음악 연주 동영상 파일들과 위력적인 악성코드를 교묘하게 뒤섞어 담은 고급스런 'USB 메모리'를 잘 다니는 길목들을 골라 눈에 띄도록 떨어뜨려 놓아 본들 의외로 결벽증이라도 있는지 거들떠보지도 않습니다. 그렇다면 다음 순서는 당연히 그녀가 열성적으로 **사회성**을 발휘하는 클래식 음악 동호회나 바이올린 연주가 포럼 등에 가입하여 그녀의 활동을 세심하게 관찰해 나가는, 본격적인 **사회공학적** 작업에 착수하는 것입니다. 그러한 노력의 결과로 최근 유럽의 벼룩시장에서 발견된 '스트라디바리(Antonius Stradivarius Cremonensis Faciebat Anno 1711, 1715, 1717)' 몇 점에 대하여 그녀가 광적인 관심을 보이고 있음을 알게 됩니다. 그렇다면 그 다음 수순은 불문가지입니다.

바이올린 고악기들을 취급하는 유명 악기상을 가장하여 그녀에게 미끼를 담은 이메일을 날립니다. 그녀가 이메일을 읽으며, 크래커가 다크웹에서 어렵사리 구하여 첨부해 놓은 악기상들 간의 비밀 보고서 파일의 내려받기를 클릭하면, 그것으로 **스피어 피싱**을 이용한 **사회공학적 공격** 작업의 1단계는 성공적으로 끝납니다. '최근 발견된 스트라디바리 몇 점'의, 유럽 소빙하기(小氷河期)에 생장한 특질이라는 스프루스(가문비나무, 바이올린의 앞판 재료)의 올곧고 비할 바 없이 촘촘하고 선명한 나무 결을 다각도로 자세히 살펴볼 수 있는 극히 디테일한 사진들과, 그리고 고악기 전문가들의 사심 없이 솔직한 비공개 견해 등을 담은 분석 보고서를 보느라 정신이 팔려 있는 동안, 그녀의 PC나 노트북에는 백도어(Back Door), 원격 제어 프로그램, 키로거 등의 악성코드를 투입할 수 있는 선발대가 순식간에 잠입, 잠복하게 되었을 테니까요. 일단 교두보가 확보된 것입니다. {※ 그녀가 정신줄 놓고 워드나 엑셀로 작성된 보고서를 읽는 동안, 악성 매크로에 의해 그녀의 PC나 노트북에는 다나봇(Danabot), 고지(Gozi, GozNym), 트릭봇(Trickbot), 지로더(ZLoader), OTLARD(Gootkit) 등의 트로이목마류를 비롯한 악성코드들이 투입되어 잠복하게 되었을 것입니다.}

이것이 바로 정해진 목표물을 노려 이메일로 낚는 **스피어 피싱**의 전형적인 예라 할 것이며, 사냥감의 신상정보 행동거지 그리고 취향 등등의 사회성 자료를 "체계적이고도 기술적으로 분석·가공하여 악용"하는 **사회공학적 공격**의 일단인 것입니다. 다음 단계는 노리던 대기업을 본격적으로 공략하기 위해, 그녀의 스마트폰을 비롯하여 PC나 노트북을 끊임없이 모니터링하며, 어떻게 해서든 그로부터 그녀 부친(대기업 사주)의 심리적·물질적 취약점이나 로그인 비밀번호 등을 알아내는 작업을 진행해 나갈 것입니다. 그리고 그러한 정보를 활용해 해당 기업의 비즈니스 프로세스와 자격증명 체계 등을 파악한 다음, 일확천금이 가능한 돈벌이 수법을 모색·실행하게 될 것입니다.

스피어 피싱을 포함하여 **사회공학적 공격**은 사냥감에 대한 자료 분석을 통해 취약점을 간파한 다음 작업에 임하기 때문에 성공률이 매우 높습니다. 사냥감의 입장에서는 눈 뜨고 코 베이는 것이지요. 그러므로 특히 이메일이나 메시지 등을 볼 때는 부지불식간에 링크 표지를 클릭하지 않도록 세심한 주의가 필요합니다, 특히 ViP들께서는. 그로 인해 기업이나 가정이, 또는 조직이 거덜 날 수도 있으니까요. 꼭 클릭해 보고 싶은 대상이지만, 조금이라도 미심쩍은 구석이 있는 경우라면 적어도 사전에 '시스템 복원 지점'을 만들어 두는 것은 기본이며, 웹브라우저나 전자우편 클라이언트 프로그램을 **샌드박스에서 실행**하여 클릭하는 것이 좋습니다.

전 세계에서 발생하고 있는 크래킹에 의한 보안 사고의 대부분은 다음 두 가지 이유로 인한 것입니다. 그 첫 번째는 소프트웨어를 제때 업데이트 및 패치하지 않아서입니다. 줄잡아서 말한다 해도, 전 세계에서 발생하는 보안 사고의 태반, 또는 그 이상에 해당될 정도로 압도적인 비율을 보이는 경우입니다. 마이크로소프트사가 '윈도우 10'에 와서 잦은 업데이트 사고로 {이를테면, 부팅을 먹통으로 만드는 윈도우 10 'KB4524244 업데이트'를 패치하기 위한 'KB4532693 업데이트'가 한 술 더 떠서 파일을 임의로 옮겨버리는 사고를 일으키거나, '누적 업데이트 KB4592438' 설치 후, 체크디스크(chkdsk.exe)를 실행하면 파일 시스템이 깨져서 아예 부팅이 되지 않는 등의 빈번한 업데이트 사고로} 비난을 사면서도 이전처럼 업데이트 설치 여부의 선택권을 사용자들에게 주지 않고 마이크로소프트사 자신이 직접 강제하려 고집하게 된 이유가 바로 여기에 있음입니다.

업데이트나 패치를 해야 하는 소프트웨어로는 OS 및 그 밖의 일반 프로그램들은 물론이거니와 PC의 바이오스와 칩셋(Chipset) 드라이버, 그래픽카드 관련 소프트웨어; 공유기 등 라우터(Router)를 비롯한 iP카메라, CCTV, 스마트TV 등 각종 하드웨어 기기의 펌웨어(Firmware) 등등, 거의 모든 소프트웨어가 이에 해당합니다. 이들에 대해서는 새로운 업데이트나 패치가 발표될 때마다 찾아서 업데이트하고 패치해 주어야 합니다. 요즈음은 사물인터넷 기기가 임자의 허락을 구한 다음 제 알아서 업데이트/패치를 실행하는 추세이긴 합니다만.

프로들은 시스템 관리자가 보안 업데이트를 게을리 하는 웹사이트를 대상으로 작업하는 것을 즐겨 하지 않습니다. 이미 수없이 해킹을 당하고 있는 탓에 먹을 것이 별로 남아 있지 않기도 하거니와 무엇보다도 시스템 내부에 아마추어 해커들이 파리떼처럼 들끓고 있는 것이 보통이기 때문입니다. 값나가는 업무에 집중하기 위해서는 호젓한 분위기가 필수이지요, 😁😁.

("전 세계에서 발생하고 있는 크래킹에 의한 보안 사고 대부분"의) 그 두 번째 이유는 **사회공학적 공격**으로 인한 것입니다. 사회공학적 공격에 의해 시스템에 "백도어나 스파이 앱 또는 원격 제어 프로그램 등의 악성코드"가 설치되어 버리면, 시스템은 그 순간부터 크래커의 아바타이거나 또는 크래커가 지배하는 좀비에 지나지 않습니다. 이상의 두 가지 경우를 제외하면, 전 세계를 통틀어 실제 간과할 수 없을 정도의 물질적 손해로 연결되는 나머지 보안 사고의 사례들은 불과 얼마 되지 않는 것이 사실입니다. {Kali Linux를 기본으로, Nmap, Zmap, Shodan, Metasploit, Wireshark, John the Ripper, Muraena & NecroBrowser, Hydra, Hashcat, Burp Suite Enterprise, Zed Attack Proxy, SQLmap, Aircrack-ng, Samurai WTF(Web Testing Framework), The Harvester, Hping, Ophcrack, Python Security, Tails, Breach, Bochspwn, (키보드 소리의

녹음·분석으로 비밀번호를 알아내는) 음향 암호 해독(Acoustic Cryptanalysis) 기법 등의 부채널 공격(Side Channel Attack) 등등, 수많은 해킹 도구(툴)들에 의한 해킹/크래킹이 가능하며; 보안 투자가 충분치 못한 웹서버의 경우 속수무책으로 당할 수밖에 없는 '제로 데이 공격(Zero-Day Attack)'까지, 허다한 기술적 해킹 수법에 의한 해킹/크래킹 또한 가능할 테지만, 그 실제 사례의 건수에 있어서 소프트웨어 패치를 제때 하지 않아서 당하는 경우나 또는 시스템 사용자들에 대한 보안 교육이 허술해서 당하는 "사회공학적 공격"에 의한 사고의 그것에 비할 바가 못 됩니다.}

http vs. https

웹브라우저의 웹주소(url) 표시난 첫머리에 자물쇠 아이콘(🔒)이 없거나, 또는 붉은 사선이 그어진 자물쇠 아이콘(🔒(사선))이 표시된 웹사이트의 웹주소 표시난에는 흔히 "안전하지 않음!" 등의 경고 사인(sign)이 표시됩니다. 그리고 해당 웹페이지의 로그인 난을 클릭하면 "이 연결은 안전하지 않습니다. 로그인 입력은 위험할 수 있습니다"라는 식의 경고 문구가 제시되기도 합니다. 이때 자물쇠 아이콘(🔒)으로 안전함을 표시하고 있는 웹페이지의 웹주소는 "httpS://"로 시작되며, "안전하지 않다(🔒(사선))"는 웹페이지의 웹주소는 "S"가 없이 "http://"로 시작되는 공통점을 가지고 있습니다.

여기서 "http"란 인터넷 상에서 HTML 문서를 주고받기 위해 미리 정해둔 프로토콜(protocol: 규칙, 규약)입니다.

우편으로 편지를 보낼 때에는 정해진 '우편 규칙(프로토콜)'을 따라야 합니다. (기계에 의한 자동 분류를 위해) 봉투는 규격 봉투를 사용해야 하고, 보내는 이와 받는 이의 주소를 쓰는 위치를 지켜야 하며, 우편번호도 정해진 자리에 적어야 합니다. “**프로토콜**”이란 이와 같이 어떤 목적을 위해 정해 둔 규칙 또는 규약을 뜻하는데, “http(HyperText Transfer Protocol)”는 웹에서 HTML 문서를 주고받기 위한 통신 규약인 것입니다.

원래 웹주소는 “http://”로 시작되는 것이었습니다. 그랬던 것이 근래에 이르러 점차 “httpS://”로 바뀌고 있습니다. 이는 http에다 SSL/TLS에 의한 데이터 암호화 처리가 더해진 것(http + S = httpS)을 의미합니다.

SSL(Secure Socket Layer, 전송계층 암호화 소켓)이란 데이터 암호화 규약(프로토콜)의 한 가지로 마치 권총의 소음기(消音器, muffler)와 유사한 방법으로 사용됩니다. 이를테면 http 프로토콜에 SSL 프로토콜을 장착하면, 그리하여 httpS가 되면, 전송되는 데이터가 SSL 규약에 따라 암호화되어 전송되는 식입니다. 그리하여 웹 사용자들이 로그인할 때 입력하는 ID나 비밀번호, 기타 개인정보, 물건을 구매할 때 입력하는 결제 정보 등, 데이터를 암호화하여 전송함으로써 해킹을 방지합니다. 한데 SSL은 버전 3.0에서 TLS(Transport Layer Security, 전송 계층 보안)로 대체되었습니다. 그리고 SSL의 모든 버전은 보안상의 취약점으로 인해 근래에는 사용되지 않고 있으며, 현재 대부분의 웹브라우저는 TLS 버전을 지원하고 있으므로 TLS만이 사용되고 있는 추세입니다. TLS는 SSL의 업그레이드 버전이어서 이 둘은 흔히 동일한 용어로 간주됩니다. 게다가 구관인 SSL이 “원조(본가)”이므로 TLS보다는 SSL이라는 명칭이 사람들에게 익숙해서 이 둘을 대표하는 용어로 사용되는 편입니다. 즉 일반적으로 “SSL”을 거론하면 그것은 비단 SSL만 지칭하는 것이 아니라 SSL과 TLS를 모두 가리키는 것으로 이해해야 합니다.

웹주소(url)가 "httpS://"로 시작되는 웹사이트에서는 SSL/TLS 프로토콜에 따라 데이터가 모두 암호화된 다음 비로소 통신회선에 올려지므로 해커가 중간에서 가로채더라도 별무소용입니다. 상황이 이 같이 달라지게 된 저간의 사정을 이야기하자면 아래와 같습니다.

2006년 초, 전 AT&T(세계 최대의 통신회사) 기술자였던 마크 클라인이 다음과 같은 사실을 폭로했습니다. 즉, NSA(미국 국가안보국)가 AT&T의 샌프란시스코 통신시설에 비밀 염탐실을 차려 놓고, 해당 시설을 통과하는 모든 인터넷 트래픽(Internet traffic, 인터넷 통과 데이터들)을 훔쳐보고 있다는 것이었지요.

사실 인터넷은 전 세계 네티즌이 공유하는 통신망입니다. 그러므로 인터넷 트래픽을 엿보거나 데이터를 훔치는 시도란 누구나 가능합니다. 단, 그리하기 위해서는 관련 기술이나 도구(툴)가 필요할 뿐입니다. 그리고 그것이 불법적인 행위에 해당할 경우에는 법적 책임 또한 각오해야 합니다. ☺

화물 선적 시 흔히 컨테이너가 화물 운송에서의 단위가 되듯 인터넷에서 전송되는 데이터들은 **패킷**(꾸러미, 묶음)이라는 단위로 나뉘어 전송되는데, 패킷 분석기(packet analyzer, network analyzer)나 패킷 스니퍼(packet sniffer, network sniffer) 등의 툴을 사용하면 원격으로도 데이터를 훔쳐보는 것이 가능합니다. 이러한 해킹 기법을 스니핑(Sniffing), 스누핑(Snooping) 등으로 부릅니다.

패킷(Packet). 인터넷은 도로망과 흡사합니다. 이 지구 전체는 그물망 같은 도로망으로 뒤덮여 있습니다. 도로망 곳곳은 도로 사정이나 **트래픽**(traffic: 교통량), 그리고 갖가지 사고 등으로 시시때때 그 형편이 달라집니다. 이 지구를 뒤덮고 있는 인터넷 그물 통신망 역시 그렇습니다. 거대한 트럭이 출퇴근 시간의 도심을 통과하기란 그 성사 여부를 장담하기 어렵습니다. 덩치가 있는 데이터를 그대로 통째 인터넷으로 전달하는 것 역시 그렇습니다. 통신망 곳곳을 지나면서 자칫 데이터 꼬리라도 잘리는 일이 생기면 말짱 도로아미타불입니다. 그래서 고안해 낸 것이 패킷이라는 데이터 통신 단위입니다. 통김밥 데이터나 통단무지 데이터를 가지런히 여러 토막으로 썰어 놓습니다. 그리고 낱낱의 토막에는 각기 원래의 순서대로 일련번호를 붙이고, 아울러 모든 토막에다 동일한 행선지 주소(URL), 이를테면 뉴욕타임즈 서버의 주소를 적어 둡니다. 그리한 다음, 허공에 민들레꽃씨 뿌리듯 데이터 토막들을 인터넷 망에 뿌립니다. 그리하면 각각의 토막들은 저마다 트래픽이 적은 망을 따라 주소(뉴욕타임즈의 서버) 찾아갑니다 — 통신망을 형성하고 있는 수많은 기기(호스트, 노드)들은 토막들이 경유할 때 토막에 적힌 주소를 확인하여 자신에게로 온 것이 아니면 재전송하는 식으로 전달해 갑니다. 뉴욕타임즈의 서버는 토막들을 모두 받은 다음, 일련번호대로 꿰 맞추어 다시 통김밥 데이터나 통단무지 데이터로 원상 복구해 냅니다. 빠진 토막이 있으면 송신한 측에 해당 토막만 다시 보내 줄 것을 요청합니다. 이 같은 전송 방식에 사용되는 데이터 토막 하나하나가 바로 패킷입니다.

웹 사용자들이 입력하는 로그인 정보는 웹브라우저가 받아서 해당 로그인 웹페이지를 제공한 웹서버로 건네게 됩니다. 만일 지리산 골짜기의 홍길동님이 미국 뉴욕타임즈의 홈페이지에 접속하고 있는 중이라면, 홍길동님이 보고 있는 로그인 창은 홍길동님이 사용 중인 웹브라우저(크롬, 엣지, 파이어폭스, etc.)가 인터넷 네트워크, 그 그물(net)조직(work)의 통신망 건너에 있는 미국 뉴욕타임즈의 웹서버(컴퓨터)로부터 전송 받아서 홍길동님의 모니터에 뿌려 주고 있는 것이며, 아울러 홍길동님이 타이핑한 로그인 정보 또한 홍길동님의 웹브라우저가 받아서 인터넷 네트워크 건너에 있는 미국 뉴욕타임즈의 웹서버로 전달하게 되는 것입니다.

한데 해당 로그인 정보가 (타이핑한 그대로의) 텍스트 형태로 패킷에 담겨서 전송된다면, 그것은 악몽!입니다. 마음만 먹으면 그 누구든 통신 기기 {예: 라우터(공유기)}를 해킹하거나 또는 훔쳐보기(스니핑, 스누핑) 툴을 사용하여 패킷을 가로채 훔쳐보는 것이 가능하기 때문입니다. 홍길동님의 로그인 정보는 "나 보란 듯" 발가벗은 누드로 지리산 골짜기에서 뉴욕까지 펼쳐진, 파파로치들이 득실대는 그물망의 바다를 헤엄쳐 가는 꼴이니까요. 이 같은 누드 전송에 대하여 웹브라우저들이 질색을 하며 이구동성으로 안전하지 않다!, 위험하다!!, 라는 경고문들을 내걸게 된 까닭입니다.

이를테면, 거대 기업 임원의 로그인 정보를 입수하여 해당 기업 서버에 관리자 등급으로 로그인이 가능해진다면, 고객정보를 대거 탈취한 다음, '고객정보 유출 협박' 정도만으로도 일거에 그리고 간단히 수백만 달러 정도의 수입을 올릴 수도 있습니다. "고객정보 유출" 사고가 나면 엄청난 벌금에다 집단 소송까지 당할 판이니 기업은 협박을 무시하기 어렵습니다.

차량 호출 앱 우버(Uber)는 2016년 60만 명의 운전자와 5,700만 명의 사용자 계정을 크래킹 당하고 크래커에게 10만 달러를 지불했으며, 그로 인해 2018년 '주(州, State) '데이터 유출 신고 법 위반'으로 벌금 1억 4,800만 달러를 부과 당했습니다. 개인정보 유출 건으로 2019년 영국항공은 2억 3,000만 달러의 벌금을, '매리어트 인터내셔널'은 1억 2,400만 달러의 벌금을 냈으며, 미국의 에퀴팩스는 2017년 고객 5억 명의 결제 정보, 이름, 주소, 전화번호, 이메일 주소 및 여권 번호를 해킹 당한 것에 대하여 2019년 피해자들에게 최소한 5억 5,500만 달러를 지불하기로 합의한 바 있습니다.

사정이 이 같으니 "크래킹"이란 노다지 다이아몬드광인 것이지요. 그 대가는 (거래 추적이 되지 않는) 암호화폐로 수금하면 됩니다. (데이터 파일을 몽땅 암호화해 버리고 그것을 볼모로 삼는) 랜섬웨어까지 등장하고 보니, 십대의 아마추어들까지도 크래킹이란 일확천금의 아르바이트에 관심을 갖게 된 세상인 것입니다.

아마추어들이 어떻게 그런 짓을 할 수 있냐고요? 사실을 이야기하자면, 코딩 능력 같은 것이 없어도 문제될 것이 없습니다. 인터넷 암흑가(다크웹)에서 크래킹 도구나 기법을 비롯하여 (돈벌이 잘 되기로 소문난) 악성코드 및 관련 사업 컨설팅 서비스까지 턴키 솔루션(turnkey solution)으로 구독하면 되니까요. 악성코드를 퍼뜨리기 위한 요령이나 친절한 자습서도 제공됩니다. {'서비스 형태의 랜섬웨어(RaaS, Ransomware as a Service)' 같은 구독(購讀)형 서비스를 이용하면, RaaS 공급자는 고객(데이터 인질업 희망자들)에게 랜섬웨어 코드와 함께 피해자를 추적할 수 있는 대시보드 앱은 물론이거니와, 그 밖의 필요한 지원 서비스까지 제공해 줍니다. RaaS 포털은 그 대가로 데이터 몸값에 대한 일정 비율의 수익금을 분배받거나 또는 구독료를 받는 식입니다. 고객(인질업자들)은 자습서를 통해 얻은 지식을 활용해 랜섬웨어를 유포하기만 하면 됩니다.} 판이 달라진 세상인 것입니다, 악성 해킹, 악성 코드 유포가 엄연히 일확천금의 아르바이트나 기업형 사업이 되어버린.

사실 사전에 사냥감에 대한 **사회공학적 정보**를 입수해 놓은 상태라면, 랜섬웨어 유포란 손바닥 뒤집기에 지나지 않습니다. 사냥감의 지인을 사칭하여 물!좋은 모임이나 파티에의 초대 이메일을 보내는 정도로 충분합니다. 참석 여부를 묻는 "Yes 😍" 또는 "No 😝" 표지 중 어느 것을 클릭해도, 그 순간 검은 바탕에 흰 글자로 된 (시시콜콜 자상하기도 한) 랜섬웨어 메시지가 화면 가득 채워지며, 사냥 당한 이에게는 미처 경험해 보지 못한 번민과 고뇌의 장이 열리는 것이지요.

사회공학적 정보를 바탕으로, 이를테면 득녀 득남 축하, 생일 축하, 결혼 10주년 축하, 수상 축하, 노부모님 뇌졸중 관련 위문 인사, 개선된 연말정산 지침 안내, 견적서, 주문서, 입사 시험 합격자의 '구비 서류 안내' 등을 빙자한 가짜 이메일에 악성코드를 첨부하면 걸려 들지 않을 똑똑이(Smart Guys)가 흔치는 않음입니다. 노출된 신변 정보, 즉 노출된 사회공학적 정보란 해킹된 크리덴셜에 못지 않은 시한 폭탄인 것입니다, 언제라도 자신은 물론이거니와 **가족과 동료 그리고 몸 담은 기업까지도 위기로 내몰 수 있는**.

세상 물정이 그러하다 보니, 웹브라우저 개발자들은 머리를 싸매고 데이터를 암호화하여 주고 받는 방법("http ☞ +S! ☜")을 강구하게 된 것입니다. 중간에 누가 가로채더라도 암호를 풀 수 있는 키가 없는 한 문제될 것이 없을 테니까요. 한데 문제는 암호화한 데이터와 함께 암호를 풀 수 있는 키도 전달하지 않으면 안된다는 사실입니다. 키 역시 인터넷으로 전송해야 하니, 이를 어쩝니까!! 암호화한 데이터는 인터넷으로 전송하고, (암호를 푸는) 키는 인편으로 따로 보내는 방법도 가능하긴 하겠습니다만… 😜😜.

암호화와 복호화, 그리고 키의 종류

'파일 압축 프로그램'으로 암호화한 압축 파일을 풀 때에는 압축할 때 사용했던 키(암호)를 정확하게 그대로 입력해야만 압축이 풀리기 마련입니다. **암호화**(Encryption)된 파일을 풀어서 암호화 이전으로 원상 복구하는 것을 **복호화**(Decryption)라고 합니다. 그리고 ('파일 압축 프로그램'에서 암호화 기능을 사용할 때처럼) 암호화 및 복호화의 키가 동일한 경우, 이러한 키를 다음에 다루어질 **비대칭키**와 구별하기 위해 **대칭키**라고 부릅니다. 즉, 암호화와 복호화에 동일한 키(암호)를 사용하는 경우, 그와 같은 키를 "**대칭키**"라고 합니다.

공개키 암호시스템, 공개키 암호화 기법

복호화를 위한 키를 인터넷으로 전달해도 탈이 나지 않도록 하는 방법에 대한 고민은 '**공개키** 암호시스템'이라는 기법이 개발됨으로써 해결되었으며, 그중 현재 널리 사용되고 있는 것 중의 하나로 'RSA 암호 알고리즘'이 있습니다. "공개키 암호시스템"에서는 **공개키**(public key)와 **비공개키**(private key)라고 하는 **한 쌍의 키**를 사용합니다. **비공개키**(private key)를 흔히 "**개인키**", "**비밀키**"라고 부르기도 합니다. ('공개키 암호시스템'에서) "공개키"란 자신에게 데이터를 보내고자 하는 상대에게 공개하는 키를 의미하며 '비공개키(또는 개인키, 비밀키)'는 말 그대로 공개하지 않고 비밀리에 보관하는 키입니다. 이 한 쌍의 키는 서로 전혀 다른 값을 가지기 때문에 이들을 "**비대칭키**"라고 부릅니다. 비대칭키 중, 하나는 데이터를 잠그는(암호화하는) 자물쇠로 사용되고 나머지 하나는 그것을 여는(복호화하는) 열쇠로 사용됩니다.

공개키 암호시스템에서 한 쌍의 비대칭키는 다음과 같은 특성을 가집니다. 가령 한 쌍의 비대칭키를 A키와 B키라고 한다면, A키로 암호화한 것은 B키로만 복호화할 수 있으며, B키로 암호화한 것은 A키로만 복호화할 수 있습니다. 즉 이들 두 키는 서로 역할을 뒤바꾸어 사용해도 무방하나, A키로 암호화한 것을 A키로 복호화하거나 B키로 암호화한 것을 B키로 복호화하는 것은 불가능합니다. 그런 까닭으로 두 키(한 쌍의 키) 중 하나를 공개할 수 있는 것입니다. 가령 뉴욕타임즈의 웹서버가 한 쌍의 **비대칭키**(공개키와 비공개키)를 만들어 둔 다음, 접속하는 웹브라우저들에게 자신의 공개키를 나누어 준다면, 홍길동님의 웹브라우저는 홍길동님이 입력하는 데이터를 그 공개키로 암호화하여 뉴욕타임즈의 웹서버로 전송할 수 있습니다. 중간에 데이터를 누군가가 가로채더라도 공개된 공개키로는 복호화가 불가능해서 소용이 없습니다. 오로지 자신의 비공개키를 가지고 있는 뉴욕타임즈의 서버만이 복호화할 수 있음입니다.

이 같이 절묘한 알고리즘에 의해 '**공개키/비대칭키** 암호시스템'은 복호화용 키 전달의 난제를 해결함으로써 "httpS"가 가능하게 했을 뿐만 아니라 그 밖에도 '블록체인' 기술에 의한 암호화폐(☞ *p. 318*)의 등장까지도 가능하게 했습니다.

한데, '**공개키** 암호시스템'은 상상을 뛰어넘는 수학적 신통함을 가진 만큼, 암호화와 복호화를 위한 컴퓨팅에 시간을 많이 잡아먹는 단점이 있습니다. 웹서버의 입장에서 이는 취약입니다. 웹서버는 수많은 방문객(사용자)들을 상대해야 하며, 따라서 응답 지연이 발생하지 않도록 노심초사 시간과 컴퓨팅 자원을 아껴 써야 합니다. 자칫 응답 지연이 잦아지면 손님 다 떨어지고, 웹사이트는 망하고, 웹서버(hardware)는 고물상행입니다, 😒😒.

한데 '비대칭키 암호시스템(공개키 암호시스템)'에 비해 일반적으로 흔히 사용하고들 있는 '대칭키 암호시스템'은 익숙하기도 하고, 오랜 세월 사용되어 오면서 업그레이드될 대로 업그레이드되기도 해서 완성도가 높을 뿐만 아니라, 수학적 이유로 속도 또한 빠르고, 게다가 선택 가능한 다양한 기법들이 있기도 합니다. (복호화를 위한) 키 전달 문제만 없다면 대칭키 암호화 기법을 마다할 이유가 없는 것입니다.

그러해서, 일반적으로 '**비대칭키** 암호화' 기법은 ('대칭키 암호시스템'을 사용하기 위해) 사용할 대칭키 기법의 종류를 정하고 **"대칭키"**를 암호화하여 전달하는 데까지만 사용하는 것이 보통입니다. 즉 복호화 키를 인편(?)으로 따로 보내는 수고를 덜기 위한 용도로만 사용하는 것입니다. 일단 대칭키를 안전하게 전달한 이후에는 더 이상 비대칭키(공개키 암호화) 기법을 지속할 이유가 없는 것이지요.

'httpS' 규약에 의한 SSL/TLS의 데이터 암호화 절차는 다음과 같이 진행됩니다. 홍길동님이 웹브라우저인 크롬을 열어서 뉴욕타임즈 사이트에 접속하면, 크롬은 뉴욕타임즈의 웹서버에게 'httpS'로 암호화된 웹페이지를 요청하게 됩니다. 아울러 크롬은 자신이 처리할 수 있는 대칭키 암호화 기법의 메뉴(종류)도 전합니다. 뉴욕타임즈의 웹서버는 자신이 '공개키 암호시스템'을 지원하는 믿을 만한 웹사이트임을 증명하기 위해 **'공인 인증서'**라는 것을 건네는데, 그 인증서에는 자신의 공개키도 들어 있습니다. 또한, (크롬이 제시한 대칭키 암호화 기법의 메뉴 중에서) 자신이 사용하기로 선택한 것도 알려 줍니다. 인증서를 전달 받은 크롬은 대칭키를 만들어 그것과 함께 홍길동님이 보고자 하는 웹페이지의 URL 등, 데이터를 (뉴욕타임즈의) 공개키로 암호화해서 전송합니다. 도중에 해커가 가로챈들 "비공개키"를 모르니 별무소용이지요.

그리하여 일단 문제의 대칭키가 전달되었으므로, 이후로는 홍길동님의 크롬 브라우저와 뉴욕타임즈의 웹서버가 쾌속의 대칭키 암호화 기법으로 통신을 계속할 수 있게 된 것입니다. 뉴욕타임즈의 웹서버는 자신의 비공개키를 써서 크롬이 보내 준 대칭키와 "홍길동님이 보고자 하는 웹페이지의 URL" 등을 복호화합니다. 그리하여 요청 받은 URL의 웹페이지를 이젠 (비대칭키가 아니라) 대칭키로 쾌속 암호화해서 크롬에게 전송합니다. 크롬 역시 공유하고 있는 대칭키로 그것을 복호화하여, 해당 웹페이지를 홍길동님의 모니터에 뿌려 줍니다. 대칭키 사용이 본격화된 것입니다. (※ 아래에서 좀더 구체적인 설명이 더해집니다.)

공개키 암호 시스템을 지원하는 웹사이트에 대해서는 웹브라우저가 자물쇠 아이콘을 훈장으로 달아 우대해 줌으로써 그것을 드러내며, 그로써 사용자들로 하여금 자물쇠가 없는 웹사이트들의 위험성에 대하여 각별히 유의하도록 주의를 환기시킵니다 — 여전히 "http://"에 머물러 있는 웹사이트들에 대하여 "손님 다 떨어지는 꼴 나지 않으려면 빨리 안전한 "httpS"로 업그레이드하라!!"고 노골적으로 겁박하는 것입니다, . 안전한 인터넷 생활을 위해서는 그러한 "겁박"조차 쌍수를 들어 환영할 일입니다.

웹사이트가 "httpS"를 지원하기 위해서는 준비가 필요합니다. 먼저 "httpS"를 지원하는 웹사이트임을 보증하는 디지털 **인증서**(SSL 인증서)를 공인된 **인증기관**으로부터 (유·무상으로) 구입해야 합니다. 디지털 인증서를 제공하는 공인된 인증기관을 "CA(Certificate Authority) 또는 Root CA"라고 합니다. CA는 적절한 검증 절차를 거쳐서 인증서를 신청한 웹사이트의 신뢰성을 확인한 다음, 해당 웹사이트가 적어도 악성 해커에 의해 낚시(Phishing)용으로 날조된 사이트가 아님을 인증하는 인증서를 발급하게 됩니다. 그리고 인증서를 발급 받은 웹사이트는 자신의 웹서버에 그 디지털 인증서(SSL 인증서)를 설치합니다. 그리함으로써 방문자(클라이언트, 사용자들의 웹브라우저)들에게 디지털 인증서를 제공할 수 있게 되는 것입니다.

https의 SSL/TLS 프로토콜의 구체적인 진행 과정에 대하여 관심을 가질 이유가 없는 독자께서는 아래 항을 무시하고 <*p. 263*, **https의 SSL/TLS 프로토콜 건너뛰기**> 항으로 바로가기 해도 무방합니다.

https의 SSL/TLS 프로토콜

홍길동님이 SSL에 의한 암호화 통신을 지원하는 웹사이트에 접속하게 되면 홍길동님의 웹브라우저는 "httpS://"를 사용하여 웹서버와 통신하게 됩니다. 웹브라우저와 해당 사이트의 웹서버는 서로 악수(handshake)를 나누게 되는데, 이때 웹브라우저가 건네는 인사를 '**클라이언트 헬로**', 그리고 웹서버의 답례를 '**서버 헬로**'라고 합니다. 악수를 나누며 서로 간 SSL/TLS의 버전을 확인·조율하고 아울러 이후 사용하게 될 대칭키에 의한 암호화 방식을 협의·선택합니다.

"httpS"의 SSL/TLS 프로토콜은 다음과 같이 진행됩니다.

① 사용자의 웹브라우저는 접속한 웹사이트의 웹서버에게 SSL/TLS(이하, SSL)로 암호화된 웹페이지(httpS://)를 요청합니다. ② 웹서버는 자신의 **인증서**를 사용자의 웹브라우저에게 건네는데, 이 인증서에는 해당 웹서버의 **공개키**(Public Key)가 들어 있습니다. 한데, 이 인증서는 인증서를 발행한 인증기관(CA)의 비공개키로 암호화되어 있습니다. 그러므로 인증기관의 공개키로 복호화해야 합니다.

③ 웹브라우저는 인증서를 발행하는 **인증기관**(Root CA)들의 인증서(**루트 인증서**)를 내장하고 있습니다. 루트 인증서에는 해당 인증기관의 공개키가 들어 있습니다. 그러므로 웹서버가 건네는 **인증서**를 발행한 인증기관의 공개키를 써서 인증서를 복호화합니다. 복호화에 성공한다면 해당 인증서는 공인된 인증기관의 비공개키(비밀키)로 암호화된 것임이 분명하며, 따라서 해커나 크래커에 의해 날조된 것이 아님이 분명하므로, 접속한 웹사이트를 신뢰할 수 있게 됩니다(※ 만일 인증서 복호화에 실패한다면, 웹브라우저는 사용자에게 "위험한 웹사이트입니다!!"라는 식의 경고를 내보이거나 접속

을 차단합니다). <※ 웹브라우저가 확보하고 있는 인증기관의 리스트는 어렵지 않게 확인해 볼 수 있습니다. 이를테면 크롬의 경우, 더보기(⋮)를 눌러 설정 창을 연 다음, "설정 검색" 난에 "인증서 관리"를 타이핑하고 검색하면 **[보안]** 항을 찾아 줍니다. **[보안]** 항을 클릭하고 이어서 **[인증서 관리]**를 클릭합니다. 그리하여 열린 **[인증서]** 창에서 **{신뢰할 수 있는 루트 인증 기관}** 탭을 눌러 확인하면 됩니다.>

이 같은 원리로 공인된 인증기관(CA)이 인증서를 통해 특정 웹사이트의 신원을 보증해 주는 것을 **전자서명**이라고 합니다. 웹서버의 인증서에는 인증서 발급기관에 대한 정보, 인증서의 유효 기간, 인증서 보유 웹사이트의 도메인(domain: 인터넷 주소명)과 e-mail 주소, 인증서 보유 웹사이트의 **공개키** 등이 들어 있습니다. 인증서의 주요 역할은 이처럼 전자서명 기능과 웹서버(인증서 보유 웹사이트)의 공개키 전달에 있다 하겠습니다. 웹브라우저는 웹서버의 **인증서** 내용을 검토하여 문제가 없는지 확인합니다. 그리고 하자가 없다면, 웹서버 측과 밀어(蜜語? 密語!)를 나눌 수 있게 되었음을 의미하는 "자물쇠 아이콘()"을 웹페이지의 주소(url)난 첫머리에 달아서 사용자에게 그러한 사실을 알려 줍니다.

④ 웹브라우저는 앞으로 데이터 암호화 및 복호화에 사용할 **대칭키**를 만들어 그것과 함께 사용자(홍길동님)가 원하는 웹페이지의 URL, 그리고 http 데이터들을 웹서버의 **공개키로 암호화**해서 전송합니다. 그러므로 그것은 해당 웹서버가 보유하고 있는 **비공개키**로만 **복호화**할 수 있습니다. 따라서 복호화를 위한 키를 따로 전달해야 할 일이 없으며, 누군가가 데이터를 가로채더라도 복호화가 불가능해서 무용지물일 뿐입니다.

⑤ 웹서버는 웹브라우저가 보내 온 대칭키와 URL, http 데이터를 자신

의 비공개키로 복호화합니다.

⑥ 웹서버는 요청 받은 URL의 웹페이지를 웹브라우저로부터 건네 받은 대칭키로 암호화해서 웹브라우저에게로 답신합니다.

⑦ 웹브라우저는 수신한 http 데이터와 html 문서를 대칭키로 복호화한 다음, 사용자의 모니터에 뿌려줍니다.

사용자(홍길동님)가 간단히 마우스 클릭만으로 보고자 하는 웹페이지를 여는 동안 웹브라우저와 웹서버는 보안 조처를 취하느라 이처럼 바쁩니다. 그것이 바로 "httpS" 프로토콜입니다.

https의 SSL/TLS 프로토콜 건너뛰기 (*p. 260*에서)

인터넷이 편리하고 쓸모가 많은 만큼, 위험과 손재수 또한 도처에 깔려 있습니다. 음양은 같이 가게 마련인 것입니다. 이를테면 인터넷 접속을 기본으로 하는 자동차의 전자 시스템은 그 대가로 해킹의 위험에도 노출되어 있음을 의미합니다(☞ *p. 55*, **크라이슬러의 지프 체로키 해킹 사례**). "httpS"가 인터넷에 얼마나 긴요한 보안 시스템인지 자각하지 않으면 안됩니다. 현재 상황에서는 "httpS" 없는 인터넷 뱅킹이나 전자 상거래는 생각조차 할 수 없을 정도입니다. 인터넷에 관한 한 돌다리를 두드려 보고도 건너지 않는 **조심성**이 필요하다 하겠습니다.

자신의 개인정보 보안에는 자신의 가족, 동료, 회사의 보안이, 그들의 안녕과 행복이 직결되어 있음을 간과해서는 안됩니다. 사회 공학적 연결고리가 보안 상 치명적인 취약점이 되는 4차 산업혁명 시대에는 "망나니 자식

하나 때문에 집안이 거덜" 나는 정도가 아니라 "망나니 자식 하나 때문에 집안은 물론이거니와 동료들의 가족이나 몸 담고 있는 회사까지 한꺼번에 거덜" 날 수 있음입니다. **인터넷에는 수많은 합법·비합법 데이터 중개업체들이 영업하고 있으며, 이들은 모든 개인정보를 수집·저장해 놓고 판매합니다. 그중 대다수에 해당하는 비합법 업체들은 돈만 지불하면 가리지 않고 무엇이든 판매합니다.** 과거에 했었던 대중 매체와의 인터뷰나, 또는 SNS 등을 통해 무심코 내뱉은 가족 사항, 거주지, 전화번호 등이 여러 사람을 파탄에 이르게 하는 비극의 씨앗이 되기도 합니다.

{웹브라우저는 자동으로 '업데이트'되는 것이 보통이므로 문제가 되지 않으나, 웹서버 관리자가 SSL/TLS 서버에 대한 업데이트나 패치, 그리고 버전별 지원(적용)에 대한 문제 등에 게을리하면 해당 사이트에 접속하는 사용자들이 해커로부터의 중간자공격(MITM: Man-in-The-Middle attack)의 위험에 노출될 수 있습니다. 'SSL 공격'으로 POODLE, BEAST, DROWN, 하트블리드(HeartBleed) 등이 잘 알려져 있습니다.}

비밀번호와 다이제스트

웹서버들은 사용자들의 크리덴셜과 그 밖의 개인정보들을 반드시 암호화하여 저장하는 것이 기본 중의 기본입니다{※ 국내 <개인정보보호법>, <정보통신망 이용촉진 및 정보보호 등에 관한 법률 제 28조>}. 웹서버에 저장된 아이디와 비밀번호, 그리고 그 밖의 개인정보들은 항상 온라인 상태를 유지해야 하기 때문입니다. 로그인과 개인정보 수정 등에 실시간 대응해야 하므로.

비밀번호에 대한 암호화 관리에는 다음과 같은 어려움이 따릅니다. 즉, (관련 소프트웨어 개발자는 물론이거니와) 웹 사이트의 관리자나 대표조차도 **암호화된 비밀번호의 복호화가 가능해서는 안 된다**는 사실입니다. "세상에 믿을 놈은 없다!"라는 것이 만고의 진리. 자유의지가 허용된 인간인 것입니다. 그러니 구글, 아마존 등의 대표라 해서 사이트 회원들의 비밀번호를 알아내고 그들의 이메일을 훔쳐보는 일이 있어서는 안되는 것이지요. 한데 그럼에도 불구하고, 로그인 창에 입력되는 비밀번호가 해당 아이디로 등록되어 있는 비밀번호와 일치하는지의 여부는 실시간 대조·확인이 가능해야 합니다. 이 같이 이율배반적인 정황이 가능하도록 하기 위해 비밀번호는 다음과 같이 교묘하게 암호화하여 저장하고 관리하고 운용하는 것이 규범으로 되어 있습니다.

비밀번호를 암호화할 때에는 (수학적 계산을 통해) 비밀번호로부터 '**다이제스트**(Digest)'라는, 암호화된 일종의 **디지털 지문**을 만들어 냅니다. 그리고 그 디지털 지문(다이제스트)만을 해당 아이디의 크리덴셜(인증정보)로 데이터베이스에 저장(등록)해 두는 방법을 사용합니다 — 비밀번호 자체는 저장하지 않습니다. 지문 대조만으로도 충분히 본인 확인은 가능하니까요. 즉, 차후 로그인 시 입력되는 비밀번호에 등록 시와 동일한 지문 채취 과정(수학적 계산)을 적용하여 다이제스트를 얻어 낸 다음, 해당 아이디로 사전 등록되어 있는 다이제스트와 대조하여 그 일치 여부를 확인합니다. 해킹으로 다이제스트를 훔쳐 낸다고 해도 소용이 없습니다. 다이제스트로 로그인 하는 것은 불가능하니까요. 다이제스트를 계산하여 만든 다이제스트가 비밀번호를 계산하여 만든 다이제스트와 일치할 리가 없음입니다. 또한 **다이제스트는 역산(逆算)이 불가능**해서 그것으로 비밀번호를 알아낼 수도 없습니다. 얼굴을 보고 지문을 짐작할 수 없듯, 지문을 보고 얼굴을 그려 낼 수는 없는 것과 같은 이치입니다.

해시(hash)

다이제스트를 계산해 내는 데는 '**해시 함수**(hash function, 이하 해시함수)'라는 수학적 암호화 공식을 사용합니다. 해시함수로 계산해 낸 값을 **해시값** 또는 그냥 **해시**라고 하는데, 비밀번호의 다이제스트는 바로 그 해시(해시값)인 것입니다. 그리고 해시 계산을 하는 것을 '**해싱**(hashing)'이라고 합니다. 해시함수란 보통 사람의 머리로는 이해하기조차 쉽지 않은 엄청 복잡한 계산식입니다. 하지만 컴퓨터의 입장에서 그 정도의 계산이란 깜(계산 거리)도 못됨은 물론입니다.

컴퓨터는 세상만사 모든 것을 (스위치의 온·오프에 상응하는) 2진수로 변환하여 다루고 처리하고 기억하고 저장합니다. 따라서 숫자는 물론이거니와 문자나 그림 음악 심지어 동영상에까지도 수학적 계산이나 수학적 알고리즘을 적용할 수 있습니다. 따라서 어떤 형태의 자료(데이터)이든 그것을 해싱하여 그 해시를 구하는 것이 가능합니다 — 컴퓨터 내부적으로는 (문자나 동영상이 아니라) 단지 2진수에 지나지 않기 때문입니다.

{해시함수에는 암호학적 해시함수와 비암호학적 해시함수가 있으며, 암호학적 해시함수에는 MD5, SHA 계열이, 비암호학적 해시함수에는 CRC32 등이 있습니다.} **해시함수는 일방향성(단방향성)의 함수**입니다. 역산(逆算)이 불가능하다는 이야기입니다. **해시함수**는 입력 데이터가 동일할 경우에는 항상 정확하게 동일한 해시를 산출해 내지만, 입력 데이터의 내용 중 단 한자만 달라도 극명하게 다른 해시를 산출해 냅니다. 이를 '**애벌랜**

취(avalanche: **눈사태**) **효과**'라고 합니다 — 데이터의 변조 여부를 한눈에 확인할 수 있게 해 주는 특징이라 하겠습니다. 해시함수 중 하나로 현재 많이 사용되고 있는 'SHA256(또는 SHA-256)'으로 비밀번호 "passwo**r**d"와 "passwo**O**d"의 해시값을 산출해 보았습니다. 이 둘은 단 한자가 다를 뿐이지만 눈사태 효과로 인해 아래에서 보듯 (16진수로 표시된) 그 해시값은 전적으로 다름을 알 수 있습니다.

passwo**r**d의 해시값(다이제스트):
5E884898DA28047151D0E56F8DC6292773603D0D6AABBDD62A11EF721D1542D8

passwo**O**d의 해시값(다이제스트):
AB3456956DAA3A13D9DE565EABC8C0566304A584440D672C053AB2CEBB1F9EB6

해시함수 SHA256은 현재 웹사이트의 비밀번호 다이제스트 계산, 인터넷뱅킹, 비트코인의 작업증명(채굴), 각종 파일의 원본 확인(변조 여부 확인) 등에 사용되고 있습니다.

해시함수는 또한 어떤 형태의 자료이든, 그 길이나 크기에 관계 없이 그 해시는 항상 고정된 비트(bit)의 수로 표시하는 것을 특징으로 합니다. 이를테면 "SHA256" 해시함수로 계산한 해시는 언제나 변함없이 16진수 64자(= 256bits)의 값입니다. 단 한 글자에 대한 것이든 백과사전 한 질에 대한 것이든 SHA256에 의한 그 해시는 항상 16진수 64자입니다. 16진수 64자로 된 해시를 복호화(역산)하여 그로부터 한 질의 백과사전을 복원해 낼 수 있을 턱이 없음은 말할 나위가 없습니다. 즉 **해시함수란 임의의 길이의 데이터를 고정된 길이의 값으로 변환하는 함수**이며, **역산이 불가능**합니다.

아래는 흘러간 팝송 중 하나인 'C.C.R.'이 부른 <Who'll Stop The Rain>의 가사 일부에 대해 SHA256으로 그 해시를 산출해 본 것입니다.

입력 데이터(가사 중 일부):

Long as I remember the rain been comin' down.
Clouds of mystery pourin' confusion on the ground.
Good men through the ages tryin' to find the sun;
And I wonder still I wonder who'll stop the rain.

해시(다이제스트):

6FAE28EB282819E1604568E81ED1EB875BE3244DAF5DA0A281E941B34888669B

위 3가지 예에서 그 해시는 모두 16진수 64자로 되어 있습니다. 10진수 표기에는 0 ~ 9까지의 10개의 숫자가 필요하듯, 16진수 표기에는 0 ~ 15까지의 16개의 숫자(또는 기호)가 필요합니다. 그래서 16진수는 0, 1, 2, 3, 4, 5, 6, 7, 8, 9, A, B, C, D, E, F의 16개의 숫자 및 영문자로 표시합니다. 영문자 a(또는 A)는 10, b(또는 B)는 11, c는 12, d는 13, e는 14, f는 15를 대신합니다. {※ 컴퓨터 프로그래머들은 16진수에 매우 익숙합니다. 16진수 한 자는 4비트(2진수 4자리)에 해당하고, 16진수 2자리는 1바이트(8비트)가 되는 식이기 때문입니다.}

악성 해커들에 의해 흔히 변조되어 유포되곤 하는 컴퓨터 프로그램 파일의 경우, 해당 프로그램의 기능 중 잘 사용되지 않는 부분{routine}을 삭제하고 대신 악성코드를 끼워 넣은 다음, 나머지 잉여 부분에는 필요 없는 문자{filler} 등을 채워 넣어 파일 크기를 감쪽같이 원본과 동일하게 변조하는 것이 얼마든지 가능합니다. 인기 있는 프로그램을 그런 식으로 변조한 것이 웹 사이트들을 통해 널리 확산된다면 큰일 날 일입니다. 그래서 프로그램을 만든 이(또는 기업)의 홈페이지 다운로드 페이지에는 해당 프로그램 파일과 함께 원본의 해시를 게시해 둡니다. 그러므로 (어디에서 내려 받은 것이든) 내려 받은 프로그램 파일의 해시를 산출하여 원본의 해시와 대조하면 위·변조 여부를 쉽게 확인할 수 있습니다. 해시를 계산해 주는 웹사이트나 무료 (무설치)해시 프로그램들은 인터넷에서 쉽게 찾아볼 수 있습니다.

SHA는 'Secure Hash Algorithm(안전한 해시 알고리즘)'의 약자입니다. SHA256은 16진수 64자로 디지털 지문(다이제스트)을 나타내므로, 16진수 64자는 '4비트 x 64자 = 256비트'에 해당합니다. 따라서 SHA-256으로 나타낼 수 있는 디지털 지문의 종류는 2^{256} 가지가 되며, 인터넷 백과사전 나무위키에 의하면 이는 「약 1.158 x 10^{77}가지 경우의 수에 해당한다. 관측 가능한 우주에 있는 모든 원자의 수보다도 크다는 주장이 있다. 따라서 겹칠 가능성은 멀리 떨어진 두 원자가 갑자기 한 곳에서 만나 충돌하는 수준이다.」라고 합니다.

그럼에도 불구하고 "우연"이 겹치고 겹쳐 두 가지 대상이 같은 해시값을 가질 확률이 전혀 없다고 할 수는 없습니다. 즉 백과사전 한 질의 해시와 영화 '아바타'의 해시가 같을 수도 있다는 이야기입니다. 이는 전혀 다른 엉뚱한 비밀번호를 타이핑해도 그 해시가 우연히도 같아서 로그인에 성공하는 경우가 있을 수도 있다는 말이 됩니다. 이러한 경우를 '**해시 충돌**'이라고 합니다.

디지털 포렌식(forensic, 과학수사) 전문가들이 PC나 스마트폰을 **포렌식** 할 경우에도 먼저 데이터 저장 장치의 이미지 백업(☞ *p.132,* **이미지 백업**)을 뜬 다음, 그 이미지 백업으로 포렌식을 진행합니다. 포렌식 중 원본이 변조된 사실이 없음은 원본에 대한 포렌식 전과 후의 해시값을 대조함으로써 간단히 증명됩니다. 이를테면 이메일의 내용 중 단 한 글자나 문장 부호 단 하나만 변경되어도 그 해시는 완연히 달라지게 됩니다. 동영상이나 녹음 파일의 내용 중 단 한 비트(bit)만 변조되어도 마찬가지로 그 해시는 전혀 엉뚱한 값이 되어 버립니다. 포렌식 과정에서 감히 원본의 변조를 도모하는 것이 얼마나 무모한 짓인지에 대해서라면, 그 누구보다도 포렌식 전문가들이 잘 알고 있습니다. {어찌해 볼 수 없는 것이 해시값이라는 사실에 대해서는 비트코인 채굴업자들이 더욱 사무치게 경험하기 마련입니다(☞ *p. 358*), 😁😜.} 해시란 이처럼 위·변조 여부를 간단하고 확실하게 확인할 수 있으며, 아울러 역산이 — 복호화가 — 불가능한 암호화 함수입니다.

해시함수는 현대의 컴퓨팅 환경을 가능하게 해 주고 있는 약방의 감초 같은 성격의 것이어서, 해시함수의 특성을 정리하여 기억해 둘 필요가 있습니다. 다음은 해시함수의 특성을 정리해 본 것입니다.

해시함수는 그 역산이 불가능합니다.

입력 데이터의 길이가 어떠하든 해시의 길이는 일정합니다.

입력 데이터가 단 한 글자만 달라도 그 해시는 완연히 달라집니다.

데이터가 동일하면 그 해시도 언제나 정확하게 동일합니다.

해시 충돌이 일어날 가능성은 거의 없도록 연구된 계산식입니다.

해싱에 컴퓨팅 자원의 소모는 적도록 고안된 수식입니다.

이상과 같은 해시함수의 특성으로, 해시는 비밀번호 암호화 이외에도 다양한 컴퓨팅 수단으로 상용되고 있습니다. {'데이베이스 레코드 키' 항목의 길이가 길거나 임의의 길이를 갖는 경우, 키를 확연히 짧고 고정된 길이의 해시로 변환하여, 그것을 검색 키로 대용하면 검색 속도가 빨라지는 등의 이점이 있으므로 데이터베이스에도 사용되고 있습니다.}

아래 <**비밀번호의 보안 처리에 대한 창과 방패**> 항은 생존을 건, 블랙햇 해커(Black-Hat Hacker, 나쁜 나라 해커, 크래커)와 화이트햇 해커(White-Hat Hacker, 좋은 나라 해커, 보안 전문가)들 사이의, '지적 유희(遊戱)'로 싸우는 혈전(血戰)의 실례(實例)를 요약한 이야기입니다. 그들의 "지적 유희"에 비하면 정치인들의 잔머리는 잔머리도 아닙니다. 그런 그들 간의 혈전이니 꽤나 골치 아픈 내용입니다. 한 성질 하는 분이 아니라면, 못 본 척하고 *p. 279*의 <**비밀번호의 보안 처리에 대한 창과 방패 건너뛰기**> 항으로 바로가기 하는 것이… 건강에 좋을 것입니다.

비밀번호의 보안 처리에 대한 창과 방패

웹서버들이 비밀번호를 (복호화가 가능한 형태로 저장하지 않고) 이처럼 그 해시(다이제스트)만 저장하게 되자, 해킹/크래킹의 고수들은 당연히 잔머리를 굴려서 그 대응책을 마련하게 됩니다.

당장에 떠올릴 수 있는 대응책으로는, 지난 세월 동안 유출되었었던 비밀번호들을 수집해 놓은 '비밀번호 사전'을 구한 다음, '비밀번호 사전'의 각 비밀번호들에 대하여 빠짐없이 그 다이제스트(해시)를 사전(事前)에 미리 계산하여 '비밀번호: 다이제스트'로 된 리스트를, 말하자면 **룩업 테이블**(Lookup table: 검색용 조견표)을 만들어 두는 것입니다. 그리고 해킹한 다이제스트를 룩업 테이블에서 검색하여 동일한 다이제스트(해시)를 찾아내면 해당 해시의 비밀번호 찾기에 성공하는 것이지요. 이러한 수법은 **사전 공격**(Dictionary Attack)이라고 하는 유형의 해킹 기법에 속합니다. 유출된 비밀번호를 수억 ~ 수십억 건 수집해 놓은 "비밀번호 사전"들이야 인터넷 암흑가(다크웹)에서 얼마든지 구할 수 있습니다.

또는 사용 가능한 모든 비밀번호에 대하여 해싱(해시 계산)을 하여 룩업 테이블을 만들어 둘 수도 있습니다. 이러한 유형의 해킹 기법은 **무작위 대입 공격**(Brute Force Attack) 또는 **전수조사**(全數調査) **공격**에 해당한다 하겠습니다. 한데, 영문 대소문자와 숫자 그리고 특수 기호까지 조합한 8자

길이의 비밀번호에 대한 '전수(全數) 룩업 테이블'을 만든다면 '비밀번호: 해시'로 된 룩업 테이블은 그 크기가 줄잡아 243,000 TB(테라 바이트)를 상회합니다. 참고로 영문 입력 상태의 키보드에서 입력 가능한 문자는 스페이스 키를 제외하고 모두 94자입니다. 테이블 크기를 줄이기 위해 영문 소문자로만 된 패스워드나 또는 (특수 기호와 대문자를 제외한) 소문자와 숫자로만 된 8자 패스워드 등을 대상으로 하는 룩업 테이블을 생각할 수도 있지만, 그리해도 기본이 테라 바이트 단위이며, 실용성 또한 그만큼 떨어집니다 — 영문대소문자, 숫자, 특수기호들을 죄다 섞어서 비밀번호를 만드는 것은 해커들을 좌절케 하는 현명함!이자, 자신의 뇌를 학대하는 행위이기도 합니다. 사전 공격이든 무작위 대입 공격이든, 다이제스트를 실마리로 삼는 해킹은 하드디스크의 용량에 비추어 볼 때 실용성이 현저히 떨어짐을 알 수 있습니다. 문제는 저장장치(하드디스크)인 것입니다.

사정이 그렇다 해서 출수(出手)를 단념한다면 "해커"라 할 수 없을 것입니다. 해커들이 누구입니까. 능히 "마른 오징어에서 엑기스를 짜내는" 집요함, 때로는 인간이기도 하고 때로는 귀신이기도 한 그들이 바로 해커들인 것입니다. 그 당연한 결과로 '**레인보우 테이블**(Rainbow Table: 무지개 조견표)'이라는 절초(絕招)가 고안됩니다.

레인보우 테이블이란, '전수 룩업 테이블'을 천분의 일, 만분의 일, 또는 그 이상으로 그 크기를 줄일 수 있는 신출귀몰한 초식(招式)입니다. 검색 가능 건수는 극대화하고 테이블의 크기는 최소화하는 전대미문의 괴초(怪招)인 것이지요. 초식은 해시함수에다 'R(Reduction)함수'라는 새로운 산법(算法)을 추가하는 것이 핵심입니다. 해시를 R함수에 대입하여 계산하면 새로운 비밀번호가 파생됩니다. 물론 이 "새로운 비밀번호"는 비밀번호 작성 규칙에 부합하는 것일 뿐, 그 이상의 의미는 없는 것입니다. 즉 그 실효성은 의문인 비밀번호인 것입니다.

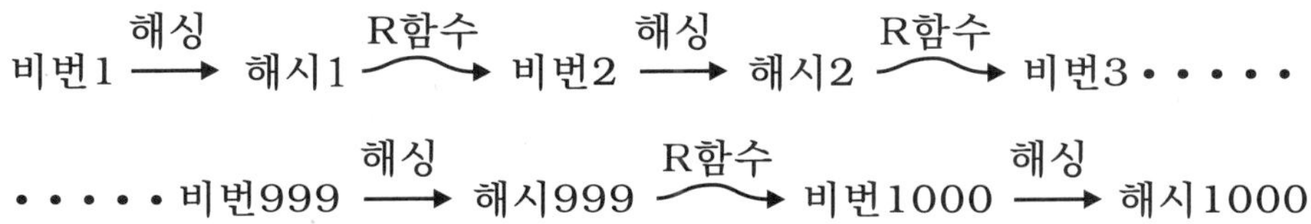

그림13. 레인보우 테이블: 사슬(chain) 형성

그림13에서 보듯 임의의 비밀번호(비번1)의 해시값(해시1)을 R함수로 계산하여 새로운 비밀번호(비번2)를 생성합니다. 이어서 이 새로운 비밀번호(비번2)의 해시(해시2)를 다시 R함수로 계산하여 또 다시 새로운 비밀번호(비번3)를 생성합니다. 이 같은 식으로 하여 비밀번호→해시→비밀번호→해시가 거듭되는 연결을 무수히 만들어 나감으로써 긴 사슬(chain)을 형성하게 합니다. 이처럼 해시를 R함수로 계산하여 새로운 비밀번호를 생성하고, 이 새로운 비밀번호를 해시함수로 계산하여 그 해시를 구하는 식의 계산 방법을 'R→H 함수계산법'이라 부르기로 합니다. 그림13은 임의의 비밀번호 하나(비번1)의 해시를 대상으로 "R→H 함수계산법"을 999회 반복하여 만든, 1000개의 비밀번호와 1000개의 해시가 연쇄적으로 연결된 사슬 하나를 예로 보인 것입니다. 계속해서 마찬가지 방법으로 하여 이 같은 사슬 수천, 수만 개를 만듭니다.

그리고 각 사슬마다, 그 최초의 비밀번호와 그 끝에 해당하는 해시, 이 두 데이터만 추출하여 전체 사슬(수천, 수만 개의 사슬)에 대한 테이블을 만드는데, 이를 **레인보우 테이블**이라고 합니다. 그림13의 사슬의 경우, "비번1"과 "해시1000"만 추출하여 레인보우 테이블에 저장하는 것입니다. 이들을 각기 **시작점**(starting point), **끝점**(endpoint)이라 부릅니다. 사슬의 중간 연결 값(고리)들, 즉 해시1부터 비번1000까지에 해당하는 999개의 해시값과 999개의 비밀번호는 모두 생략해 버리는 것이지요.

그리하여 각 사슬의 시작점과 끝점들만을 집대성하여 테이블을 만든 것이 바로 레인보우 테이블입니다. 가령 그림13과 같이 하여 만든 2000개의 사슬로 레인보우 테이블을 만든다면, 각 사슬의 '시작점:끝점'을 한 쌍의 데이터로 하는 2000쌍의 데이터로 된 레인보우 테이블이 됩니다.

그림13과 같은 사슬들로 레인보우 테이블을 만드는 경우, 검색 가능 건수 대비 테이블의 크기를 '최대' 1000분의 1로 줄일 수 있습니다. {"최대"라는 표현을 사용한 이유는 "false alarm(오경보)"과 같은, 데이터가 중복되는 이례적인 경우가 있기 때문입니다.} 그와 같은 축약(縮約)이 가능한 까닭은 사슬의 시작점만으로 (컴퓨팅에 의해) 해당 사슬을 — 즉, 1000개의 비밀번호와 1000개의 해시값이 꼬리에 꼬리를 무는 해당 사슬을 — 즉각 재현(복원)할 수 있기 때문입니다(컴퓨터로 이 같은 사슬들을 재현하는 것은 순식간입니다).

해킹으로 탈취한 다이제스트로 레인보우 테이블에서 비밀번호를 찾아 내는 방법은 다음과 같습니다. 레인보우 테이블의 끝점들 중에서 '해킹으로 탈취한 다이제스트(해시)'와 일치하는 해시가 있는지 찾아봅니다. 가령 탈취한 다이제스트가 해시999와 일치하는 경우라면, 해시999는 끝점들 중에 없으니 찾는 데 실패할 것입니다. 그럴 경우, 탈취한 다이제스트에 "R→H 함수계산법"을 적용하여 새로이 해시를 생성하고, 레인보우 테이블의 끝점들 중에서 그(새로이 생성한 해시)와 일치하는 해시를 찾아봅니다. 실패하면 또 다시 "새로이 생성한 해시"에 "R→H 함수계산법"을 적용하며 찾는 작업을 계속 반복해 나갑니다, 일치하는 값을 찾을 때까지.

앞서 이 예에서 탈취한 다이제스트가 해시999와 동일한 것으로 가정했으므로, 이에 R→H 함수계산법을 적용하면 해시1000이 생성될 것입니다(그림13). 그리하면 이 해시값(해시1000)은 레인보우 테이블의 첫 번째 데이터 쌍의 끝점과 일치하게 됩니다. 그로부터 데이터 쌍의 시작점을 구해내고, 이 시작점을 이용하여 해당 사슬을 재현(복원)합니다. 그리고 사슬 내부에서 해킹으로 탈취한 다이제스트인 해시999와 일치하는 해시를 찾으면 됩니다. 위 그림13에서 보듯 해시999를 생성한 것은 비번999입니다. 바로 구하고자 하는 비밀번호인 것입니다{ — 또는 해시 충돌에 의해 로그인이 가능한 비밀번호인 것입니다}.

이 같은 방법의 비밀번호 찾기는 탈취한 다이제스트(해시)에다 사슬 만들기에 사용했던 계산법(R→H 함수계산법의 반복)을 그대로 답습해 나가는 것이므로, "R→H 함수계산법"의 반복이 1000회에 도달하기 전에 레인보우 테이블의 끝점들 중에서 일치하는 것을 찾는 데 성공한다면, 해당 끝점과 쌍을 이루는 시작점으로 복원한 사슬의 내부에는 찾고자 하는 비밀번호가 반드시 존재하기 마련입니다. 반면, 그때까지 레인보우 테이블에서 일치하는 끝점 찾기에 실패한다면, 비밀번호 찾기에 끝내 실패한 것이 됩니다. 즉, 찾고자 하는 비밀번호가 해당 레인보우 테이블에 없음입니다.

예를 든 위 레인보우 테이블에서 "시작점:끝점", 이 한 쌍의 데이터는 사실상 1000개의 비밀번호와 그 해시 1000개를 저장하고 있는 셈입니다. 말하자면, 이 레인보우 테이블은 룩업 테이블의 크기를 1/1000로 줄인 셈입니다. 룩업 테이블의 짐(저장 공간)을 컴퓨터 CPU·GPU 쪽의 계산이 대신하게 하는 신출귀몰한 절초(絕招)라 하겠습니다. 마찬가지 요령으로 룩업 테이블의 크기를 만 분의 일로 줄인 레인보우 테이블을 만들 수도 있습니다. 물론 그와 같은 방법으로 크기를 줄인다 해도 쓸 만한 레인보우 테이블의 크기는 TB(테라 바이트) 수준을 가볍게 넘어 가는 것이 보통입니다.

그러니 개인이 만들어 소장할 성격은 못 된다 하겠습니다 — 주로 해커 그룹이나 포럼(forum), 또는 크래킹(악성 해킹)을 전문으로 하는 어둠의 기업들이 서버에 저장해 두고 사용합니다.

임의의 비밀번호들을 대상으로 사슬을 만들고 그 사슬들의 "시작점:끝점"들을 집대성하여 레인보우 테이블을 만들다 보면 다음과 같은 문제로 '골 경련'을 경험하게 됩니다.

"비번1:해시1000, 암호1:암호1000, 극비1:극비1000, 패스워드1:패스워드1000, 몰라1:몰라1000, 비번4:해시1004, ……"와 같이 데이터가 집대성된 레인보우 테이블에서 "비번1:해시1000"으로 복원되는 사슬의 4번째 비밀번호인 "비번4"가 "비번4:해시1004"의 시작점이 되고 있습니다. 이와 같은 경우 이들 두 사슬을 복원했을 때 997개의 비밀번호가 서로 겹쳐 중복됩니다. 말하자면 금싸라기 땅(저장 공간)이 그만큼 낭비되는 것입니다. 해커들이 누구입니까. 이 같은 문제를 결코 그냥 넘길 성격들이 아니지요. 그래서 당연히 문제 해결의 괴초(怪招)들을 고안하여 비급으로 남겼지요. 한데 애석하게도 그 괴초들에 대한 소개는 생략하지 않을 수 없습니다. 독자들의 정신건강을 염려하지 않을 수 없거든요! 주화입마(走火入魔)의 위험이 있음입니다.

"레인보우 테이블"이라는 해킹용 창이 등장하자, 보안 전문가들은 그에 질세라 비밀번호에다 소금으로 간을 친 다음 해시함수를 적용하는 식의 강화된 방패를 널리 알리고 배포합니다. 방패를 "강화"한 초식의 내용인 즉, 비밀번호의 앞이나 뒤 또는 그 중간에 "**솔트**(Salt)"라고 하는 '임의의 문자열'을 추가한 다음 해싱을 하는 것입니다. 이를테면 다음과 같은 식입니다.

비밀번호 "password" 뒤에 임의의 문자열(솔트) "rethAkBulciuck6"

를 추가하면 애초 8자였던 "password"는 "passwordrethAkBulciuck6"과 같이 23자의 비밀번호로 그 길이가 늘어나게 됩니다. 이때 추가된 솔트는 해당 아이디에 다이제스트와 함께 수록·저장되어 로그인 시 인증(디지털 지문 비교, 해시 비교)에 사용됩니다. 또한 아이디마다 각기 다른 솔트 값을 적용하는 것이 이 초식의 핵심입니다. 그리하여 가령 해시함수 'SHA256'으로 처리하면 다음과 같이 됩니다.

passwordrethAkBulciuck6의 다이제스트(해시):
7877025304D5FBBECB55BF4DE0D6FC81D216ACC56666FF485E2C4580DDF25D55

솔팅(Salting, 소금 치기)은 일견 레인보우 테이블을 무력화하기에 충분한 묘수로 보입니다. 적어도 이론상으로는 그렇습니다. 아이디마다 소금값을 달리하므로 단순히 해시값을 참조하여 찾아낸 비밀번호들이란 소용이 없습니다. 그러나 솔팅에는 해커들의 심기를 심히 불편하게 만드는 도발적 요소가 없지 않습니다.

다이제스트를 탈취했다는 것은 이미 해당 서버 시스템에 대한 해킹에 성공했음을 의미합니다. 다이제스트는 시스템의 관리자 권한이나 루트 권한을 가진 자라야만 접근이 가능한 데이터이기 때문입니다. 그러므로 다이제스트를 탈취했다면 그와 함께 (공격 대상 아이디의) 솔트까지도 탈취했음을 의미합니다. 그러니 솔팅(소금치기)이란 일견 강력해 보이나, 기실은 해킹에 드는 컴퓨팅 소요 시간만 조금 더 늘여 놓는 효과에 지나지 않습니다. 솔트를 적용하지 않았을 때보다는 해킹 업무(?!)에 얼마간 불편이 따르는 것은 사실이겠으나, 문제는 작금에 이르러 CPU에 GPU까지 합세하는 병렬 컴퓨팅의 성능이 보안의 앞날을 장담하기 어려울 만큼이나 진화해 버렸다는 점입니다.

게다가 해커가 누구입니까. 마른 오징어에서 엑기스를 짜내는 그들이 아니겠습니까. 사정이 그러하니, 크래킹의 실행 여부는 '공격 대상 인물이나 기업이 돈이 되느냐?'의 문제일 뿐으로, 비익비(費益比)의 문제일 뿐으로 생각되는 측면이 없지 않습니다. 만일 크래킹 작업에 드는 인건비를 훨씬 상회하는 수익성이 기대된다면 어둠의 xx회사 또는 xx조직의 CEO는 기꺼이 O.K.! 사인을 낼 것입니다.

이 시대는, 웹이 등장하기 이전의 과거 시절 {텔넷(telnet), 고퍼(gopher), 뉴스 리더(ex. tin) 등을 사용하여 인터넷을 기웃거리던 시절} 그랬던 것처럼 외로운 늑대가 곰팡내 나는 음습한 골방에서 IBM PC 앞에 홀로 앉아 자족감이나 실력 과시를 위해 또는 학구적 열정으로 해킹에 골몰하곤 했었던 그런 분위기의 세월이 아닌 것입니다. 전문성을 띤 해킹은 대개 (보안을 목적으로 하는 화이트햇의) 보안회사를 비롯하여 (크래킹을 목적으로 하는 블랙햇의) 검은 기업이나 또는 (정보기관 등의) 빅·브라더(Big Brother)와 그 하부 기구의 형태를 갖춘, 자본과 인력을 갖춘 조직들에 의해 수행되고 있음입니다. 인터넷의 급속한 상업화를 촉발했던 웹의 영향력이 인터넷의 지하 세계에도 그대로 미쳐 거대한 지하 경제가 형성되었음에 유의해야 합니다. 인터넷의 숨겨진 민낯입니다. 게다가 거래 당사자 추적(IP 추적)이 불가능한 암호화폐(가상화폐)까지 등장하여 인터넷 암흑가의 금전 거래에 물꼬를 터 주기도 했습니다.

세월이 이러하니, 다이제스트를 꼬투리 삼아 잔머리 굴려서 어떻게 해서든 수익을 챙기려 드는 검은손들의 영업 의지를 꺾어 놓기 위해, 보안 전문가들은 좀더 머리를 싸매야 할 필요가 있었습니다.

그리하여 이중, 삼중… 수천 번에서 수만 번에 달하기까지 다중으로 해시함수를 거듭 적용하여 최종 다이제스트를 산출해 내는, 다시 말해 해시값을 해싱하고 그 해시값을 다시 해싱하기를 수천 수만 회 거듭 되풀이하여 최종 다이제스트를 산출해 내는 식의 '**키 스트레칭**(key stretching)' 기법을 상용하게 되었으며, 그것으로도 성에 차지 않은 나머지 크래킹에 소요되는 인건비를 대폭 증가시킬 수 있는 보다 복잡한 레시피들을 고안하여 권장하게끔 되었습니다. 말하자면 솔팅과 키 스트레칭을 거치고 게다가 {GPU의 병렬 연산 기능을 이용하기 어렵게 만드는} 양념도 치고, 조리 과정 또한 다양화함으로써 입맛에 따라 조리법까지 선택할 수 있게 한 — 보안의 강도를 선택할 수 있게 한 — 다이제스트 산출 레시피를 표준화하게 되었습니다. {다이제스트 산출을 위한 "실용 키 파생 함수(Adaptive Key Derivation Function)"로서의 표준 알고리즘으로 PBKDF2, bcrypt, scrypt 등의 사용이 권장되고 있습니다.} 그러므로 비밀번호 해싱 처리가 매뉴얼대로 되어 있는 웹사이트라면 다이제스트나 솔트값이 해킹되더라도 당장 위험하지는 않습니다. 해커들은 해당 다이제스트에 합당한 비밀번호를 찾기 위해 수십억 건의 복잡 무쌍한 비밀번호 테스트를 진행해야 하기 때문입니다.

비밀번호의 보안 처리에 대한 창과 방패 건너뛰기(*p. 270*에서)

이상에서 살펴보았듯 "httpS" 프로토콜이 채택된 이후, 시스템상으로는 인터넷 사용자들의 데이터가 암호화되어 전송되고 저장됨으로써 충분히 잘 보호되고 있습니다. 그럼에도 불구하고 근년에 이르러서까지도 비밀번호를 비롯한 개인정보의 대량 유출 사고가 끊이지 않고 있음은 그것이 시스템상의 문제로 인한 것이 아님을 말해 줍니다. 달리 말해 그것은 주로 양심과 관련한 문제라는 것을. 어떻게 해서든 고객들의 신상 정보를 돈벌이에 다양하게 활용할 속셈으로 암호화하지 않거나, 또는 필요 시 복호화가 가능하도록 저장하고들 있기 때문인 것입니다. 사고 원인으로 흔히 거론되곤 하는 것 중 하나가 바로 이른바 "제휴(협력) 업체" 간 각기 보유하고 있는 고객 정보를 서로 공유하기 위해 암호화하지 않은 개인정보를 따로 저장하고 있다가 해킹 당하는 경우입니다. 양심에 털 난 인터넷 거대 기업들 적지 않습니다. 털😜의 민낯이라 하겠습니다.

예로부터 개인정보 유출을 대수롭지 않은 일로 여기는 악명 높은 기업으로 네티즌들의 뇌리에 각인되어 있는 기업이 있습니다. 페이스북(2021년 '메타'로 개명). 이 기업의 개인정보 유출 사고는 사뭇 상습적입니다. 지면 아까워 일일이 거론하지 못합니다. 관심 있는 독자께서는 구박사에게 "페이스북 개인 정보 유출"로 하문해 보시길. 줄줄이 쏟아지는 그 검색 결과를 눈요기할 수 있겠습니다. 이 기업이 비밀번호를 해시 처리하고 그 밖의 개인정보 역시 암호화한 것으로만 저장하노라고 강변한다면 지나가는 꼴뚜기가 웃을 일입니다. 페이스북의 비밀번호는 특별 관리가 요망됩니다. 페이스북에 사용하는 비밀번호를 다른 웹사이트에도 사용하는 것은 금물입니다. 페이스북에 사용하는 비밀번호는 이미 다크웹에서 도매금으로 거래되고 있는 것으로 간주하는 것이 정신 건강에 도움이 된다 하겠습니다.

게다가 이 같은 유의 양심 불량을 비단 페이스북에만 한정해서는 안되는 것이, 근년에 이르러 수억 건을 상회하는 기업들의 개인정보 관련 데이터 유출 사고가 비일비재하니 말입니다. 그 유출 건수만으로도 굴지의 기업들임을 짐작할 수 있는 일입니다. 이 노구는 그것이 개인정보 암호화에 있어서의 시스템 상의 취약점에 기인하는 것으로는 결코 생각하지 않습니다. 돈벌이에 눈이 뒤집힌, 해당 거대 기업의 임원이나 직원들의 양심에 난 털이 문제인 것입니다. 양심에 털이 난 이들에게 개인정보란 현찰입니다, 건당의 단가로 계산되는.

생체인증 수단의 민낯

텍스트 형태의 수십억 건에 달하는 크리덴셜이 현재 인터넷 암흑가(다크웹)에서 거래되고 있듯, 지문 홍채 안면 등의 생체 인증정보 역시 그리 되지 말란 법은 없습니다. 비밀번호가 유출되면 그 즉시 변경하여 추가 피해를 막을 수 있습니다. 그러나 생체 인증정보(생체 패턴 데이터)가 유출되면 대책이 없습니다. 그 즉시 성형 수술이나 장기 이식을 해 버리면 되는 것 아니냐고요? . 뭐, 그럴 수도 있겠죠.

비밀번호 인증에다 생체인증이나 휴대폰을 통한 인증 등을 추가하여 **다중인증**(MFA, ☞ *p. 237*)을 사용하는 것은 보안을 위해서 매우 바람직하며, 엄격한 보안이 요구되는 금융 거래 등에는 다중인증이 필수입니다. 그러나 그중 생체인증의 사용에는 각별히 조심해야 할 점들이 있습니다. 아직은 그 실례가 없는 가정일 뿐이긴 합니다만, 생체인증만으로 노트북이나 스마트폰 등의 모든 기능을 사용하거나 웹사이트의 로그인을 생체인증만으로 하는 경우를 가정해 본다면, 우연한 일로 사법 당국에 체포되는 불운이 발생했을 때에 그 "편리함"의 의미를 다시 새기게 될 것입니다. 애써 잔머리 굴릴 일조차 없을 테니까요.

수사관은 힘들게 심문하여 비밀번호를 알아내려 수고할 필요가 없지요. 단지 용의자를 잠재우거나 강제하여 손가락을 지문 인식기에 갖다 대거나, 또는 용의자의 얼굴을 스마트폰의 안면인식기에 들이밀기만 하면 됩니다. '한입베어먹은사과사(社)'에 용의자 아이폰의 잠금 해제를 강요하거나, 거금을 들여 셀레브라이트사에 비밀번호 해제를 의뢰하거나, 그보다 저렴한 그레이키(☞ *p. 192*)를 1만 5,000 달러 주고 구입하거나, 또는 야만스럽게 몇 날 몇 일 입씨름해 가며 (비밀번호를 불라고) 용의자를 구슬리고 윽박지르고 할 필요가 없는 것이지요. (※ 자신의 금융 및 사생활 정보 영역에 대한 접근에 대해서는 반드시 **비밀번호를 기본으로 하는 다중 인증 옵션**을 사용해야 합니다. ※ ☞ *p. 237*, **스마트폰의 문자 인증만으로 이체가 가능한 앱**을 이용한 거액 탈취 사례.)

지문은 술잔 등에서 얼마든지 비밀리에 채취될 수 있고, 홍채나 얼굴 역시 몰카에 얼마든지 노출될 수 있습니다. 얼굴의 3D(입체) 촬영 기법 역시 특정 스마트폰의 카메라만이 가능한 묘수는 아닙니다. 그리고 (해싱 전 텍스트 형태의) 아이디와 비밀번호에 대한 해킹이 불가능이 아니듯 생체인증 정보(패턴 정보) 역시 해킹 불가능의 대상일 수는 없습니다. 그럼에도 불구하고 아직 생체인증과 관련한 대형 사고가 터지지 않고 있는 까닭은 첫째, 비밀번호 입력을 기본으로 하고 있기 때문입니다 — 스마트폰을 켜면 반드시 비밀번호 입력을 요구합니다. 둘째, 생체 인증정보가 사용자의 기기{로컬 보안 구역}에만 저장되고 있기 때문이라 할 수 있습니다.

만일 생체 인증정보가 웹사이트에 저장되는 로그인 방식이 널리 사용되기 시작한다면 갖가지 사고의 발발은 시간 문제일 것입니다. (삼성이나 애플은) 생체인증 관련 정보를 스마트폰 내부의 특정 '하드웨어 보안 모듈{로컬 보안 구역}'에만 저장해 두는 묘수를 구사합니다. 해커가 생체 인증정보에 접근하기 위해서는 사용자의 스마트폰을 입수하여 '**리버스 엔지니어링**(역설계, 역공학 ☞ *p. 122*)'으로 해당 모듈(칩, chip)을 직접 해킹해야 합니다{윈도우 11에서 PC의 하드웨어 사양으로 플루톤(Pluton)칩을 도입하게 된 이유이기도 합니다}. 스마트폰을 사용하기 위해 사용자가 지문을 갖다 대면, 스캔된 지문은 즉시 스마트폰 내부의 해당 모듈로 보내어집니다. 그리고 모듈에서 저장되어 있는 지문 정보와 대조하는 식입니다. "하드웨어 보안 모듈"에는 모듈 외의 그 어떤 소프트웨어나 시스템도 접근할 수 없게 되어 있습니다. 심지어 스마트폰의 OS(운영체제)조차도 접근하지 못합니다. 그러므로 (갤럭시나 아이폰의) 생체인증 방식은 당연히 인증정보가 개별 기기(스마트폰)에만 제한되는 한계를 가지며 그것이 최선의 방법으로 생각되기도 합니다.

신원 인증이 필요한 경우가 급격하게 증가할 수밖에 없는 4차 산업혁명의 시대적 상황인지라, 생체 인증이란… 인증 수단으로서 (비밀번호와는 달리) 사용자가 암기의 고통을 겪지 않아도 되고 타이핑의 수고를 하지 않아도 되는 신통방통한 편리함으로 인해, 그 편리함만을 이용하려 드는 얄팍한 상술이 만연하게 될 것이 우려되기도 합니다. 하지만 잊어서는 안되는 사실! 생체 인증정보(패턴 데이터)가 '하드웨어 보안 모듈{로컬 보안 구역}'에서 탈출하는 순간, 성형 수술이나 또는 타인의 생체로 이식을 하지 않는 한, 되돌릴 수 없는 상황이 전개되어 버린다는 것입니다. 생체 인증이 되어 있는 스마트폰 등의 기기로부터 신원확인만을 간접적인 방법으로 공유하는 경우라면 문제될 것이 없겠습니다만, 생체 인증기법 자체를 인터넷 상에서 사용한다면 뒷일을 감당할 수 없는 상황을 맞게 될 것입니다.

작금에 벌어지고 있는 실제 사례들을 두고 볼 때, 수사관들의 집요한 디지털 포렌식 열망으로부터 끝끝내 **아이폰을 지켜 낸 최후의 보루는** {터치ID나 페이스ID가 아니라} 언제나 다름 아닌 '**비밀번호**'였습니다.

"생체 인증이 되어 있는 스마트폰 등의 기기로부터 신원확인만을 간접적인 방법으로 공유하는 경우"란 이를테면 SSO(Single Sign-On, 통합 인증) 방식을 사용하는 것이 그 일례가 되겠습니다.

SSO(Single Sign-On, **통합 인증**) 방식이란, 흔히들 이를 두고 "**소셜 로그인**"이라고 합니다만, 다음과 같은 것입니다. '청와대 국민청원 게시판'에서 어떤 청원 내용에 대하여 동의하기를 원한다면 로그인을 해야 그것이 가능합니다. 그래서 해당 청원 글 아래의 **{동의}** 버튼을 누르면 통상적인 로그인 창 대신에 "**SNS 간편로그인**"이라는 창이 제시됩니다. 창에는 '네이버 계정으로 로그인', '트위터 계정으로 로그인, '페이스북 계정으로 로그인', '카카오 계정으로 로그인', 이 네 가지 로그인 방법이 메뉴로 나열됩니다. 그중 한 가지를 선택하여 클릭하면 해당 사이트의 로그인 창이 열리며, 그리하여 해당 사이트에 로그인하면 됩니다. 그것으로 **{동의}** 버튼을 누른 사람은 자신이 로그인한 웹 계정의 신원정보를 청와대 웹서버가 공유해도 좋다는 허락을 한 셈이 됩니다. 그리하여 청와대 웹서버가, **{동의}** 버튼을 누른 사람의 신원을 확인하는 과정은 간단히 끝납니다{물 밑에서 오쓰(OAuth)나 냅(GNAP: Grant Negotiation and Authorization Protocol)에 의해 관련 웹서버 간 사용자 인증정보의 공유가 이루어졌기 때문입니다}. SSO 인증은 신뢰할 수 있는 웹사이트 한 곳의 계정에 로그인하는 것으로, 계정을 따로 개설하지 않은 웹사이트들을 이용할 수 있어서 편리할 뿐만 아니라 보안에도 유리한 측면이 있습니다. 많은 웹사이트들이 SSO 인증 방식을 지원하는 이유입니다.

현재 쇼핑몰이나 금융 거래 등에서 흔히 다중 인증의 한 가지 방법으로 사용되고 있는 스마트폰에 의한 사용자 재확인 역시 {비록 오쓰(OAuth)나 냅(GNAP) 등의 프로토콜에 의한 것은 아니나} 일종의 SSO 인증 방식이라 할 수 있습니다 — 또는 SSO 인증에 사용 가능한 인증 방식이라 할 수 있습니다. 말하자면 생체 인증을, 그 신뢰성을 간접적으로 공유하는 인증 방식인 것입니다. 이를테면 웹서버가 고객의 스마트폰에 생년월일을 입력해 달라는 문자를 보내고 고객은 스마트폰에 자신의 생년월일을 입력함으로써 "사용자 재확인"이 완료됩니다. 이는 고객이 자신의 생체 인증정보를 가진 해당 스마트폰의 소유자임을 증명하는 것이 되므로, 간접적으로 생체 인증정보에 의한 신원확인을 공유하는 것이 됩니다. 그러므로 '생체 패턴 데이터' 자체를 웹서버가 직접 이용하는 것은 아닌 것이며, 고객의 '생체 패턴 데이터'가 인터넷에 올려질 리도 만무합니다. 그러나 생체 인증에 의해 신원확인이 되고 있음에는 이론의 여지가 없습니다. 인터넷에서 생체 인증정보에 의한 신원 확인을 필요로 하는 경우가 있다면, 이처럼 간접적인 공유 방법을 이용하는 것이 후환을 피하는 현명한 방법이라 하겠습니다.

지문, 얼굴, 홍채 등의 생체 패턴 정보들은 한 번 유출되면 그 피해를 수습하기란 불가능합니다. 대량의 생체 인증정보를 유출한 기업은 과도한 손해 배상으로 분해되어 버리기 십상일 것입니다. 생체 인증정보를 감히 네트워크 상의 웹서버에 저장하려 덤벼서는 아니 될 것입니다. 눈앞의 이익을 탐하여 '생체 인증정보(생체 패턴 데이터)'를 대상으로 하는 경거망동은 금물이라 하겠습니다.

이미 이야기한 바 있듯 생체 크리덴셜은 술잔, 몰래 카메라 등을 통해 손쉽게 훔칠 수 있을 뿐만 아니라 재사용도 가능합니다. 그럼에도 불구하고 생체 크리덴셜을 도난 당한 사람은 생체 인증정보를 부인할 방법이 없습니다 — 훔친 지문을 전사(傳寫)해 놓은 범죄 현장 술잔의 지문에 대하여, 해당 지문의 당사자는 그것이 자신의 지문이 아니라고 부인할 방법이 없음입니다, 확고한 알리바이를 대지 못하는 한. 게다가 (생체 크리덴셜의) 악의적인 재사용 또한 막을 방법이 없거나 또는 있다 해도 번거롭고도 복잡할 것입니다. 그러므로 '생체 인증정보'란 철통 같이 보안이 확고한 '하드웨어 보안 모듈{로컬 보안 구역}'을 벗어나는 일이 결코 없어야 합니다. {하지만 그렇다 해도 "하드웨어 보안 모듈(로컬 보안 구역)"이 역 엔지니어링에 의

해 해킹될 여지는 여전히 남아 있습니다. 그러하나, 그리하자면 적잖은 인건비가 들게 되므로 경제성이 없다면 시도하지 못합니다. 그보다는 카페의 술잔에서 채취할 일입니다.} '지능형 지속 공격(APT)'의 대상이 될 수 있는 신분이라면 생체 크리덴셜의 보안에도 각별히 유의해야 합니다.

불가항력적인 상전벽해의 변화 ◔◔

'**인터넷 쇼핑몰 + 택배**'에 의한 쇼핑의 혁명적 대세 변화는 '발품 가게'들을 초토화시키면서 상권을 재정의해 나가고 있습니다. 게다가 근래에 와서는 코로나19 팬데믹에 대한 비대면 처방까지 대세 변화에 가세하고 있는 형편입니다. 과거 골목 상권을 짓밟았었던 대형 마트들마저 그로 인해 존폐의 위기로 내몰리기도 하고, 생수나 휴지까지도 인터넷으로 구입할 정도가 되었으니. 발품보다는 '스마트폰 **+** 택배'가 편하고, 가격 또한 대개는 (택배비를 감안해도) 인터넷 쪽이 더 저렴할 뿐만 아니라 상품의 종류나 가지 수도 훨씬 많고 다양합니다. 비단 쇼핑 관습에 있어서뿐만 아니라 현 사회의 다방면에서 일어나고 있는 이 같은 급격한 대세 변화는 머잖아 인간의 사회적 연결 고리의 대부분이 현실 세계에서 사이버 세계로 이전되고 말 것임을 암시하는 듯합니다. 메타버스(☞ *p. 295*)가 가시권에 들어오고 있음입니다.

5세대(5G) 무선통신 환경

"5세대(5G) 무선통신 환경에서는 상상을 뛰어넘는 또 다른 신(新)세계를 경험하게 될 것입니다. 우리가 원하든 원하지 않든 새로운 시대는 그렇게 다가오고 있습니다."라고 이야기하고 싶습니다만, 유감스럽게도 그것은 머나 먼 희망 사항일 뿐입니다.

5G 무선통신의 시대는 미필적 고의에 의한 사기로 그 문을 열었습니다. 정부도 기업도 합심하여 국민을 속여 먹고 있음입니다. "5G는 4G보다 20배나 빠르고 응답 지연(Latency) 시간은 1 ms(천 분의 1초)에 지나지 않아 4G보다 120배나 빠른 응답이 가능할 뿐만 아니라, 단위 면적당 4G에 비해 최대 100배나 많은 연결 장치를 지원한다"고 나발을 불어 대며 5G 무선통신의 시대를 열었습니다만, **그 민낯은 처참합니다**.

2019년 현재 국내 이동통신사들은 (과학기술정보통신부로부터 경매를 통해) 5G 통신용으로 할당 받은 3.5㎓와 28㎓ 주파수 대역 중에서 3.5㎓ 주파수 대역의 기지국만을 설치하고 있습니다. "세계 최초로 5G 상용화" 타이틀을 획득했다는 2019년 4월 현재까지도 28㎓ 주파수 대역을 지원하는 모뎀칩조차 공급되고 있지 못한 형편이어서, 2019년 출시되고 있는 국산 5G 스마트폰은 모두 3.5㎓만 지원됩니다. 그리고 나중에 28㎓ 대역이 지원되면 그때 가서, 5G다운 5G를 원한다면, 스마트폰을 다시 구입해야 할 것입니다.

3.5㎓는 그 속도가 4G(4세대, LTE) 이동통신의 3 ~ 4배 정도에 지나지 않으며, 기존 4G LTE 망에 의존해야 하는 {비단독모드(NSA Mode, Non Standalone mode)의} 5G로는 그나마 3 ~ 4배 정도의 속도조차도 기대하기 어렵습니다. 이러한 사실에 대하여 정부도 기업도 명백히 알고 있습니다. 그럼에도 이름만 5G일 뿐인 진실에 대해서는 침묵하고 미래의 환상만으로 바람을 잡고들 있는 것입니다. 하지만, 3.5㎓ 대역도 5G 통신으로 간주되므로 거짓말을 하고 있는 것은 아닙니다. 그렇다 해도 26, 28, 38, 60㎓ 등의 밀리미터파 주파수에서나 가능한 성능을 당장 실현할 것처럼 과대포장하는 것은 미필적 고의성의 거짓이 아닐 수 없습니다. 앞으로도 상당기간 동안 이름만 5G일 뿐인 현실이 지속될 것입니다.

5G의 진면목은 28㎓(또는 24 ~ 86㎓) 주파수 대역 지원과 아울러, 기존 4G LTE 망에 의존하지 않는, 5G 단독모드(SA Mode: Standalone Mode)의 망이 구축되고 충분한 수의 기지국 등 관련 인프라(기반 시설)가 제대로 구축되었을 때나 가능한 이야기입니다.

5G가 LTE(또는 4G)처럼 대중화되기까지는 적어도 앞으로 몇 년쯤은 더 걸릴 것으로 보입니다. 예상컨대 5G 스마트폰의 경우, 앞으로 수 년 간의 과도기에는 기기 가격과 통신료는 비싸고, 고속 기능을 갖추느라 발열은 심하고 배터리는 빨리 닳아 버릴 것이며, 그나마 인프라가 충분히 갖추어질 {만족스런 커버리지의 기지국들이 설치되고, 아울러 28㎓ 주파수 대역에 의한 SA(5G 단독) 모드 방식으로 운용될} 때까지는 이름만 5G일 수밖에 없습니다. 5G 스마트폰은 발열이 과도해지면 그로 인해 {쓰로틀링(throttling) 현상을 일으켜} 사용 중 LTE(4G)로 전환됩니다{※ '4G + 5G'라 할 수 있는 NSA(Non Stand Alone: 4G겸용 5G) 방식을 사용하여 서비스되기 때문입니다.}.

과거 휴대폰 환경이 2G, 3G에서 LTE(4G)로 바뀌자 사람들은 엄청난 변화를 실감했었습니다. 자연스런 영상통화라든지 빠른 동영상 내려 받기를 비롯해서 휴대폰으로 인터넷을 PC와 다를 바 없이 사용할 수 있게 되었었습니다. 휴대폰은 명실상부한 스마트폰으로 변신했었습니다. 그런데 5G는 그와 같은 "변화"나 "변신"의 정도가 아니라, '천지개벽'의 미래를 열어갈 잠재력을 가지고 있습니다. 그러나 그러한 진화의 과정이 과거 3G에서 LTE로의 전환 때와 같이 매끄럽지는 못할 것입니다.

5G 통신 인프라 구축에는 만만치 않은 난항을 겪게 될 소지가 다분합니다. 무엇보다도 사람들로 하여금 그 "천지개벽"을 실감할 수 있게 해 줄 킬러 앱(Killer Application)이나 킬러 콘텐츠가 준비되어 있지 않기 때문입니다. 킬러 소프트웨어나 킬러 콘텐츠가 제때 등장해 주지 못한다면, 통신사들은 손익을 따져 가며 5G 인프라 투자에 머뭇거리게 될 것이고, 따라서 명실상부한 5G 시대의 도래는 상당 기간 신기루로 남아 있을 가능성이 없지 않습니다. 명실상부한 **5G 인프라의 구축에 대한 열쇠는** 정부가 쥐고 있는 것도 아니며, 관련 업체들이 쥐고 있는 것도 아닙니다. 5G가 아니면 안되는 **킬러 앱, 킬러 콘텐츠가 쥐고 있음**입니다.

4G의 경우, 고화질의 일본산 AV(성인용 비디오)물 홍수를 필두로 각종 SNS관련 앱이라든지 유투브, 인터넷 동영상 게임, 인터넷 뱅킹, 인터넷 쇼핑몰 등등, 4G를 사용할 수밖에 없도록 만드는 킬러 앱이나 킬러 콘텐츠들이 이미 존재하고 있었거나 지체 없이 쏟아져 나왔었습니다. 그러나 5G에 걸맞은 킬러 앱·콘텐츠들이 등장하기 위해서는 그 개발에 '5G 환경'이 필수적입니다. 다시 말해 '5G 환경'이 갖추어져 있어야 비로소 본격적인 관련 앱 및 콘텐츠의 개발도 가능해지는 특수성이 있다는 이야기입니다. 즉, 28 ㎓ 지원 기지국 및 관련 인프라가 제대로 구축된 이후부터의 '상당한 개발

기간'이 필요하다는 것이지요. 5G에 걸맞은 킬러 앱이나 콘텐츠라면 클라우드 기반의 4K ~ 8K 초고화질의 비디오 게임이나 대화식 쌍방향성 스포츠 중계, 각종 인공지능 서비스, '가상 세계여행' 등 초고화질의 가상현실 서비스, 가상현실·증강현실·혼합현실을 활용한 각종 인터넷 쇼핑센터나 백화점, 메타버스, 자율주행, 각종 로봇이나 스마트 사물기기 등등과의 관련이 필수적입니다.

사정이 이러해서 '얼리 어답터(Early Adopter)'들 중에는 5G 서비스에 대하여 상당 기간 불만을 토로하게 될 이들이 적지 않을 것입니다. 비싼 돈 주고 5G 폰을 구입하고 비싼 통신요금까지 치르면서도 할 수 있는 것이라고는 LTE 폰의 그것과 차이를 크게 느낄 수 없을 테니까요. 고작해야 넷플릭스나 유투브 정도에 머무는. 현재 상황에서는 LTE 폰만으로도 충분하다 못해 넘칠 지경이지요. "얼리 어답터", 이분들 그런 점에서 참 고마운 이들입니다. 무릇 새로운 것이 등장할 때는 어딘가 미숙한 구석이 있기 마련입니다. 얼리 어답터들이 그 "미숙한 구석"을 보완하여 안정화시킬 수 있도록 필드 테스터(field tester)도 되어 주고 자금 공급원도 되어 주기 때문에 이후 많은 사람들이 그 혜택을 누리게 됩니다.

참고로, 3.5 ㎓, 6 ㎓, 24 ~ 86 ㎓ 대역 등의 고주파 대역일수록 전파의 회절성(回折性)이 떨어져 도달거리가 짧기 때문에 기지국을 촘촘하게 구축해야 합니다. 그래서 5G 통신망에서는 "스몰셀"이라고 부르는 저전력의 소형 기지국을 250 ~ 300m 간격으로 그물망을 형성하듯 설치합니다. 그리고 빌딩 숲 도심에서는 신호 도달 거리가 더 짧아지므로 별도의 중계기를 {그리고 트래픽(통신량)이 몰리는 건물 내부에도 인빌딩 중계기를} 추가해야 합니다{※ 실내에서는 신호가 약하거나 연결이 안될 수도 있습니다. 그럴 경우 실내에 마이크로셀(Microcell)이나 리피터(Repeater), 또는 안테나를 설치하는 방법으로 문제를 해결해야 합니다.}. 그리고 기지국이나 중계기가 (오른손잡이) 통화자의 왼쪽이나 뒤쪽 방향에 위치하고 있어서 (고주파의 회절성 부족으로 인해) 전파가 통화자의 몸을 통과하여 스마트폰에 전달되는 경우, 빔포밍(Beamforming: 전파 빔을 단말기에 집중하여 쏘아 주는 기술) 지원이 원활하지 못하다면 통화질이 현저하게 나빠질 수도 있습니다. 물론 이때 통화자가 몸을 돌려 스마트폰에 전파가 직접 닿게 하면 당연히 통화질이 회복됩니다.

"스몰셀" 기지국의 출력이 낮은 데다 소형이어서 건물과 전신주 등에 보다 쉽게 부착할 수 있긴 하지만, 온갖 장소에 수많은 이들 기지국들을 설치하도록 건물주들을 설득하는 것은 결코 녹녹한 문제가 아닐 것입니다. 게다가 전자파를 우려하는 '님비(지역 이기주의)'라는 장애물도 있습니다. 5G 전자파의 유해성을 경고하는 학계의 주장 또한 만만치 않기도 합니다. 특히 전파를 스마트폰에 집중해 쏘아 주는 빔포밍(Beamforming) 기술에 대한 우려가 그렇습니다. 5G 무선통신 환경이 진면목을 보이기 위해서는 앞으로 적어도 수년이 걸릴 것으로 생각되는 이유입니다.

하지만, 늦어지기는 할지라도 5G에 의한 "천지개벽"은 실현될 것입니다. 5G에는 5G 환경의 선점에서 비롯되는 다방면에 있어서의 승자독식이라는 수혜(受惠)가 따르게 될 것이고, 그에 대한 염려에 기인하는 국가 간의 사활을 건 경쟁이 필연이며, 5G 환경은 그 자체로 쩐(錢)의 전쟁터이기도 할 것이기 때문입니다. 그래서 5G 환경의 그 "천지개벽"에 대하여 조금 이야기해 보도록 하겠습니다.

그 기간을 예단할 수 없는 수년의 과도기가 지나고 나면, "무시무시한 속도", "초저지연성", "초연결성"으로 요약되는 5G(또는 6G, 7G)의 혜택으로 자율주행 전기자동차도 비로소 만족스런 성능을 뽐내게 되겠지요. 운전면허증은... 사람 대신 자동차 신제품이 (이론과 실기를 모두 치르고) 따게 될 것입니다. 비로소 지긋지긋한 음주 측정기로부터 해방되고, 퇴근 후 가벼운 마음으로 부담 없이 지인들과 술 한 잔 나눌 수 있게 되겠습니다.

"자율주행"과 관련한 5G의 혜택은 산업현장에서 먼저 체감하게 될 것입니다. 생산 시설을 가동하고 있는 공장에서는 현재도 와이파이에 의존하여 다양한 종류의 자율주행차들이 운행되고 있습니다. 그러나 와이파이 전파는 금속에 반사되기 때문에 아무래도 금속물이 많을 수밖에 없는 생산 시설 내에서의 원활한 자율주행을 구현하기 위해서는 공장 내에 많은 무선 공유기나 중계기 안테나 등을 설치하여 와이파이 전파의 그물망{메시 와이파이}을 조성해야 합니다. 그러나 5G 전파는 벽을 통과하며 금속에 반사되지도 않습니다. 5G가 공장에 구축되면 주행의 신뢰도가 확고한, 그래서 명실상부한 자율주행 차량을 운행할 수 있게 됩니다. 그러므로 더욱 다양한 종류의 산업용 자율주행 기기를 도입할 수 있게 되고 공장의 자동화는 그만큼 가속화될 것입니다 — 인간의 일자리는 그만큼 줄어들게 될 것입니다.

자율주행 기술은 비단 자동차뿐 아니라 각종 로봇, 농기계, 중장비, 무기나 선박 등, 주행 기능을 가진 모든 기기 관련 산업의 사활을 결정지을 핵심 기술이어서, 국가 및 기업 간의 생존을 건 기술 경쟁이 예상됩니다.

인공지능 개발이나 암호화폐(가상화폐) 채굴 등에 사용되는 강력한 {문어발, 지네발, 노래기발, 일라크메 플레니페스(Illacme Plenipes)발 식의 병렬연산이 가능한} GPU와 CPU를 탑재한 소형 컴퓨터를 자동차 차체에 구비한다면 "자율주행"을 구현하는 것이 그만큼 손쉬울 것입니다. 대신, 그와 같은 "전기 먹는 하마"로 인해 배터리의 주행거리가 절단 날 것입니다.

그렇다 해서 저전력 모바일용 CPU(또는 APU)로의 자율주행이란 여러모로 무리가 따를 일입니다.

명실상부한 5G 이상의 무선통신 환경에서는 자율주행을 해내기 위해 필요한 벅찬 데이터 처리와 분석 등 천문학적인 연산의 짐을 모두 클라우드의 서버에 부담 지우는 것이 가능해집니다. 시스템의 냉각에 북극해나 소양호의 물을 끌어다 쓰는 클래스의 컴퓨팅 파워. 그처럼 예쁜(😍) 데이터센터를 하드웨어로 하는 서버와 초당 2.5GB(기가 바이트)의 데이터를, 불과 0.005초 이내의 응답 속도로 주고 받을 수 있게 되니, 자율주행 한답시고 전기자동차에 직접 전기 먹는 하마를 탑재할 필요가 없어지는 것이지요. 게다가 클라우드의 고성능 인공지능이 5G 통신 환경과 센서 기술 등을 두루 활용해 도시의 모든 교통 정보를, 특히 최적의 주차 정보를😜 수집·분석하고, 신호등 제어시스템과의 교신으로 도로를 달리고 있는 차들 간의 안전·신속 주행에 도움을 제공하는 등의 이점도 누릴 수 있습니다.

5G(또는 6G, 7G)에 힘입어 신속하고도 만족스런 클라우드 컴퓨팅이 가능해진 덕분으로, 체중을 한껏 다이어트한 모바일 기기들이 그런 몸매로도 (기기 자체의 모바일급 엣지 컴퓨팅 능력에 구애 받는 일 없이) 데이터센터급 컴퓨팅이 가능해집니다. 그리하여 인공지능·가상현실·증강현실 등의 아리따운 기능들을 능수능란하게 구사해 대는 값싼 로봇, 값싼 스마트 가전제품 등등의 사물인터넷 기기들이 봇물 터지듯 출시될 것이고, 기존의 생활 기기들을 빠르게 대체해 나가게 될 것입니다. 우리가 어리둥절해서 잠시 놀라워 하고 있는 사이에 변화는 이미 기정 사실이 되어 있을 것입니다. 뒷간에서 일단 두루마리 화장지를 한 번 경험해 본 사람은 근검절약한답시고 다시 신문지 구겨 쓰던 시절로 되돌아가지 못하는 법이니까요. 체험하는 그 순간, 이미 루비콘강 건너에 서 있는 자신을 발견하게 되겠지요.

물론 걸림돌이 있긴 합니다. 비싸게 책정될 5G 통신비가 발목을 잡을 수도 있겠습니다. 이동통신사들은 5G 인프라에 (머뭇머뭇 눈치 봐 가며) 투자한 막대한 자금 중 일부라도 조속히 회수해야 할 절박함에 시달릴 테니, 고객들의 통신비를 폭증시키려 갖은 노력을 다하게 될 것임은 불문가지입니다. 그래서 오가는 5G 데이터에 거덜 나는 고객들의 살림살이. 그나마 다행한 소식은 차세대 와이파이6{Wi-Fi 6, 802.11ax} 또한 이미 사용이 가능해졌다는 사실일 것입니다.

가상현실 증강현실 혼합현실(※ 아래에서 설명하게 됩니다) 관련 업체들 역시 통신비 폭증에 기여할 기회를 단단히 벼르고들 있을 것입니다. {막강한 컴퓨팅 능력을 보유한 클라우드에서 장면을 렌더링한 후 고객의 단말기로 스트리밍 하면 되기 때문에} 고객의 PC, 스마트폰, VR장비가 고화질 가상현실 연출이 가능할 정도로 고성능이어야 할 필요가 없어지며, 영상 지연으로 인한 멀미 또한 확연히 개선될 것입니다. 가상현실에서 체험자의 움직임에 {헤드셋으로 보는} 장면 전환이 따라가지 못해 지연되면 체험자는 현기증이나 메스꺼움을 느끼게 됩니다. 말하자면 시각(視角)과 시각(視覺)의 불일치에서 오는 멀미 증상으로 이를 흔히들 "VR멀미"라고 합니다.

명실상부한 성능의 5G가 보편화되고 또한 데이터 한도가 없어진 이후에 해당하는, 또는 5G가 대세를 장악하지 못한 채 그 차세대인 6G, 7G로의 빠른 전환이 행하여진다면 그 이후에 해당하는, 그러나 어찌되었건 그 실현이 이미 예정되어 있는 미래의 이야기 한 토막…

메타버스, 가상현실, 증강현실, 혼합현실

위키백과를 인용합니다. 「메타버스(Metaverse)는 가상·초월(meta)과 세계·우주(universe)의 합성어로, 3차원 가상 세계를 뜻한다. 보다 구체적으로는, 정치·경제·사회·문화의 전반적 측면에서 현실과 비현실 모두 공존할 수 있는 생활형·게임형 가상 세계라는 의미로 폭넓게 사용되고 있다.」

견본(見本) 메타버스, 실황 중계입니다.

등장 인물: **은**모(**은**퇴한 클래식 기타리스트, 한국 남쪽지방 모 산기슭에서 도 닦고 있음), **기**모(**기**타리스트, 은모의 제자), **현**모(스위스 스쿠올 지역의 **현**악기장, 기타 제작가, 그가 만든 기타는 한화로 억대를 호가함), **여**모(**여**류 기타리스트, 미국인).

은모님은 자택 거실의 소파에 앉아 있습니다. 반백의 은모님이 오후 4시임을 확인하고, VR(가상현실)용 장비를 갖춘 다음 거실의 소파에 앉아 메타버스 검색 사이트에 접속합니다. "MV: Scuol luthier Hyunmo"를 검색하는데, 이는 옮기자면 "스쿠올 현악기장(匠) 현모의 메타버스"라는 의미입니다. 검색된 해당 링크 표지를 클릭하자, 화면에는 현모님의 공방이 열립니다. 헤드셋을 쓴 현모님과 기모님이 탁자를 마주하고 앉아 대화를 나누고 있습니다. 스위스 스쿠올의 오전 10시의 햇살이 환하게 실내를 가르고 있어서 겨울철 추위와 사뭇 대조되는 온화한 분위기를 연출하고 있습니다. 두 사람은 은모님의 아바타가 입장하자, 의자에서 일어나며 반색합니다. 은모님은 자신의 아바타를 움직여 두 사람과 악수를 나누고 간단한 인사말을 나눕니다. 아바타를 움직이는 것은 어렵지 않습니다. VR용 장갑을 비롯해서 옷의 여러 부위에 부착된 센서를 통하여 인공지능이 은모님의 움직임을 읽고 있기 때문입니다. 의례적인 인사가 끝나자, 모두 자리에 앉습니다 — 은모님의 아바타는 공방 탁자의 의자에; 은모님은 거실의 소파에.

한데, 현모님은 로망슈어를 사용합니다. 스위스의 공용어 중 하나이긴 하지만 스위스 인구의 1%밖에 쓰지 않는 소수 언어입니다. 과거 높은 산으로 고립되었었던 스쿠올 지역인지라 보존되어 온 언어입니다. 현모님과 기모님은 헤드셋의 이어폰을 통해 인공지능 통역에 의존하고 있을 것입니다. 은모님은 인공지능 통역 옵션을 '자막'으로 설정했습니다. 대화를 나누면, 은모님의 모니터에는 통역이 자막으로 표시될 것입니다. 은모님의 아바타는 아바타이기는 하지만 얼굴과 그 표정에 어색한 느낌은 없습니다. 인공지능이 웹캠의 영상을 실시간 참조하고 있음입니다 — 미래에는 딥페이크 기술이 적용될 것입니다.

은모님은 10년 전 현모님께 콘서트용 기타를 주문했었는데, 오늘 제작가를 만나, 악기 인수와 관련한 회합을 약속했던 것입니다. 콘서트용 기타는 장인(匠人)들이 통상 1년에 고작해야 한두 대가량 만듭니다. 때문에 주문이 밀리는 탓에 10년쯤 기다리는 것은 다반사입니다. 한데, 은모님은 건강상의 이유로 직접 스위스의 스쿠올까지 여행하기에는 무리가 있어, 메타버스 공방을 이용하기로 한 것입니다. 대신, 유럽에서 활동 중인 제자 기모님의 도움을 받기로 했습니다. 마침 기모님이 스쿠올과 무척 가까운 인스브루크를 여행하고 있던 차라 어렵지 않게 현모님의 공방에 방문해 주도록 부탁할 수 있었습니다. 인스브루크는 동계올림픽을 치른 바 있는 도시입니다.

두 사람과 은모님의 아바타는 차를 마시며 대화를 나눕니다. 아바타는 주인의 행동을 복제해 내고 있으므로 세 사람 모두가 실체 차(또는 커피)를 마시고 있음을 의미합니다. 스쿠올 지방의 사이다처럼 톡 쏘는 광천수라든지, 타라스프 성의 파이프 오르간, 집집마다 꽃으로 장식해 놓은 작은 창들의 아름다움 등등에 대한 찬사를 나누며 잠시 시간을 보낸 다음, 문제의 기타로 화제를 돌리기로 합니다.

공방의 한쪽에는 문제의 기타가 티끌 하나 묻지 않은 아름다운 자태를 뽐내며 스탠드에 놓여 있습니다. 앞판은 결이 선명한 데다 촘촘하고 고른 스프루스(가문비나무)이고, 흑단으로 된 지판에다 옆판과 뒷판은 하카란다(브라질흑황단)입니다.

그때였습니다. "현모의 메타버스"에 방문객이 한 사람이 입장합니다. 여류 기타리스트 여모님입니다. 여모님의 금발 아바타가 매력적인 미소를 흘리며 인사를 합니다. 은모님이 — 은모님의 아바타가 — 말을 건넵니다. "여모님께서는 지금 뉴욕이신가요?" "네, 스튜디오에서 쉬고 있었습니다." 하고 여모님의 아바타가 대답합니다. 그리하여 현모님의 공방에는 '두 사람 + 두 명의 아바타'가 동석하여 네 명의 인원이 되었습니다.

현모님이 로망슈어로 말합니다. "공방에서 세 분이나 되는 프로 기타리스트와 이야기를 나누는 기회란 드문 것이지요. 그래서 이 귀한 시간, 허투루 보내지 않게 당부 드릴 것이 있네요." 장인의 말투는 투박하면서도 솔직함이 묻어 납니다. 장인의 눌변(訥辯)이 이어집니다. "제가요, 남들이 면전에서 하는 칭찬은 허례가 아니면 독(毒)으로 듣거든요. '망해 버려라!'는 뜻의 아첨으로 듣습니다. 제가요 칭찬 듣기 좋아하는, 수준 이하의 인간은 아니라는 말이올시다. 면전 칭찬, 낯 간지럽고 분위기 어색하게 만들지요. 그래서 부탁입니다만, 시주(試奏)해 주실 기모님께서는 제가 만든 악기에 대해 칭찬해 주실 것이 있으면 말로 하지 마시고 연주에 담아 표현해 주십사 부탁 드립니다. 제가 연주되는 소리에서 그 정도는 알아 듣거든요. 그리고 세분께서는 제 악기의 결점이나 개선할 점에 대하여 조언하실 말씀이 있으시다면, 이 귀한 자리가 진정 도움이 되도록 프로 기타리스트로서의 솔직한 견해를 남김없이 들려 주십사, 마음으로 부탁 드립니다." 노(老)제작가의 눌변은 세 사람의 마음을 짠~하게 울립니다. 은모님은 "과연!"하고, 장인의 말에서 느껴지는 공력(工力)에 내심 감탄합니다.

기모님이 새로 제작된 예의 기타로 실제 연주를 해 보입니다. 참석자 모두가 그 음질에 귀를 집중합니다. 참석자들의 인터럽트(끼어들기)에 의해 연주가 간간이 중단되기도 하고, 또 이어지곤 합니다. 기모님은 여러 곡으로 시주를 이어 갑니다. 그리고 모두가 갑론을박하며 허심탄회하게 의견들을 나눕니다. 은모님은 밸런스, 음색, 음량, 원달성(遠達性) 등이 다 양호하게 들려서 만족스럽습니다. 특히 고음현들의 상위 포지션에서의 공명과 음색이 좋고 아름다운 데다 ④, ⑤, ⑥번선의 하울링(howling)성(性) 맥놀이 진동이 없고, ⑥번선의 힘이 느껴져 좋았습니다. 연주 기법에 대한 견해가 사뭇 이질적인 여모님의 참여로 대화는 더욱 흥미롭고도 알차게 지속됩니다. 적지 않은 시간, 토론과 의견을 나눈 후 회합은 그것으로 끝납니다. 그러나 아마도 현모님은 새 악기를 시집 보내는 섭섭한 마음에, 그리고 기모님은 만나 뵙기 쉽지 않은 명장(名匠)과의 만남을 간단히 끝내고 싶지 않은 마음에, 두 사람의 오프라인 뒤풀이가 이어질 것입니다.

며칠 후, 기타가 도착했습니다. 수제 기타는 울림구멍 내부에 제작자의 이름과 제작 연도, 그리고 제작자의 서명이 표시된 라벨이 붙어 있습니다. 기타리스트들은 기타를 살펴볼 때, 이 라벨부터 보는 것이 습관처럼 되어 있습니다. 은모님이 스마트폰으로 해당 라벨을 스캔하자, 악기에 대한 몇 가지 정보와 설명이 스마트폰에 떴습니다. 그중에서도 주목할 만한 것은 "기타에 칠해진 도료가 통상적인 셸락(shellac)이 아니고 새우껍질 성분인키틴(Chitin) 질의 니스이므로, 도료가 벗겨져 수선이 필요할 경우에는 가능한 한 현모님의 공방을 이용하시라"는 당부의 말에 이어, 기타를 항공 화물로 운송하는 도중에 비행기가 추락하는 일이 있어도 기타를 안전하게 보호할 수 있는 기타 케이스, 그와 같은 케이스를 실제 만드는 제작사에 대한 정보였습니다. 이처럼 스마트폰 등으로 현실의 대상을 스캔하면 해당 대상에 대한 각종 부가정보가 제공되는 것은 **증강현실**(AR: Augmented Reality)이라고들 부르는 개념에 해당합니다. 눈앞의 현실을 파악하는 데 참고가 될 설명이나 영상 등을 추가해 주는 기술입니다.

은모님은 호기심에 해당 케이스 제작사 메타버스에 접속했습니다. 몇 가지 모델에 관심이 갔습니다. 안내문을 읽어 본 후, VR장비의 인공지능(AI) 비서를 호출하여 그중 한 케이스를 가져와 거실의 스탠드에 놓인 기타를 넣어 보도록 지시했습니다. 그리고 헤드셋을 쓰고 기타가 해당 케이스에 넣어지는 광경을 살펴보았습니다. 빈틈 없이 정교하게 잘 맞아 보였습니다. 물론 실제 케이스가 배달되어 온 것은 아닙니다. 단지, 헤드셋을 통해 실제로 케이스가 그곳에 있는 것처럼 그렇게 보였을 뿐이지요. 인공지능의 농간?으로 **혼합현실**(MR: Mixed Reality)의 개념이 구현되었던 것입니다. 현실 상황에 가상의 입체 영상을 뒤섞어 놓은 것이지요. 이 가상의 입체 영상물은 (증강현실에서의 그것과 같이 단지 참고용으로 표시되는 정도가 아니라) 마치 현실에 실제 존재하는 물체인 것처럼 현실의 물체들과 상호작용을 할 수도 있습니다. 만일 케이스가 기타에 비해 작거나 모양새가 맞지 않았다면, 기타가 케이스의 가장자리에 걸려 들어가지 않았을 것입니다. 이처럼 가상현실, 증강현실, 혼합현실 등의 수단을 써서 확장되어진 현실을 **확장현실**(XR: Extended Reality)이라고 합니다.

가상현실 증강현실 혼합현실 등, 확장현실 기법을 돈벌이에 결정적으로 이용할 수 있는 노하우에 대하여 관련 전문가들은 세월을 두고 고심을 거듭했습니다. 신통방통한 수법들이어서 분명 일확천금을 기대해 마땅한 호재인 것으로 생각되는데, 화끈한 돈벌이 묘수가 쉽게 떠오르지 않았습니다. 그러던 중, 1992년 출간된 닐 스티븐슨(Neal Stephenson)의 철 지난 소설 '스노우 크래쉬'에서 "**메타버스**(Metaverse)"라는 신조어를 찾아내고서는 마침내 쾌재를 불렀을 것입니다. 근년에 와서 "메타버스"라는 말이 급격히 확산되고 있는 까닭입니다. 메타버스로의 프레임의 전환을 기도하는 조짐도 만만치 않아 보이는 추세입니다. 메타버스는 현실에 존재하는 시간과 공간(거리) 상의 제약이나 한계를 뛰어넘게 해 주는 매력을 가집니다. 아무튼 메타버스, 그 귀추가 주목됩니다.

전세계 초·중생들이 한 번 접속하면 평균 2시간 20여 분 이상을 보낸다는 게임 사이트가 있습니다. **로블록스**(Roblox)입니다. 여느 게임 사이트와는 다른 점이 많습니다. 코딩을 몰라도 이용자가 스스로 게임을 만들 수 있는 환경을 무료로 제공하며, 이용자들은 게임을 만들어 올리고 아이템 판매로 돈도 법니다. 로블록스에서 유통되는 가상화폐 로벅스(Robux)는 달러로 환전도 됩니다. 전문가들은 이구동성으로 말합니다. 로블록스는 자체적으로 경제체제까지 갖춘 하나의 사회이며, **메타버스 플랫폼의 성공적인 모델**이라고. 그러므로 메타버스에 관심을 가진 이라면 자세히 살펴볼 필요가 있습니다. 소문난 잔치이므로 인터넷에는 관련 자료가 풍부하기도 합니다.

한데 가령, 세상 사람들이 모두 먹고 자는 시간 이외에는 로블록스라는 메타버스에서만 지내도록 강제한다면 "로블록스"라는 사회는 어찌될까요? 초기에는 인기 게임 제작자와 주주들의 수입이 폭증할 것입니다. 그 밖의 로블록스인(人)들 또한 재미 있게 시간을 보내니 좋을 것입니다. 그러나 시간이 흐르면 (그 밖의) 로블록스인들은 수입이 없고 지출만 있으니 굶어 죽게 될 것이고, 그들이 없어지니 로블록스는 사라지겠으되, 그새 돈을 많이 벌어 놓은 일부 로블록스인들은 그 돈으로 여유로운 생활을 누릴 수도 있겠습니다. 로블록스가 자체 경제 순환이 가능한 사회가 아님입니다.

"꼬시락(꼬시래기, 망둥이) 제 살 뜯기"라는 속담이 있습니다. 이 노구가 보는 로블록스의 민낯입니다. IT기업들이 무수한 성공 신화를 써 나가는 와중에도 이 노구의 눈에는 여전히 논밭에서 일하는 농부들, 바다의 어부들, 산에서 나무를 심는 사람들, 그리고 광산에서 일하는 광부들이 위대한 분들로 비치는 까닭입니다. 가장 낮은 곳에서 온몸으로 세상을 떠받치는 분들이므로. 스스로 경찰이나 탈옥수가 되어 보는 등의 게임이 적지 않은 시간을 뺏는 만큼, 아이들의 미래에 그만큼의 도움이 될지는 의문입니다. **교육적으로 대체 불가능의 가치**를 갖는 아이들의 금쪽같은 시간을 감히 어른들의 돈벌이 시간으로 대체하고 있음을 지적하는 것입니다. 이 노구는 메타버스가 생산적인 성격의 것이기를 소망합니다, 꼬시락 제살 뜯기가 아닌.

각설하고, 이 노구가 가상현실을 처음 맛본 것은 지난 2005년 일본 오사카 인근의 테마파크 '유니버셜 스튜디오 재팬'에 갔을 때였습니다. 영화 장면에 동조(싱크로나이즈)하여 움직이는 의자에 앉아서 입체 영화용 셀로판지 안경을 쓰자, 영화 '백 투 더 퓨쳐'에서 못 다 그려 낸 장면들이 3D(입체영화)로 전개되었습니다. 이 노구는 시간여행의 무아지경에 빠져 들어 공룡들이 어슬렁거리는 원시 그랜드 캐년 협곡 위를 익룡을 타고 날아 다니고 있었습니다. 영화 '스파이더맨'에서는 몸소 스파이더맨이 되어 뉴욕의 초고층빌딩 숲을 휘젓고 날아다녔지요. (의자의 급격한 기울기 변화와 함께) 급강하와 급상승이 되풀이되는 아찔한 공포. 빌딩들이 줌인 줌아웃으로 빠르게 스치는 속도감. 현기증. 샤먼이나 라마 고승의 초월적 이탈유체의 행보(行步). 수피즘 세마의식의 유체이탈적 황홀경! 야키 인디언 현자(賢者)

돈·후앙이 전하는 ‘비일상적 현실 상태’를 힘들이지 않고 두루 경험했었던 것입니다. 이 노구가 난생 처음 맛본, 지금은 다방면에서 일상화되고 있는 **가상현실(VR)**이었습니다.

2009년 12월 개봉되었던 입체(3D)영화 ‘아바타’도 그에 못지 않게 충격적이었으며 신선하기까지 했었습니다. 그 여파로 전 세계는 입체 영상의 시대가 열릴 것으로 잔뜩 기대했었습니다. 엄청난 돈벌이가 되는 블루오션이, 3D 관련 시장이, 전개될 것이었습니다. 가전업체들은 3D로 제작되지 않은 보통의 (2D)동영상까지도 3D로 변환하여 보여 주는 기능을 갖춘 TV를 시판하기도 했었습니다. 그러나 그 변환 기술이 어설퍼서 호기심을 충족한 다음에도 계속 볼 만한 것은 못되었습니다. 그런데 그로부터 수년이 지나자 사람들은 언제 그랬었느냐는 듯 3D에 대해서는 다들 망각해 버렸지요. 그 까닭은 의심할 나위가 없습니다. 3D 콘텐츠가 양산되며 뒤를 받쳐 주지 못했기 때문입니다. 그리하여, 영화 아바타가 가져왔던 3D 광풍은 일종의 유행에 그치고 말았습니다. 하지만 그것으로 3D가 종을 쳐 버린 것은 결코 아닐 것입니다. 머지않은 미래에 2D를 3D로 정교하고도 실감 나게 변환해 주는 인공지능 딥페이크(Deepfake) 엔진이 실용화되면, 3D는 4차 산업혁명의 킬러 콘텐츠의 하나로 다시 떠오르게 될 것입니다.

어쩌면 5G에 대한 기대도 그 상당 부분이 그 시절 3D 광풍이 그랬듯 기대로만 그칠 수도 있습니다. 5G용 중계기 설치 등, 인프라 구축이 지지부진한 데다 5G의 킬러 콘텐츠나 플랫폼이 될 만한 것들은 ‘데이터 사용량 무제한 요금제’가 전제되지 않고는 그림의 떡일 수 있음입니다. 스마트폰 요금 청구서의 월 데이터 사용량을 테라 바이트(TB) 단위로 인쇄해야 할 테니까요. 지지부진한 인프라 구축과 비싼 ‘데이터 사용 요금’은 당분간 5G의 발목을 잡을 아킬레스건으로 작용할 것이 분명해 보입니다.

참고로 지금은 가상현실 증강현실 혼합현실 등으로 성가시게 구분하고들 있으나, 이들 개념이 좀더 생활 속에 녹아 들어 보편화되면 굳이 그런 구분에 신경 쓸 것이 없을 것입니다. 어쩌면 현실과 가상에 대해서조차 굳이 구분할 필요를 느끼지 못할 세상이 될 테니까요. 현실이란 가상의 가상일 뿐일지니…. 실성했냐고요? 글쎄요~ 😂😂. 그렇다면 학자나 전문가 중에 실성한 이들이 적지 않은 셈이 됩니다만.

'뱅크 오브 아메리카(BOA)'의 메릴린치 투자은행은 2016년 투자자들에게 보낸 보고서를 통해 "우리가 진짜로 경험하는 세계가 실제로는 우리의 후손인 미래 세대가 만든 (영화 '매트릭스' 같은) 시뮬레이션일 수도 있다"고 주장한 바 있으며, 테슬라 및 스페이스X의 엘론 머스크는 "우리의 현실(our reality)이 근본적 현실(base reality)일 가능성은 수십억 분의 1에 지나지 않는다"고 토로한 바 있기도 합니다. 그만큼 가상현실일 가능성이 높다는 것이지요. IT 기술 발전의 가속도를 감안한다면…, 인류가 멸종하지 않는 한 우리가 살고 있는 현실이 기실은 미래 세대가 만들어 놓은 가상현실일 가능성이 농후하니까요. 😍😍. 지금의 현실이 가상현실이 아니라면, 그것은 머지않은 미래에 인류가 멸종함을 의미하는 것이니까요. 믿거나 말거나. 그렇다 해도 우주가 시뮬레이션? 믿기 어렵기는 합니다. 한데 영화 매트릭스(The Matrix, 1999년 개봉, 워쇼스키 형제 감독), 놀랍습니다. 벽돌폰, 소형 브라운관 TV 시대의 촬영 기술이라고는 믿기지 않는….

증강현실이라는 개념이 널리 알려지게 된 계기가 된 것은 '포켓몬고(Pokémon Go)'라는 휴대폰 게임 앱이었습니다. 아시다시피 세계적으로 엄청난 휴대폰 좀비(?)들을 양산했었으니까요. 😂😂.

5G와 함께 모바일(mobile) 좀비들의 수 또한 더욱 폭증할 것으로 생각

되네요. 맨홀이 코앞이거나 말거나, 오로지 스마트폰만을 들여다 보며 고화질 게임에 빠져 있는 좀비들. 5G 환경에서는 고성능 그래픽카드로 중무장한 PC가 아닌 스마트폰으로도 고화질 최상급의 비디오 게임을 즐길 수 있습니다. 게임을 스마트폰에 설치할 필요도 없습니다. 그냥 앱을 열어 즐기면 되는 것이지요. 이 같은 {클라우드의 실시간 게임 스트리밍} 서비스 기법은, 단말기의 컴퓨팅 성능과 무관하게 고화질 게임들을 제공할 수 있습니다. 물론 그만큼 좀비들을 더 양산하게 되겠습니다만.

이래저래 우리의 후손들은 점점 몽환(SF)적인 쾌락 잡기에만 심취해 빠져 들고, 인공지능과 5G/6G/7G를 뒷배로 하는 각종 사물인터넷(IoT) 기기들은 저돌적인 생산 주체로 변모하며 현실을 장악해 나갈 듯한 불길한 미래상! 그래서 문득문득 미증유의 두려움을 느끼는 이도 적지 않을 것입니다. 어떻게 해서든 거기에 적응해 나가거나 아니면 도태되거나. 문명의 전환기인 것입니다. 새 판으로 판이 바뀌고 있음입니다.

휴머노이드 로봇

알파고가 그랬듯, 압도적인 존재감을 과시하며 시장을 단번에 휘어잡을 휴머노이드(humanoid: 인간을 닮은) 로봇의 출시가 가능하긴 할까요? 가능하다면 그것은 어떤 종류이고 어떤 모습일까요? 그리고 또 그 시기는 언제쯤일까요? 이상과 같은 의문에 답해 줄 휴머노이드 로봇(이하, 휴머노이드)의 등장 가능성은 아무래도 인간의 본능과 관계가 깊을 수밖에 없을 것입니다. 무엇보다 판로 걱정이 없어야 할 테니. 자본주의! 모든 것이 돈을 좇아가게 마련이니까요. 그래서 그 종류에 대해서는 '침실용 로봇'을 먼저 떠올리게 됩니다.

현금 보유율이 항상 보장되고 있는 포르노 업계에서 (독신주의, 이혼, 사별 등으로 심!신!이 고독한 이들을 걱정하는 박애정신의 발로로?) 목하 침실용 “휴머노이드” 개발에 열심입니다. 침실용 휴머노이드 개발과 관련하여 포르노 업계에 특별한 기대감을 갖게 하는 것은 다름이 아닙니다.

공학자들이 만들어 온 로봇이란 깡통봇의 한계를 벗어나지는 못하는 것임을 누누이 보아 온 터입니다. 포르노 업계라면 다를 것입니다. 피부로 느끼는 인체의 해부학적 진면목에 대하여 그들만큼 미주알고주알 자세히 아는 전문가는 따로 없습니다. 그러한 지식이란 책이나 수술, 또는 해부를 통해 얻을 수 있는 것이 결코 아닙니다. 그래서 그들이 휴머노이드 개발에 뛰어들고 있음은 사람들로 하여금, 적어도 외모나 매너에 있어서만큼은 인간다운 휴머노이드가 개발될 수도 있겠다, 하는 기대감에 부풀게 하고 있습니다. 게다가 개발의 열쇠라 할 자금력과 시장성도 뒷받침되고 있음입니다.

미국 성인용품 제조사 로라 디칼로(Lora DiCarlo)는 세계 최대 가전 전시회인 CES에서 여성 자위기구 ‘오세(Ose)’로 2019, 2020년 연속해서 ‘CES 업적상’을 수상했습니다. 이례적인 일이었습니다. “오세”는 마이크로 로보틱스 기술을 응용해 만든 것이며, G스팟(여성의 전립선)과 클리토리스를 동시에 자극하여 이원성(二元性)의 오르가슴을 구현한다고 합니다. 이른바 바이가슴(bi-gasm: 이원성 오르가슴)을. 그러므로 사용 요령에 익숙해지면 어렵지 않게 여성 사정(射精, 潮吹き, squirt)을 체험해 볼 수도 있겠습니다. 행여 남편의 성 지식 부족에 기인하는 가정불화가 있는 경우, 현명한 사용으로 그 해소를 기대할 수도 있겠습니다 — 업무에 시달려 지친 남편의 잠자리 수고를 덜어 주는 실용적 도구로, 그리고 남편으로 하여금 성 지식에 대한 관심을 갖게 하는 교육용으로도. 제품 출시 불과 36시간만에 150만 달러의 판매고를 달성했다고 합니다. “피부로 득도한 인체 해부

학", 포르노 업계의 장인(匠人)적 달관을 보여 주는 사례라 하겠습니다.

"침실용 휴머노이드의 개발"은 타고난 용모에 있어서의 우열(優劣)에 기인하는 짝짓기 기회의 극심한 불공평과 그에 대한 남녀 모두의 적체된 불만들을 해소하는 데에도 적잖이 기여하게 될 것입니다. 첫째도 외모, 둘째도 외모, 셋째도 외모인 비쥬얼 숭배주의 시대. 적지 않은 인간이 세상에 태어나서 두 번째로 신의 신성(神性)에 대하여 좌절감을 맛보게 되는 것이 우월하지 못한 외모에 기인하는 "짝짓기 기회의 불공평"일 것입니다. 외모가 되면 짝짓기를 자청하는 외모들 천지; 외모가 아니면 그저 사하라 사막.

침실 행위가 자유롭지 못한 장애인이나 노인들에게도 기대되는 소식일 것입니다. 장애인이야 누구나 될 수 있는 것이고, 요절하지 않는 이상 늙음을 피할 수 있는 사람 또한 없습니다. 독신주의자였던 영국의 문호 서머싯 몸(Maugham)은 그의 자서전적 수필집 <The Summing Up(생애 총결산)>에서… (젊은 시절의 지레 짐작과는 달리, 실제에 있어서는) 백발로 늙어 갈수록 생리적 애로 사항은 점점 더 가중되어 갔다는 체험적 고통을 진솔하게 토로하고 있습니다. 백발 노인의 왕성한 생식 능력이란 해소할 수단이 마땅치 않은 고통입니다(근력 부실, 허리 고장에다 아침마다 불끈불끈 텐트를 치는. 남 이야기하는 거 아임. 바로 님들의 한 치 앞 미래인 거임. 창조주께서는 질긴 목숨 붙어 있는 한, 수컷들은 철조망 통과 자세를 해서라도 여하튼 파종 임무를 다하도록 애당초 설계해 놓은 거임.).

더디기만 한 생물학적 진화가 인간들의 '일부일처제'를 따라잡기에는 무리였음이 사실입니다. 다산(多産)에만 최적화된 채 머물러 있는 성적 진화의 정체. 그로 인한 남녀 간의 성적 기질(器質)에 있어서의 차이는 해로동혈의 일부일처제에는 파괴적으로 작용하기 일쑤였습니다.

(X+)Y염색체(78개 유전자, 이하 Y)는 웬만한 악조건에서도 파종의 수고를 마다하기 어렵게 설계되어 있습니다 — 파종의 수고에는 고만고만한 쾌락이 (강아지 훈련용 간식처럼) 반드시 주어집니다. 그것도 번갯불에 콩 구워 먹듯 끝내 버리든 말든 그때마다 약속된 간식은 어김없이 주어집니다. 허기진 강아지에게 간식이란 외면하기 어렵습니다. (X+)X염색체(이하, X) 쪽은 간식과 무관하게 밭의 역할을 수행하도록 설계되어 있습니다. 언제 무슨 일이 벌어질지 모르는 원시 환경에서의 종족 보존과 번식에 최적화되어 있음입니다. 그러나 X 쪽에는 초산의 끔찍한 고통에 대한 기억을 이겨 내고 재출산의 의욕을 다질 수 있게 하는, 출산의 고통보다 훨씬 강렬한 희열을 숨겨 놓았습니다. 타오르는 듯한 희열입니다. 한데 그 강렬한 희열이 발현될 수 있기 위해서 X는 가없는 열기를 담아 낼 수 있는 무쇠 가마솥이어야 합니다. 양은 냄비로는 강렬한 열기를 견디어 내지 못합니다. 단, 가마솥이 담아 낼 수 있는 열기를 제대로 채우기 위해서는 걸맞은 화력과 섬세한 화력 조절의 기술이 요구됩니다. 신은 그것을 다음 출산을 도모하기 전까지 X, Y 양쪽이 협력하여 개발하고 갖추게 될 것으로 기대했던 것이라 하겠습니다.

그래서 파종의 수고에 주어지는 쾌락의 극한은 X 쪽이 비할 바 없이 강렬합니다. Y 쪽의 수십, 수백 배에 달하는 희열일 수도 있습니다. 무쇠 가마솥의 끓어오름인 것입니다. 쉽게 증명이 가능합니다. 내숭의 한계를 무색하게 하는 신음소리는 X 쪽에서만 내뱉는 법입니다. 유사 이래, Y 쪽이 행위 중에 연방 신음소리를 내거나, 괴성을 질러 대거나, 전신을 사시나무 떨 듯 경련하며 뒤틀어 대거나, 소리 내어 펑펑 울다가 탈진(脫盡)해 버리는 사례가 있었다는 이야기를 들어 본 바 없습니다. Y 쪽이 유달리 참을성이 많거나 체면의식이 강해서가 아닙니다. 주어지는 것이 한 조각 간식에 지나지 않기 때문인 것입니다. 고작 간식 한 점 받아먹은 강아지가 경련하며 온몸을 뒤틀어댈 리는 없습니다. 신께서 X 쪽에만 엄청난 출산의 고통을 겪게 하시고 입 싹! 닦았을 리는 없음입니다. 선승(禪僧)의 수행을 통해서나 극히 드물게 경험할 수 있을 법한 열반의 희열이, 아니 그보다 더한 희열이 X(염색체)에 주어졌음입니다. 게다가 간식은 항상 단 한 점만 주어질 뿐이지만, 무쇠 가마솥의 끓어오름은 반복되고 또 반복됩니다. 그리고 그 주기가 점점 단축되어 가다가 끝내 탈진하고 맙니다. 동공과 눈자위가 풀려 버린 모습이나 호두라도 으깰 듯한 산도(birth canal)의 용틀임은 가장하거나 눈속임할 수 있는 성격의 것일 수 없습니다. 불수의근입니다. 출산의 고통을 능히 극복하게 하려 하는 신의 알고리즘, 신의 뜻이라 하겠습니다. 그러하니, 산고를 두고 남녀 간의 불공평을 이야기하는 것은 사리에 맞지 않습니다. Y 쪽은 평생을 두고도 그런 희열을 느낄 일이 전무합니다 — 간식한 점에 눈자위 풀리는 예는 없습니다. 흔히들 "속궁합"을 거론하나, 다양한 개인적 차이야 당연하겠으되, 발달된 의학적 뒷받침도 있고 하므로 보편적인 체질이라면 교육과 훈련, 그리고 경험의 문제라는 것이 AV쪽 장인(artisan)들의 일치된 견해로 보입니다. 팔자소관 아니라는.

항상 문제가 되어 왔던 것은 한쪽은 정전기만으로도 발화가 되는 '솜 뭉치'이고 다른 한쪽은 웬만한 가열에도 쉬 데워지지 않는 '가마솥'이라는 데 있었습니다. 가마솥에는 장작이 제격입니다. 솜 뭉치가 장작이 되어야 하는 이 언밸런스가 Y 쪽으로 하여금 평생을 두고 강장제를 갈구하게 만드는 원인이 되어 왔습니다. 한데, 솜 뭉치가 장작의 역할을 해내기 위해 정작 필요한 것은 강장제가 아닙니다. 학습과 훈련, 그리고 노하우를 바탕으로 하는 진지한 노력과 기술인 것입니다. 교육이 절실한 영역인. 역사를 돌아보면 과거에는 {고전 카마수트라의 64개 초식(招式)의 예와 같이} 그러한 기술을 교육과 훈련을 통해 해결하려 했었던 고심의 흔적들이 보입니다만.

근육이랄 것이 따로 없는 해삼(海蔘)으로 시전(示展)할 수 있는 초식이란 별거 없습니다. 현란한 초식은 근육을 자유자재로 쓸 수 있는 손과 입, 그리고 노하우와 마음가짐으로 전개하는 것입니다. 교육이 필요한. 달리, 섬세하고 민첩한 근육을 무한정 쓸 수 있는 터에 해삼의 스태미너가 웬 걱정? 프로는 스태미너 걱정하지 않습니다. 매일같이 다수의 고객들을 상대해야 하는 '히스테리아(Hysteria!) 치료 전문' 안마 시술사들에게 스태미너의 비결을 묻는다면, 의아한 표정으로 되물을 것입니다. "손가락 작업에 웬 스태미너 비결??". 가마솥 열기의 전부를 서비스하는 데에 변강쇠가 딱히 소용되는 것은 아님입니다. 무쇠 절구통일 리 없는 장미꽃/모란꽃에 무쇠 절굿공이(변강쇠)질이라니! 해부학적 지식이라고는 1도 없었던 조선시대, 약골 문인들의 자격지심을 건드리는 조롱!! 시간과 정성을 들여 섬세한 근육으로 주의 깊게 살펴가며 정교하게 시술해야 할 작업인 것을…, 시종일관 해삼을 앞세운 전신운동으로 절구질해 댄다는 무식한 발상. 그리하여 칭찬 받을 일 없습니다. 파종은 힘으로 하는 것 아닙니다. 그 잘난 해삼 힘 자랑 일삼는 배우자를 둔 분들, 궁합 제비뽑기 정말 잘 못한 것입니다. 필요한 것은 상감청자를 빚는 듯한 섬세한 기술과 정성입니다. 그 근본은 노하우와 사랑인. 임신과 출산의 길고 끔직한 고통을 몸소 나누지 못하는 만큼, 매번 정성을 다하여 사랑으로 봉사해야 함이 마땅합니다. 신의 뜻인 것입니다.

반면 Y의 경우, 파종 행위만 하면 어김없이 간식이 주어집니다. 기술이 좋든 조악하든, 성의가 있든 없든, 경험이 있든 없든 관계없습니다. 간식은 무조건 주어집니다. 그래서 Y는 밭이 눈에 띄기만 하면 철부지 강아지처럼 사리 분별하지 않고 덤벼들려 합니다. 그러나 주어지는 것이란 고작 간식에 불과하기 때문에, 파종을 한 밭에 더 이상 집착하는 법이란 없습니다. 달리 이유가 없다면, 간식거리에 지나지 않음입니다. 신의 교묘한 전략인 것입니다, 종의 존속과 번성만을 배려한. 금수(禽獸)의 세계에서와 같은, 우생학적 강자다처(強者多妻)를 장려라도 하는 듯한.

Y(염색체) 쪽의 자극 수용체는 해부학적으로 예민하게 반응합니다. 휘발유, 또는 건드리면 터지는 풍선입니다. 기질적으로 '걸 그룹'의 과시적인 엉덩이 춤 정도의 수위에는 폭발할 지경의 스트레스 상황에 내몰리기 일쑤입니다. 그것은 파트너의 기량이 변변치 못해 매번 오르가슴 전에 내동댕이쳐지는 X 쪽의 스트레스와 크게 다를 것이 없다 하겠습니다.

'걸 그룹/보이 그룹'의 공통점 중 돋보이는 것은 (가창력에 못지않게) 끝내 주는 엉덩이 선일 것입니다. 조각한 듯 진실로 아름답습니다. 여가 시간을 한시도 허투루 보내지 않고 땀 흘려 요가나 피트니스에 매진했음을 보여줍니다. 요가나 피트니스의 명인들이 그들의 미래는 힙업에 있는 것으로 판단한 듯. 군부대 위문 공연에서는 걸 그룹의 사과 엉덩이 흔들기가 더 요란하고 도발적입니다. 화기엄금 지대에서 마구 가스라이터를 켜 대는 것입니다. 걸 그룹의 (노래가 아닌) 엉덩이 춤사위에 장병들이 지랄발광을 해대는 것은 히스테리아에 고통스러워 하는 단말마의 별난 버전으로 보아 과히 틀리지 않습니다. "걸 그룹의 엉덩이 흔들기"란 돈벌이와 무관하지 않겠습니다만, 각 국의 병영에서 만연하고 있는 성추행 성폭행 사건들 또한 그와 같은 이 시대의 공연문화와 무관하지 않아 보이기도 합니다. 한 쪽에서는 손쉬운 돈벌이 수단인 비쥬얼 엉덩이 흔들기에 집중들을 하고 있고, 다른 쪽에서는 피 끓는 청춘들에게 금욕의 형벌을 가하고 있음입니다. 다이너마이트 더미에 용광로를 디미는 형국입니다.

포르노 업계와 공학계가 전심전력 합심하여 알파고에 비견되는 '강력한 인공지능과 섬섬옥수를 겸비한 침실용 휴머노이드'를 개발해 낸다면, (생물학적 성적 진화의 정체로 인한) 이상과 같은 성적 부조화의 난제를 해소하는 데에 큰 도움이 될 것입니다. 세상 어느 곳보다 먼저 병영에다 (총기와 함께) 마땅히 휴머노이드를 배치할 일입니다. 나라 지키느라 수고하는 그들, 수도승이 아님입니다. 반면, 침실용 휴머노이드는 인류의 출산과 존속에는 큰 위협이 될 수도 있겠습니다. 음과 양은 항상 함께 갑니다.

인터넷에는 프로페셔널한 AV물들이 넘쳐나고, 대중적인 공연 문화는 날이 갈수록 "엉덩이" 과시에 괘념치 않는 분위기로 되어 가고 있습니다 — 아니 그것을 돈벌이의 지름길로 여겨 노골화해 가고 있습니다. 프로이드의 이론을 따른다면 그것은 자명한 이치입니다. "성의 상품화"라고 유난 떨 것은 없습니다. 새삼스런 것이 아닌, 인류의 역사와 함께 해 온, 인간의 본능에 기초하는 돈벌이인 것입니다. "인간의 본능에 기초하는 돈벌이"를 제외해 버린다면, 이 세상에는 남아날 것이 별로 없습니다. 신은 본능을 조합하여 그것으로 인류의 존속과 진화가 담보되도록 기도했음입니다. 이 같은 도발적 환경에서 무탈하기 위해서는 Y 쪽이든 X 쪽이든 웬만큼 소승불교적인 수행이 필요해 보입니다. 적어도 법으로 문제가 해소될 일은 아닌 것으로 생각됩니다. "침실용 휴머노이드"의 기여(寄與)를 기대하게 되는 까닭입니다.

도처에 '침실용 반려 로봇'의 선용(善用)이 긴요해 보이는 사용처가 적지 않을 것으로 생각됩니다. 한편, IT의 발달이 가져온 개인주의의 심화와 함께 1인 가구의 급속한 증대는 그 수요의 폭발을 예고하고 있기도 합니다. 게다가 '침실용 로봇'은 마스크(얼굴) 등, 부품을 교체해 주거나; 옵션을, 이를테면 '장동권 타입'에서 '추성운 타입'으로, 또는 '문채연 타입'에서 '조유정 타입'으로 달리해 주는 것으로 어렵지 않게 '새것'이 되기도 하겠지요. 그리하면 음성과 성격, 행동 패턴, 스태미너 등등, 싹! 바뀔 테니까요. 권태기가 있을 수 없는.

'잠자리 시장'에서의 엄청난 돈벌이에 힘입어 눈부시게 진화한 휴머노이드, 침실용 로봇으로 개발되면서 인간의 체취와 촉감과 풍미 그리고 그 미묘한 멋스러움을 부족함이 없이 갖추게 된 살가운 휴머노이드, (머지않은 미래의) 그와 같은 휴머노이드 제조 기술은 당연히 그 다음 단계에서는 수 없이 많은 분야에서 인간에게 도움이 되어 줄 다양한 휴머노이드의 — 간병·간호 로봇, 장애우·노인 돌보미 로봇, 청각·시각 장애인 도우미 로봇, 써빙용 로봇, 농사용 로봇, 외항선원 로봇, 요리사 로봇, 가정부 로봇, 비서 로봇 등등의 — 제조에 결정적인 혜택으로 돌아갈 것입니다. 자본주의 시장 경제 체제가 늘 그래 왔듯이.

달리 말해, 자칫 엔지니어들의 투박한 공예적 솜씨가 양산해 놓을 뻔한 이런 저런 깡통! 로봇들이, 포르노업계의 알몸을 내던지는 헌신적인!! 필드테스트(Field Test) 및 재정 지원을 등에 업고 섬섬옥수의 휴머노이드로 개발되어 등장하게 될 것이라는 이야기입니다 — 자본주의 사회에서 "돈벌이"란 흔히 믿기 힘든 기적을 낳곤 합니다. 그 여파로 불행하게도 서민들의 일자리는 광범위하게 그리고 소리 소문 없이 사라져 갈 것입니다. 양과 음, 그 민낯입니다.

되돌아보면 무선통신 환경이 5G에 도달하도록 진척되기까지에는 개개인의 '밑 빠진 독에 물 붓기 식'의 휴대폰 통신비가, 인공지능의 눈부신 진화가 가능했었던 배경에는 컴퓨터 게임 산업 및 암호화폐(가상화폐) 채굴붐에 기인하는 CPU·GPU 제조업체의 막대한 돈벌이가 결정적 뒷받침이 되어 왔음을 부정할 수 없음과 같은 이치인 것입니다.

머지않은 미래의… 강력한 인공지능을 겸비한 섬섬옥수의 휴머노이드 반려 로봇, 참고로 아직 진화가 덜된 원시적(?) 수준의 그들에 대한 맛보기 정도라면 지금도 얼마든지 가능합니다. 유투브에서 “robot Harmony, robot Samantha, robot Roxxxy” 등의 여성 로봇이나 “robot Gabriel, robot Henry” 등의 남성 로봇을 검색하면 (더러는 ‘성인 인증’ 후) 해당 로봇 판매 광고를 비롯한 관련 동영상들을 볼 수 있습니다. 그 기능이 아직은 다소 어설프게 보인다 해도 실망할 것은 없습니다. 2012년 고양이를 겨우 식별해 내던 구글(딥마인드 팀)의 인공지능이 2016년 “알파고”로 진화하고, 그리고 더 이상 상대할 인간이 없어서 2017년 알파고(제로)가 아예 은퇴해 버릴 때까지 걸린 시간을 생각한다면, 4차 산업혁명 시대의 기술의 발전 속도가 현기증이 날 정도라는 점을 감안한다면, 기대해도 좋지 않겠습니까. 알파고가 은퇴를 선언했던 그날 ‘중국의 기성’으로 불리는 녜웨이핑 9단은 “인간이 알파고와 대결할 수 있다고 생각한 것이 착각이었다”며 “알파고는 최소 프로 20단은 될 것”이라고 평가했던 것으로 전해지고 있습니다. 머잖아 우리는 휴머노이드 프로 20단을 보게 될 것입니다 — 그리 되기를 희망합니다.

이들 로봇류 또한 비밀번호 관리와 보안 업데이트를 등한히 하면, 프로들에 의해 해킹을 당하는 순간!, 순식간에 업자들의 살인용 로봇으로 둔갑해 버릴 수도 있습니다. 또는 해킹된 휴머노이드 반려 로봇의 이적(利敵) 행위 아래 한밤중에 어딘지도 모를 곳으로 납치된 후, 피트니스로 다듬어진 님의 싱싱한 젊음을 탐내는 부호(富豪)의, 개기름 배불뚝이 90대 부호의 뇌가 감쪽같이 님의 두개골 속에 이식되어 버릴는지도… (※ ☞ 「중국에서 동물 머리 이식 성공… 곧 인간 실험한다.」 2019-03-29 동아일보😊).

법률적 윤리적 도덕적 문제에도 불구하고 인간을 상대로 한 ‘머리 이식’은 날이 갈수록 초미의 관심사가 되고 있습니다. “중국 이탈리아 쥐 동물 인간 머리 이식” 정도의 검색어로 인터넷/유투브 검색을 해 보면 그것을 실감하게 될 것입니다. 쏟아지는 해묵은 자료들 중에는 검은 쥐의 머리를 단 흰 쥐가 살아서 돌아다니는 광경 등의 자극적인 눈요기도 있을 것입니다. 격이 있는 스토리성 맛보기를 원한다면, 영화 「겟아웃(Get Out, 2017년 개봉, 감독: 조던 필)」을 추천합니다. 시간 낭비라는 생각이 들지 않을 정도의 재미는 장담합니다. 「더 게임」이라는, 2008년에 개봉된 윤인호 감독의 국산 영화도 있습니다.

이쯤 되면 악성 해킹에 의해 로봇이 잠자리 생중계 기기로 전락하는 것 정도는 별 대수로운 일도 못되겠지요? 이러한 사정은 비단 로봇에만 국한되는 것은 아니며, "스마트" 기기라면 그 어떤 것이든 그렇게 돌변할 가능성에 대비한 주의가 필요하다 하겠습니다. 영리한 만큼 영악할 수도 있음입니다. **자나 깨나 비밀번호 관리!**, 해묵은 기기의 보안 업데이트, 다시 한 번 살펴보자!!

다음은 암호화폐에 대한 이야기입니다. 한데, 암호화폐를 이야기하기 전에 먼저 'P2P 네트워크(Peer-to-Peer Network)'에 대한 약간의 이해가 필요합니다. 암호화폐는 "P2P 네트워크"를 기반으로 하기 때문입니다.

P2P 네트워크란

보편적으로 인터넷의 각종 서비스는 다수의 인터넷 사용자들이 웹사이트(웹서버)에 접속하여 갖가지 서비스를 이용하는 형태가 주류를 이루고 있습니다. 구글, 네이버, 다음카카오, 빙 등의 인터넷 검색 및 포털 사이트 및 각종 클라우드 서비스, 또는 웹하드나 쇼핑몰 등이 모두 그러합니다. 이 같은 통신망 연결 형태, 즉 서버와 사용자(고객)들이 연결되는 통신 형태를 '서버-클라이언트(Server-Client, 또는 Client-Server)'형의 네트워크(통신망), 또는 넷(Net)이라고 합니다. 인터넷 내부의 각종 부분집합 넷(Net)은 "서버-클라이언트" 형태가 대부분입니다(그림14).

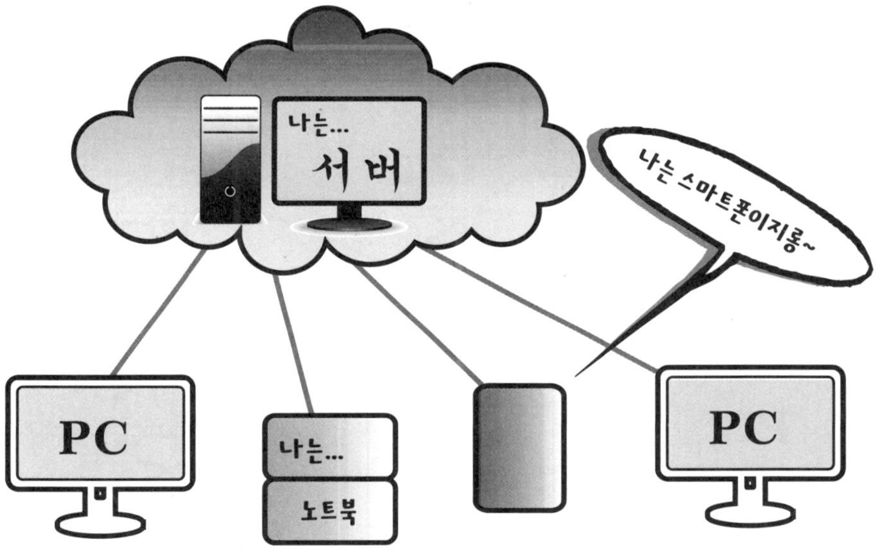

그림14. 서버-클라이언트 구조의 네트워크

이때 클라이언트(Client), 즉 고객이란 인터넷 사용자(네티즌)를 의미하거나, 또는 PC 노트북 스마트폰 등등의 각종 단말기를 의미하거나, 또는 웹브라우저 등의 소프트웨어일 수도 있습니다. "서버-클라이언트" 유형의 넷에서는 서비스를 제공하는 서버의 영향력과 통제 그리고 책임이 절대적입니다. 한데, 이와는 그 성격이 대비되는 'P2P 네트워크(Peer-to-Peer Network)'라는 유형의 넷도 있습니다.

P2P 네트워크(피투피 네트워크, Peer-to-Peer Network). '피어(Peer)'라는 말은 '동료나 동등한(대등한) 사람' 정도의 뜻을 가집니다. '서버-클라이언트 구조'로 된 네트워크와는 달리, P2P 구조의 네트워크는 네트워크를 구성하는 멤버들이 서로 대등한 관계로 그물망 네트워크를 형성하며, 서버

가 따로 없는 것을 특징으로 합니다(그림15). 대신, 멤버 기기들에는 서버와 클라이언트의 기능을 겸하는 P2P 소프트웨어가 설치됩니다. 이들 멤버 기기들을 네트워크 관련 용어로 '**노드**(Node)'라고 합니다.

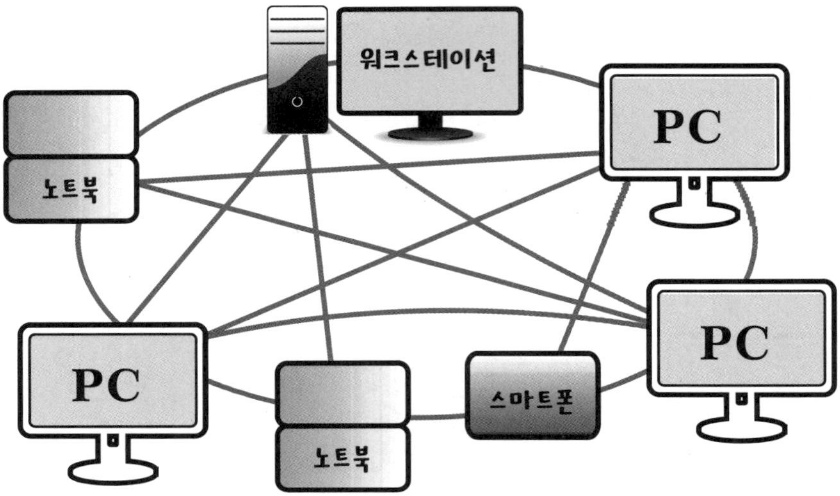

그림15. P2P 구조의 네트워크

P2P 프로그램이 실행되고 있는 모든 멤버(노드)들은 서로 연락을 취하며 그물망 연결을 형성하고, 아울러 각기 서버(서비스 제공자)로서의 기능을 분담하면서 클라이언트(고객)이기도 한, 이중의 기능을 수행합니다. 네트워크(인터넷)에 접속되어 있으면서 P2P용 소프트웨어를 실행 중인 기기는 모두 해당 소프트웨어에 의한 P2P 네트워크의 멤버(이하, **노드**)가 되는 것이라 하겠습니다. 노드(멤버 기기)들이 각기 서버로서의 기능을 분담하고 있으므로, P2P 네트워크는 참여하고 있는 노드가 많으면, 사용 가능한 CPU 메모리 저장장치 통신장치 등의 컴퓨팅 자원이 그만큼 많아지는 것이고, 따라서 서버 기능이 그만큼 활성화되어 네트워크의 작동이 원활해지나, 반대로 참여 노드가 적어지면 별 볼일 없는 네트워크가 되어 버리는 경향을 띠게 됩니다. PC는 24시간 내내 가동되는 기기가 아니며, PC를 켜 두고

있는 중일지라도 사용자들이 정작 P2P 프로그램을 실행하는 것은 고작해야 그것을 이용해야 할 이유가 있을 때뿐입니다. 그래서 P2P 네트워크에 24시간의 항시성(恒時性)을 부여하고 그 밖의 취약점들을 보완하기 위해 보조적인 서버를 가동하는 경우도 있습니다. 그와 같은 경우를 '혼합형 P2P(Hybrid P2P)'라고 부르기도 합니다.

P2P 네트워킹에 대한 연구와 실용화가 급물살을 타게 된 것은 '파일 공유'라는 트렌드 탓입니다. 주로 저작권이 있는 자료나 파일들을 공짜로 공유하기를 열망하는 불량(?) 네티즌들이 불을 지폈습니다. "서버-클라이언트" 유형의 서비스에서 그런 일이 시도된다면 그것은 마땅히 서버가 민·형사적인 책임을 져야 할 일입니다. 그러나 그것이 P2P 네트워크에서 벌어진다면 민·형사적인 책임을 물어야 할 대상이 사실상 막연해집니다. 법을 집행하기가 대략난감. 무엇이든 공짜라면 불이 나는 법이지요. 그것을 기화로 {소리바다, 냅스터(Napster), 위니(Winny) 등을 필두로} 비트토렌트(Bit-Torrent), 이뮬(eMule), 당나귀(eDonkey) 등의 P2P 네트워킹이 요원(燎原)의 불길로 타올랐었습니다. 이 경우의 P2P 네트워크란 PC 간의 쌍방향 파일 전송 시스템을 의미한다 하겠습니다.

하지만, P2P용 소프트웨어 자체가 불법적인 것은 아닙니다. P2P 네트워크 기술을 이용하여, 이를테면 LTE 기지국이 없는 지역에서도 비상 수단{ad hoc network}으로 휴대폰들이 자율적으로 임시 망을 형성하여 휴대폰끼리의 통화가 가능하게 할 수도 있는 등의 쓸모 있는 네트워킹 기술인 것입니다. 비트코인 시스템은 P2P 네트워크 기술을 사용합니다. 이른바 화폐의 탈 중앙화를 내세운. 그래서 서버가 없는.

암호화폐와 블록체인 기술

암호화폐(가상화폐)를 이야기하는 이 난은 사뭇 전문성을 띤 글이 될 것입니다. 무엇보다도 **블록체인 기술**을 설명해야 하기 때문입니다. "블록체인 기술"은 4차 산업혁명에 있어서의 간과할 수 없는 주요 기술 중 하나입니다. 특히 MZ세대라면 미래의 생존을 위해 그 구체적인 알고리즘을 익혀 두는 것이 좋습니다. 한데, 화폐의 존재를 뒷받침할 정도의 기술인 만큼 그에 걸맞은 보안성을 갖추고 있는 터여서, 그 알고리즘이 꽤나 복잡합니다. 하지만 일반인들이 암호화폐를 다루고 사용하는 데에 이 같이 전문적 지식이 두루 필요한 것은 아닙니다. 그냥 비트코인(암호화폐) 지갑을 다루는 약간의 지식만으로도 그럭저럭 적응해 나갈 수 있기 때문입니다.

그러므로 MZ세대가 아니라면 *p. 333*의 <**비트코인의 지갑(Wallet)**> 항을 제외한 이(**암호화폐와 블록체인 기술**) 난의 나머지 부분들을 모두 건너뛰어도 무방하며, 입맛에 맞는 부문만 선택적으로 읽어 나가는 것은 좀더 현명한 방법이겠습니다. 일반인들도 알아 두는 것이 적잖은 도움이 될 치명성을 띤 내용들이 더러 있기도 할 것입니다. 아무쪼록 주화입마를 경험할 것까지는 없겠습니다만, 한 성질 하시는 분이라면 통독(通讀)해 볼 만한 가치가 없지는 않을 것입니다. 단, MZ세대는 골 경련이 나더라도 부디 빠짐없이 읽어서 그 구체적인 알고리즘을 알아 두기를 희망합니다. 블록체인 기술은 미래의 생활필수품(☞ *p. 374*)이기 때문입니다.

비트코인 관련 용어 해설

최초로 발행되고 실용화된 암호화폐(가상화폐, 이하 암호화폐)는 잘 알려져 있다시피 비트코인입니다. 사토시 나카모토라는 익명의 인물에 의해 개발된 비트코인 소프트웨어(Bitcoin Core)가 2009년 1월 그 소스 코드까지 공개되었으며, 그 여파로 이후 이더리움, 리플, 라이트코인, 에이코인 … 등등, 많은 종류의 암호화폐들이 우후죽순으로 생겨나기 시작했습니다 — 비트코인 이후에 등장한 암호화폐들을 **알트코인**이라고 부릅니다.

그도 그럴 것이, "Bitcoin Core(비트코인 소프트웨어)"나 또는 알트코인들의 공개된 소스코드를 조금 수정하여 또 하나의 새로운 알트코인을 만들어 내는 것은 어려운 일이 아니기 때문입니다. 2009년 이후 불과 십 수년 사이, 많은 알트코인들이 생겨났다가 사라져 가곤 했습니다. 2021년 4월 22일자 조선일보 기사 인용입니다. 「전 세계의 가상 화폐 거래소에 상장된 가상 화폐 개수는 21일 오후 2시 기준 9410개에 달한다. 이날 오전 9시에 9387개였는데, 5시간 만에 23개가 늘었다. 15분에 한 개꼴로 새로운 가상 화폐가 생겨난 셈이다.」

비트코인은 알트코인들 사이에서 사실상 일종의 기축통화(基軸通貨: 달러, 유로, 파운드, 마르크 등과 같이 국제 금융 거래의 기본이 되는 화폐)가 되고 있습니다. 따라서 암호화폐에 대한 이야기들은 대개 비트코인을 기준으로 하는 것이 상식처럼 되어 있습니다. 아래의 글에서도 물론 그러한 기조(基調)를 바탕으로 하게 되겠습니다. 이하, 비트코인의 개발자 사토시 나카모토의 생각을 따라가 보기로 합니다. 그리하는 것이 그 근본 원리를 보다 간명하고 확실하게 이해하는 지름길로 생각되기 때문입니다.

비트코인은 (소금, 곡물, 금화, 은화, 또는 경제력 등의 실물 가치에 근거하지 않는) 완전 허구(虛構)의 화폐입니다. '블록체인'이라 부르는 데이터베이스에 수록될 비트코인 거래원장 낱권(블록)을 작성하는 경쟁에서 승리하는 이에게 그 노력{= 작업증명, 채굴}에 대한 수고비 지급을 명목으로 발권(화폐 발행)이 됩니다. 블록은 소프트웨어가 알아서 작성하는 것이니 인간의 수고라 할 것은 없겠습니다만, 블록을 작성하고 블록의 아이디(= 블록해시)까지 구하여 명기해야 작업이 완료됩니다. 한데 블록의 아이디인 **블록해시**를 구하는 작업이 만만치 않습니다. 로또 당첨에 버금가리만치 희박한 해시값의 범위에 들 때까지 끝없이 해싱을 되풀이해야 합니다.

그리하여 비트코인 네트워크에서 가장 먼저 "로또" 해시(블록해시) 찾기에 성공한 노드에만 해당 블록 작성에 대한 수고비로 일정 액수의 비트코인이 지급되며, 이로써 비트코인 신권(새 돈)이 발행되는 것입니다. 이 같은 블록 작성 작업을 '**작업증명**' 또는 '**채굴**(☞ *p. 358*)'이라 합니다.

비트코인이란 (금융기관 등의 공신력에 의존하는 일 없이) 오로지 소프트웨어적으로 거짓이나 허위를 방지함으로써 거래의 진실성을 지켜 나가도록 설계되어 있는 비트코인 시스템 상의 디지털 기록물입니다 — 화폐의 실물은 없습니다. 그리고 바로 그 소프트웨어 기술이 '**블록체인 기술**'입니다.

블록(Block)이란 10분 정도의 시간 동안 전 세계에서 발생한 비트코인의 거래를 모은 거래 원장(이하, 거래원장) 낱권에 해당하며, **블록체인**(Blockchain)이란 최초의 블록으로부터 시작하여 이후의 모든 블록들을 줄줄이 연결해 엮어 놓은, 비트코인 시스템 전체의 거래원장 라이브러리에 해당합니다.

블록체인에는 (거래의 익명성을 보장하기 위해) 비트코인 실소유주의 이름이나 신원정보는 일절 기록하지 않습니다. 대신, 완전 허구인 '**주소**'라는 것을 비트코인의 명목상의 소유자로, "바지사장"으로 삼아 기록하고, 해당 비트코인을 그 "주소"라는 것이 가진 것으로 간주합니다. "주소"는 비트코인을 거래할 때마다 임의로 새로이 만들어, 그것을 새 주인으로 하는 것이 보통입니다. 그리하는 것이 진짜 소유자(이하, **실소유자**)의 신원 추적을 막는 데 결정적으로 도움이 되기 때문입니다. 그러므로 해당 비트코인은 거래 때마다 그 명목상 소유주인 주소가 계속 바뀌게 되는 것이 보통입니다. 실소유자는 '공개키 암호화 기법(☞ *p. 257*)'으로 해당 주소에 대한 소유권을 증명함으로써 해당 주소가 가진 비트코인에 대한 실소유권 행사(거래)를 하게 됩니다.

비트코인의 원장(元帳, Ledger)에서 화폐로서의 의미를 가진 기록은 금액과 주소가 그 전부입니다. 그 밖의 기록들은 실소유주의 '주소 소유권'을 검증하기 위한 것이거나, 또는 위조, 해킹, (실소유주에 대한) 신원 추적 등을 방지하기 위한 안전장치로서의 복선(伏線)들이라 할 수 있습니다.

한마디로 비트코인이란 사실상 카지노의 도박용 칩(chip)을 닮았습니다. '거래소'라는 교환 창구를 통해 은행권 화폐로 교환이 가능한 화폐 대용물과 같은 성격의 것이라 하겠습니다. 이하, 이해에 도움이 되리라 생각되는 순서에 따라 비트코인 시스템의 구성 요소 하나하나를 거론해 가며 보다 구체적인 이야기를 이어 나가도록 합니다.

비트코인의 통화 단위는 소문자로 시작하는 'bitcoin(비트코인)'과 'satoshi(사토시)'를 기본으로 합니다. "bitcoin" 대신 약자로 BTC 또는 XBT로 표시하기도 합니다. 1 사토시는 0.00000001 BTC에 해당합니다. 이하 이 책에서는 BTC를 "비티씨"로 읽지 않고 "비트코인"이라 읽는 것으로 가정하고 조사(토씨)를 붙이게 되겠습니다. 이 점 유념하시길.

"blockchain.info" 또는 "blockchain.com/explorer"에 접속하여, 확대경(검색) 아이콘을 눌러 "Search 어쩌고 저쩌고…"라고 표시되어 있는 검색 난에 단지 숫자 0을 입력하고 엔터키를 눌러 보도록 합니다. 그리하면 "There are 3 blockchains with result(s) to your search 0:"이라는 또 하나의 선택지가 제시됩니다. 그중 "BTC Block"을 마우스 클릭합니다. 그 결과,
사토시 나카모토가 2009년 1월 4일(미국 시간, 1월 3일) 최초로 채굴하여 발행된 비트코인(50 BTC)에 대한 원장인 제네시스 블록(Genesis Block, Block 0, 최초의 블록)의 내역을 보게 될 것입니다. 참고로 컴퓨팅의 세계에서는 수를 셀 때 항상 숫자 (1이 아닌) 0으로부터 시작합니다.

비트코인의 익명성

비트코인은 익명성 보장과 탈 중앙화(화폐의 민주화)를 특징으로 합니다 — 누구나 자신의 신분을 밝히지 않고 화폐를 발행(채굴)할 수도 있으며, 거래할 수도 있습니다. 비트코인의 개발자로 널리 알려져 있는 사토시 나카모토(Satoshi Nakamoto). 그가 누구인지에 대해서는 아직도 정설로 알려진 것이 없습니다. 비트코인의 익명성이란 그런 것입니다. 개발자 본인은 자신이 1975년생 일본인이라고 주장했었지만, 정작 그가 일본인인지, 개인인지, 개발 그룹인지 등등, 그 신원에 대한 모든 것은 의문으로 남아 있을 뿐입니다. 이런저런 추측과 억측이 난무할 뿐. {그가 자신의 신원을 밝히고자 한다면 그것은 매우 간단한 일입니다. 즉, 비트코인의 사토시 나카모토 계정에다 자신의 실명을 밝히면 되기 때문입니다.}

하지만, 대부분의 국가에서 암호화폐를 통한 탈세나 범죄를 예방하기 위한 목적으로 암호화폐 거래소 이용자의 실명 확인을 강제하고 있으며, 비트

코인을 은행권 화폐로 환전하려 한다면 십중팔구 거래소를 이용해야 합니다. 뿐만 아니라, 그 밖에도 고도의 지능적 추적 기법에 의해 거래자의 신원이 노출될 수 있는 취약점들이 비트코인 시스템 주변에, 주로 사용자들의 인터넷 행적 이곳저곳에, 흘려져 있기 마련이기도 합니다. 그런 까닭으로 비트코인의 익명성은 어둠의 세계를 주름잡는 프로들에게나 의미가 있는 성격의 것이 되어 가는 듯합니다.

비트코인의 주소

비트코인 시스템의 익명성은 주소 사용에서 비롯됩니다. 비트코인의 주소란 다다익선(多多益善)이며, 따라서 가급적이면 많은 주소를 사용할 것을 권장하는 이유입니다 — 만일 노상 단 하나의 주소만을 가지고 비트코인을 거래한다면, 그 실소유자의 비트코인 재무상황 정도는 (만천하에 공개되어 있는 거래원장인 블록체인을 들여다보고) 누구나 파악할 수 있음입니다. 거래 때마다 비트코인의 주소를 바꾸는 것이 추적자들의 골 경련을 유발하고 비트코인의 익명성을 강화합니다. 비트코인의 주소란 통상 1회용으로 사용하는 것이라 하겠습니다.

비트코인의 익명성은 "주소"로 인해 보장됩니다. 말하자면 익명으로의 거래를 위해, 실소유주를 숨기고 대신 "주소"라는 것을 바지사장으로 내세우는 것입니다. 그래서 비트코인 시스템은 거의 무한한 주소를 준비해 놓고 있습니다(※ 비트코인의 주소는 관측 가능한 우주에 존재하는 모든 원자의 수를 합한 것보다 많은 수효가 수학적으로 가능합니다 — 2^{256} 가지의 경우의 수에 해당합니다). 그런 까닭으로, 비트코인의 원장(元帳)인 블록체인에서 "화폐로서의 의미를 가진 기록은 금액과 주소가 그 전부"라고 한 것입니다. 비트코인은 주소가 비트코인을 소유하는 형태로 거래됩니다 — 적어도 원장(블록체인) 상에는 주소 이외에 따로 임자가 없습니다 — 주소가 비트코인의 소유주인 것입니다. 따라서 비트코인의 거래에는 금액과 주소가 항상 함께합니다.

덕분에 신분을 감출 수 있는 익명의 실소유주가 자신의 비트코인을 사용하려 할 때는 '은행 통장의 비밀번호' 같은 것이 필요합니다. '**개인키**(Private Key, 비밀키, 비공개키)'라는 것이 그와 같은 수단으로 사용됩니다. 즉, 개인키를 사용하여 자신이 해당 비트코인 주소의 실소유자임을 입증해야 하는 것입니다. 지난 httpS 프로토콜 관련 글에서 설명한 바 있는, 바로 '**공개키** 암호시스템(☞ *p. 257*)'에서의 "개인키", 그것입니다.

비트코인 소프트웨어는 개인키로부터 공개키를 만들어 내고, 이어서 공개키를 이중으로 해시하여 그 해시값을 주소로 사용합니다. 그러므로 지갑 앱에서 '새 주소'를 클릭하여 주소를 생성하면 지갑 앱의 내부에는 해당 주소의 모태(母胎)라 할 개인키가 이미 한 발 앞서 생성되어 있기 마련입니다. 그러므로 비트코인 시스템에서 개인키, 공개키, 주소는 사실상 일심동체와 같은 성격의 것이라 하겠습니다. 이름과 형태만 다를 뿐 공개키와 주소는 개인키의 분신(分身)들인 것입니다. 단, **개인키 → 공개키 → 주소** 순(順)으로의 생성은 가능하나, 그 **역순은 불가능**합니다.

공개키에서 개인키(비밀키, 비공개키)를 알아낼 수 없음은 공개키 암호시스템의 기본입니다. 또한 역산이 불가능함은 해시(Hash ☞ *p. 266*) 함수의 중요한 특징입니다. 즉 해시는 일방통행(**단방향성**)의 함수인 것입니다. 그러므로 (공개키를 이중으로 해시하여 만든) 주소에서 공개키나 개인키를 알아낼 수 없음도 당연합니다.

개인키 공개키 주소는 비트코인의 거래에 사용되는 지갑 앱(프로그램)이 알아서 만들고 관리합니다. 그것을 백업해 두는 일 이외에 사용자들이 특별히 신경 쓸 것은 없다는 이야기입니다.

{비트코인에서의 공개키 암호 시스템에는 흔히 '타원 곡선 암호화(ECC)'라고 하는 '타원곡선 DSA 알고리즘'이 사용되며,} 비트코인 소프트웨어나 지갑류의 소프트웨어는 개인키만 있으면 공개키와 주소는 언제든 다시 재현·재생(再生)해냅니다. 그러므로 지갑{ex: wallet.dat 파일}에는 개인키만 저장해 두어도 무방합니다(※ 지갑은 통상 개인키와 공개키를 모두 저장하고 있습니다). 공개키와 주소는 필요 시 계산해 내면 되니까요.

사토시의 비트코인 ◔◔

참고로, 아래에서 설명하게 될 '비트코인의 풀 노드(full node)'는 200백기가바이트(GB)에 달하는 블록체인 데이터를 모두 다운로드 받아야 하는 등, 부담스런 면이 없지 않습니다. 그래서 라이트 노드(Light Node)라는 간이형 노드를 흔히 이용합니다. 마이셀리엄(Mycelium), 일렉트럼(Electrum ☞ *p. 334*) 등의 지갑 앱을 설치하고 실행하면 라이트 노드가 되고, 아울러 간단히 해당 지갑의 사용이 가능합니다.

비트코인 시스템에는 서버 컴퓨터란 것이 없습니다. 동등한 자격과 권리를 가진 컴퓨터들이 서로 분담하여 시스템을 가동한다는 것이 사토시 나카모토의 아이디어였습니다. 비트코인의 화폐로서의 탈 중앙화, 민주화는 P2P 네트워크와 블록체인 기술에 의해 구현됩니다. 즉, 비트코인 소프트웨어인 'Bitcoin Core'를 다운로드 페이지(bitcoin.org/en/download)에서 내려받아 설치·실행 중인 PC나 컴퓨터는 소프트웨어에 의해 저절로 비트코인의 풀 노드(full node)가 되어 블록체인 네트워크의 일원이 됩니다.

비트코인 소프트웨어는 자동으로 다음과 같은 작업을 수행해 나갑니다.

(2009년 1월 3일 비트코인이 처음 발행된 이래로 그 동안 세월이 지나면서 누적되어 온) 200백 기가바이트(GB)에 달하는, 비트코인의 모든 거래 내역을 모아 놓은, 블록 더미(블록체인)를 내려 받아 PC/컴퓨터에 저장함으로써 그것을 공유합니다(※ 비트코인의 데이터베이스인 이 블록 더미, 블록체인을 내려 받는 데에 상당한 시간이 소요되므로 PC를 켜 둔 상태로 기다려야 합니다). 아울러 이후 실시간 발생하는 비트코인 네트워크 상의 거래들을 검증하고, 스스로 서버가 되어 그 내역을 다른 노드로도 전파합니다. 이러한 과정에 사용자가 신경 쓸 것은 없습니다. 소프트웨어가 다 알아서 잘 처리해 나갑니다. 그리고 노드는 해당 소프트웨어에 내장된 **지갑**(Wallet)을 이용할 수 있게 됩니다. 뿐만 아니라, 호랑이 담배 피던 시절에는 비트코인 소프트웨어를 이용하여 PC로 직접 채굴까지 하기도 했었습니다.

이상과 같은 것이 바로 사토시 나카모토가 생각했던 비트코인이라 하겠습니다. 그러나 이제 PC로 채굴한다는 것은 전혀 현실성이 없는 이야기입니다. 비트코인의 시세가 고가로 치솟게 되면서 비트코인의 채굴은 거대 자본들의 전유물이 되고 말았기 때문입니다. 비트코인의 채굴 작업은 일종의 선착순 달리기 경주이며, 오로지 1등에게만 수고비(비트코인)가 지급되는바, 그 1등을 하기 위해서는 최고 성능의 하드웨어가 뒷받침되어야 하기 때문입니다. 거대한 채굴 공장을 가동해야 하는 작업이 되고 말았습니다. 거대 자본들의 게임이 되어 버리고 만 것입니다. 발권 기능이 자본가들에게 예속화되어 버린 꼴이니, “화폐의 탈 중앙화, 민주화”란 이미 공염불로 끝났습니다.

비트코인 소프트웨어는 수면 아래에서 다음과 같은 일을 수행해 나갑니다. 비트코인 소프트웨어가 실행되는 모든 PC/컴퓨터(이하, PC로 통일합니다)를 소규모의 은행으로 변신시키고, 그리하여 '비트코인 은행'으로 변신한 수많은 PC들을 온라인으로 연결하여 '비트코인 은행 네트워크'를 형성합니다. 물론 그리하여 일반 은행의 다양한 업무를 두루 다 소화해 내는 것은 아닙니다만, 작업증명(채굴)을 통해 화폐를 발행(발권)하며, 그 밖에 거래(송금과 수신)에 대한 (신뢰성을 자랑하는) 회계 처리를 해냅니다. 결코 부정(不正)이나 부정(不淨)이 개입할 여지를 주지 않는 회계 솜씨는 '블록체인 기술'이라는 알고리즘에 의해 구현됩니다. 그러나 이 같은 은행 업무는 모두 수면 아래에서 소프트웨어가 제 알아서 수행하는 것이므로 사용자들은 신경 쓸 것이 없습니다. 그저 앱의 인터페이스를 통해, 주로 지갑을 통해, 원하는 기능을 이용하면 그만입니다.

지갑에 비트코인을 한 푼이라도 넣어 두었다면, 지갑이 없어져도 해당 비트코인의 소유권은 블록체인 네트워크의 블록체인에 생생하게 기록되어 있으므로, 블록체인 네트워크의 수많은 노드들이 파일로 내려 받아 공유하고 있는 블록체인에 분명히 기록되어 있으므로, 개인키(비밀키)를 가지고 있는 한 분실의 염려 같은 것은 없습니다.

개인키(Private Key)는 비트코인의 실소유자임을 증명하는 유일하고도 확고한 증거입니다. 전쟁이나 천재지변으로 피난해야 할 경우에도 개인키를 (암기 능력이 좋아서) 암기하고 있거나, 개인키를 적어 둔 종이 쪽지만 분실하지 않고 잘 챙기고 있거나, 또는 이메일 계정 등에 암호화하여 저장해 두었다면 안심입니다. 난리 통에 자칫 탈취 당할 위험이 있는 금이나 귀금속보다 편리한 면입니다. 비트코인은 화폐로서의 형체를 가진 물건이 아니며, 단지 블록체인에 그 소유권이 기록되어 있는 기록으로 존재할 뿐이지요. 그러나 수많은 노드가 그 기록을 공유하고 있기 때문에 어떤 화폐보다 그 소유권이 분명한 화폐인 것입니다. 그렇다면 개인키는 어떻게 얻어지는 것일까요?

비트코인이 암호화폐로 불리는 까닭은 비트코인 시스템이 암호화 기법을 활용하여 설계한 시스템이기 때문입니다. 비트코인 시스템의 알파와 오메가라 할 암호화 기법에는 두 가지가 있으며, 그것이 사실상 비트코인 시스템의 전부라 할 수 있습니다 — 블록체인 기술의 전부라 할 수 있습니다. 공개키 암호시스템(☞ *p. 257*)과 해시(Hash ☞ *p. 266*)가 그것입니다. 공개키 암호시스템과 해시에 대해 알고 있다면 비트코인 시스템을, 블록체인 기술을 이해하는 것은 어렵지 않습니다. 물론 두 가지의 암호화 기법을 활용한 "블록체인 기술"은 모두 비트코인 소프트웨어가 암행(暗行)으로, 컴퓨팅의 수면 아래에서, 제 알아서 이행하는 것이므로 사용자가 신경 쓸 것은 없습니다.

비트코인 시스템이나 블록체인 기술에는 관심이 없고 단지 비트코인 사용에만 관심이 있는 독자께서는 제*333* 페이지, <**비트코인의 지갑(Wallet)**> 항으로 바로가기 해도 무방하겠습니다.

개인키, 공개키, 주소의 관계

비트코인의 개인키는 지갑 앱이 알아서 만들어 내는 임의의 256비트 숫자입니다. 16진수 한 자리는 4비트(2 x 2 x 2 x 2 = 16)에 해당합니다. 그러므로 256비트의 숫자를 16진수로 나타낸다면, 256 ÷ 4 = 64로 계산되어, 64자리의 16진수가 됩니다. 이를테면 아래와 같은 수입니다.

16진수로 된 개인키의 예:
FB1279AA13C6FFB922C5F1B24915274A275A6A5A753644A269FD8A71A9AF2EBB

하지만 이 같이 뜬금없는 64자리의 16진수를 불쑥 내밀면, 비트코인 사용자들이 황당할 일입니다. 그래서 {(16진수 64자리) 앞에다 버전 번호를, 그리고 뒤에다 압축 플래그(Compression Flag)와 체크섬(Checksum)을 추가한 다음, 16진수를 영숫자(alphanumeric)로 된 텍스트로 바꾸기 위해 Base58로 인코딩을 하여} 아래와 같이 조금이나마 부담을 줄인? 영숫자로 변환한 것을 개인키로 제공합니다. 물론 어지럽기는 마찬가지이긴 합니다만. 이 영숫자로 된 개인키는 역산하여 16진수 64자리로 된 원래의 개인키로 환원할 수 있습니다.

영숫자(alphanumeric)로 된 개인키의 예:
L5dmAs1Bp5dbUVtXcVvVB4WgzPc7zhUoadxGrufbojWigf3iEyQC

개인키는 비트코인의 실소유자임을 증명하는 유일한 수단입니다. 개인키를 잃어버린다면 비트코인을 영영 잃어버린 것이 됩니다, 절대로 되돌릴 수 없이. 볼수록 현기증 나는 이 개인키를 인간이 직접 다룰 수 있는 방법이란 '복사 & 붙여넣기'가 있을 뿐이지요. 외울 수도 있다고요? 놀라워라!! 아래에서 구체적으로 설명하게 되겠습니다만, 개인키를 보관하는 가장 편리한 방법은 지갑 앱의 데이터 파일{ex: wallet.dat}을 암호화하여 백업해 두는 것이며, 가장 확실하고 장기간 보관해 둘 수 있는 방법은 개인키를 종이에 프린트하여 은행의 대여금고에 넣어 두는 것이라 하겠습니다. 또는 'AES256'을 지원하는 파일 압축 프로그램을 써서, "AES256"으로 암호화 압축한 파일을 보관하거나 이메일 계정에 올려 두는 것이라 하겠습니다. 개인키만 있으면 지갑은 언제든 복원할 수 있습니다.

{※ 이 글은 '**개인키 → 공개키 → 주소** 순(順)으로의 주소 생성' 알고리즘에 대한 요약적 설명입니다만, 관심이 없는 독자께서는 건너뛰어도 무방합니다 — "{ }" 속에 든 글입니다.

이 박스 글을 읽어 나가기 전에 **royalforkblog.github.io**에 접속하여 아래로 조금 스크롤하여 내려가서, "**Graphical Address Generator**(그림으로 보는 주소 생성기)"라는 항목을 클릭하도록 합니다. 그리하여 열리는 해당 웹페이지(**Graphical Address Generator**)에서 "Type passphrase here-... (여기에 암호구문을 입력하셔~)"로 표시되어 있는 입력란에 아무 글자나 한 글자 이상 타이핑하면 개인키로부터 시작하여 공개키 및 주소가 만들어지는 전 과정을 그래픽으로 일목요연하게 보여 줍니다. 해당 웹페이지를 단축키 '**Ctrl + s**'로 저장해 두면, 오프라인 상태에서 저장된 **.html** 파일을 열고 얼마든지 반복하여 사용해 볼 수 있기도 합니다. 만일 크롬 웹브라우저로 해당 웹페이지에 접속했다면, 마우스 오른쪽 버튼(클릭) 〉 "한국어(으)로 번역"을 선택하여 번역된 웹페이지를 저장해 두고 오프라인 상에서 사용해도 무방합니다. 그리고 그 정도 선에서 만족한다면 아래 나머지 박스 글은 무시하고 건너뛰도록 합니다.

지난 257 페이지에서 설명한 바 있는 **httpS** 프로토콜의 공개키 암호시스템에는 'RSA 암호 알고리즘'이 사용되었습니다만, 비트코인의 공개키 암호시스템에는 '타원곡선 DSA 알고리즘{ECDSA(Elliptic Curve Digital Signature Algorithm)}'이 사용됩니다. 이 타원 곡선 암호화(ECC: Elliptic Curve Cryptography) 방식은 'RSA 암호 알고리즘'에 비해 키의 길이가 짧은 것이 장점입니다. 짧은 길이의 키를 사용하기 때문에 여러모로 컴퓨팅에 유리하기도 하고 (아래에서 설명하게 될) 서명, 검증, 인증 등의 용도에도 적합합니다. 비트코인 시스템에는 안성맞춤이라 하겠습니다.

비트코인의 공개키는 개인키(임의의 256비트 숫자)에 secp256k1이라는 타원곡선을 적용, 산출합니다. secp256k1 타원곡선이란 아래와 같은 타원곡선 함수를 만족하는 (x, y)의 집합을 곡선 그래프로 나타낸 것입니다.

$$y^2 \bmod p = (x^3 + 7) \bmod p$$

공개키는 이 타원곡선 함수에 있는 한 점입니다. 그러므로 x좌표와 y좌표의 값을 가지는데, 각기 256비트 숫자에 해당합니다. 이 x좌표값과 y좌표값을 연결한 512비트가 비트코인 거래(트랜잭션)의 서명 확인 등에 사용되는 공개키입니다. 비트코인 소프트웨어는 이 512비트에 04라는 접두사 1바이트(8비트)를 추가하여 공개키를 520비트로 표시하는데, 이는 기본적인 공개키 표시 방법입니다. 그러나 이 표시 방법에는 축약의 여지가 있어 보입니다. 끝없이 업데이트되고 진화하는 속성을 가진 것이 소프트웨어이므로 이후 축약된 표시 방법의 사용이 관찰된다 해도 이상할 것이 없다 하겠습니다. “04라는 접두사”는 그러한 상황을 예견하여 식별 수단으로 삼기 위한 것으로 판단됩니다.

앞서 소개했었던 “Graphical Address Generator(그림으로 보는 주소 생성기)”를 보면 공개키(public key)가 y좌표의 패러티 두 자리에다 64자리의 16진수로 표시되어 있습니다. 모두 해서 16진수 66자리이니, 4비트 x 66자 = 264비트로 계산되어 264비트임을 알 수 있습니다. 520비트의 기본적인 표시 방법에 비해 많이 축약되었음을 알 수 있습니다. 그 까닭을 살펴보면 다음과 같습니다. 즉, secp256k1 타원곡선 상의 한 점에 대한 x좌표값을 알면 그것으로 그 y좌표값을 알아낼 수 있습니다. 그러므로 공개키를 표시할 때에는 y좌표 값은 생략해도 무방합니다. 그래서 y좌표 값에서는 패러티 값만 취하여 16진수 두 자리(8비트)로 표시하고, 이에 x 좌표의 값(256비트)을 이은 264비트를 공개키로서 표시하고 있는 것입니다. 그리함으로써 거래 내역에서 256비트에 해당하는 데이터(y좌표 값)를 줄일 수 있음입니다. 블록체인은 거대한 데이터에 달하므로, 이와 유사한 (데이터 수록 공간에 대한) 절약 기법은 비트코인 블록의 도처에서 사용됩니다.

y좌표 값의 패러티는 다음과 같은 것입니다. 타원 곡선 함수는 y^2이기 때문에 y는 제곱근이며, 따라서 양수와 음수의 값이 나오게 됩니다. 즉 하나는 짝수, 하나는 홀수가 나오게 되는데 짝수의 경우 접두사에 패러티 값으로 16진수 02를, 음수의 경우 03을 붙여 주는 것입니다. 패러티 값은 (노이즈 등, 주로 하드웨어적인 문제로 인한) 데이터의 오류 여부를 점검하는 데에 사용됩니다.

비트코인의 주소는 다음과 같이 하여 만들어집니다. 공개키를 해시함수 SHA256으로 해싱한 해시값을 해시함수 'RIPEMD(RACE Integrity Primitives Evaluation Message Digest)160'으로 한 번 더 해싱하여 160비트(20바이트, 16진수 40자) 크기의 해시값을 만들어 냅니다.
즉 '160비트의 해시값 = RIPEMD160(SHA256(공개키))'로 계산됩니다. 이 해시값이 바로 비트코인의 주소입니다. 그리고 이 이진(binary) 주소를 영숫자(alphanumeric) 텍스트로 바꾸면 지갑에 표시되는, 눈에 익숙한 바로 그 주소가 됩니다. 이진수를 영숫자(alphanumeric) 텍스트로 바꾸는 데는 이미 언급한 바 있는 Base58로 인코딩하는 방법이 사용됩니다. 영숫자로 변환한 주소는 Base58의 디코딩으로 원래의 160비트 이진 주소로 되돌릴 수 있습니다. 비트코인 시스템에서는 영숫자 인코딩 포맷으로 주로 Base-58Check를 사용합니다. 이는 4바이트 크기의 오류 검사(Checksum) 코드를 추가하여 인코딩하는 방식입니다.

참고로 16진수(이진 데이터)를 영숫자로 변환하는 기본적인 인코딩 방식에는 **Base64**가 있습니다. 이는 영문 소문자 26개, 대문자 26개, 숫자 10개, 특수문자 '+', '/' 2개로 구성된 64자의 아스키코드로 변환하는 방식입니다. **Base58**은 **Base64**에서 사람들이 혼돈하기 쉬운 **0**(숫자 영)과 **O**(알파벳 오우), l(숫자 일)과 I(알파벳 아이), 그리고 특수문자 +, /를 뺀 58자로 구성된 영숫자로 인코딩(변환)하는 방식입니다. **Base58Check**는 오류 검사 코드를 추가하여 **Base58**로 인코딩하는 방식으로서, 데이터의 입력 오류(타이핑 오류 등)를 감지하고 방지하는 목적으로 사용됩니다.}

*p. 318, 328*에서 건너뛰기 도착지

비트코인의 지갑(Wallet)

비트코인을 비롯한 유력한 알트코인들은 다양한 유형의 '**지갑**(Wallet)'이 사용 가능합니다. 지갑 앱마다 지원하는 암호화폐 종류가 다양하므로 먼저 자신이 사용하고자 하는 암호화폐를 지원하는 지갑인지 알아보고 사용하면 됩니다. 이들 지갑 앱은 마치 은행의 계좌와 같은 역할을 수행합니다. 거래에 뒤따르는 "블록체인"이라는 거대한 회계장부(원장) 라이브러리에 대한 사무적 처리를 비롯한 모든 부수 작업은 지갑 앱을 비롯한 비트코인의 소프트웨어가 물밑에서 자동으로 처리합니다.

비트코인의 지갑(이하, 지갑)은 비트코인의 실소유주가 비트코인을 사용할 수 있게 해 주는 편리한 인터페이스(또는 도구)라 하겠습니다. 비트코인은 블록체인에; 그 실소유권인 개인키는 지갑에. 그런 까닭으로 최소한 개인키를 보존할 수 있는 것이라면 그 어떤 것이든 지갑이 될 수 있습니다. 종이에 개인키를 프린트해 둘 수도 있으므로 심지어는 종이지갑까지도 가능합니다. 따라서, 현재 사용되고 있는 지갑은 그 형태나 기능 등에 있어서 다양한 종류가 있습니다.

지갑의 종류는 사용 용도에 따라 크게 핫월렛(Hot Wallet)과 콜드월렛(Cold Wallet)으로 구분됩니다{지갑은 개인키의 생성 및 관리 방법에 따라 랜덤 지갑(Random Wallets), 비결정성 지갑(Nondeterministic Wallets), 결정성 지갑(Deterministic Wallets), 시드 지갑(Seeded Wallets), 계층 구조 결정성 지갑(Hierarchical Deterministic Wallets, 줄여서 'HD 지갑') 등의 명칭으로 구분되기도 합니다. HD 지갑 기술은 'BIP-0032'란 이름의 형식으로 사실상 표준화되었고, BIP-0032에 이어 BIP-0043, BIP-0044 등으로 업그레이드 되고 있습니다}.

핫월렛은 바로 거래(이체)가 가능한 온라인 상의 소프트웨어 지갑이나 웹 지갑을 말합니다. 핫월렛은 일상적인 거래에 사용하기에 편리하지만, 보안성이 떨어집니다. 거액이나 장기간 보존에는 적합하지 않습니다.

소프트웨어 지갑은 무료인 것이 보통입니다. '풀 노드 지갑(Full node wallet)'이 비트코인 시스템의 지갑의 전형이라고 하겠습니다만, 200GB에 달하는 블록체인을 저장하고 있어야 하고 PC를 늘 켜 두어야 하는 등의 불편이 따릅니다. 그래서 {SPV(단순지불검증)를 이용하여 거래를 검증하는 방법으로 머클트리(Merkle Tree)만 가지고 있으면 되는} 라이트 노드(Light Node)의 소프트웨어 지갑들이 많이 사용되고 있습니다.
대표적으로 사용자가 많은 오픈 소스 지갑으로 '일렉트럼(Electrum, 홈페이지: electrum.org)'이 있습니다. 악성 코드가 숨겨진 파일을 피하려면 소프트웨어 지갑은 홈페이지에서 내려 받는 것이 좋습니다. 오픈 소스는 아니지만, 잭스(Jaxx, 홈: jaxx.io) 지갑도 사용자가 많고 평판도 좋은 편입니다. 이들 지갑은 개인키를 사용자들의 저장 장치(하드디스크 등)에 저장하도록 합니다. 해당 웹 사이트에서 위탁 받아 관장하지 않는다는 이야기입니다. 사용자들이 자신의 개인키를 직접 관장하는 것입니다. 거래소 지갑들과 명백하게 다른 점입니다. 안드로이드 OS의 스마트폰용으로는 '마이셀리엄(Mycelium)' 등이 사용되고 있습니다.

소프트웨어 지갑은 흔히 자신이 설치된 폴더나 하위 폴더에 "wallet"이라는 명칭이 들어 간 "*wallet*.*"과 같은 형태의 파일명으로 된 파일에 개인키와 공개키를 저장해 둡니다 — 이 파일을 흔히 지갑으로 부르기도 합니다. 이를테면 비트코인 소프트웨어(Bitcoin Core)의 경우에는 "wallet.dat", 일렉트럼은 "wallet"폴더에 "default_wallet"이라는 파일명을 기본으로 사용합니다.

소프트웨어 지갑(Wallet)을 설치한 후 사용자가 시급히 해야 할 일은 지갑을 암호화하고, 이후 거래가 발생할 때마다 지갑(ex: wallet.dat)을 백업해 두는 것입니다. 암호화 하지 않은 지갑(wallet.dat)을 에디터나 (한컴)한글 MS워드 등으로 열어 보면, 개인키와 공개키 주소 등이 텍스트 형태로 기록되어 있습니다. 이러한 상태로 인터넷에 연결된다면 위험천만!!  !! 입니다. 인터넷에 접속된 온라인 상태란 그 누구도 해킹으로부터의 안전을 장담할 수 없음입니다. 비단 오프라인 상태라 해도 해당 PC를 사용할 수 있는 사람이라면 누구나 지갑 앱을 열거나 지갑 파일(wallet.dat)을 열어서 비트코인을 사용할 수 있습니다. 지갑을 암호화하는 방법은 **[설정(Preferences)]**이나 **[지갑(wallet)]** 등의 메뉴에서 '**지갑 암호화**'나 '**Password**' 등의 항목을 찾는 식의 요령을 사용하면 됩니다. 또는 해당 지갑 프로그램/앱의 사용기, 리뷰 등을 검색하는 지름길도 있습니다. 그리고 윈도우 사용자일 경우, 암호화되지 않은 지갑을 사용한 후에는… "C:\Users\[YourUsername]\AppData\Roaming\[지갑 프로그램]\" 폴더에 혹시 지갑 파일(ex: wallet.dat)이 남겨져 있지 않은지 확인해 보는 것이 좋습니다. 만일 있다면 필히 삭제할 일입니다.

(소프트웨어) 지갑의 백업은 지갑 프로그램의 메뉴를 통해서도 할 수 있으며, (암호화 한) 지갑 파일(ex: wallet.dat)을 직접 다른 저장 장치에 복사하고 적절한 이름으로 변경해 두어도 무방합니다. 복원은 지갑 프로그램에서 백업 파일을 읽어 들이거나, 백업 파일의 이름을 기본 지갑 파일명으로 되돌린 다음, 원래의 폴더에 복귀시켜도 됩니다.

웹 지갑으로는 Blockchain.info, Coinomi 같은 앱도 있으나, 흔히들 사용하는 익숙한 웹 지갑은 거래소 지갑이 되겠습니다. 거래소 지갑은 개인키를 거래소에서 보유하고 관장하며, 대신 사용자에게는 인터넷 사용자들에게 익숙한 아이디와 비밀번호를 사용하게 하므로 이용에는 편리합니다. 하지만, 엄밀하게 말해서 개인키를 남에게 맡기는 지갑을 사토시 나카모토의 비트코인 지갑이라 할 수는 없습니다. 단지 "지갑"이라는 명칭을 빌려 쓰고 있을 뿐. 안전과 보안에 있어서 최후의 보루라 할 개인키에 대한 관장은 지갑의 알파이자 오메가인 것입니다. 그리고 그 동안의 갖가지 사건 사고의 이력이 말해 주듯 거래소의 보안은 신뢰할 수 있는 수준이 못되는 것이 보통입니다. 그러므로 거래소 "지갑"은 가급적이면 환전이나 비트코인 구매 등의 임시 용도에 국한하여 사용하는 것이 좋습니다. 거래소 지갑에 비트코인을 오래 담아 두는 것은 현명하지 못하다는 이야기입니다.

콜드월렛은 오프라인 상에 존재하는 것이어서 그 상태로는 송금(지출)이 불가능한 지갑입니다. 그러나, 아래에서 설명하게 되겠습니다만, 오프라인 상의 콜드월렛에 입금(이체)하는 것은 언제든 얼마든지 가능합니다. 콜드월렛으로는 종이지갑과 하드웨어 지갑(이하, 하드웨어지갑)이 사용됩니다. **종이지갑**이란 종이쪽지에 개인키를 프린트해 둔 것이면 그것으로 충분합니다. 종이지갑은 비트코인의 수신만 가능하며, (비밀키인 개인키는 물론이거니와) 공개키의 노출까지도 피하고 비트코인을 장기 보관(은닉)하기 위한 용도로 주로 사용됩니다. 송금(지출)을 위한 이체가 필요할 경우에는 개인키를 핫월렛에 입력하여 — 핫월렛에서 임포트(import, 불러오기)하여 — 핫월렛을 통해 거래할 수 있습니다. 단, 개인키를 핫월렛에서 임포트(import)하는 과정까지는 반드시 오프라인에서 진행하는 것이 콜드월렛 사용의 정석(定石)입니다.

하드웨어지갑은 USB 메모리와 닮은 소형 장치로 평소에는 오프라인 상태로 보존합니다. 거래가 필요할 때만 (제조사에서 내려 받은 소프트웨어를 설치해 둔) PC나 스마트폰 등에 USB포트/블루투스 등으로 연결하고, 소프트웨어를 통해 웹 지갑처럼 사용합니다. 하드웨어 지갑의 보안을 위해서는 거래 내역을 생성하고 개인키로 서명하는 단계까지는 오프라인에서 이행하는 것이 정석(定石)입니다. 거기까지는 하드웨어 지갑이 자체적으로 처리할 수 있음입니다. 그리한 후, 온라인으로 거래 내역을 전송하면 개인키가 노출되는 일 없이 거래가 가능합니다. 그리고 거래가 끝나면 오프라인으로 보관해 둡니다. 오프라인 상태에서는 해킹 등의 공격에 대한 위험이 없으므로 장치를 잃어 버리지 않는 한, 보안 상의 안전을 장담할 수 있음입니다. 장기간 거액의 암호화폐를 보관하는 용도에 하드웨어 지갑이 선호되는 까닭입니다. 그러나 제조사가 망할 수도 있으며, 장치 자체가 고장이 나는 경우까지 배제할 수는 없습니다. 하드웨어 지갑이 사용하기에는 종이지갑보다 편리한 면이 있으나, 장기간 많은 액수의 비트코인을 보관해 두는 안전성에 있어서는 종이지갑만 한 것이 없다 하겠습니다.

종이지갑 만들기

종이지갑을 가장 쉽게 만드는 방법은 지금 당장 웹에서 bitaddress.org에 접속하는 것입니다. 접속한 다음, Ctrl + s 키를 눌러서
해당 웹 페이지를 "bitaddress.org.html"이라는 파일명으로 저장합니다(※ 크롬 웹브라우저를 사용한다면 한국어로 번역하여 저장해도 됩니다). 그리한 다음, 오프라인에서 "bitaddress.org.html" 파일을 열고 마음껏 종이지갑을 만들어 보면 됩니다 — 개인키를 노출하는 작업은 오프라인에서 하는 것이 기본으로 지켜야 할 수칙입니다. 영문 그대로 저장했다면 달랑 단 하나의 bitaddress.org.html 파일로 되어 있을 것입니다만, 종이지갑 만들기에 부족함이 없는 기능을 발휘하는, 이른바 '비트 코인 지갑 생성기'입니다.
"bitaddress.org.html" 파일을 포함한 지갑 생성기(Bitcoin Wallet Generator)' 전체 팩을 원한다면 bitaddress.org의 웹 페이지 아래에 "GitHub Repository (zip)"이라 적힌 링크 표지를 찾도록 합니다. 그리고 해당 글귀 중에서 "(zip)" 부분을 클릭하면 "bitaddress.org-?.?.?.zip" 파일을 내려 받을 수 있습니다(※ "?.?.?" 표시는 소프트웨어 버전을 나타내는 숫자입니다). 압축을 풀고 폴더 내의 "bitaddress.org.html" 파일을 열면 앞서 "Ctrl + s"로 저장했던 파일과 똑 같이 작동합니다.

웹브라우저로 "bitaddress.org.html" 파일을 열도록 합니다. 그리하면 "Generating Bitcoin Address… (비트코인 주소를 맹글라 카몬…)"라는 문장 아래에 "MOVE your mouse around 어쩌고 저쩌고…"하는 문장이 보일

것입니다. 이는 "마우스를 마구 움직이거라, 그리하면 열릴 것이니!" 정도의 의미입니다. 마우스를 이리저리 움직이면 %를 표시하는 수치가 마구 올라갈 것입니다. 또는 "OR type some random characters into this textbox(또는 이 글자박스에 무식하게 아무 글자나 타이핑해 보려무나~)"라는 문장 옆의 입력 난(글자박스)에 아무 글자나 마구 타이핑 해도 마찬가지 결과를 얻게 됩니다. 수치가 100%에 도달하면 페이지("비트 코인 지갑 생성기")의 기능이 제대로 작동하기 시작합니다.

메뉴 중에 [Single Wallet]을 클릭하면 아래에 QR코드와 함께 Bitcoin Address(비트코인 주소)와 Private Key(개인키)가 생성되어 있을 것입니다{이 예의 개인키는 WIF(Wallet Import Format)로 압축 된 개인키입니다. 이 형식의 개인키는 'K'또는 'L'로 시작하는 것이 특징입니다}. 이들(주소와 개인키)을 선택·복사한 다음, 텍스트 에디터(윈도우의 메모장 등), 한글, 워드, 엑셀 등의 문서에 붙여넣기 하여 파일로 보관하거나, 또는 프린트해 둘 수도 있겠습니다.

또는 (bitaddress.org.html 페이지의) 오른쪽 상단의 [Print]버튼을 눌러서 pdf 파일로 저장하거나 프린터로 출력할 수도 있습니다. 프린터로 출력한 것은 그대로 '종이지갑'인 것입니다. 개인키가 저장된 파일을 보관할 때에는 반드시 파일 압축 프로그램으로 AES256으로 암호화(☞ *p. 236*)하여 압축한 다음, 보관해 두도록 합니다.

참고로, [Print]버튼을 눌러서 pdf 파일로 저장하거나 프린터로 출력할 때에는 인쇄 옵션의 '레이아웃'을 '가로 방향'으로 설정해야 정상적인 출력물을 얻을 수 있습니다. [Single Wallet]메뉴에서 [Generate New Address]버튼을 클릭하면 계속해서 새 주소와 개인키를 만들 수 있습니다.

비트코인은 블록체인에 등재되어 있지도 않은 새 주소를 만들어 거기다 이체(송금)하는 것이 가능합니다. 이체하면 (비트코인 네트워크의 노드들에 의해) 적절한 검증 과정을 거친 다음, 이체 내역(거래 내역)과 함께 예의 "새 주소"가 새로이 블록체인에 등재되기 때문입니다. 은행 거래에 비유하자면, 새 계좌 등록과 입금이 동시에 이루어지는 것이라 하겠습니다. 즉, 블록체인에 해당 주소와 비트코인이 '거래(Transaction)'로서 기록되는 것입니다{해당 비트코인은 사용(이체)할 때까지 UTXO(Unspent Transaction Output: 미사용 트랜잭션 출력)인 상태의 거래 기록으로 등재되어 있게 됩니다}. 즉, 거래소에서 비트코인을 구입한 다음, 위 **[Single Wallet]** 메뉴에서 만든 주소로 — 종이지갑의 주소로 — 이체하면 블록체인 상에 해당 주소가 새로이 등재되고, 거기에 비트코인이 또한 기록으로 저장되는 것입니다. 그리고 종이지갑에 프린트되어 있는 (해당 주소의) 개인키나 또는 QR코드를 사용하여 원하는 때에 해당 비트코인을 사용(이체)할 수 있음도 물론입니다. 언제든 "blockchain.info" 또는 "blockchain.com/explorer"에 접속하여, 해당 주소를 입력하고 거래 내역을 보거나 잔고(殘高)를 확인해 볼 수도 있습니다.

"비트코인의 주소는 관측 가능한 우주에 존재하는 모든 원자의 수를 합한 것보다 많은 수효가 수학적으로 가능(☞ *p. 323*)"해서 동일한 주소(또는 동일한 개인키)가 생성되는 예는 없다고들 간주합니다만, 그럼에도 불구하고 뒤로 넘어져도 코 깨지는 불행을 피하기 위해서라면 비트코인을, 그것도 거액을, 이체하기 위한 주소를 새로이 만들 때에는 "blockchain.info"에 접속하여 블록체인에 해당 주소가 이미 기존(旣存)하고 있는 것은 아닌지 확인해 보는 것이 나쁠 것은 없습니다. 행여 기존하는 주소라면, 내친김에 개인키로 해당 주소의 비트코인을 감쪽같이 털어먹는 것이 가능할 일이긴 합니다만, 😋😂.

종이지갑은 많은 액수의 암호화폐를 장기간 보관하는 목적에는 최적의 수단인 것으로 인정되고 있습니다. 전쟁 발발, 화산 폭발, 방사능 사고, 해일, 지진, 소혜성 충돌 등으로 인해 황급히 피난을 가야 하는 처지에 놓였다면 종이지갑을 은밀히 소지하거나, 개인키와 주소를 AES256으로 암호화하여 압축한 파일을 자신의 이메일 계정에 저장해 두고 떠나는 것이 최선의 방법이 되어 줄 것입니다. 금괴 허리띠를 둘러맨 피난길과 비교해 보시라! 주소를 몰라도 개인키만 있으면 공개키와 주소는 즉각 알아낼 수 있겠으나, 거래 내역이나 잔고 확인 등, 편의를 위해 개인키와 함께 주소까지 프린트해 두거나 저장해 두는 것이 보통입니다.

bitaddress.org.html 파일의 [Single Wallet]메뉴 이외의 다른 메뉴도 시간을 갖고 사용해 보도록 합니다. 참고로 [Paper Wallet]메뉴에서 [Print]버튼을 눌러서 pdf 파일로 저장하면 개인키의 끝 자락이 잘리거나 겹치는 문제가 있습니다. 한꺼번에 다수의 주소와 개인키를 생성하길 원한다면 [Bulk Wallet]메뉴가 편리합니다. 개인키로 주소를 알아내고자 한다면 [Wallet Details]메뉴를 이용하면 됩니다. [Wallet Details]메뉴의 'Enter Private Key' 입력 난에 개인키를 붙여넣기하고 우측에 있는[View Details]버튼을 누르면 주소와 공개키까지 확인할 수 있습니다.

기존 주소의 개인키를 보는 방법

개인키를 노출하는 작업을 할 때에는 반드시 오프라인에서 하는 것이 기본입니다. 즉, 보안을 위해 인터넷 연결을 끊은 다음 개인키를 보거나 갈무리해야 한다는 당부입니다. 프로는 기본에 철저합니다. 기본에 태만하면 누구나 아는 수법에 당하고, 어이없이 망한다는 사실을 잘 알기 때문입니다.

구형 PC의 업그레이드나 도난, 또는 화재 등의 불의의 사고로 장기간 소프트웨어 지갑을 사용하지 못하게 될 경우에 대비하여 주소와 개인키의 별도 보관을 원할 수 있겠습니다. 대개의 소프트웨어 지갑은 개인키를 볼 수 있는 방법을 제공합니다. 그리고 그 구체적인 방법도 대동소이합니다. 이를테면, '일렉트럼(Electrum ☞ *p. 334*)' 지갑은 〔Wallet〕메뉴의 'Private Keys(개인키) 〉 Export(내보내기)'를 하면 보여 주는 [Private Keys] 창의 리스트에서 주소와 개인키를 직접 '복사&붙여넣기'로 갈무리할 수도 있으며, 해당 창에서 Format 옵션을 CSV로 선택한 다음 'Export' 버튼을 눌러서 '.CSV' 파일로 저장할 수도 있습니다. 그리고 엑셀로 '.CSV' 파일을 열어서 엑셀 파일로 저장할 수도 있습니다. '잭스(Jaxx ☞ *p. 335*) 지갑'에서는 〔Display Private Keys〕메뉴를 이용하면 됩니다.

{비트코인 소프트웨어(Bitcoin Core)에서는 다음과 같이 하여 개인키를 볼 수 있습니다. Bitcoin Core의 'Help 〉 Debug 〉 Console'로 콘솔을 열고, 명령어 창에 "listunspent"를 입력하면 보여 주는 리스트에서 주소("address")를 확인·복사한 다음, 역시 콘솔에서 계속하여 "dumpprivkey"를 타이핑하고 한 칸 띄운 다음 이어 해당 주소(address)를 붙여넣기로 입력하면 'K'또는 'L'로 시작하는 해당 주소의 개인키를 볼 수 있습니다.}

개인키로 지갑 복원하는 방법

핫월렛인 소프트웨어 지갑이나 웹 지갑은 대개 개인키, 종이지갑의 QR 코드, 지갑 파일(ex: wallet.dat)을 읽어 들여서 지갑을 복원하는 기능을 제공합니다. 개인키를 읽어 들이는 메뉴는 '파일 열기(File Open)'로 되어 있지 않고 '**임포트**(Import, 불러오기)'와 같은 용어를 사용합니다. '일렉트럼(Electrum ☞ *p. 334*)' 지갑의 경우, 〔Wallet〕메뉴의 'Private Keys 〉

Import'로 개인키를 읽어 들이면 해당 주소가 복원됩니다.

{비트코인 소프트웨어(Bitcoin Core)에서는 다음과 같이 하여 개인키를 불러올 수 있습니다. Bitcoin Core의 'Help 〉 Debug 〉 Console'로 콘솔을 열고, 명령어 창에 "importprivkey"를 타이핑한 다음, 한 칸 띄우고 개인키를 입력하면 됩니다.}

보통 사람들은 지갑을 써서 비트코인을 비롯한 암호화폐를 사용합니다. 지갑은 암호화폐 전용의 인간용 인터페이스인 것입니다. 암호화폐 및 블록체인 기술에 대한 학구적 관심이 있는 것이 아니라면, 이즈음에서 다음 '**비트코인의 네 가지 치명적인 약점**'(☞ *p. 369*)' 항으로 건너뛰어도 무방합니다.

암호화폐에 대한 이하의 내용은 암호화폐와 블록체인 기술에 대하여 학구적 관심을 가진 독자들을 배려한 것입니다. "가상화폐…, 가상화폐…, 가상화폐…", "블록체인…, 블록체인…, 블록체인…", 하며 세상이 시끄럽습니다. 이 두 가지 주제에 꿀이라도 발라 둔 듯. 이 두 가지 주제는 별도의 저술이 필요한, 방대한 내용과 깊이를 갖습니다. 하지만 그만한 지면을 할애할 수는 없으므로 해당 분야의 이해에 열쇠가 되어 줄 만한 핵심 알고리즘을 요약하기로 합니다, 이후 해당 분야의 전문 서적들을 읽을 때 그 미로(?) 속의 길잡이가 될 수 있도록.

비트코인 거래 원장의 유형

비트코인 거래원장(트랜잭션과 블록) 작성은 다음과 같은 3가지에 초점이 맞추어져 있습니다. 원장(트랜잭션, 블록, 블록체인)의 극단적인 축약,

철저한 검증, 원천적으로 변조가 불가능한 구조, 이 3가지입니다.

비트코인의 원장은 3가지 형태로 되어 있습니다. 통상 '**거래**'라고 불리는 **트랜잭션**(Transaction, 거래 명세), 그리고 약 10분 정도의 시간 동안 새로이 발생한, 그리하여 비트코인 네트워크에 올려져 전파되고 있는 개개의 트랜잭션들을 수집하여 낱권으로 만든 **블록**(Block), 그리고 블록(낱권)들을 모두 연결하여 거대한 '거래원장 라이브러리'로 엮어 놓은 **블록체인**(Blockchain)이 그것입니다.

트랜잭션(Transaction)

비트코인의 경우, 하나의 트랜잭션(거래 명세)에 여러 항의 입력(입금)과 출력(송금)이 기장되어도 무방합니다. 즉, 하나의 트랜잭션 아이디{Tx Hash} 아래 여러 입력 항과 출력 항의 기재가 가능하다는 것입니다. 트랜잭션의 회계 처리가 정상적으로 완료된 경우, 트랜잭션을 종료하고 그 내역을 확정(commit)하게 됩니다. 한데, 가령 추성운님은 돈을 이체(송금)했으나 황진이님은 그 돈을 받지 못했다면 거래는 성립되지 않습니다. 이처럼 오류가 발생했을 경우, 거래는 취소(rollback: 원상 복구)됩니다.

비트코인의 트랜잭션은 비트코인을 '지출'하는 쪽만 작성됩니다. 즉 입금이 발생하는 쪽의 트랜잭션은 작성되지 않는다는 이야기입니다. 트랜잭션의 입력(입금) 항은 지출(출력)하고자 하는 금액의 출처를 표시할 뿐, 현재 입금이 이루어지는 거래를 의미하지 않습니다. 은행을 이용한 이체에서는 송금을 하는 쪽과 송금을 수신하는 쪽, 이 양쪽에 각기 장부가 작성됩니다만, 비트코인 시스템에서는 항상 지출(송금)하는 쪽의 장부만 작성됩니다 — 채굴에 성공한 경우에는 비트코인 시스템의 코인베이스(COINBASE)

가 채굴자의 주소로 채굴 보상금(비트코인)을 이체(지불)하는 트랜잭션만 작성됩니다. 비트코인 시스템에서는 이처럼 거래(지출로서의 이체)를 발생시킨 쪽의 장부만 작성됩니다. 이는, 그로 인해 입금이 발생하는 쪽(주소)의 장부는 따로 작성하는 일 없이 송금(지출)하는 쪽(주소)의 장부로 대신한다는 것을 의미합니다. 그리함으로써 이중으로 장부가 만들어지는 것을 피하고, 그 결과 블록체인의 크기를 절반에 가깝도록 줄일 수 있습니다.

그러나 엄청 생소하게 느껴지는 이러한 기장(記帳) 방식은 블록체인에 관심을 가진 학구파들이 블록체인에서 거래 내역을 살펴볼 때 머리에 쥐가 나는 요인이 되곤 합니다. 😁😁. 그래서 다들 속 편하게 지갑을 이용합니다.

비트코인 트랜잭션의 기장

비트코인 트랜잭션의 기장(記帳)에 대한 이야기는 꽤나 전문성을 띨 수밖에 없는 주제입니다. 지면 사정을 고려하여 보편적인 거래 형태{표준 P-2PKH(Pay-To-Public-Key-Hash) 트랜잭션}를 위주로 이야기를 이어가기로 합니다.

트랜잭션은 입력부(Input Segment)와 출력부(Output Segment)로 나뉘어 작성됩니다. 입력부는 하나 또는 다수의 입력(Input = 입금) 항으로 구성되며, 출력부(출금부) 역시 그렇습니다. 한데, 개개의 입력(입금) 항에는 금액이 얼마인지 표시되지 않습니다. 대신 해당 입력 항에 이체를 해준 이전(以前, previous) 트랜잭션의 출력 항을 검색할 수 있도록 '이전 트랜잭션의 아이디{previous Tx Hash}'와 (해당 트랜잭션의 몇 번째 출력 항에 해당하는지를 말해 주는) 출력 인덱스가 표시될 뿐입니다(※ "입력 항은 지출(출력)하고자 하는 금액의 출처를 표시할 뿐"임을 상기하기 바랍니다. 아래의 실례를 통해 어렵지 않게 납득하게 될 것입니다.).

추성운님은 해묵은 외상 술값을 갚으려, 단골 룸살롱 마담 황진이님에게 2 BTC(※ "BTC"를 "비트코인"이라 읽어 주세요. 😍)을 보내기로 합니다. 추성운님은 지갑 앱의 "보내기" 창을 열어서 그림16과 같이 입력했습니다. 그리고 "확인" 및 "보내기". 끝.

그림16. 추성운 님의 지갑에서 비트코인 이체

그리하면, 지갑 앱은 아래 그림17의 "TXID.C"와 같이 트랜잭션을 작성하고, 이를 비트코인의 P2P 네트워크에 올려서 전파합니다. TXID는 트랜잭션을 검색할 때 사용하는 '트랜잭션(TX)의 아이디(ID)'를 뜻합니다. 실제에 있어서 TXID는 트랜잭션의 해시값에 해당합니다{※ TXID는 서명된 트랜잭션을 이중(二重) SHA256 해싱으로 처리하고, 그 해시값의 바이트 순서를 반대로 표시한 — 리틀 엔디언(Little Endian) 방식으로 표시한 — 것입니다}.

아래 그림17은 추성운님의 지갑이 블록체인에 올리기 위해 작성한 트랜잭션("TXID.C")의 기장(記帳) 내역을 설명하기 위한 것입니다. 트랜잭션의 기장은 사람이 수작업으로 직접 할 수도 있으나, 그것은 코딩이 가능한 덕후쯤 되어야 가능할 법한 까다로운 작업입니다. 그래서 대개는 지갑 앱을 사용하여 거래(지출, 이체)를 처리합니다. 그러므로 사용자가 할 일은 별로 없습니다.

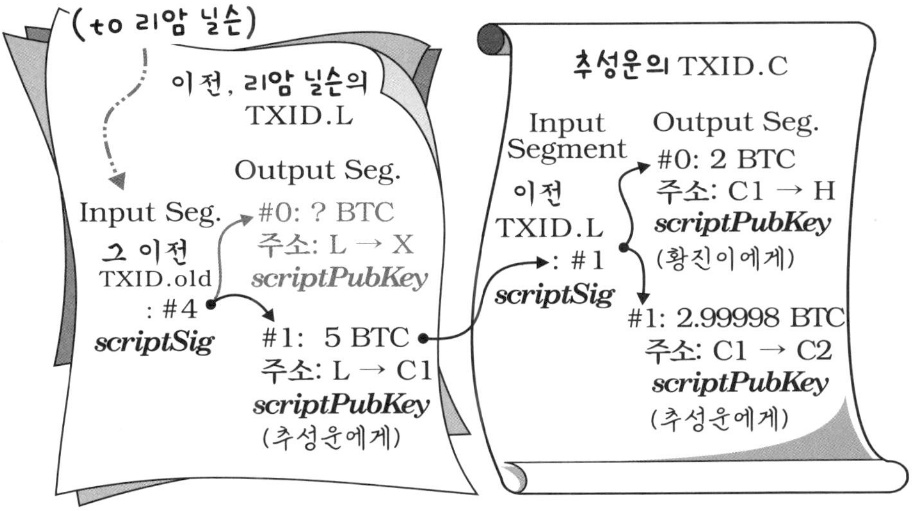

그림17. 비트코인 거래의 기장(記帳) 방식

※ ***scriptSig***와 ***scriptPubKey***는 아래에서 별도로 설명하게 됩니다.

그림17의 "TXID.C"의 입력(Input) 항을 살펴보면, 앞서 설명한 바와 같이 금액 표시가 없음을 알 수 있습니다. 지갑에서는 분명히 "다음으로부터: 내 주소 (C1: 5 BTC)"으로 표시되었었는데…?. 이상할 것은 없습니다. 지갑 앱이, 추성운님의 주소(C1)로 출력(이체)해 주었던 이전(以前, previous)의 트랜잭션(들)을 블록체인에서 두루 검색하여 찾아낸 "5 BTC"을 보여 주었던 것입니다. 그림17을 보면, 이 "5 BTC(비트코인)"은, "이전

TXID.L"의 출력부(Output Seg.) 두 번째 Output 항(인덱스 #1)에서 이체된 입금임을 알 수 있습니다(아래 그림17 복사본 참조). 즉, 리암 닐슨(주소: L)이 추성운님(주소: C1)에게 액션 지도료로 이체해 주었었던 것이지요. 그래서 "TXID.C"의 Input 항에는 이전 트랜잭션의
아이디("TXID.L") 및 해당 트랜잭션에서의 Output 인덱스("#1")가 "5 BTC"을 대신하고 있는 것이라 하겠습니다.

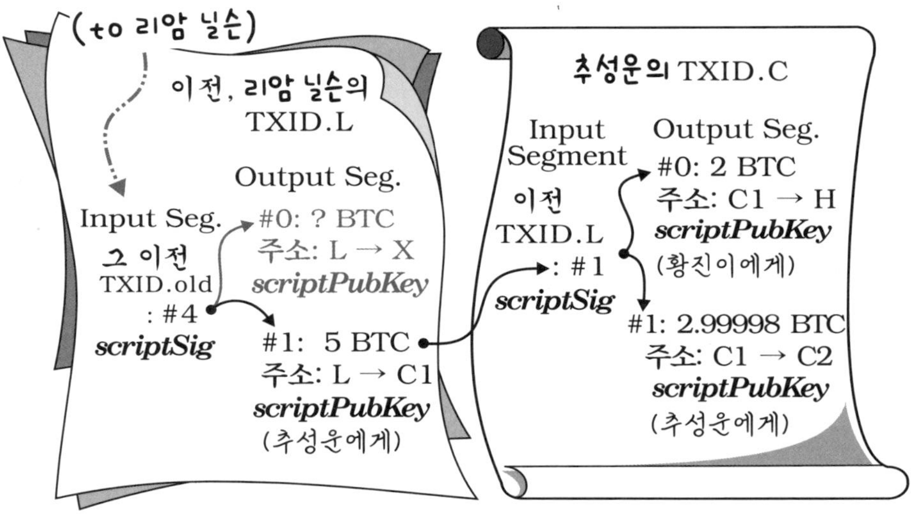

그림17 복사본. 비트코인 거래의 기장(記帳) 방식

※ ***scriptSig***와 ***scriptPubKey***는 아래에서 별도로 설명하게 됩니다.

또 한 가지 살펴보아야 할 것이 있습니다. 지갑에서 추성운님이 작성한 출금 내역은 "다음에게: 황진이님의 주소(H)", "금액: 2 BTC", "거래 수수료: 0.00002 BTC"이었습니다. 그러나 정작 지갑이 작성한 트랜잭션(거래 명세)의 Output 항을 보면, 추성운님의 주소(C1)가 황진이님의 주소(H)로 보내는 "2 BTC"은 당연하다 하겠습니다만, 희한하게도 추성운님의 주소(C1)가 추성운님의 주소(C2)로 보내는 "2.99998 BTC"이 기장되어 있

습니다. 게다가 "거래 수수료: 0.00002 BTC"은 아예 누락되고 없습니다.

트랜잭션 "TXID.C"의 출력부가 그리 되어 있는 까닭은 다음과 같습니다. 비트코인 트랜잭션은 복식부기의 기장 방식을 따르도록 되어 있습니다. 복식부기에서는 차변의 합계와 대변의 합계가 항상 일치해야 합니다. 비트코인 트랜잭션의 차변은 입력부(Input Segment), 대변은 출력부(Output Segment)가 되겠습니다. 그래서 차변(입력부)의 합계가 "5 BTC"이므로 대변(출력부)의 합계 역시 5 BTC이어야 합니다. 즉 입력된 비트코인은 남김없이 모두 출력되어야 한다는 말입니다. 이것이 비트코인 트랜잭션 기장의 기본입니다. 그리고 거래 수수료는 따로 기장하지 않습니다. 대신 입력부의 합계에서 출력부의 합계를 차감한 나머지를 거래 수수료로 간주합니다 — 이 역시 블록체인의 체중을 줄이기 위한 방편이기도 하지만, 컴퓨터 프로그래머들의 몸에 밴 프로그래밍 관습이기도 합니다.

5 BTC의 입금에서 황진이님의 주소(H)로 보내는 "2 BTC"을 빼면, 3 BTC이 남게 됩니다. 한데, 추성운님이 "거래 수수료: 0.00002 BTC"을 설정했으므로 지갑 앱은 잔액 3 BTC에서 거래 수수료 0.00002 BTC을 차감한 "2.99998 BTC"을 추성운님의 다른 주소(C2)로 되돌림으로써 차변과 대변의 합계를 일치시키는 복식부기 기장을 한 것입니다. 나중에 이야기하게 될 비트코인 채굴 소프트웨어는 5 BTC에서 "2 BTC"과 "2.99998 BTC"을 뺀 나머지 0.00002 BTC을 거래 수수료로 간주하고 제 몫으로 알아서 챙깁니다.

차변(입력부)의 합계와 대변(출력부)의 합계를 일치시키기 위해 어쩔 수 없이 지출자의 주소로 되돌리는 차액("2.99998 BTC")을 비트코인의 거래에서 '**거스름돈**' 또는 '잔돈'이라고들 합니다. 그림17에서 추성운님의 비트코인 주소로 사용되고 있는 C1과 C2는 이해를 돕기 위해 “C”라는 공통의 문자를 사용했습니다만, 실제 비트코인 주소는 공개키의 해시값으로 만들어지는 것이므로 이들 2개의 주소는 확연히 다른 문자열일 수밖에 없습니다 — 주소만 보고는 그 둘의 연관성을 알 수 없습니다. 그것이 해시의 특성이니까요.

UTXO (미사용 트랜잭션 출력)

그림17의 “TXID.C”의 출력(Output) 항은 황진이(H)님에게 송금한 2 BTC과 추성운(C2)님에게 되돌린 거스름돈 2.99998 BTC, 이 두 항목으로 되어 있습니다. 이들 출력은 나중에 그것을 황진이님이나 추성운님이 사용(지출)하기 전까지는 트랜잭션이 작성되는 일이 없습니다 — 기장 기능이 있을 리 없는 종이지갑이 가능한 까닭입니다. 이들 출력을, 사용하지 않고 있는 출력이라는 의미로 “**미사용 트랜잭션 출력**(UTXO: Unspent Transaction Output)”이라고 합니다. “UTXO”는 암호화폐와 관련하여 “사용 가능한 돈”이라는 의미로 널리 사용되고 있는 용어입니다.

위 그림17에서, 거스름돈의 출력에 동일한 주소를 사용하여 C1 → C1로 출력해서 안될 것은 없지만, 예에서와 같이 지갑 소유자의 또 다른 주소(C2)를 새로이 만들어서 사용하는 것이 바람직합니다. 트랜잭션을 발생시키면, 즉 비트코인 지출을 하게 되면 트랜잭션의 ***scriptSig***(스크립트시그)를 통해 해당 출금 주소(C1)의 공개키가 노출되기 때문입니다. 공개키 암호화 시스템에서 공개키는 원래 공개하라고 있는 것입니다만, 그렇다 해도 비트코인의 경우 공개키가 공개되어 있지 않은 상태가 공개되어 버린 상태보다는 신원 추적 방지와 보안(해킹 방지)에 도움이 됩니다. 고수들이 쓸데없이, 또는 괜히 심심해서, 비트코인 주소 사용의 테크닉을 현란하게 구사하고들 노는 것은 아니란 이야기입니다. 그렇다면 "***scriptSig***"란 무엇일까요?

비트코인 트랜잭션의 검증

비트코인의 거래는 은행과 같은 공신력이 있는 기관의 주관이나 중재가 없이, 그것도 "주소"라는 허깨비 바지사장들 사이에서 행하여집니다. 거래의 신뢰성에 목을 맬 수밖에 없다는 이야기입니다. 그래서 비트코인 시스템은 **거래 자체가 거래를 검증**하도록 설계되어 있습니다. 그것도 결벽증 환자처럼 철두철미하게. 이는 비트코인 생명력의 핵심이라 할 수 있습니다.

비트코인의 거래에 있어서의 검증의 핵심은 트랜잭션의 변조나 위조 여부, 그리고 비트코인(UTXO)을 사용(지출)하고자 하는 자가 해당 주소의 진짜 실소유자가 맞는지를 확인하는 것이 되겠습니다. 이 두 가지 중 후자는 현재 이체하려 하는 UTXO를 출력해 준, 그 이전(以前, previous) 트랜잭션의 출력(Output)에서 수신 주소로 지목한 주소의 실소유주가 현재 출력(이체)하려 하는 자가 맞는지를 검증하는 것입니다. 그리고 그것은 그에 합당한 개인키를 소지하고 있는지 여부를 확인하는 것으로 어렵지 않게 검증됩니다. 지난 제*324* 페이지에서 "**개인키 → 공개키 → 주소** 순(順)으로의 생성은 가능하나, 그 **역순은 불가능**합니다."라고 했었습니다. 그러므로 해당 "주소"를 생성할 수 있는 개인키를 가지고 있는 것이 확인된다면, 해당 UTXO의 실소유주임이 입증되는 것입니다.

UTXO를 사용(이체)하고자 하는 트랜잭션의 기장이 완료되면 비트코인 소프트웨어(지갑)는 해당 트랜잭션(거래 명세서)을 비트코인 네트워크에 업로드하여 전파합니다. 그것을 내려 받은 이웃 노드들의 비트코인 소프트웨어는 먼저 검증 작업부터 합니다. 그 결과 이상이 없으면 계속해서 이웃 노드들에게 전파하지만, 이상이 있으면 폐기해 버립니다. 네트워크를 통해 전달되어 가는 트랜잭션은 비트코인 채굴 소프트웨어가 가동되는 노드들에 도달하게 되며, 채굴 소프트웨어는 (10분 정도의 시간 동안 발생한) 트랜잭션들을 수집하고 그것들을 하나로 묶어서 블록(거래원장 낱권)으로 만듭니다. 그리고 해당 블록에 대한 '작업증명'에 성공하면 그것을 블록체인(거래원장 라이브러리)에 등록(연결)합니다. 그러나 어떤 이유에서이든 블록체인에 수록되지 못한 트랜잭션은 당연히 사용(이체) 불가가 됩니다.

"**거래 자체가 거래를 검증**"하는 기법으로서, '***scriptPubKey***(스크립트 퍼브키)'와 "***scriptSig***(스크립트시그)"라는 프로그램 코드가 사용됩니다. 여기서 이야기하는 "***script-***(스크립트)"라는 접두어는 방송용 대본이나 영화 각본의 글귀를 가리키는 스크립트와 유사합니다. 비트코인 소프트웨어(Bitcoin Core)는 {인터프리터 방식의, 일종의 Batch Language나 Job Control Language와 유사한} 스크립트 형태의 프로그램 언어로 된 코드를 실행해 주는 기능을 갖추고 있습니다. 즉, 트랜잭션(거래 명세서)에 포함된 스크립트 형태의 프로그램 코드를 수행하는 기능이 있습니다. 코딩에 익숙한 이들의 말로 말하자면, 스크립트 언어(Scripting Language)로 비트코인 소프트웨어를 제어하는 것이 가능하다는 이야기입니다. 그런 까닭으로 트랜잭션에 "***scriptPubKey***"와 "***scriptSig***"라는 스크립트 코드를 포함시킴으로써 "**거래 자체가 거래를 검증**"하는 내용의 프로그램을 실행할 수 있습니다. 이처럼 트랜잭션에 스크립트 언어로 된 컴퓨터 프로그램을 포함할 수 있으므로 거래 조건이나 거래 형태의 다양성 등을 추구할 수도 있겠으나, 실제 그러한 예를 찾아보기는 어렵습니다. 대개는 거래의 '참(眞,

the truth)'을 검증하는 용도에 그치고 있음입니다. 어쨌거나 이러한 사실에 비추어 볼 때 비트코인의 트랜잭션은 스마트 거래 기능을 갖추고 있다 하겠습니다.

"***scriptPubKey***"와 "***scriptSig***"는 연결되어 하나의 프로그램이 됩니다. 이 두 프로그램 코드 간의 관계에서 ***scriptPubKey***는 거래 조건을 설정함과 아울러 검증 작업을 수행하고, ***scriptSig***는 그 조건에 합당함을 증빙하는 코드(또는 데이터)로 되어 있습니다. 그래서 흔히 ***scriptPubKey***를 자물쇠로, ***scriptSig***를 그 자물쇠를 여는 열쇠로 비유합니다.

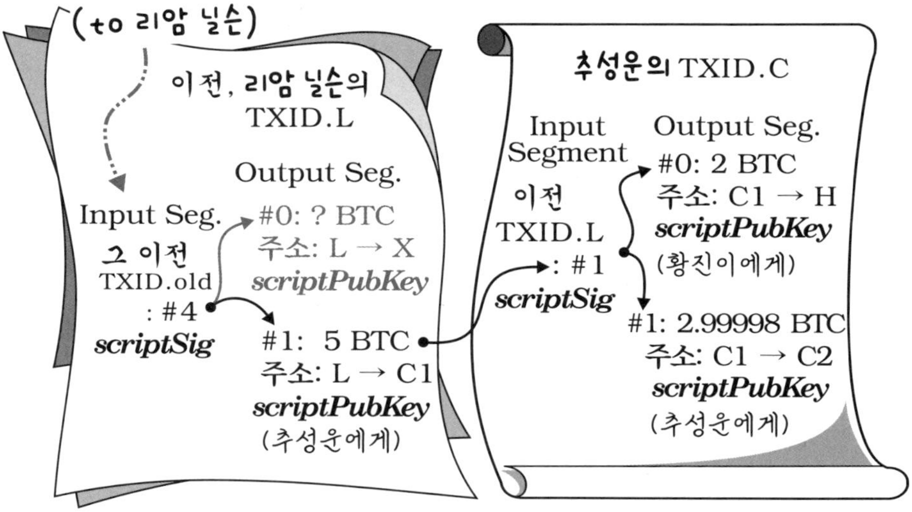

그림17 복사본. 비트코인 거래의 기장(記帳) 방식

트랜잭션 입력부의 매 입력(Input) 항에는 ***scriptSig***가, 출력부의 매 출력(Output) 항에는 ***scriptPubKey***가 반드시 기재되기 마련입니다. 위 그림17 복사본의 "TXID.C"를 보면 그렇게 되어 있음을 볼 수 있습니다. 한데, "TXID.C"의 입력(Input) 항에 기재된 ***scriptSig***는 해당 트랜잭션(TXID.C)의 출력(Output) 항에 기재된 ***scriptPubKey***와는 괴이하게도 인연이 닿지 않습니다. 완전 남남인 것입니다. 그보다는 "TXID.C"의 입력(Input) 항에 송금해 준 이전 "(리암 닐슨의) TXID.L"의 "5 BTC"의 출력 항, 거기에 기재된 ***scriptPubKey***와 짝을 지어 프로그램 코드가 완성되고 수행되는 스크립트입니다(아래 그림18). 즉, 리암 닐슨(주소: L)이 추성운님(주소: C1)에게 이체해 주었었던, "이전 TXID.L"의 출력부의 두 번째 Output 항(인덱스 #1)"에 기재된 ***scriptPubKey***와 연결되어야 하는 스크립트 코드인 것이지요. 그래서 검증용 프로그램은 다음과 같이 하여 그 코딩이 완성됩니다.

(TXID.C의) ***scriptSig*** + (이전 TXID.L: #1" 항의) ***scriptPubKey*** = 검증용 스크립트 코드(프로그램).

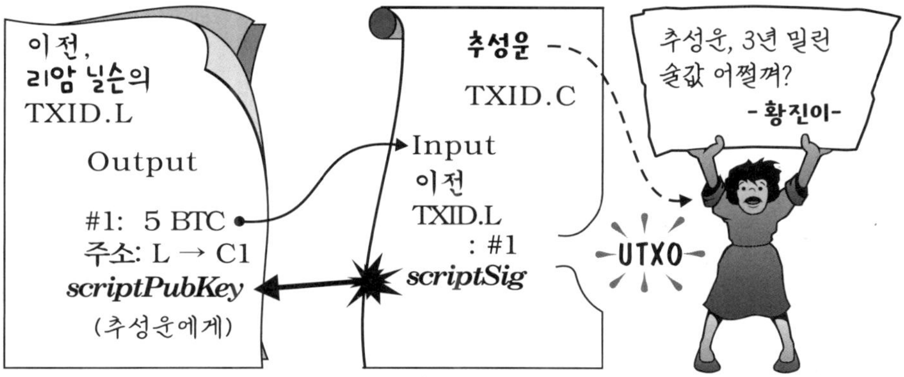

그림18. ***scriptPubKey***와 ***scriptSig***

추성운님이 황진이님에게 송금하는 술값은 황진이님이 그것을 사용(지출)할 때까지는 미사용으로 남게 되는 'UTXO(미사용 트랜잭션 출력)'일 뿐입니다. 황진이님이 해당 UTXO를 사용할 때 비로소 거래 검증이 필요해지는 것이지요. 이것이 짠돌이 비트코인 시스템의 일 처리 방식입니다. 추성운님 지갑이 작성한 트랜잭션(TXID.C)의 출력(Output) 항에 기재된 ***scriptPubKey***는 그때 가서 황진이님의 거래 입력 항에 기재되는 ***scriptSig***에 연결되어 프로그램 코드로서 사용될 일입니다.

이처럼, 비트코인 소프트웨어는 비트코인 거래(이체)를 처리하기 위해서 매번 이른바 '이전 거래(previous Transaction)'의 내역을 찾아서 참조해야 합니다. 가능한 한 블록체인의 몸집을 줄이느라 매사 이런 식이니, 인간들이 직접 블록체인에서 그 내역을 들여다 보노라면 머리에 쥐가 날 수밖에요. 하지만, 그 모든 작업을 컴퓨터 소프트웨어가 자동으로 알아서 수행하므로 인간들이 짜증 낼 일은 아닙니다 — 컴퓨터로서는 깜도 되지 않는 일거리입니다. 단지, 작고 말랑말랑하고 연약한 뇌를 혹사할 수밖에 없는 학구파들이 블록체인을 분석하려 들 때마다 머리를 쥐어뜯게 되는 것일 뿐, 😂😂. 하지만 어쩌겠습니까, 학구파님들아~, 아무쪼록 파이팅!!

scriptSig는 트랜잭션에 기장된 명세에 대한 해시값을 개인키로 암호화한 데이터와 공개키로 구성됩니다. 이때, 트랜잭션에 대한 해시값을 개인키로 암호화한 것을 '**서명(*Signature*)**'이라고 합니다. 그러므로 ***scriptSig***는 **서명과 공개키**로 되어 있습니다. ***scriptPubKey***는 출력(Output)인 U-TXO를 받게 되는 **수신자 주소**와 **검증용 스크립트 코드**로 되어 있습니다.

스크립트 코드는 다음과 같은 절차로 검증을 진행합니다.

1. ***scriptSig***의 공개키에 '주소 생성 공식{공개키를 다음과 같이 이중으로 해시. (RIPE160(SHA256(**공개키**))) = 16진수 주소}'을 적용하여 이진(binary) 주소를 생성합니다. 그리고 이 생성된 주소가 ***scriptPubKey***에 들어 있는 수신자 주소와 일치하는지 비교합니다. 일치한다면, 이전 출력에서 (리암 닐슨이) UTXO의 수령(受領)자로 지목한 수신자 주소가 현재 지출자(추성운)의 주소와 동일함을 말해 줍니다.

2. ***scriptSig***의 공개키로 "**서명**(Signature)"을 복호화합니다. 그리고 복호화된 데이터(트랜잭션의 해시)가 해당 트랜잭션의 실제 해시값과 동일한지를 검증합니다. 이상이 없다면 두 가지 사실이 증명됩니다. 서명자의 공개키로 서명이 정상적으로 복호화가 되었으므로 서명자는 해당 (주소 및) 공개키를 생성한 개인키를 가지고 있음이 증명됩니다. 즉, 해당 주소의 실소유자임이 증명됩니다. 그리고 해시값이 일치하는 것은 서명 이후 트랜잭션의 내용에 변조가 없었음을 증명합니다. "**거래 자체가 거래를 검증**"하고 있는 것이라 하겠습니다.

비트코인 노드들에 의한 이상의 검증 과정을 무사히 통과한다면, 현재 지출자는 해당 UTXO의 실소유자임이 증명되는 것입니다. 이제 트랜잭션의 ***scriptSig***가 기재된 해당 입력은 블록에 수록될 자격을 얻게 됩니다. 트랜잭션 입력부의 입력 항이 (트랜잭션을 전달 받은 이웃 비트코인 네트워크 노드들의 비트코인 소프트웨어에 의해) 이처럼 검증을 통과하게 되면 해당 트랜잭션은 네트워크에 계속 전파되어 가서, 채굴 노드들의 메모리 풀(Memory pool)에 채워지게 되며, 비트코인 채굴 소프트웨어들은 이들 중에서 **선별 기준**에 합당하거나 또는 자신들의 입맛에 맞는 거래들을 선택하여 블록을 만들게 될 것입니다. 그러나 이상의 검증 과정을 통과하지 못한 트랜잭션은 노드들에 의해 거부되어 전파되지 못하고 폐기됩니다. 채굴 노드는, 아래에서 다시 설명하게 되겠습니다만, 채굴(블록 만들기 및 작업 증명)에 성공하면 일정량의 비트코인을 그 수고비로 받게 되며, 아울러 트랜잭션에 허락된 거래 수수료를 수입으로 따로 챙기게 됩니다. 채굴 노드의 "입맛에 맞는 거래들"이란 거래 수수료를 많이 주는 것들을 말하는 것이며, "선별 기준"이란 다음과 같은 비트코인 시스템의 내규를 말합니다.

채굴 노드는 블록 내부의, 트랜잭션들을 수록할 공간 중 첫 50K 바이트는 **선별 기준**에 따라 우선 순위가 높은 트랜잭션들에게 할당해야 합니다. 우선 순위는 다음과 같이 계산됩니다.

우선 순위 = Sum(거래 수수료 x 트랜잭션의 대기 시간) ÷ 트랜잭션의 크기

트랜잭션이 전파된 후 경과한 시간이 우선 순위에 고려되므로, 거래수수료가 높지 않다고 해도 트랜잭션이 메모리 풀에서 대기한 시간이 많이 경과하게 되면 결국에는 블록에 포함되도록 되어 있는 것입니다. 그러나 사실에 있어서는 거래 수수료에 짜디짠 노랭이 놀부의 지출은 방치되다 보면 그대

로 미아(迷兒)가 되어 버리는 경우가 없지 않습니다. 은행 같은 책임 기관이 있어 관리하는 것이 아니기 때문입니다. 그러니 그저 남들이 하는 만큼은 (수수료를) 내놓는 것이 바람직하다 하겠습니다.

{암호화폐나 블록체인에 대하여 공부하고자 하는 이라면, 비트코인 트랜잭션에 대한 분석은 필수입니다. 그리고 분석에 가장 도움이 되는 방법 중의 하나는 트랜잭션을 직접 수작업으로 작성해 보는 것이라 하겠습니다. "http://www.righto.com/2014/02/bitcoins-hard-way-using-raw-bitcoin.html"에 접속하거나, 또는 righto.com에 접속하여 "Bitcoins the hard way: Using the raw Bitcoin protocol" 링크 표지를 찾아서 클릭하면, Ken Shirriff님의 더없이 훌륭한 블로그 게시물을 보게 될 것입니다. 물론 해당 웹페이지 찾기에 구글 검색을 이용해도 되겠습니다.}

채굴(비트코인의 발행)

전 세계에서 약 10분 동안에 생성되는 트랜잭션들을 수집하고 이들을 하나로 묶어서 낱권인 블록으로 만드는 장부 정리 작업을 채굴(mining), 또는 작업증명(PoW: Proof of Work, ※ '포우' 또는 '피오더블유'로 읽으면 됩니다)이라고 합니다. 비트코인 채굴 소프트웨어는 {메모리 풀(Memory pool) 또는 트랜잭션 풀에} 10분 정도의 시간 동안 고인 트랜잭션들 중에서 선별, 그것들을 하나로 묶어 블록바디(Block Body, 블록 몸체)를 만듭니다. 그리고 그 첫머리에 '블록헤더(Block Header)'라는 표지를 추가합니다(그림19).

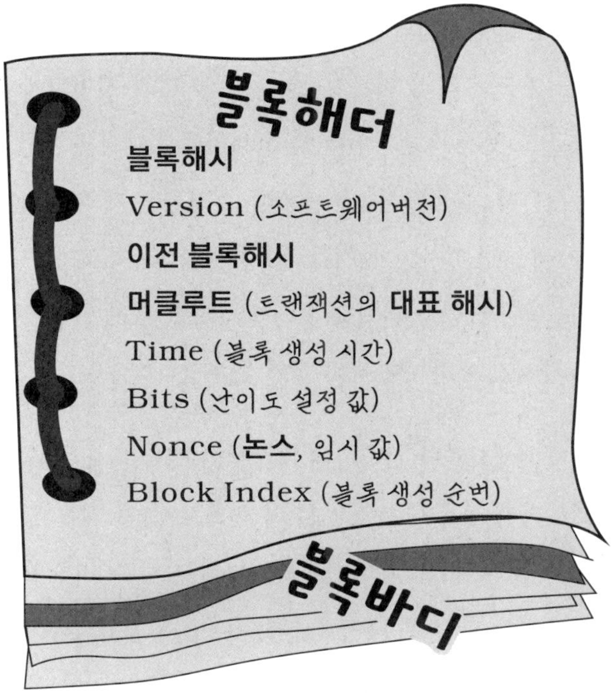

그림19. 블록헤더(Block Header)와 블록바디

그래서 비트코인 블록은 블록헤더와, 트랜잭션 묶음인 블록바디로 되어 있습니다. 블록헤더에는 블록바디 전체 내역에 대한 위·변조를 방지하려는 목적으로 해시값('머클루트'라고 하는 대표 해시값)과 해당 블록을 기존 블록체인에 연결하기 위한 사슬(체인) 정보, 그리고 채굴과 관련한 정보들이 수록됩니다. 이 같은 제반 작업은 컴퓨터 소프트웨어가 하는 일이니 깜도 되지 않습니다, 한 가지 작업만 빼고는. 그 한 가지 작업이란 바로 '**논스**(Nonce)'라는 것을 변경해 가며 반복해야 하는 해시 계산입니다. 이 노가다는 다름 아닌 비트코인 채굴 작업의 진수라고 할 수 있습니다.

그림19에는 블록헤더에 기입되는 내용 중 중요한 것들만 나열해 놓았습니다. **논스**(Nonce)란 "임시의, 일회만의"라는 뜻을 가진 영어 단어입니다만, 비트코인 용어로는 '일회만으로 사용되는 임시 값'이라는 의미로 사용

됩니다. 블록 만들기가 험난한 노가다에 비유되는 까닭은 '블록 식별자(블록 아이디)'를 만드는 작업 때문입니다. 블록헤더의 첫머리에 기재되는 '**블록해시**'가 바로 그 블록 식별자인데, 블록체인에서 해당 블록을 식별하는 아이디로 사용됩니다. 블록해시는 ('블록해시' 자체를 제외한 나머지) 블록헤더의 내용을 해싱한 해시(= 해시값)입니다. 한데, 이 해싱 작업이 고성능 컴퓨터로서도 난감할 만큼 어렵습니다. 왜냐하면 로또 당첨 번호 맞히듯 확률이 희박한 해시값 구하기를 해야 하기 때문입니다.

논스를 숫자 0에서부터 시작하여 차례로 1씩 증가해 가며, 그리하여 블록헤더의 데이터가 오로지 논스의 수치 변화로 인해 계속 달라지게 해 가며, 해싱을 반복합니다. 그리하여 블록헤더에 기재된 '**비츠**(Bits)' 항의 '채굴 난이도 설정치'보다 작은 해시값을 찾아내면 성공입니다. 마침내 블록해시를 찾아낸 것이며, 채굴에 성공한 것입니다. 심 봤다!!인 것입니다. "채굴 난이도 설정치"는 비츠 항의 수치를 비트코인 내규(內規)에 정해진 공식에 따라 계산하여 도출합니다.

{블록헤더의 비츠(Bits)는 10진수 숫자로 기재되어 있습니다. 2021년 7월 10일 21시 15분에 만들어진 690440번째 비트코인 블록의 비츠는 "387160270"입니다. 이를 16진수로 바꾸면 0x171398CE가 됩니다. "0x"라는 접두어는 16진수임을 표시하는 기호입니다. 이 16진수의 첫머리 두 숫자("0x17")는 공식의 지수 부분의 정해진 위치에 대입하고, 그 이하 나머지 숫자("0x1398CE")는 공식에서 지수의 '밑'으로 사용합니다. 그리하여 그림20에서 보는 바와 같은 방법으로 계산을 하게 됩니다. 그림20의 계산식에서 "0x17"과 "0x1398CE"를 제외한 나머지 부분은 모두 비트코인 내규(內規)의 정해진 공식 그대로입니다.}

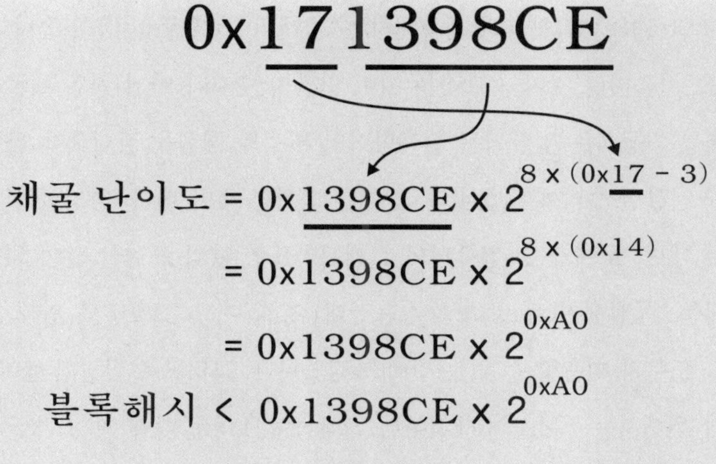

그림20. 비츠로 채굴 난이도를 계산하는 방법

"채굴 난이도 설정치"에 해당하는 해시(16진수 64자)는 다수의 숫자 0으로 시작되기 마련입니다.

블록해시는 블록헤더에 'SHA256 해쉬 함수'를 적용해서 도출하는데, SHA256 해쉬 함수에 의한 해시는 16진수 64자리의 값이 됩니다. 16진수 64자로 해시값의 허용 한계를 표시하는 대신, 십진수 9자의 비츠(Bits)로 그것을 표시하는 편이 데이터 저장 공간을 절약하는 방법임은 더 말할 나위가 없습니다. Bits는 가능한 한 블록체인의 덩치를 줄이고자 하는 고심으로, 마른 오징어에서 엑기스 짜기의 일환인 것입니다.

"16진수 64자리의 값"에서 그 첫머리가 "0"이라야 한다면 그와 같은 해시를 얻게 될 확률은 $\frac{1}{16}$이 되며, 그 첫머리가 "000"이라야 한다면 그 확률은 $\frac{1}{16^3} = \frac{1}{4096}$이 됩니다. 노구가 조회해 본 500000 ~ 500003번째 블록들의 블록해시는 한결같이 그 첫머리가 18개의 "0"으로 되어 있으며, 690440번째 블록의 블록해시는 20개의 "0"으로 되어 있습니다. 그러니 그 확률이란 것이… 그것은 이미 인간의 숫자가 아닙니다. 채굴 소프트웨어를 가동하는 컴퓨터는 천문학적인 횟수의 해싱을 감내해야 하는 중노동에 시달릴 수밖에 없습니다. 엄청난 전기를 먹어 대며, 엄청난 열기를 내뿜어 대며. 노예가 된 컴퓨터와 그래픽카드!!, 달리 표현할 말이 없습니다. 해시는 "애벌랜취(avalanche: 눈사태) 효과(☞ *p. 266*)"로 인해 그 결과값을 도무지 예측할 수 없는 것이 특징입니다. 그러므로 합당한 블록해시를 찾기 위해서는 논스를 0에서부터 시작하여 1씩 증가해 가며 채굴 난이도 설정치보다 작은 해시가 찾아질 때까지 끝없이 해싱을 반복해야 합니다.

전 세계의 수많은 비트코인 채굴기(채굴 소프트웨어가 돌아가는 기기)들이 조건에 합당한 블록해시 찾기 경쟁을 벌여서 가장 먼저 찾아낸 단 하나의 채굴기만 당첨되는 것이 채굴의 룰입니다. 광(光)스피드를 기본으로, 게다가 행운도 따르는 단 하나의 채굴기(노드)만 당첨되는 선착순인 것입니다. 비트코인 시스템은 당첨된 채굴 노드의 주소에게 그 수고의 대가로 일정량의 비트코인을 지급합니다. 그리하여 비트코인이 발행(발권)되는 것입니다. 이것이 채굴이자 작업증명이라고 하는 것입니다.

채굴에 성공한 노드는 블록헤더에 블록해시를 기입하고, 해당 블록을 비트코인 네트워크에 전파하여 선착순 경쟁자들의 동의를 구합니다. 50% 이상의 동의를 거쳐 그 유효성이 확인되면, 해당 블록은 이전(以前, previous) 블록에 연결되어 블록체인을 구성하는 한 블록으로 편입됩니다. 그리고 경쟁자(노드)들은 작업증명(채굴)에 성공한 새 블록이 확인되면 하던 작업을 폐기하고, 해당 블록에 포함되지 않은 트랜잭션들을 주워 담아 그 다음 블록 만들기 경쟁에 나섭니다. 선착순 경쟁에서 진 채굴 노드들이 블록 만들기에 들인 엄청난 노력과 비용이 몽땅 물거품이 되는 일이 이처럼 끊임없이 반복됩니다.

첫머리가 18개 이상의 숫자 0으로 된 해시를 찾기 위한 해싱이란 PC로는 감히 꿈도 꾸어서는 안되는 영역입니다. 실례를 들어 사실을 이야기하자면, 2021년 7월 5일(현지시간) 미국 NBC방송과 영국 파이낸셜타임스 등 주요 외신은 미국 뉴욕주 북부 드레스덴 지역의 세네카 호수가 인근의 '그리니지 제너레이션'이라는 비트코인 채굴회사로 인해 펄펄 끓는 온천으로 변했다고 보도했습니다. 이 회사는 고성능 그래픽카드를 다수 장착한 8000대 이상의 고성능 컴퓨터를 하루 24시간씩 연중무휴로 가동하여 비트코인을 채굴 중이며, 그 열을 식히느라 호수의 물을 끌어다 쓰다 보니 호수가 끓게 된 것이라고.

전기 먹는 공룡이 된 비트코인 채굴은 국가적 정전 사태까지 일으키고 있기도 합니다. 2021년 5월 22~24일, 수도 테헤란과 이스파한, 쉬라즈 등 주요 도시에서 잇따라 정전 사고를 겪은 이란이 대표적인 사례입니다.

선착순 비트코인 채굴 경쟁에서 이기는 조건이란 첫째도 병렬 연산 능력, 둘째도 병렬 연산 능력, 셋째도 병열 연산 능력입니다(☞ *p. 148*, **직렬연산과 병렬연산**). 가령 초(秒)당 수천 회의 해싱을 하는 채굴기는 초당 수억 ~ 수천억 회의 해싱을 할 수 있는 채굴기의 상대가 될 수 없습니다. 그래서 채굴기에 장착된 그래픽카드의 수와 그래픽카드에 탑재된 GPU의 성능이 관건이 됩니다. 성능 좋은 GPU에는 수천 개의 연산 장치가 내장되어 있으니까요. 그러한 GPU가 탑재된 그래픽카드들을 수없이 동원하다 보니 승률이 좋은 채굴 공장들은 엄청난 전기를 먹어 대고, 그만큼 엄청난 열을 발산해 댑니다. 그로 인해 시중에는 컴퓨터 그래픽카드가 동이 나고, 국가급 정전 사태가 빚어지기도 합니다. 사실상 비트코인을 채굴하는 도구는 채굴기

단위를 벗어난 지 오래입니다. 거대 채굴공장(기업)들이 채굴을 주도하고 있음입니다.

그러나 PC로 비트코인 채굴을 하던 시절도 있었습니다. 호랑이 담배 피던 시절. 당시에는 1 BTC(비트코인)으로 피자 한 판도 사먹을 수 없긴 했습니다. 2010년 5월 22일 미국 플로리다에 사는 핸예츠(Laszlo Hanyecz)라는 컴퓨터 프로그래머가 10,000 BTC을 지불하고 피자 2판을 사먹었으며, 그것이 실물 구입에 비트코인이 사용된 거래의 효시였습니다. 당시 피자 2판의 가격은 40달러였다고. 초창기에는 비트코인 소프트웨어(Bitcoin-Core)로 채굴을 했으며, 채굴용 하드웨어로는 평범한 PC가 사용되었었습니다.

전기 먹는 공룡, 거대 자본, 막대한 화석 연료 사용, 국가적 정전 사태, 막대한 이산화탄소 배출, 지구 온난화 가중 등이 사토시 나카모토의 아이디어였을 리는 없습니다. "CPU만 있다면 누구나 공평하게 똑같이 경쟁할 수 있으니 좋다"는 그의 말은 바로 화폐 발행(발권)의 탈 중앙화, 민주화를 상징하는 언급인 것이며, 거대 자본에 발권이 예속된 지금과 같은 상황이란 그로서는 상상조차 하지 않았을 터입니다.

약 10분 동안 생성된 트랜잭션으로 블록을 만들게 되는 까닭은 비츠(Bits) 항의 채굴 난이도 설정치와 관련이 있습니다. 비트코인 소프트웨어에 의해, 새 블록이 만들어지는 빈도가 10분 이하로 잦아지면 난이도 설정치를 높이고, 반대로 그 이상으로 늦어지면 낮춤으로써 트랜잭션(거래)이 성립(처리)되는 시간 간격을 조절하기 때문인 것입니다.

그런 까닭으로 비트코인을 이체하고 나서 적어도 10분 정도는 기다려야 블록체인에서 해당 트랜잭션의 확인이 가능합니다. 그러나 UTXO를 수신한 주소가 이를 사용(재이체)할 수 있게 되려면, 아래에서 설명하게 될 6번의 확인이 필요합니다. 비트코인 시스템은, 블록에 수록된 이후 6번의 **'이체 확인**(Confirmation, 아래에서 설명됩니다)'을 거쳐야 UTXO의 사용(재이체, 지출)이 가능해지도록 설계되어 있습니다. 그러나 거래소를 통한 이체의 경우에는 거래소가 위험 부담을 안고 이체 신청만으로도 이체 확인을 해주는 '**제로 컨펌**(zero-confirmation)'을 서비스하기도 합니다.

이체 확인(Confirmation)

신규로 만들어진 블록은 기존 블록체인의 끝에 위치한 블록(이전 블록)에 연결됩니다. 블록헤더에 기재된 '이전 블록해시'에 의해 논리적으로 이전 블록에 연결되는 식입니다(그림21). 모든 블록은 이처럼 "이전 블록해시"에 의해 서로 연결됨으로써 블록체인이 만들어지는 것입니다.

그림21. 블록체인에의 연결

신규 블록이 블록체인에 연결되어 편입되면 그것으로 해당 블록에 수록된 트랜잭션들은 한 차례 "**이체 확인**(Confirmation)"을 받은 것이 되며, 이어서 그 뒤로 다시 새로운 블록이 만들어져서 "이전 블록해시"에 의해 추가 연결되면 그것으로 "이체 확인(Confirmation)"은 2차례가 되는 식입니다. 그와 같이 하여 6차례의 "이체 확인(Confirmation)"이 이루어지면 UTX-O의 사용(재이체, 지출)이 가능해집니다. 블록이 새로이 만들어지는 데에 10분 정도의 시간이 걸리므로, 모두 해서 1시간 정도가 경과되어야 6차례의 "이체 확인(Confirmation)"이 완료되는 것이라 하겠습니다.

이처럼 블록 연결에 해시(해시값)를 사용하게 되면 연결과 아울러 블록의 위·변조를 할 수 없게 하는 효과를 덤으로 얻게 됩니다. 비트코인의 거래 원장은 그 낱장(트랜잭션)으로부터 낱권(블록), 그리고 데이베이스(블록체인)에 이르기까지 해시를 이용하여 위·변조를 방지하고 있습니다. '트랜잭션의 해시 → 머클트리(Merkle Tree) 및 머클루트(Merkle Root) → 블록해시'로 연결되는 해시의 구조가 그것입니다.

머클트리와 머클루트

머클루트(Merkle Root)는 블록헤더에 수록되어 있는 항목이어서 그 명칭은 이미 눈에 익을 것입니다. "머클(Merkle)"이라는 명칭은 머클트리를 고안한 사람의 이름에서 유래한 것입니다. 머클루트는 머클트리(Merkle Tree)를 통해 구해지는 해시로서, 머클트리는 그림22와 같이 하여 만들어집니다. 그림22는 단 4개의 트랜잭션을 수록하고 있는 블록을 가정한 것입니다.

비트코인 블록의 각 트랜잭션은 트랜잭션의 해시를 해당 트랜잭션의 식별자(트랜잭션 아이디)로 하고 있습니다. 블록에 수록된 개개의 트랜잭션의 해시들을 각기 이웃하는 것과 한 쌍이 되도록 짝을 짓습니다. 그리고 짝을 이루는 트랜잭션 해시의 값을 서로 더하고, 그것을 다시 해싱한 해시를 아래쪽의 열에 위치시킵니다. 이 같은 요령으로, 블록 내 전체 트랜잭션의 해시로 마치 토너먼트 게임의 대진표와 같은, 해시로 된 토너먼트 구조를 만들어 나갑니다. 이러한 과정을 되풀이하여 마지막으로 단 하나의 해시가 구해질 때까지 계속합니다. 그 마지막 하나의 해시가 바로 머클루트(Merkle Root)입니다.

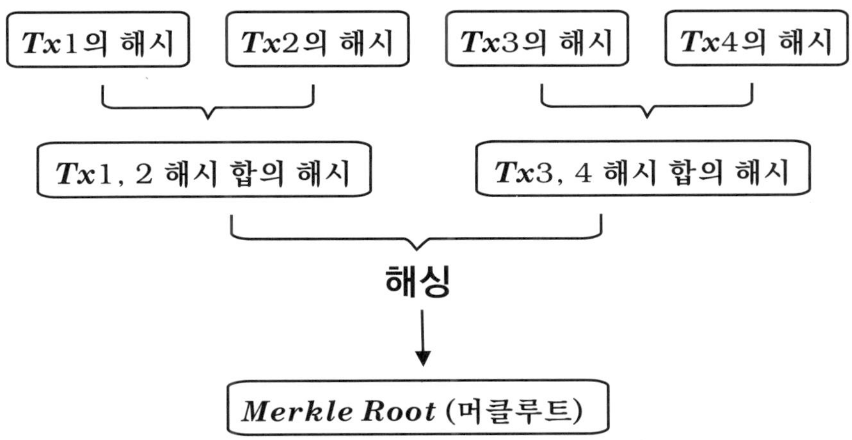

그림22. 머클트리(Merkle Tree)

트랜잭션의 수가 짝수가 되지 못하고 홀수일 경우, 아래 그림23에서 보듯 마지막 트랜잭션의 해시를 복사하여 짝을 맞춘 다음, 트리를 형성해 나갑니다. 한데, 그림22와 같은 머클트리는 호랑이 담배 피던 시절의 비트코인 블록에서나 있었을 법한 예라 하겠습니다. 비트코인 블록체인에서 500000번째의 블록은 2701개의 트랜잭션을 포함하고 있으며, 500001번째의 블록은 2645개의 트랜잭션을 수록하고 있습니다. 그러니, 실제에 있어서 이들 블록은 그에 합당한 규모의 머클트리가 형성될 것입니다.

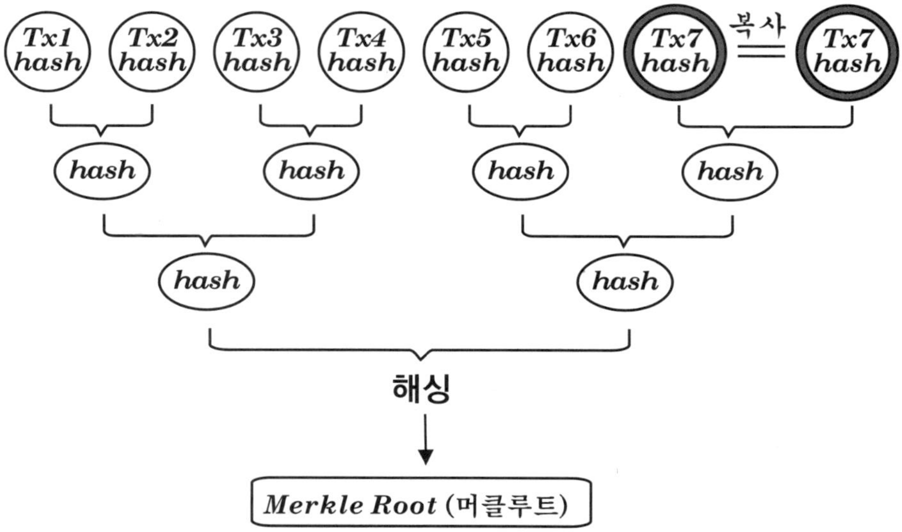

그림23. 홀수 개의 트랜잭션에 의한 머클트리(Merkle Tree)

이상에서 보듯 "블록체인"이라는, 2백 기가 바이트에 달하는 비트코인의 원장은 '트랜잭션의 해시 ➡ 머클트리(Merkle Tree) 및 머클루트(Merkle Root) ➡ 블록해시 ➡ 이전 블록해시'로 연결되는 해시 구조에 의해 철두철미하게 위·변조의 가능성을 차단하고 있습니다. 해시의 연쇄. "머클(Ralph Merkle)"이라는 이의 결벽증이 걱정될 정도의, 꼬리에 꼬리를 무는 해시의 연쇄. 트랜잭션 중의 단 한 비트만 변조하려 해도 천문학적인 채굴 작업을 피할 수 없는 블록해시에 이르기까지의 변조를 감당하지 않으면 안됩니다. 그래도 그것은 약과입니다, 수많은 노드마다 저장되어 있는 블록체인 복사본들을 번갯불에 콩 구워 먹듯 몽땅 바꿔치기 해야 한다는 점을 고려하면. 해킹?? 블록체인을 건드릴 궁리를 하느니 차라리 대낮에 기관총 들고 한국은행에 들어가서 금고를 터는 편이 낫습니다. 😂😂.

따로 관리되는 일 없이, P2P 네트워크와 소프트웨어만으로 절로 굴러가는 "탈 중앙화"는 이러한 '블록체인 기술'에 의해 구현되고 있습니다. 블록체인 기술이 다방면으로 사계(斯界)의 주목을 받고 있는 이유이자, 차세대의 기술로 연구되고 있는 까닭입니다.

비트코인의 네 가지 치명적인 약점

비트코인이 가진 네 가지 **치명적인 약점 중 하나**는 다름 아닌 은행권과의 화폐교환을 가능하게 하는 (익명성을 유지할 수 있는) 직접적인 알고리즘이 없다는 사실입니다. 대신, 비트코인 시스템은 무한대에 가까운 주소 사용의 여지를 제공함으로써, (은행권과의 교환 시) 사용자 스스로 주소 사용의 곡예를 통해 익명성 유지의 재주를 부리도록 하고 있을 뿐입니다. 따라서 비트코인을 은행권으로 교환하는 과정은 아무리 주의를 기울여도 아마추어들로서는 신원 노출을 피하기 어렵습니다. 비트코인의 거래를 통해 신원이 추적되는 경우의 대다수가 이에 기인합니다. "탈 중앙화"의 필수 조건이라 할 익명성에 원초적 결함이 있음입니다. 그러나 분명한 것은 비트코인의 장부인 블록체인에는 그 어느 곳에도 소유주의 신원을 추측할 만한 단서란 결코 없다는 사실입니다. 달리 말해, 비트코인의 익명성이란 블록체인을 벗어나지 않는 지점까지라는 말이 되겠습니다.

또한, 비트코인을 사용할 때마다 막대한 에너지를 태워야 한다는 사실은 비트코인의 시세와 주소 사용에 발목을 잡을 것임이 분명해 보입니다. 회계처리 과정에 채굴 작업을 거치지 않으면 안되도록 되어 있는 탓에 비트코인 거래에 소요되는 전력 낭비는 피할 수 없는 성격의 것입니다. 이것은 비트코인 시스템의 **두 번째 치명적인 약점**입니다. 달리 생산성이란 전혀 없는 에너지의 낭비이자, 지구 온난화를 부추기는 이산화탄소 배출의 악재이기도 합니다. 지구 온난화의 심각성은 날이 갈수록 모든 나라의 정부를 압박하게 될 것입니다. 아울러 이산화 탄소 배출량 규제는 기업들을 압박하게 될 것입니다. 게다가 가령 전력 공급난으로 하루 8시간으로 제한 송전한다면, 사람들은 암호화폐의 존재를 그냥 내버려 두지 않을 것입니다.

미국의 호스팅업체 TRG데이터센터의 분석에 따르면 "비트코인 거래(트랜잭션) 1건당 소비되는 전력이 707kWh(킬로와트시)에 달한다"고 합니다. 국내 4인 가구 월 평균 전기 소비량(350kWh)의 두 배 수준입니다. "2024년경이 되면 중국의 비트코인 채굴 관련 이산화탄소 배출량만 1억3천만 톤에 이르게 될 것"이라는 연구 보고서까지 나오고 있는 와중에, 중국은 마침내 암호화폐에 대하여 강력한 제제를 가하기 시작했습니다.

한데, 국제적으로 이 같은 제제가 심해져서 채굴공장이 급감하게 되면, 그래서 블록 만들기 경쟁의 열기가 식어 들면 비트코인 네트워크 자체가 먹통이 될 수도 있습니다. 블록 만들기가 급감하게 되면 트랜잭션 처리가 그만큼 지연될 것이 자명하니까요. 거래 빈도를 줄이는 것이 수수료 절약에 도움이 되는 점은 주소 사용의 다다익선을 저해하는 요소이기도 합니다. 이는 익명성의 약화를 의미합니다.

비트코인 시스템의 **세 번째 치명적인 약점**은 **양자컴퓨터**(Quantum Computer)의 등장에 대한 대비가 되어 있지 않다는 사실입니다. 양자컴퓨터가 실용화되면 기존 암호화 기법들이 무용지물이 되어 버리는 황당한 일이 벌어집니다{미국 NSA(국가안보국)는 지난 2015년 8월, 양자컴퓨팅 시대를 대비하여, 기존의 모든 암호화가 양자컴퓨터에 의해 순식간에 복호화될 시대에 대비하여, Suite B에 속하는 암호 알고리즘을 새로운 양자 내성(Quantum-Resistant) 알고리즘으로 변경할 계획이라고 발표했습니다. 말하자면 양자컴퓨팅 시대가 도래하면, 비트코인의 공개키 암호화 기법 역시 무력해질 수 있다는 이야기입니다.}

다음은 지난 2015년 12월 9일자 연합뉴스의 기사 제목입니다. 「NASA 최신 양자컴퓨터 공개…구글 "일반 1억 배 속도 확인"」. 해당 기사의 내용입니다. 「미 항공우주국(NASA)이 전 세계 각국의 기자들을 불러 모아 놓고, 일반 컴퓨터보다 약 1억 배 빠르게 연산을 수행하는 잠재력을 지닌 최신형 양자컴퓨터 'D-웨이브 2X'의 실물을 공개했다. 이는 싱글 코어 칩을 이용한 일반 컴퓨터와 비교한 결과이고 양자컴퓨터가 강점을 지닌 것으로 알려진 특정 유형의 문제를 다룬 것이어서 이를 단순히 일반화할 수는 없으나, 양자컴퓨터의 잠재력을 입증했다는 데 의미가 있는 것으로 풀이된다.」 2019년 양자 우월(Quantum Supremacy)을 달성했다는 메모가 구글 측에서 유출된 바 있으며, 경쟁자인 IBM, 아마존, 마이크로소프트, 인텔도 양자컴퓨터 개발에 많은 공을 들이고 있는 것으로 알려져 있습니다. "양자 우월"이란 양자컴퓨터가 모든 전통적 컴퓨팅을 능가하는 순간을 가리키는 용어입니다.

양자컴퓨터는 양자역학을 활용하여 컴퓨팅을 합니다. 양자의 중첩(superposition), 얽힘(entanglement), 순간이동(teleportation) 등의 효과를 연산에 이용하는 것입니다. 이를테면 양자컴퓨터의 비트에 해당하는 큐비트(Qubit)는 0과 1을 동시에 나타낼 수 있는 양자중첩의 효과로 엄청난 속도로 병렬 연산이 가능합니다. 따라서 양자컴퓨터는 적은 수의 큐비트로도 많은 정보를 저장하고 방대한 양의 계산을 병렬로 처리할 수 있는 잠재력을 지닙니다. 기존 컴퓨터에 비해 수억 배 이상의 속도가 가능한 까닭입니다. 양자 얽힘 현상을 이용하면 멀리 있는 행성과의 실시간 통신이 가능할 수도 있습니다, 통신 지연이 있을 수 없는.

그러나 양자컴퓨터 개발에 있어서 아직은 극복해야 할 난제가 산적해 있기도 합니다. 절대 0도(-273.15℃)에 가까운 극저온의 가동 조건이라든지,

큐비트가 환경 잡음(noise)에 극도로 민감한 까닭에 에러를 줄이기 위해서는 열, 전기장, 자기장, 진동 등을 철저하게 차단하는 격리 장치가 필요하므로 소형화에 어려움이 있으며, 엄정한 격리 장치에도 불구하고 연산 결과에 에러가 많아서, 다수의 큐비트를 에러 교정용으로 사용해야 하는 등의 난제들이 그것입니다. 물론 이상과 같은 악조건에 구애 받지 않는 큐비트를 모색하는 데에 심혈을 기울이고 있기도 합니다.

양자컴퓨터의 연산 원리가 되고 있는 양자의 물리적 성질에 대해서 아직은 인간이 모르는 것이 아는 것보다 훨씬 더 많습니다. 아직 인간은 양자역학을 이해하고 있지 못하며, 오로지 확률에 의존하여 양자의 성질 중 그 일부를 겨우 파악하고 있는 정도에 지나지 않습니다.

어쨌거나 비단 기업들만 양자컴퓨터 개발에 공을 들이고 있는 것은 아닙니다. 선진 열강의 국가 간 경쟁은 더욱 치열합니다. 양자컴퓨터가 실용화되었을 때의 그 결과란; 양자 전자기 공학, 양자화학, 생명공학, 유전자 조작과 시뮬레이션, 기상 예측, 인공지능의 고도화, 암호학 등으로부터 시작하여 정보, 과학, 군사, 경제 등 전(全) 분야에 걸친 국가 경쟁력에 있어서, 예측할 수 없이 두려운 것이기 때문입니다.

그러한 까닭으로 양자컴퓨터의 개발 주체는 공개 진영과 비공개 진영으로 나뉘고 있습니다. 상용(商用)의, 또는 순수한 연구를 목적으로 하는 학술 및 연구용의 양자컴퓨터의 개발은 공개 진영에서 진행될 것입니다. 그에 반해, 다방면에 있어서 국가적 패권을 좌우하게 될 성격·성능의 양자컴퓨터의 개발은 극비리에 치열하게 진행될 가능성이 농후해 보입니다. 비공개 진영의 양자컴퓨터는, 내부자 고발이 없는 한, 내내 세상에 존재하지 않는 존재로 존재할 것입니다. 비공개 경쟁에 뛰어드는 경쟁자들을 더욱 두렵게 하는 것은 개발에 성공하고 먼저 실용화가 가능해진 측에서 그 사실을 극비에 부칠 것이라는 점일 것입니다. 개발 및 실용화에 뒤진 측들은 거의 모든 분야에서 무장해제를 당한 꼴이 될 것으로 생각될 만큼, 먼저 성공한 측의 이익은 심상치 않아 보입니다. 무기 체계, 전술 체계, 국방 체계, 통신 체계, 교통 체계, 과학 연구 체계, 산업 체계··· 등등 양자컴퓨터로 인해 각 분야에 불어닥칠 감당하지 못할 충격과 혼란이란! 실용화에 먼저 성공한 비공개 진영 측의 양자컴퓨터가 결코 공개되는 일 없이 은밀하게, 완급을 조절해 가며 실무에 투입될 것이 확실시되는 이유입니다.

비트코인의 수명을 끊어 놓게 될 요인으로 먼저 떠올리게 되는 것은 양자컴퓨팅에 의한 채굴과 거래 수수료의 독점입니다. 최소한 수억 배 이상의 속도에 의한 해싱을 무슨 수로 당해 냅니까. 게다가 비트코인의 익명성으로 인해 사람들은 누군가가 채굴과 거래 수수료를 독점해 버린 사실조차 눈치채지 못합니다. 아울러 거래(이체)의 이력이 단 한 번이라도 있는 주소에 남아 있는 비트코인들은 그저 쓸어 담으면 되는 겁탈의 대상이 될 것입니다. 주소의 공개키가 블록체인{각 트랜잭션 Input Segment의 scriptSig}에 공개되어 있기 때문입니다. 양자컴퓨터의 입장에서는 공개키와 개인키는 그게 그것일 뿐입니다. 엄청난 계산이 필요하므로 공개키로부터 개인키를 알아내기가 어려운 것일 뿐, 그것이 불가능한 것은 아닙니다. 한데, 그런 계산 정도라면 양자컴퓨터로서는 문제될 것이 없는 문제일 뿐인 것입니다. 비트코인의 지갑류는 허다하게 많습니다. 심지어 알고리즘에 따라 수작업으로 거래 내역을 작성한 것을 비트코인 네트워크에 올릴 수도 있습니다. 블록체인에 기재된 주소 사용의 용례가 다양할 것임은 불문가지입니다. 거래 이력으로 인해 공개키가 노출된 채 UTXO를 가진 주소가 적지 않을 것이라는 이야기입니다.

양자컴퓨터로 인해 기존의 공개키 암호화 기법이 무너진다면 블록체인 기술이 무너지고, 따라서 암호화폐는 존재가 불가능해집니다. 대신할 새로운 암호화 기법을 개발해야 할 일입니다.

비트코인의 **네 번째 치명적인 약점**은 실물 가치에 근거하지 않는다는 사실입니다. 말하자면 뿌리 없는 나무와 같습니다. 비트코인은 어느 날 갑자기 "이것(비트코인)을 돈이라고 하자!"라는 인터넷 상의 선언으로 그 존재를 드러낸 것입니다. 가치를 뒷받침해 줄 실물 뒷배가 없으니, 도박성 심리 경쟁에 의해 그 가치가 결정될 수밖에 없음은 필연입니다. 최악의 경우에는 "폭탄 돌리기"가 되어 버릴. 도박성이란 인간의 본능 중 가장 강렬하고도 집요한 것이긴 합니다만(☞ *p. 410*, **카지노와 무법지대로서의 인터넷**).

블록체인 기술의 미래

블록체인 기술은 이미 다방면에 활용되고 있습니다. 각종 상품의 원산지나 제조자의 신원 증명이 필요한 거래를 비롯하여, 이산화탄소 배출권 거래 등 신뢰할 만한 거래 환경을 새로이 구축해야 하는 각종 상거래를 위한 플랫폼에 기반 기술로 널리 사용되고 있습니다.

또한 근래에는 'NFT(Non-Fungible Token, 대체 불가능 **토큰**, 엔에프티)'라는 새로운 용도로도 주목 받고 있습니다. "**토큰**"이란 무엇일까요? 버스 승차용 토큰은 버스 요금을 대신합니다. 지폐란 금 은 쌀 소금 등, 실물 화폐의 기능을 대신하는 종이 토큰이라 할 수 있습니다. 비트코인은 실물이 없는, 기록으로만 존재하는 화폐입니다. 즉, "블록체인"이라는 거래 장부 라이브러리에 기재된 해당 기록이 바로 화폐로서의 기능을 흉내 내는 "비트코인"이라는 토큰입니다.

세상의 어떤 물건이든 블록체인에 기재되면 그 순간부터 그것은 토큰이 될 수 있습니다. 블록체인의, 위·변조가 불가능한 기록에 의해 그 존재와 소유주가 증명되기 때문입니다. 해당 토큰의 성격이나 기능은 프로토콜로 정하기 나름입니다.

NFT란 고유한 특성과 희소성을 가진 자산, 특히 디지털 자산을 토큰화한, 비트코인과 흡사한 블록체인의 기록입니다. 장래에 그 적용 대상의 범위가 넓혀지면, 블록체인 기술의 성격상, 그 어떤 대상일지라도 희소성 가치를 가진 것이라면 모두 NFT가 될 수 있겠으되; 2021년 현재까지는 그림, 음악, 영상 등의 디지털 데이터(디지털 자산) 위주인 듯합니다. 디지털 자산이 아닌 실물 자산들은 각기 나름의 기존 거래 수단이 있기 마련이므로, 당장에는 NFT화할 필요성이 절실하지 않음입니다.

그림 애니메이션 음악 영화 등의 디지털 자산을 토큰화하면 관련 거래 플랫폼(거래소)에 게시할 수 있게 되고, 따라서 그 가치 평가의 기회가 주어지고 거래의 길이 열립니다. 디지털 자산이 암호화폐인 것처럼 변모하는 것입니다. 이를테면 포토샵으로 그린 그림 파일의 이력(화가, 파일의 오리지널 데이터, 소유주, 거래 내역 등)을 블록체인에 등재함으로써 그 소유주를 증명하고, 위조나 변경이 불가능함을 보장할 수 있게 됩니다 — 사본이나 복제물이 행세할 수 없도록 합니다. 그리하여 2021년 현재, 과거에는 쉽게 판매 대상으로 할 수 없었던 갖가지 디지털 자산들이 고가로 경매되기도 하고 거래되기도 하고 있습니다.

비트코인은 NFT와 흡사합니다만, 비트코인이 다수 존재하므로 대체 불가능하지 않습니다. 암호화폐와 NFT의 다른 점입니다.

NFT의 용도는 이미 다양한 분야로의 확산의 조짐을 보이고 있습니다.

가령 게임의 아이템을 NFT화(化)한다면, 게임 밖에서도 그 가치가 유지됩니다. NFT 플랫폼의 거래소를 통해 현금화가 가능해지는 것입니다. 게임에 도박성이나 돈벌이의 기회를 부여할 수 있게 되는 것입니다. 게임 제작사들이 관심을 갖지 않을 수 없는 주제입니다. 메타버스로 돈벌이 하려는 기업도 마찬가지일 것입니다. 이를테면 NFT화된 아이템을 제공하는 게임(또는 메타버스)에서 한 게이머의 디지털 고양이가 디지털 가상 교배를 통해 미적 가치와 희소성이 높은 새끼 고양이를 낳았다면, 그 새끼 고양이는 NFT화되어 있는 것이므로 게임이 끝난 뒤에도 당연히 해당 블록체인의 새끼 고양이 기록(토큰)은 사라지지 않고 영구(?) 보존됩니다. 다른 게이머에게 새끼 고양이를 팔거나 거래소에서 현금화할 수 있게 됩니다.

NFT는 예술계에도 영향을 미치고 있습니다. 이를테면 학연·지연·혈연이 없고 쩐도 없는 탓에 출세할 기회를 잡기가 여의치 않은 음악가라 할지라도 자신의 작품을 토큰화(NFT화)함으로써 관련 플랫폼에 게시할 수 있는, 대중들에게 노출할 수 있는, 기회가 열렸음입니다. NFT가 가난한 음악가에게 돈벌이의 길을 터 주는 것입니다.

메타버스나 가상현실의 세계에서 경제체제를 구축하려 한다면, 암호화폐나 다양한 유형의 토큰, 신뢰성 보장 등이 필수입니다. 지난 여러 가지 사례들에서 미루어 볼 수 있듯, **블록체인 기술이 아니고서는 달리 대안(代案)이 없습니다. 이것이 블록체인 기술의 미래라 하겠습니다.**

블록체인 기술을 활용하면 선출직 공무원인 대통령을 비롯한 국회의원들을 모두 인공지능으로 대체해 버릴 수 있는 길이 열립니다. 그리고 그리하는 것이 바람직해 보입니다. 물론 연구가 필요한 일입니다만. 사법부의 판사들은 현재의 인공지능과 데이터베이스 기술로도 대체에 아무런 문제가 없어 보이므로, 민초들은 더 이상 골프채 골통 꼰대들의 '눈 가리고 아웅~' 식의 농간질에 시달리지 않아도 됩니다. 게다가 엄청난 국가 예산의 절약이 기대되는 일이기도 합니다. 그리한다면 국민연금 고갈에 대한 해법도 가시권에 들어올 것입니다. 출산율 저하를 초래해 온 고질들이 제거되었으니, 보복(? 😜)출산으로 다시 산아제한이 필요해질 수도 있겠습니다. 인공지능은 사리사욕이 있을 리 없고 매일같이 거짓말해댈 리도 없습니다. 자식이 없으니, 자기 자식에게만 특혜를 주려 드는 집요한 꼼수도 부릴 리 없습니다. 저열한 정치 모리배들과는 차원이 다를 것으로 기대되는 까닭입니다. IT에 능한 MZ세대들에 의해 추진됨 직한 개혁입니다. 머지않아 이 나라는 MZ세대들이 이어받게 될 것입니다. 해서, 몇 마디 추가하려 합니다.

고대 그리스의 철인들을 비롯하여 수많은 현자들이 지적해 왔듯, 민주주의에는 결정적인 취약점이 있습니다. 지혜나 지식보다는 말재주나 인기에 의해 선출직 공무원이 결정된다는 사실입니다. 그래서 법정이나 방송매체, 연예계, 또는 논쟁과 선동을 업으로 하는 직업 등에서 혹독한 말재주 훈련을 거친 입들이 주류가 됩니다. 게다가 미모 위주의 선별 과정 경력을 가졌다면 금상첨화이며, 대중매체에 노출될 기회가 많았었다면 결정적인 방점(傍點)이 됩니다. 요컨대 말재주에다 대중적 인기를 등에 업은 이들이 정치권의 절대 우위를 점하게 된다는 사실입니다. 이 점이 지식과 지혜를 위주로 하는 인선(人選)이 되지 못하는, 민주주의의 결정적인 취약점입니다. 한데 이들은 보편적으로 수학을 기반으로 하는 이공계에 대한 지식이 빈약하다는 약점을 가진 편입니다. 대개는 전공이 이공계가 아닌 데다 말재주로 인기로 살아남기 위해 누구보다 바쁘게 살아왔을 그들이므로, 수학을 기본으로 하는 이공계 지식을 공부할 기회가 주어질 틈이 있었을 리 없음입니다. 인문계 학과는 대개 문장력이나 언변과 관련이 있으며, 이공계 학과는 그런 것과는 거리가 먼 법입니다. 한데 이 나라는 수출로 먹고 사는 공업국가입니다. 마당쇠 노릇을 제대로 하기 위해서는 해박한 이공계 지식이 필수인 공업 기반 산업사회인 것입니다. 사정이 그와 같으니, 이 나라 정치인들이 IT 분야를 비롯한 각종 산업이 어떻게 돌아가고 있는지, 이 사회가 어떻게 굴러가고 있는지 제대로 파악할 수 있을 리 만무합니다. 법을 공부해 본 적이 없는 사람들이 법관 행세하는 것에 다름없다고나 할까요.

군사독재 시절의 집권자들은 적어도 자신들이 이공계 지식에는 무지하다는 사실은 알고 있는 듯했습니다. 사계 전문가들의 조언을 청하고 귀를 기울였던 것이 그 증거입니다. 한데 "민주화 세력"이라는 이 분들은 그 점에서 그들과 현저히 달랐습니다. 아마도 인기가 없고 있고의 차이가 빚은 다른 점일 것입니다. 대중적 인기라는 요물은 까닭 없이 자만심을 폭증시켜 놓기 마련이어서 사람을 유아독존의 쇠고집으로 만들어 놓기 십상입니다. 이공계 공부 이력이 있는 국민들이 군부독재 시절보다 "민주화 세력" 시절에 더 숨 막히는 답답함을 느끼는 이유일 것입니다. 공업 기반 산업국가에서 선출직 공무원으로 행세하면서도 이공계 지식에 무지한 탓에 흔히 코미디가 되고 마는 그들의 말, 말, 말. 게다가 말주변만큼은 청산유수입니다. 관련 지식이 없는 분야에 대하여 아는 척하다 보니 희한합니다. 듣는 이들의 불편을 아는지 모르는지. 물가에 내놓은 어린아이 보듯 하는 민초들의 조바심을 눈치도 채지 못하고 사계 전문가들의 조언에는 마이동풍으로 일관하기 일쑤입니다. 언제부터인가 얼굴 반반하고 말주변 좋은 인간을 보면 까닭 없이 화가 치밀어, 이 노구는 스스로 당혹감을 느끼곤 합니다. 솥뚜껑이든 자라든 죄다 자라로 보게 된 것입니다. 과거 "은근과 끈기"로 표상되던 과묵한 절제의 미덕(美德)이 새삼 그리워지곤 합니다.

한데 더욱 한심한 것은, 지난 세월 동안 친일 세력, 군사독재 세력, 보수 세력, "민주화 세력"까지 두루 다 겪어 보니, 다음 순서가 어떤 세력이 되든 달라질 것이 없겠다는 뻔한 사실입니다. 그 나물에 그 밥인. **문제는 정치권이 아니라 졸(우리 자신)들에게 있기 때문**입니다(☞ *p. 51*). 인공지능에 의한 "취약점" 보완이 진실로 시급해 보이는 우리네 민주주의의 현실입니다. 선택지에서 인공지능만이 마지막으로 남은 듯. 이젠 장기판 졸의 처지에서 벗어나 명실상부한 주권자가 되어야 하지 않겠습니까. 인공지능으로나마 정치권을 대신할 수 있게 되었으니 주저할 일이 아니라 하겠습니다. 그 결과, 고임금 공무원들을 모두 인공지능으로 대체한 이후에는 국가적 사안들에 대한 대국민 의견 수렴을 위해 보다 잦은 **전자투표**가 필요해지게 됩니다. 이는 블록체인 기술을 필요로 하는 분야의 하나입니다.

블록체인 기술에는 꼼수나 속임수가 개입할 여지가 없습니다. 실시간 대국민 의견 수렴이, 경비가 적게 드는 여론 수렴이 가능해집니다. 필요할 때마다 그 즉시 국민의 의사를 국정에 반영하는 것이 가능해지는 것입니다. **전자정부**(전자 행정부, 전자국회, 전자사법부)를 가능하게 할 기술인 것입니다. 인공지능을 기용하는 이 같은 전자정부로의 전환은 빠르면 빠를수록 좋을 일입니다. MZ세대를 기대하게 되는 까닭입니다. 자유의지가 허용된 인간의 비도덕과 비양심은 신도 어찌하지 못하는 것입니다. 인공지능의 비도덕과 비양심은? 인공지능을 만드는 인간(= 신의 알고리즘을 빌려 인공지능을 만들어 내는, 인공지능들의 신)이 그것을 허용하지 않으면 됩니다.

전자정부를 실현할 기반 기술로서의 블록체인 기술. 인간의 비양심이 존재하는 한, 그것을 저지하는 실효성 있는 경제적 수단으로서 블록체인 기술의 용도는 확대되어 갈 것입니다. MZ세대라면 그 구체적인 알고리즘을 알아 두지 않으면 안될 기술입니다. 블록체인 기술은 계속해서 연구하고 발전시켜 나갈 필요가 있음입니다.

화폐로서의 비트코인

달러의 기축통화로서의 무소불위의 이권에 대하여 많은 나라들이 부러워해 온 것은 사실입니다. 미국은 자국 경제에 필요할 경우, 얼마든지 달러를 찍어 냄으로써 그 이권을 누리곤 합니다. 달러를 남발하여 찍어 내어도, 달러를 금에 버금가는 안전자산으로 숭배하는 국제적 신뢰와 함께 그 수요가 워낙 방대하므로 발권으로 인한 부정적 영향은 쉬이 드러나지 않습니다. 달러를 사용하는 전 세계인이 달러 발권으로 메워지는 미국 경제의 적자를 골고루 분담하는 웃지 못할 현상이 빚어지곤 하는 까닭입니다. 세계 통화의 중심이 되고 있는 달러의 기축통화로서의 확고한 신뢰성과 권위는 미국의 경제력만으로 확보되고 있는 것은 아니며, 정치적 안정성과 막강한 정보력 군사력 등의 국력이 뒷받침되고 있기 때문이기도 합니다. 쉽게 망하지 않을 나라라는. 따라서 달러라면 어느 날 느닷없이 폭락할 일은 없다는 식의 고정관념이 만연되어 있으므로.

미국 발 경제 혼란이나 위기가 닥칠 때마다 그랬습니다. 그것을 수습하기 위해 달러의 공급량을 폭증시키곤 해 왔습니다. 그와 같은 경우, 통화량이 증가한 만큼 일단은 달러의 가치가 떨어져야 하는 것이 상식입니다. 그러나 그런 일은 없었습니다. 달러보다 안전한 화폐가 없으므로 경제가 혼란스럽거나 위기일수록 금을 선호하듯 달러를 더욱 더 선호하는, 달러에 대한 국제적 수요 역시 폭증하기 일쑤였던 것입니다. 그와 같이 상습적으로 되풀이되곤 하는 부당한 현상이 그때마다 지각 있는 이들로 하여금 무력감을 느끼게 함으로써 급기야 암호화폐의 등장을 촉발한 면이 없지 않습니다.

최초의 암호화폐인 비트코인은 "탈 중앙화"를 그 이유이자 모토(motto)로 내세웠었습니다. 국가 권력의 영향력 아래에 있는 발권은행들의 비민주적인 소행에서 벗어나자는 것이었지요. 화폐의 발행과 관리 그리고 그 사용에 있어서의 민주화를 도모하자는.

지난 2007년. 비도덕적 금융 형태로 발발한 금융 사고인 미국의 '서브프라임 모기지 사태'로 월가 투자은행들의 파산이 이어지자 '미국 연방준비제도 이사회(FRB)'는 천문학적인 구제 금융을 남발하였으며, (납세자의 돈으로) 구제 금융을 받은 월가 투자은행들은 그 돈으로 경영 정상화를 하는 대신 보너스 잔치를 벌이는 만행을 일삼았고, 그 여파로 2008년에는 '1929년의 경제 대공황'에 버금가는 세계적인 경제 위기가 닥쳤었습니다. 전 세계인들은 주가 폭락과 경제난, 실업 문제로 고통을 받았습니다. 전 세계인의 미국 금융 시스템에 대한 불신이 팽배했던 것은 당연했습니다. 이러한 시대적 배경이 익명의 사토시 나카모토로 하여금 은행과 같은 중앙기구를 배제한, 즉 "탈 중앙화" 한 새로운 화폐 시스템을 구상하는 동기가 된 것으로 생각되고 있습니다.

게다가 트럼프 전 대통령이 집권한 이후 미국에서는 경제학자들 사이에서 '현대화폐이론(Modern Monetary Theory, 줄여서 MMT)'이라는 '화폐 관련 경제 가설(假說)'이 주목 받고 있기도 합니다. 달러의 기축통화로서의 지위를 남용하여 경제 문제에 대응하는 사조(思潮)를 지지하는 듯한 가설입니다. 이를테면 미국의 경우, 정부가 진 빚이 늘어나서 재정적자가 산더미가 되더라도 문제될 것이 없다는 논리입니다. 미국 정부는 달러를 발행할 수 있는 특권을 갖고 있기 때문에, 달러로 표시된 채무로 인해 파산하는 일은 있을 수 없다는. "달러를 무한정 발행하여 갚으면 될 일을 무슨 걱정이냐?"는 것이지요. 그래서인지 근년에 이르러 미국의 재정적자는 날이 갈수록 폭증하고 있는 추세입니다만, 그에 대하여 별 걱정하지들 않는 눈치입니다. 그만한 일로 달러에 대한 국제적인 불신 같은 것이 생겨날 리는 없으며,

따라서 달러의 기축통화로서의 지위는 연년세세 흔들림 없이 유지될 것이라는 교만과 고정관념이 그와 같은 가설의 배경이 되고 있음입니다. 하지만, 세상사 그 부작용이 금방 발현되지 않는다면 잠재됨을 의미할 뿐입니다. 지연되고 억눌려진 폭발력은 그만큼 더 큰 법입니다.

화폐와 관련한 현재의 국제적 상황은 가치 증명을 기존의 고정관념과 시세에만 의존하고 있을 뿐인 (기축통화답지 못한) 기축통화를 비롯하여, 가치 증명을 단지 시장의 투기적 선동적 시세에 맡기고 있는 다양한 암호화폐의 등장 등으로 인해, 이전에 경험해 보지 못한 미증유의 의혹과 불안이 확산하고 있는 형세로 생각됩니다. 게다가 암호화폐는 기축통화들의, 특히 달러의, 교만하고도 방만한 통화 관리에 결정타를 날릴 수 있는 허점이 있음을 드러내 보이는 창(窓)이 되어 주고 있습니다. 가령 어느 날 중국이 블록체인 기술에 기반하는 **금본위제의 태환 전자화폐**를 출시한다면, **달러의 기축통화로서의 위용과 신뢰성 그리고 편의성은 일거에 무너질 수 있습니다**{포트녹스(Fort Knox)의 금도 별무소용일 것입니다}. 중국의 국력이나 전체주의적인 정체성 등, 불리한 여건도 문제가 되지 않을 것입니다. **블록체인 기술에 기반**하고 있음입니다. 언제든 원하면 금으로 바꿔 주는 금본위제 태환화폐인 것입니다. 위안화와 달러의 위상이 졸지에 반전될 일입니다.

화폐가 가진 본연의 기능이란 지불 기능, 가격 척도로서의 기능, 저축 기능, 교환 수단으로서의 기능, 이 네 가지를 들 수 있겠습니다. 한데, 작금의 암호화폐들의 실상이란 지불 기능이 불편하거나 (그 시세가 급등락하기 일쑤이니) 가격의 척도로서의 기능은 신뢰할 수 없는 형편입니다. 그리고 가격의 척도로서의 기능이 신뢰할 수 없는 형편인 데다 이자도 없으니 저축 기능 또한 마찬가지입니다. 재산을 거기에 묻어 놓고 마음 놓고 지낼 수는 없음입니다. 게다가 오히려 축재 증여 상속 등과 관련한 탈세의 수단으로서,

그리고 어둠의 세계나 블랙마켓에서의 (수사기관의) 추적 방지용 지불 및 교환 수단으로서의 기능에다, 언제 거덜 날지 모르는 투기 대상으로서의 괴물이 되어 가고 있을 뿐입니다. 암호화폐 시장은 24시간 돌아가는 데다 가격 상승이나 하락의 폭에 대한 제한조차 없습니다. 비트코인은 사토시 나카모토의 "화폐의 민주화"라는 본디의 의도나 기대와는 너무도 거리가 먼, '최초의 암호화폐'라는 투기성 희귀 골동품이 되어 가고 있음입니다, 서민 경제에는 아무런 의미가 없는. 머지않은 미래에는 소더비(Sotheby's)나 크리스티(Christie's)의 경매에서나 보게 될.

이상과 같은 암호화폐의 병폐는 쉽게 해소될 문제로 보이지 않습니다. 실질 가치에 뿌리를 두고 있지 못한 근본적 모순(취약점) 때문인 것입니다. 그러나 암호화폐는 암호화폐 시스템(블록체인)에 근거하는 태생적 장점이 없지 않습니다. 은행권 화폐가 흉내 낼 수 없는 장점. 이를테면, 암호화폐의 거래는 인터넷을 통해 주소 간에 이루어지는 것이므로 국경이나 거리, 또는 교통에 따르는 제한이나 불편이 없습니다. 해외 송금과 관련한 각종 제한이나 불편을 겪지 않아도 된다는 이야기입니다 — 자칫 탈법이나 범법의 소지가 없지 않습니다만. 마찬가지 이유로 금융 서비스가 불안정하고 후진적인 지역에서도, 인터넷 사용이 가능하다면 암호화폐의 사용 또한 가능합니다. 말하자면 암호화폐가 존재함으로써, 인터넷만 된다면 변방 오지에서도 국제적 금전 거래나 상거래까지도 가능한 것입니다. 한데, 2021년 현재, 초(超)고가를 달리는 탓에 갖가지 부작용을 낳고 있는 비트코인 시세를 두고서는 그 같은 장점에도 불구하고 비트코인의 존재에 의문을 갖게 됩니다. 비트코인을 비롯한 암호화폐에는 좀더 연구해 봄직한 존재 가치가 없지는 않다는 정도로 이야기를 마무리하기로 하겠습니다.

딥 웹과 다크 웹 검색 요령

음양은 항상 함께 존재합니다. 인터넷에도 음지가 있고, 암흑의 세계 또한 있습니다. **딥웹**(Deep Web)과 **다크웹**(Dark Web). 크롬, 파이어폭스, 엣지 등 일반 웹브라우저로 접속할 수 있는 웹의 세계가 인터넷의 양지{이를 "**표면 웹**(이하, **표면웹**)"이라고 부릅니다}라면, 딥웹은 검색이 되지 않는 인터넷의 음지입니다(딥웹에 대해서는 아래에서 다시 이야기 하게 될 것입니다). 그리고 다크웹은 그 음지 속의 한쪽에 자리하는 암흑가라 할 수 있습니다. 암흑가 다크웹 또한 그 내부에는 그 나름의 음과 양이 존재합니다.

알 만한 사람은 알고 있듯, 해킹 툴, 총기류 등의 무기, 마약, 불법 음란물, 심지어 살인청부까지 무엇이든 사고파는 시장 다크웹! 다크웹이란 명실상부한 암흑가이자 범죄의 소굴이어서 근년에는 영화나 소설의 소재로도 종종 등장합니다.

반면, 다크웹은 독재 국가의 반체제 인사들이나 그 밖의 언론 자유가 없는 환경에 놓인 사람들이 외부 세계와 소통할 수 있는 소중한 숨구멍이 되어 주기도 합니다. 신원을 감추고 익명으로 활동하기에는 최적의 통신 환경을 갖추고 있어서, 각국 정보기관의 도·감청으로부터 비교적 안전하기 때문입니다. 도·감청 툴을 써서 트래픽을 분석하고 통제하는 망 사업자나 기관의 감시 망을 피해 멀찌감치 돌아서 갈 수 있음입니다. 지구 상에 아직도 눈에 띄는 독재 권력이나 극도로 부패한 철권 정권, 유전무죄의 갑질 등으로부터 핍박을 받는, 그래서 통신 보안이 절실한 이들에게는 다크웹이 요긴한 통신 환경이 되어 줍니다. 아울러 컴퓨터 보안 분야에 종사하는 이들이 최신 해킹 기법이나 경향 등을 모니터하고, 보안을 위한 각종 정보를 손쉽게 수집할 수 있는 보물창고(?) 같은 곳이기도 합니다. 다크웹이 없다면 그러한 정보를 얻기 위해 막대한 노력과 경비가 소요될 일입니다. 세상에는 "좋기만 한" 것이나 "나쁘기만 한" 것이란 없는 법입니다 — 세균조차 사체 청소부로서의, 또는 생물 개체수 조절에 기여하는 좋은 면을 가집니다.

다크웹이 암흑가로서의 면모를 갖게 된 까닭은 **종단간 암호화**(E2EE, End to End Encryption ☞ *p. 405*) 기술을 써서 데이터를 보호하고, 특수한 네트워크 구조를 통해 사용자의 아이피 주소(iP address) 또한 추적이 불가능하도록 만들어 사용자의 신원을 제대로 보호하는 통신 환경을 구축하고 있는 데에 있습니다. 다크웹은 IP 주소의 추적이 불가능하도록 하기 위해서 임의의 경로{무작위 Proxy 서버}를 수 차례 거치도록 하는, 양파껍질 같은 다층의 IP 주소 임대 구조를 사용하는 방법으로 아이피 주소를 거듭해서 세탁(?)해 가는 등의 기술을 구사합니다.

이런저런 이유로 어둠의 세계를 원하는 이들에게 다크웹은 매력적일 수밖에 없는 견고한 익명성을 기본적으로 갖추고 있는 것이라 하겠습니다. (종단간 암호화와 아이피 주소 숨기기 등의) 주도면밀한 기술로 신원이 노출되는 일이 없는 네트워크를 구축하는 데에는 물론 그만한 대가가 따릅니다. 한 순간도 빼지 않고 항상 그와 같이 "주도면밀한 익명화 기술들"이 적용되고 있어야 하므로, 네트워크의 반응 속도가 현저히 떨어지는 점이 바로 그것입니다. 성질 급한 사람은 울화통이 터져서 키보드를 내동댕이칠 정도로 느립니다. 게다가 "어둠의 세계"에 걸맞게 도처에 위험 또한 도사리고 있으므로, 특별한 이유나 목적 없이 다크웹을 기웃거리는 것은 권할 만한 일이 못됩니다. 가령 다크웹의 한 쇼핑 사이트에 가입하기 위해 가입 절차를 밟는 순간, 해당 사이트의 운영진이 가입자를 크래킹 하는 식의 (눈 뜨고) 코 베이는 일들이 벌어지는 곳이 바로 다크웹입니다.

다크웹에는 토르 네트워크(※ Tor, Onion Routing, Hidden Wiki), 아이투피 네트워크(※ I2P, Invisible Internet Project, I2PSnark, Silk Road Reloaded), 프리넷 네트워크(※ Freenet) 등이 있습니다. 이들 모두 사용자의 신원을 숨겨 주는 익명 네트워크(Anonymity Network)입니다만, 그중에서도 **토르 네트워크의 경우는 언론인과 반체제 인사들이 오늘날 인터넷 민주주의의 초석으로 간주**할 정도로 밝은 면 또한 가지고 있습니다. 그러나, 참고로, 사용자가 부주의하거나 미숙해서 신원이 노출되는 경우가 없진 않습니다. 이를테면, 쿠키 파일 삭제를 등한히 하거나, 다크웹 전용 브라우저(Tor 브라우저)로 (암호화 없이 데이터가 전송되는) HTTP 사이트에 접속하는 등등의 경우에는 수사관이나 정보 기관에 자칫 신원이 노출되는 위험이 따릅니다(※ *p. 250*, http vs. https).

일례로 2018년 5월 1일, 다크웹에 불법사이트를 만든 한국인 운영자 손모(22)씨가 아동음란물을 유통한 혐의로 검거되고, 아울러 국내의 사이트 이용자 156명도 함께 입건되었다는 뉴스 보도가 있었습니다. 미국 국토안보수사국(HSI)의 제보에 의한 검거로 알려져 있습니다만, 사이트 운영자나 이용자들의 부주의에 의해 신원이 노출된 것으로 생각됩니다.

딥웹이란, 기기들이 인터넷에 연결은 되어 있으나 표면웹(Surface Web)의 검색엔진에 검색이 되지 않는 모든 기기가 딥웹의 영역에 해당합니다 — 검색엔진이 굳이 찾지 않는 모든 웹페이지나 기기를 말합니다. 이를테면 비밀번호로 보호되고 있는 이메일 계좌나 온라인 은행 계좌, 유료콘텐츠, 아이디와 자격증명(비밀번호 등)이 요구되는 — 로그인이 필요한 — 웹 페이지들, PC의 (공유 설정이 되어 있지 않은) 드라이브나 폴더 같은 영역을 예로 들 수 있겠습니다. 그 밖에도 인터넷에 접속되어 있는 각종 하드웨어 장비들, 이를테면 웹캠, 프린터, CCTV, 스마트TV, 사물인터넷 기기 등도 딥웹의 구성물에 해당합니다. 흔히 "인터넷의 90% 이상이 딥웹으로 구성되어 있다"고들 합니다. 다크웹 역시 일반 검색엔진이 찾지 않는 웹페이지에 해당되므로 딥웹의 한 영역이라 하겠습니다.

한데 **딥웹이 검색되지 않는 영역이라 해서 무시해 버린다면, 거대한 지식과 자료의 보물창고를 스스로 포기하는 일**일 수 있습니다. 뒤늦게 통탄할 일일 수 있습니다. 딥웹이 (표면웹의) 검색엔진의 시야 밖에 존재하는 까닭은 검색엔진이 기술적인 이유로 검색하지 못하기 때문은 결코 아닙니다. 인터넷에 연결되어 있는 대상이라면 그것이 무엇이든 기술적으로야 검색이 불가능한 경우가 매우 제한적입니다. 표면웹의 검색엔진들이 딥웹을 검색 대상으로 하지 않는 이유는 다음 3가지 정도로 요약할 수 있겠습니다. 자료에 대한 공유 설정이나 접근 권한 설정 등의 소프트웨어적인 기술에 의해 검색이 차단되어 있거나 또는 그 밖의 의사 표시에 의해 검색을 허락하지 않는 경우. 검색하는 것이 법률에 저촉되거나 그 검색 결과를 제공하는 것이 불법 행위를 조장할 가능성이 있는 경우. 그리고 검색 분야나 내용이 수익성을 기대하기 어려운 경우.

한데, 딥웹에는 "검색하는 것이 법률에 저촉"되지 않을 뿐만 아니라, 소장하고 있는 자료들을 널리 알리고 배포하는 것을 목적으로 하는 웹사이트들 또한 널려 있습니다. 그리고 그와 같은 **딥웹의 자료 중에는 평판 있는 학술 자료 등의 소스(source)들이 적지 않습니다**. 하지만, 일반적인 검색엔진으로는 검색되지 않는 문제가 있습니다. 그러므로 당연히 그에 걸맞은 검색 요령이 필요합니다

덕덕고(duckduckgo.com ☞ *p. 396*)는 표면웹뿐만 아니라 딥웹의 검색도 얼마간은 지원하는 검색엔진입니다. 다만, 딥웹의 검색 내용은 대중적

인 흥행성이 떨어지는 성격의 것이어서 검색 결과 창에서 잔뜩 후순위 페이지로 밀리는 경향이 다분합니다. 이러한 점을 참작하여 검색해야 합니다.

일반 검색엔진이 찾아 주지 못하는 딥웹의 자료들에 대해서는, 원하는 자료의 출처가 될 만한 웹사이트를 직접 찾아가, 해당 사이트 자체의 검색 기능을 이용하는 것이 **보편적인 딥웹 검색 요령**입니다. 학술 연구 목적의 웹사이트나 그 자료실 등이 그렇습니다. **딥웹은 일반 검색으로는 찾을 수 없는 학술 논문, 연구 자산 및 전문 정보 등등에 대한 훌륭한 자료나 소스의 제공처가 되어 줍니다.** 인기 있는 딥웹 사이트들을 예 든다면…

'**사이트 검색엔진**(searchengineguide.com)'은 다양한 전문 분야별로 검색을 지원하는 검색엔진입니다. '사이트 검색엔진' 사이트에 접속한 다음, 메뉴를 통해 자신이 원하는 분야를 선택해 나가면 됩니다.

"네이버 지식IN"의 글로벌 버전이라 할 성격의 '**쿼라**(quora.com)'에서는 전문적인 식견을 가진 이들의 실명을 내건 수준 있는 질문에 대하여 전문가들이 답변하는 절초(絕招) 고견들을 접할 수 있습니다.

'**월드 디지털 라이브러리**(World Digital Library, 줄여서 WDL, url은 wdl.org)'. 유네스코와 미국 의회 도서관이 운영하는 **국제 전자 도서관**입니다. 인터넷 상의 문화 콘텐츠의 충실을 도모하고, 이를 통해 국제 문화 간의 상호 이해를 깊게 한다는 목적으로 설립되었습니다. 교육자, 학생, 일반 대중에게 학구적 소스를 제공하고, 전 세계인들 간의 정보 격차를 좁히기 위한 목적으로 운영되고 있어서, 학문적 연구에 이바지할 수 있는, 비영어권이나 동서양을 막론한 다국어 형식의 무료 콘텐츠를 제공합니다.

'**웨이백 머신**(Wayback Machine, url은 archive.org)'은 미국의 비영

리재단인 '인터넷 아카이브(Internet Archive)'에서 만든 디지털 타임캡슐로서, 타임라인을 인터페이스로 제공하여 **과거 특정 시점의 인터넷 자료들을 검색**해 줍니다. 2021년 3월 현재 5520억 개의 웹페이지가 수집·저장되어 있으며, 매우 방대한 검색을 지원합니다. 과거를 검색해 준다는 점에서 특이한 딥웹 검색엔진이라 하겠습니다.

('웨이백 머신'에서) 정교하게 설계된 고급 검색(Advanced Search)을 사용할 수도 있으며, 일반 검색으로서는 "metadata, text contents, TV news captions, radio transcripts, archived web sites"로 차려진 항목별로 선택하여 검색할 수 있습니다. 이를테면, "Search archived web sites(웹사이트의 보관 기록 검색)"를 선택하면 웹(WWW) 상에 게재됐었던 **과거의 모든 웹페이지를 검색**할 수 있습니다. 없어져 버린 개인 홈페이지나 파산한 기업의 웹페이지도 검색할 수 있으며, 각 웹사이트가 업데이트해 온 이력들을 거슬러 과거의 내용을 찾아볼 수 있습니다. 검색하고자 하는 웹사이트의 url을 입력하면, 해당 사이트가 만들어진 때부터 현재에 이르기까지의 타임라인이 인터페이스로 제시되며, 그중 달력에 표시된, 해당 사이트가 '웨이백 머신'에 수집(Archive)된 특정 시점을 선택하면 당시의 사이트를 그대로 보여 줍니다. 단, 조회수가 많지 않았던 사이트일 경우에는 동영상이나 사진 자료 등은 남아 있지 않은 경우도 있습니다. 그러나 조회수가 웬만큼 되었었던 사이트라면, 그것이 개인의 사이트일지라도 과거의 모든 자료가 그대로 보존되어 있는 편입니다.

국내의 '**국가생물종지식정보시스템**(nature.go.kr)'도 가치 있는 방대한 자료를 찾아볼 수 있는 딥웹 사이트입니다. 물론 이러한 유의 전문 분야 자료들을 구축하고 있는 딥웹은 전 세계에 널려 있습니다. 각종 도서관, 여행 사이트, 각종 포럼이나 커뮤니티 등등. 그리고 해당 전문 분야의 관련 키워드들을 사용하여 어렵지 않게 찾아낼 수도 있습니다. 약간의 요령이 필요할 뿐입니다.

이상에서 보는 바와 같이 딥웹 자료들에 대해서는, 일반 검색엔진과 적절한 키워드를 활용하여 해당 자료들을 소장하고 있음직한 사이트를 찾아낸 다음, 직접 접속하여 해당 사이트에서 제공하는 자체 검색 창(검색엔진)을 이용하는 것이 바로 **딥웹**의 **양지**(陽地)에 대한 통상적인 **딥웹 검색의 비결**이라 하겠습니다.

다음은 **딥웹 음지**(陰地)에 대해서입니다. 이상과 같은 딥웹 **양지**(陽地)의 자료들과는 달리, 열람을 허락하지 않는 딥웹 음지의 자료들이어서 (표면웹의) 일반 검색엔진의 시야 밖에 존재하는 딥웹일지라도 기술적으로 검색 자체가 불가능한 경우란 거의 없습니다. 이들 자료에 있어서…

블랙햇 해커(Black-Hat Hacker, 나쁜 나라 해커)들의 입장은 화이트햇 해커(White-Hat Hacker, 좋은 나라 해커)들의 입장과는 다릅니다. 그들에게는 딥웹 검색이 바로 빵과 직결되기 때문입니다. 합법과 위법을 가릴 것 없이, “수단과 방법을 가리지 않는 딥웹 검색이 사업의 존망을 좌우한다”는 것이 바로 블랙햇 해커들의 입장인 것이지요. 그래서 블랙햇들은 더 많은 빵을 위해 딥웹 음지에 대한 검색기들을 개발하지 않을 수 없으며, 화이트햇들은 그에 대한 방어로 얻어지는 빵을 위해, 보안을 지키기 위한 방편으로, 딥웹 검색기들을 개발하지 않을 수 없는 것이 인지상정인 것입니다. 해서, {Nmap, Zmap, 쇼단(Shodan) 등} 다수의 딥웹 사물인터넷 기기들에 대한 검색기들이 개발되고, 그 밖에도 백도어(Back Door) 등의 해킹 기술까지 널리 사용되고 있습니다.

{다크웹에는 ‘그램즈(Grams)’의 뒤를 이어 ‘킬로스(Kilos)’라는 검색엔

진이 각광을 받고 있으며, 토치(Torch), 토르링크스(TorLinks), 아미아(Ahmia), 어니언 서치 엔진(Onion Search Engine), 프레시 어니언즈(Fresh Onions) 등등의 검색엔진들이 사용되고 있기도 합니다. "다크넬 싸이트 - 히든위키 코리아"의 링크 목록도 한 몫을 합니다. 물론 이들 사이트를 단지 호기심으로 써핑(나들이)하는 것은 위험합니다. 만일 다크웹 써핑이 불가피한 사정이 있다면 윈도우보다는 리눅스 환경에서 브라우징을 하는 것이 보다 안전하며, 또한 외국의 서버를 통해 연결하는 VPN 사용이 권장됩니다. 그리고 'VPN **킬 스위치**' 정도는 필수입니다. 가령 사용 중 VPN 네트워크 연결이 끊어지면 컴퓨터는 인터넷 서비스 공급업자(ISP)가 제공한 디폴트 공용 IP 주소로 되돌아 가게 됩니다. 그로 인해 사용자는 노출되고 사용자의 활동은 추적기에 쉽게 걸려듭니다. 한데 문제는 사용자가 그것을 인지하지 못할 수 있다는 사실입니다. 'VPN 킬 스위치'는 VPN 연결이 끊어지는 일이 발생하면 아예 인터넷 연결 자체를 끊어 버린다든지 하는 방법으로 사용자가 그것을(VPN 이용에 문제가 발생했음)을 확실히 인지하게 합니다. 단 VPN 킬 스위치를 사용하기 위해서는 통상적으로 해당 앱 설정에서 그 기능을 활성화해 두어야 합니다. 아울러 다크웹에 접속하기 전에 웹캠은 불투명 테이프 등으로 가려야 합니다. Tor 브라우저를 사용하려 한다면, 그 전에 다른 웹 브라우저들은 모두 닫는 것이 좋습니다. 다른 웹 브라우저로 검색했던 기록들의 유출 방지를 위해서입니다. ▌

신변에 위험을 느끼는 이들을 위한 인터넷 사용 팁

자신의 신변에 위험을 느끼는 이라면 인터넷 사용 시 자신의 개인정보가 노출되는 것을 극히 꺼리기 마련입니다. 이를테면 '지능형 지속 공격(APT ☞ *p. 242*)'의 대상이 되는 최상위의 부유층이나 요직에 있는 사람, 기업의 보안 등급이 높은 임원, 또는 그 밖의 전체주의 국가나 독재 국가에서 정부 기관의 감시 대상이 되고 있는 사람 등등. 웹브라우저나 검색엔진 등, 인터넷 사용에 있어서 필수적인 이들 도구에 있어서도 그와 같은 처지에 있는 이들을 배려한 것들이 있습니다. 아래의 내용은 해킹이나 보안에 대한 지식에 문외한인 보통 사람으로서도 어렵지 않게 자신의 신분이나 개인정보의 노출, 그리고 인터넷 상의 행적의 추적 등을 피할 수 있는 도구나 방법에 대한 것입니다. ※ 해킹과 보안, 동전의 앞뒷면입니다. 명칭만 다를 뿐, 실상은 같은 기술입니다.

통신 기술의 발달로 만사를 인터넷/웹에 의존하다시피 되어 가면서, 온라인 상의 '개인정보의 노출'이 얼마나 심각한 일인지에 대하여 무감각해져 가는 경향 또한 그만큼 심화되어 가고 있는 듯합니다. 그와 함께 극도의 편리함만을 추구하는 (사람들의) 성향 또한 갈수록 그 도를 더해 가기만 합니다. 하지만 "극도의 편리함"이란 서비스 이용자에게만 그러한 것이 아니며, 어둠의 세계에서 각종 기업(?)을 운영하는 범죄자들에게도 그러하다는 점을 요해(了解)해야 합니다. 즉 크래커들에게도 "극도의 편리함"이 되어 준다는 것이지요. 이를테면 지난 제*237* 페이지에서 이야기한 바 있는 '스마트폰의 문자 인증만으로 이체가 가능한 앱'류도 그러하며, '비대면 금융 서비스'를 비롯하여 '계좌정보통합관리서비스' 등등이 모두 그러합니다. 인터넷을 기반으로 한 '보다 간편함'이란 마약 같은 유혹입니다. 수고를 덜어 줌과 아울러 덫과 함정의 위험도 드높이는.

필요한 만큼의 신원정보 확보에 성공하면, 확보한 "신원"의 명의로 휴대폰을 신규로 개통하고, 이어서 비대면 금융 서비스를 이용하여 해당 명의의 신규 계좌를 개설할 수 있으며, "계좌정보통합관리서비스"를 활용하여 (해당 명의의) 기존 은행계좌들을 찾아내어 그 잔고를 몽땅 털어 가고, 아울러 일사천리로 (해당 명의로) 고급 외제차를 구매할 수도 있음입니다. 최악의 경우에는 그 같은 "극도의 편리함"을 활용한 절도나 청부 살인조차도 어렵지 않을 테지요. 다크웹에는 살인청부업자들 득실댑니다. 돈만 주면 무엇이든 합니다.

"개인정보의 노출"이란 자칫 자신의 운명을 어둠의 세계에 던져 놓는 것과 진배없습니다. 너도나도 편리를 추구한답시고 개인정보 자체가 당사자의 전권(全權)을 대리하기 일쑤인 생활(인터넷, 웹)환경을 조성하고들 있기 때문입니다. 어둠의 세계에서 호시탐탐 영업 활동을 하는 크래커들의 입장에서 개인정보 수집이란 노다지 광맥 찾기에 다름없습니다.

다음은 무엇보다 먼저 유의해야 할 사실들입니다. 자신의 신분 노출을 해서는 안되는 처지에 있다면 SNS 활동부터 극도로 자제해야 합니다. 그리고 모든 스마트 기기에 내장된 웹캠(Webcam)과 마이크에 대하여 특별히 주의를 기울여야 합니다. PC의 웹캠은 제거하도록 하고, 노트북의 웹캠은 불투명 테이프를 붙여서 밀봉해 둘 필요가 있습니다. 스마트 기기가 크래킹을 당하면 그 순간부터 내장 카메라와 마이크는 공격자(크래커)들에게 장악된 '몰래 카메라'나 도청기로 전락해 버리기 때문입니다. 스마트폰 역시 예외일 수 없습니다. 시리 어시스턴트 알렉사 코타나 등의 가상비서를 비롯한 각종 보이스 앱(음성인식 앱)이나 위치 정보를 활용하는 앱들의 사용 또한 중지하거나 위치 서비스 옵션을 꺼 두는 것이 바람직합니다.

온라인 상에서 자신의 개인정보를 노출하는 정도는 편리(convenience)와 보안(security) 사이의 밸런스를 고려하여 결정해야 합니다. 다방면에 인공지능의 관여가 일반화된 상황에서 각종 인터넷 서비스의 개인별 맞춤 서비스는 개인정보 영역에 속하는 데이터를 장기간 추적·수집한 누적량이 많아질수록 그것을 기반으로 하는 서비스의 질 또한 피부에 와 닿게 살뜰해져 가는 성격의 것이기 때문입니다 — 물론 그에 비례하여 지능적인 부대광고 등의 성가심도 증가하게 되겠습니다만. 쿠키 등, 개인정보의 노출이 염려되는 데이터에의 접근을 차단하고 아울러 웹브라우저나 웹사이트 및 각종 앱들의 개인정보 추적·수집 행위 또한 일체 허용하지 않는다면, 보안에는 크게 도움이 되겠으나 대신 맞춤형 서비스의 편리함은 포기하는 것을 의미합니다. 말하자면 신변 안전과 보안에 주력하는 세팅(설정)을 하다 보면, 스마트폰조차도 벽돌폰, 오바마폰(☞ *p. 67*)이 되어 버리고 맙니다.

그래서 이 노구 역시 평상시에는 고만고만한 수준의 개인정보에 대한 노출에는 크게 신경을 쓰지 않는 편입니다 — 보안보다는 편리를 택하는 편입니다. 뭐, 숨길 것이 거의 없는, 세상 사람들의 관심권 밖에서 살아가는 시골 노인네이니 어차피 그게 그거이긴 합니다만, 😁😁. 아마 대개의 네티즌들은 그와 같은 태도를 취하는 편일 것입니다. 그러나 행여 이 노구에게 어쩌다 보안이 중요시되는 짭짤한 일거리가 주어진다면(?), 웹브라우저나 검색사이트를 비롯한 각종 인터넷 도구(앱)들을 아예 별도의 것들로, (편리보다는) 보안을 표방하는 것들로, 바꾸어 사용함으로써 개인정보의 노출을 원천적으로 차단하는 식의 초식을 시전할 수 있겠습니다. 물론, 보안을 좌우명으로 하는 인터넷 도구들이 맞춤형 서비스의 편리함을 제공하지 못하는 것은 당연하므로 그만큼의 불편은 기꺼이 감수해야 합니다. 이때 '**내 포털 페이지**' 파일(☞ *p. 196*)은 결정적으로 도움이 됩니다. 이를테면 웹브라우저를 어떤 것으로 바꾸든 '바로가기'나 '북마크' 등의 이전 문제로 고심해야 하는 성가심 같은 것이 있을 리 없습니다. 바뀐 웹브라우저에서 '**내 포털 페이지**' 파일을 열면 그것으로 만사 O.K.!

통상적인 웹브라우저를 사용한다면 온라인에서 행하는 자신의 모든 행위가 추적되고 있는 것으로 보아 과히 틀림이 없습니다. {쿠키(cookies), 비콘(beacons), 디지털 서명(digital signatures), 추적 도구(trackers) 등등을 이용한} 각종 추적 기술을 통해 광고주를 비롯한 기업, 정보 기관, 그리고 크래커들은 네티즌 개개인에 대한 매우 상세한 인터넷 행적 보고서와 함께 프로필까지 작성해 낼 수 있을 정도입니다. 각종 추적 기술의 사용은 4차 산업혁명 시대의 생존경쟁에서 기업이 살아남을 수 있는 필수 생존전략이 되고 있는 상황인 것입니다. 어떻게 해서든 사용자들의 개인정보를 시시콜콜 하나라도 더 수집해서, 그것을 바탕으로 인공지능을 활용한 각종 서비스의 질과 광고 효과 등을 높이는 것에 기업의 사활이 걸려 있음입니다. 그런 면에서 이를테면 구글이나 페이스북은 정상급의 인터넷 스파이라 할 수 있습니다. 사정이 이러하니 개인정보 노출을 해서는 안되는 처지라면, 웹브라우저부터 당장 바꾸어야 합니다.

자신의 신상정보 및 웹 행적 노출을 피해야 하는 특별한 사정이 있는 독자가 아니라면 *p. 407*의 <**4차 산업혁명과 일자리**> 난으로 바로가기 할 것을 권합니다.

'개인정보 추적·수집 행위를 일체 하지 않음'을 표방하는 웹브라우저로는 **브레이브**(Brave Browser)와 **에픽**(Epic Browser)이 잘 알려져 있습니다. 브레이브 브라우저는 자체 검색기를 갖추고 있으며, 인도산인 에픽 브라우저는 특히 사용자의 프라이버시 보호를 표방하여, {브라우저에 통합되어 있는 VPN을 통해 사용자의 실제 IP 주소를 숨기는 방법으로} 검색엔진이 IP 주소로 사용자를 추적할 수 없도록 설계되어 있습니다. {※ 에픽의 자체 확장 기능을 통해 프록시 기능을 활성화할 수 있습니다. 즉, 주소창 옆에 있는 아이콘을 클릭, 프록시/VPN을 켜서 IP 주소를 가림으로써, 사이트나 서비스 그리고 앱들이 사용자 위치를 추적해 관련 정보를 전달하는 것을 방지할 수 있습니다. 하지만 브레이브와 에픽, 둘 다 구글의 크로미움(Chromium)을 기반으로 하며, 이것이 개인정보 추적을 가능하게 하는 쥐구멍으로 이용될 가능성이 없지는 않습니다.}

한데, 엄청 느린 속도를 감내할 수만 있다면 **토르**(Tor) 브라우저만큼 개인정보나 인터넷(웹) 행적 보호에 완전무결에 가까우리만치 탁월한 웹브라우저를 찾기는 어렵습니다. 토르의 경우… 눈길에 신발을 거꾸로 신고 걸어서 족적이 나타내는 방향을 오도(誤導)하듯, 사용자의 인터넷 행적 일체에 대한 물샐틈없는 보안 과정을 수행하느라 브라우징(browsing) 속도에 있어서만큼은 (사용자의) 상당한 인내를 요구합니다. 토르를 사용하고자 할 때에는 음료나 먹거리 그리고 소일거리(뜨개질😜 재료라든지)를 함께 준비하는 것이 현명합니다, 😂😂. 그리고 느긋한 마음으로….

웹브라우저 다음으로 바꾸어야 할 인터넷 도구는 검색엔진입니다. "사용자의 개인정보를 수집하지 않는 검색엔진"임을 표방하는 것으로 널리 알려져 있는 검색엔진으로는…
'**덕덕고**(DDG: DuckDuckGo, duckduckgo.com)'가 있습니다. 토르 브라우저에서 기본 검색엔진으로 사용되고 있기도 합니다.

다음으로, 웹 행적의 추적을 차단하는 방법에 대해서입니다. 보안이 강화된 "httpS" 프로토콜의 사용으로 사용자 데이터에 대한 암호화 전송에 의해 개인정보를 비롯한 사용자 데이터의 해킹은 거의 예방이 되고 있습니다만, 웹 행적 추적에 대해서는 여전히 허점이 남아 있습니다.

무릇 휴먼들은 "www.gogle.com"이라든지 "www.naber.com"과 같은 식의 홈페이지 주소를 사용합니다 — 이 같이 문자열로 된 이름식의 주소를 도메인명이라 하며, 그와 같은 인터넷 주소체계를 DNS(Domain Name

System, 도메인명 제도)라 합니다.

그러나 디지털 기기들은 그와 같이 형이하학적인 이름식의 주소를 사용하지 않습니다. 대신 'IP 주소'라는, 전화번호와 흡사한 숫자들을 사용합니다. 이를테면…
"172.217.26.110"이라든지 "125.209.222.142"와 같이, {흔히 사용하는 IPv4 주소의 경우} 0 ~ 255 사이의 수로 된 4개의 수를 마침표로 구분한 수(數)의 그룹이 바로 그것입니다 — 256진수 4자리를 사용합니다.

따라서 휴먼들이 입력하는 도메인식의 주소를 이 같은 형이상학적(또는 수학적)인 IP 주소로 바꾸어 주는 번역 수단이 필요합니다. 그러한 번역을 담당하는 번역기가 바로 'DNS 서버'들입니다. 무릇 인간들이 사용하는 형이하학적 주소를 네트워크 기기들이 알아먹을 수 있는 IP 주소로 번역해 주는 서비스, 그것을 담당하는 서버를 말하는 것입니다.

웹브라우저의 주소 창에 "google.com"이라고 타이핑하면
위에서 예를 든 IP 주소 "(https://)172.217.26.110"에 접속될 것이며,
"naver.com"을 입력하면 "125.209.222.142"에 접속됩니다.
내친 김에 웹브라우저의 주소 창에, 러시아의 마트료시카(Matryoshka)를 나열해 놓은 듯한 "8.8.8.8"을 타이핑해 보시기를. 😄😄.

웹브라우저의 주소창에 "naver.com"을 입력하고 엔터키를 치면 웹브라우저는 KT, SK브로드밴드, LG유플러스 등, '인터넷 서비스 제공사업자(I-SP)'가 가동하고 있는 DNS 서버에게 "naver.com"의 IP 주소를 묻습니다.
이를 'DNS **쿼리**(질의)'라고 합니다.
그러면 DNS 서버는 "125.209.222.142"라고 답해 주는 것이지요. 그리하여 웹브라우저는 비로소 네이버의 홈페이지에 접속할 수 있게 되는 것입

니다. 참고로 DNS 서버는 통신사나 거대 IT기업 등, 여러 단체나 기업 또는 기관에서 운영합니다.

데이터가 암호화되어 전달되는 “httpS” 프로토콜을 사용한다 해도 국내의 경우, {국내 통신사들의 DNS 서버는 DoT(DNS over TLS)나 DoH(DNS over HTTPS) 프로토콜을 지원하지 않기 때문에} “DNS 쿼리”가 노출됩니다. 그래서 당국이 민초들의 특정 웹사이트에의 접속을 차단하는 수단으로 사용하곤 합니다. 차단 대상 웹사이트에 대한 “DNS 쿼리”에 대해서는 경고용 웹페이지가 대신 뜨도록 처리하는 것입니다. 이 경우 {DoT, DoH가 지원되는 클라우드플레어(CloudFlare - IP 주소: 1.1.1.1)나 구글(8.8.8.8/8.8.4.4), IBM Quad9(9.9.9.9) 등의 DNS 서버를 사용하면 “특정 웹사이트에의 접속 차단”을 간단히 우회할 수 있습니다. 또는} 주소창에 접속하고자 하는 웹사이트의 (숫자로 된) IP 주소를 직접 타이핑하면 DNS 서버를 경유하지 않기 때문에 접속 차단 같은 것은 없습니다.

“httpS” 프로토콜을 사용하면 데이터가 암호화되어 전달되기 때문에, 전송되는 데이터에 대한 해킹이나 감청은 (논리적으로) 불가능합니다. 그러나 (“DNS 쿼리” 이외에도) “httpS” 프로토콜에서도 예외적으로 암호화되지 않고 평문으로 전달되는 데이터가 있습니다. (“httpS” 프로토콜의 데이터 암호화에 사용되는 프로토콜인) TLS의 확장 표준 중 하나인 ‘SNI(Server Name Indication, 서버명 알리미)’가 바로 그것입니다.

SNI(서버명 알리미)는 하나의 IP 주소로 다수의 웹서버를 운영할 수 있게 하는 수단으로 사용됩니다. 가령 ‘네이워(nawer)’라는 웹사이트에 “nawer.com”, “stock.cafe.nawer.com”, “mail.nawer.com”, “docs.nawer.com”이라는 도메인들이 운영되고 있는 경우를 가정해 보기로 합니다. 이들 도메인의 주(主)도메인은 "nawer.com"입니다. 예의 도메인들에 공통이 되고 있는 "nawer.com"의 왼쪽에 "stock.cafe", "mail" 등의 이름이 추가된 도메인들을 흔히 서브도메인(또는 하위 도메인)이라고 부르며, 아울러 해당 서브도메인의 서버들은 각기 '호스트 컴퓨터'의 역할 또한 수행합니다. 주도메인은 주서버, 그 나머지 서브도메인들은 모두 부속서버(이하, '부속서버')들의 도메인인 것입니다(이하, 부속서버의 도메인은 '부속도메인'으로 부르기로 합니다). SNI는 이들 중 접속자가 접속을 원하는 도메인을 주도메인의 웹서버에 알리는 목적에 사용됩니다.

이를테면 "홍길동"님의 웹브라우저가 "nawer.com"에 접속하여 서버와 악수(handshake)를 나눌 때, 웹브라우저가 웹서버에게 먼저 건네는 '**클라이언트 헬로**(☞ *p. 261*)'에 홍길동님이 접속하고자 하는 도메인명(서버명, ex: stock.cafe.nawer.com)을 SNI 필드(난)에 명기하여 전합니다. 그리함으로써 홍길동님은, "nawer.com"의 웹서버와 IP 주소를 공유하는 부속서버인 "stock.cafe.nawer.com"의 웹페이지에 접속할 수 있게 되는 것입니다. 한데, 클라이언트 헬로는 서버의 공개키를 전달 받게 되는 **서버 헬로**에 앞서 이행되므로 암호화가 되지 않은 채 (웹브라우저로부터 웹서버에게로) 전해지게 됩니다.

부속도메인들은 IP 주소를 주도메인과 공유할 수 있기 때문에 도메인 등록비가 따로 들지 않습니다. 즉, 이들은 도메인이 다름에도 불구하고 IP 주소는 주도메인과 같은 것으로 사용하는 것이 가능한 것입니다. "httpS" 프로토콜에서 이 같은 IP 주소 공유를 지원하는 수단이 바로 SNI(서버명 알리미)입니다.

즉, 암호화하지 않은 평문으로 "SNI 필드에다 부속서버명"을 전달할 수밖에 없는 문제는 바로 이들 부속도메인의 IP 주소 공유와 관련이 있습니다. 가령 "nawer.com"의 IP 주소를 사용하면서 주식 관련 카페들에 대한 서빙을 담당하는 부속서버의 도메인을 "stock.cafe.nawer.com"이라고 가정할 때, 이 부속서버(부속도메인)가 보안을 위해 "httpS" 프로토콜을 사용해야 한다면 "nawer.com"의 주서버는 이 부속도메인의 '**공인 인증서**'도 가지고 있어야 합니다. "nawer.com"의 공인 인증서로는 안된다는 이야기입니다. 도메인이 다르기 때문입니다. (서버 헬로를 통해) 웹서버가 공인 인증서를 보내면 웹브라우저는 이를 복호화하여 읽고, 접속하려던 도메인명과 인증서에 적힌 도메인명이 일치하는지부터 확인하기 때문입니다. 그러므로 가령 "홍길동"님이 네이워의 주식 관련 카페의 링크를 클릭하거나 URL을 입력하면, 네이워(nawer.com)의 주서버는 **서버 헬로**에 (네이워의 공인 인증서가 아니라) 부속도메인인 "stock.cafe.nawer.com"의 공인 인증서를 넣어서 웹브라우저에게 건네야 하므로, 그에 앞서 '**클라이언트 헬로**'의 "SNI 필드"에서 클라이언트(홍길동님)가 접속을 원하는 서버명을 참조해야 합니다. 한데 클라이언트 헬로는 (서버의 공개키가 전해지는) 서버 헬로에 앞서 이행되는 것이므로 암호화되지 못합니다. 이것이 암호화되지 않은 SNI가 필요한 까닭이며, 그로 인해 사용자의 웹 행적이 노출되는 이유입니다. 언뜻 사소해 보이겠으나, 역사는 흔히 사소한 것이 결정적인 단초가 되어 치명적 결과로 이어지곤 했습니다.

암호화하지 않은 도메인명이 그대로 노출되니, "httpS" 프로토콜을 사용한다 할지라도 홍길동님이 어떤 웹사이트에 접속하는지를 '인터넷 서비스 제공업자(ISP)', 정부 당국, 수사기관, 광고업자, 해커 등이 훔쳐보게 됩니다. 하지만 이 같이 IP 주소를 공유하는 부속도메인의 활용은 불가피합니다. 해당 주도메인에서 제공하는 각종 서비스를 다수의 웹사이트로 분리하여 관리·운영하기에 여러모로 편리하기 때문입니다.

가상화(☞ *p. 101*) 기술의 급속한 발전으로, 이젠 컴퓨터 하드웨어의 개체 구분도 모호해져 버렸습니다. 수만 대의 컴퓨터를 연결하여 한 대의 슈퍼컴퓨터를 만들 수도 있으며, 또한 그리하여 만든 슈퍼컴퓨터를 필요에 따라 여러 개로 나누어 각기 한 대의 서버로 작동하게 할 수도 있습니다. 이 같은 컴퓨터 하드웨어 자원의 이합집산을 {'소프트웨어 정의 네트워킹(SDN: Software Defined Networking)'과 같은 유의} 소프트웨어 기술을 사용하여 소프트웨어적으로 이행합니다. 말하자면 컴퓨터 프로그램으로, 프로그램이 제공하는 인터페이스인 대시보드를 보며, 손쉽게 조작합니다. 그때마다 엔지니어가 몽키 스패너 들고 뛰어다니며 하드웨어들을 손수 붙이고 떼고 하는 것이 아니라는 이야기입니다. 가상화 기술의 축복이지요.

가상화 기술이 광범위하게 활용되고 있는 작금에 있어서는 서버의 개념 또한 개별 컴퓨터 하드웨어에 구속되지 않습니다. 한 대의 컴퓨터에다 다수의 서버를 구동할 수도 있고, 다수의 컴퓨터를 하나의 서버로 구동할 수도 있음입니다. 그 모든 것이 소프트웨어에 의해 컨트롤되고 정해지는(정의되는) 식입니다. 다양한 형태의 많은 부속서버 부속도메인을 필요로 하고, 아울러 그 동적인 활용이 필수불가결한 컴퓨팅 환경인 것입니다.

기업 운영의 대부분을 인터넷에 의존하지 않을 수 없는 4차 산업혁명 시대, 불가피하게 글로벌화되어 갈 수밖에 없는 기업들은 수많은 서버(호스트 컴퓨터)들을 운영하지 않을 수 없습니다. 이들 서버마다 따로 도메인 등록을 하고 IP 주소를 배정 받아 가동해야 한다는 것은 말이 되지 않습니다. 적지 않은 번거로움과 비용의 추가가 따를 것이기 때문입니다.

물론, 내친 걸음에 SNI까지 암호화하는 식으로 하고, 아울러 DNS 서버 또한 인터넷 사용에 대한 감시가 없는 나라의 것이 사용되도록 조처하면,

이 같은 '웹 행적 훔쳐보기'까지도 원천적으로 예방할 수 있습니다. 그러나 그것은 기술적인 이유에서가 아니라 상업적인 이유로 전면적으로 시행하기는 어렵습니다. 나라에 따라 해당 정부 관점에서의 "불법·유해 사이트"에 대한 접속 차단을 인터넷 허용의 필수 조건으로 생각하는 당국자들이 있기 때문입니다. 물론 그러한 조처가 사회를 위해 유익하고 도움이 되는 예 또한 적지 않습니다. 그러므로 '웹 행적 훔쳐보기'를 원천적으로 막아 버린다면, ('웹 행적 훔쳐보기' 차단용) 인터넷 프로토콜이 금지되고 인터넷에 만리방화벽(Great Firewall)을 쌓는 나라가 늘어날 수 있음입니다. 돈벌이에 도움이 되지 않을 일인 것입니다. 빈대 잡으려다 초가삼간 다 태우는.

그렇다 해도, 자신의 웹 행적을 노출해서는 안되는 어려운 처지에 있는 사람들 또한 적지 않습니다. 이 시대에 인터넷을 사용하지 않고 지낼 수는 없습니다. 사정이 그러하니, 착한 사마리아인 천재들이 넘쳐 나는 인터넷 사회에서 인도주의적인 배려가 없을 수 없습니다. 그러한 배려로 SNI를 암호화하거나, {MTU(Maximum Transmission Unit, 최대 전송 단위) 값을 줄여 패킷을 잘게 쪼갬으로써 SNI 필드를 파편화하여 그 내용을 식별할 수 없게 하거나,} 특정 DNS 서버를 사용하게 하는 등의 수법을 써서 웹 행적을 숨겨 주는 앱이나 서비스가 개발되어 사용되고들 있습니다.

(그러한 목적을 위한) 사용자가 많은 앱으로는 "**GoodByeDPI**"와 "**In-tra(인트라)**"가 있습니다. 둘 다 사용 방법이 토글스위치를 온·오프 하는 정도에 지나지 않을 만큼 간단해서 쉽습니다. "GoodByeDPI"는 러시아의 개발자가 제작한 윈도우용 무료 프로그램으로, 도스 창에서 실행하는 명령어 방식의 버전과 사용하기에 편리한 GUI 방식의 버전이 있습니다. "Intra(인트라)"는 구글 계열의 Jigsaw(직쏘)라는 회사가 만들어 '구글 플레이'를 통해 배포하는 스마트폰 등의 모바일용 무료 앱입니다. 한데 구글은 오로지

좋은 목적에 쓸 요량으로 약관에 따라 개인의 사생활 데이터를 광범위하게 수집하는 공룡 기업 중 하나입니다. 한데, 경영진이 바뀌면 목적이나 약관은 그때마다 바뀔 수 있습니다. 이 점, 유념해야 할 일입니다.

사용자의 개인정보 수집을 하지 않는 대표적인 프로그램으로서 웹 행적을 숨길 수 있는 것으로는 **클라우드플레어**(CloudFlare)사의 **1.1.1.1 서비스**가 추천할 만합니다. 사용자의 웹 행적을 철저하게 숨겨 줄 뿐만 아니라, 그것을 기화로 개인정보를 수집하는 짓거리도 하지 않는 것으로 널리 알려져 있습니다.

이 서비스를 이용하기 위해서는 "1.1.1.1"이라는 앱을 사용하거나,

{공유기의 기본 DNS를 1.1.1.1로 설정하고 보조 DNS를 1.0.0.1로 설정하면 됩니다. 윈도우 사용자는 제어판의 네트워크 관련 설정에서 '어댑터 설정 변경'을 통하여 DNS 서버 주소에 (IPv4의 경우는) 기본 DNS를 1.1.1.1로 설정하고 보조 DNS를 1.0.0.1로 설정해 주어도 됩니다.
(※ IPv6의 경우, DNS를 2606:4700:4700::1111과
2606:4700:4700::1001로 설정)}

"클라우드플레어(CloudFlare)사의 1.1.1.1 서비스"는 유료 서비스와 무료 서비스가 있으며, 이 서비스를 통해 도움/이익이 되는 경우 또한 다양하므로, 인터넷 검색으로 "무작정 따라 하기" 유의 친절한 자료들을 통해 보다 자세한 지식을 충분히 습득한 다음 사용하실 것을 권합니다.

그 밖에도 자신의 익명성을 지키려 하는 사람들이 흔히 사용하는 수단으로서 'VPN(Virtual Private Network, 가상사설망)'이 있습니다. 사용자 기기의 IP 주소를 뒤로 숨겨 주며, 사용자의 기기와 VPN 서버 사이에 암호화된 연결 통로를 만들어 사용자의 웹 브라우징 데이터를 숨겨 주는 웹 서

비스입니다. 그리하여 사용자는 익명으로 브라우징을 할 수 있으며, 차단된 콘텐츠를 보거나 은밀히 토렌트를 이용할 수도 있게 됩니다.

웹에는 무료 VPN이 적지 않으며, 유료에 비해 느린 속도 등의 불편을 감수하면서도 많은 사람들이 흔히들 무료 VPN을 이용합니다. 한데, 착한 사마리아인을 표명하는 비영리 재단에서 운영하는 것이 아닌 한, 이용하기 전에 일단은 의심해 보는 것이 좋습니다.「무료라니?」. 그리고 해당 VPN 서비스의 숨겨진 비용 회수 기법에 대하여 생각해 볼 필요가 있습니다. 무료 VPN으로 돈벌이를 한다면, 그것은 십중팔구 광고와 관련이 있습니다. 직접적으로 광고를 보게 하든, 아니면 사용자의 개인정보들을 적절하게 가공하여 광고업자에게 팔아 넘기든. 게다가 무료인 경우, 제한된 데이터 허용량, 느린 속도, 소규모의 서버 위치 등에 따르는 불편이 불가피합니다. 그럼에도 굳이 무료 VPN을 사용해야 할 입장이라면, 사용자 데이터를 저장하지 않기로 잘 알려져 있는, 지명도 있는 유료 VPN 중에 손님 끌기용 맛보기 무료 요금제를 제공하는 경우를 찾아보는 것이 (보안을 위해) 나쁘지 않은 방법입니다. 권하고 싶은 것은 지명도가 있는 유료 VPN을 사용하는 쪽입니다.

무료 VPN 중에는, 학술적인 목적으로 운영되고 있는 'SoftEther VPN'을 추천할 만합니다만, 악용 방지를 위해 사용자의 사용내역을 로그로 남기는 단점이 있습니다. "VPN을 범죄에 악용했다가 사용 로그가 수사기관에 제공되어도 책임지지 않는다"는 약관을 명시하고 있기도 합니다. 그러나 오픈소스의 무료 프로그램이며, 전세계 28개국의 자원 봉사자들이 제공하는 VPN 서버를 사용할 수 있는 장점을 가지고 있습니다.

참고로 "웹 행적의 추적을 차단하는" 앱이나 서비스에는 공통적으로 약간의 부작용이 있습니다. 다름 아닌, 당국의 "불법·유해 사이트"에 대한 접속 차단이 불가능해지는 점입니다. 말하자면, 그러한 앱이나 서비스를 사용하고 있는 동안에는 어떤 사이트를 막론하고 접속이 가능해진다는 이야기입니다. 유해 사이트들을 스스로 조심할 일입니다.

다음으로, 해킹이나 수사기관의 서버 열람 등으로부터 안심하고 사용할 수 있는 **메신저 앱**에 대해서입니다. **시그널**(Signal)과 **왓츠앱**(WhatsApp)입니다{※ 그 밖에 텔레그램(Telegram)도 메시지 암호화 기능을 선택 사항으로 제공합니다}. 참고로 "시그널(Signal)"을 검색하고자 한다면, "시그널(Signal)"이 그 자체로 일반 단어이므로 검색어를 '시그널 메신저'와 같이 해야 합니다. 시그널은 미국 국가안보국(NSA)의 기밀자료를 폭로한 내부고발자 에드워드 스노든이 사용하는 앱으로 알려져 있기도 합니다. 시그널과 왓츠앱, 이들 앱은 '**종단간 암호화**(E2EE, End to End Encryption)' **기술**로 메시지를 보호합니다.

종단간 암호화 기술은 다음과 같은 것입니다. 스마트폰의 메신저 앱이 메시지를 일단 암호화한 다음 전송합니다. 그리고 메시지를 수신하는 상대방 스마트폰의 메신저 앱은 암호화되어 전송되어 온 메시지를 받아서 복호화합니다. 그러므로 도중에 패킷을 해킹하거나 서버를 정보기관이 열람하더라도 메시지를 확인할 방법은 없습니다. 물론 양쪽 스마트폰이 같은 앱을 사용하고 있어야 합니다. 하지만 스마트폰이 잠금 해제되어 있는 상태에서는 제3자가 휴대폰에서 메시지를 볼 수 있습니다. 단, 앱에 따라서는 앱을 열기 전에 지문 인증 과정을 거치도록 설정해 두는 식의 대비는 가능할 수 있습니다.

종단간 암호화 처리를 하지 않는 일반적인 메신저 앱의 경우에는 '**통신구**

간 암호화' 기술이 사용됩니다. 이 경우, 메신저 앱은 메시지를 암호화하는 데 관여하지 않습니다. 전송 과정에서 통신 프로토콜에 의해 암호화되며, 서버에서 복호화됩니다. 그리고 서버가 송신자로부터 받은 메시지를 다시 수신자 측에 전송할 때에 메시지는 다시 암호화되고 수신 측 기기에 수신되는 과정에서 다시 복호화되는 식입니다. 그러므로 전송되는 패킷에 대한 안전에는 문제가 없습니다. 그러나 서버를 해킹하거나 열람하면 메시지는 그대로 노출됩니다. 종단간 암호화 처리 기술을 사용하는 경우에도 '통신구간 암호화' 프로토콜 역시 적용되므로, 이 경우 메시지의 패킷들은 이중(二重)으로 암호화된 채 전송되는 셈입니다.

이상과 같은 종단간 암호화 처리는 통신망과 서버에 대한 해킹을 무력화하는 데에는 효력을 발휘합니다만, 스마트폰 자체를 해킹하는 경우엔 별무소용일 수 있습니다. 스마트폰을 해킹하여 암호화 키를 탈취할 수도 있으며, 원격 감시를 통해 대화 내용을 청취할 수도 있음입니다. 암호화 키를 탈취하면 서버에 남아 있는 대화 내용을 복호화하는 것 또한 가능해집니다.

시그널(Signal)은 비영리 재단인 '시그널 테크놀로지 재단'이 후원하는 앱입니다만, 왓츠앱(WhatsApp)은 상습적인 개인정보 유출로 악명이 높은 페이스북의 것입니다. 그러므로 왓츠앱의 경우, 알게 모르게 사용자 데이터가 페이스북('메타'로 개명)의 데이터베이스에 저장될 가능성을 완전히 배제하지는 못합니다.

시그널(Signal)은 추천 이유가 더 있습니다. 시그널은 '대화 자동 삭제 기능'과 아울러 '대화 화면의 캡춰 차단 기능'까지 갖추고 있습니다. 대화 자동 삭제 기능의 경우, 삭제되는 시점을 설정해 둘 수 있습니다. 대화가 입력된 지 짧게는 5초, 길게는 1주일 후 자동으로 삭제되게 설정할 수 있습니다. 단, 자동 삭제 기능을 이용하려면 대화를 시작하기 전에 기능을 활성화해 두어야 합니다. 활성화 이전에 입력된 대화는 이후에 기능을 활성화하더라도 그대로 남아 있습니다. 대화 화면 캡춰 차단 기능을 켜 두면 상대방은 물론이거니와 자신도 대화 화면을 캡춰하는 것이 불가능해집니다.

(*p. 395*에서의 바로가기 도착지)

4차 산업혁명과 일자리

2차 산업혁명에서는 "컨베이어 벨트"에 농민공들을 대거 수용하는 식이 되어서 대량의 일자리가 창출되었습니다만, 4차 산업혁명에서도 그와 유사한 효과를 기대할 수 있는 것일까요?

일자리와 관련한 4차 산업혁명의 영향에 대해서라면… 아직은 그 누구도 섣불리 확언하여 예단할 수 있는 성격의 문제가 아닌 것으로 보이긴 합니다만, 4차 산업혁명에 의해 새로이 창출될 일자리란 것이 주로 고지능·고학력자 또는 지배적 자본가들에게 유리할 것으로 보이는 징후만은 점차 확실해지고 있는 것 같습니다. 그러한 점을 감안하면 4차 산업혁명이 초래할 그 결과란, 못 가진 자(서민)들의 몫을 빼앗아 소수의 가진 자(신종 귀족)들에게 몰아주는 잔혹성과 함께, 못 가진 자들은 외길 자연인이나 단순 노동자로 내몰리게 되는 양극화가 만연하지나 않을까, 지레 걱정을 하게 됩니다.

과거 (2차 산업혁명에서) 간단한 재교육을 통해 농민들을 대량생산체제의 부속품(농민공)으로 변신시키는 것이 가능했듯, 현재의 보편적인 (생산직·사무직) 직장인들을 재교육하여 그 대다수를 4차 산업혁명이 창출해 낼 새로운 일자리의 일원으로 변신시키는 것이 가능할까요? 아래는 근래에 4차 산업혁명 시대의 유망 직종으로 흔히 거론되고 있는 일자리들을 생각 나는 대로 나열해 본 것입니다. 직접 판단해 보시길.

4차 산업혁명 시대의 유망 직종: 데이터센터 설계 및 장비 설치 전문가, 시스템 테스트 요원, '서버, 네트워크 장비, 기계 및 전기 장비의 메인터넌스(유지 관리)' 요원, 빅데이터 전문가, 데이터 분석 전문가(ADP), 데이터분석 준전문가(ADsP), 데이터베이스 전문가, 딥러닝 스페셜리스트, 블록체인 분석가, 블록체인 개발자, 가상(증강·혼합)현실 전문가, 메타버스 크리에이터, 사물인터넷 보안 전문가, 로봇 공학자, 스마트 팩토리(지능형 공장) 및 스마트 팜(지능형 농장) 설계·구축 전문가, 정보보안 전문가, 소프트웨어 개발자, 코딩 전문가, 5G 통신기술 전문가, 3D 프린터 전문가, 양자컴퓨터 연구원, 생명과학 연구원, 생명공학 윤리학자, 로봇 윤리학자, 공유경제 컨설턴트, 자율주행자동차 개발자(※ 자동차의 생산은 스마트 팩토리에서), 4차 산업혁명으로 전개될 다양한 블루오션을 장악해 나갈 자본가 … 등등. 예를 들자니 현란합니다. 물론 배달대행업체(배달의민족, 부릉, 바로고…)나 우버 같은 플랫폼의 '플랫폼 노동자' 같은 일자리도 많이 생겨나기는 하겠지만, 그와 같은 유의 일자리를 전도유망한 직종으로 권하는 시각은 거의 없습니다.

인공지능이란 인간의 지능을 대신하는 것이 그 본질입니다. 인간의 지능을 대신하는 존재들의 등장이, 물밀듯이 쏟아지는 고지능체(高知能體)들의 등장이, 인간의 일자리를 증가시켜 주리라 예상한다면 무리와 모순이 있어 보입니다.

로봇에 의한 외과 수술이 이미 보편화 과정의 수순을 밟아 가고 있으며,

조만간 일반화될 것이 기정 사실로 받아들여지고 있습니다. 비록 아직은 “로봇에 의한 수술”이란 외과의사가 로봇 팔을 원격 조종하여 집도하는 것을 의미하는 경우가 많습니다만, 머지않은 미래에 인공지능을 갖춘 로봇이 독자적으로 수술을 집도하는 세상이 도래하게 될 것입니다. 이미 2018년 중국이 개발한 정형외과 수술 로봇 ‘톈지(Tian Ji)’의 예에서 그 미래의 일단(一端)을 엿볼 수 있습니다. “톈지는 수술 전 환자에 대해 심층 3D 공간 정밀 위치인식을 제공하며, 수술 중에는 가상 수술 계획을 세우고 이를 현실로 옮기며, 수술 경로를 매우 정확하게 세워 오차가 없다”고 합니다(출처: 로봇신문 2018년 7월 2일자).

인공심장 수술, 인공관절 수술, 암 수술 등 난이도가 높은 외과적 대수술은 단 한 명의 의사만으로는 안됩니다. 외과의, 관련 전문의, 마취의, 레지던트, 인턴, 간호사 등등이 팀을 이루고 수행하기 마련인 것입니다. 한데, 현존하는 모든 의료지식에 통달하고 있을 뿐만 아니라 인간이 흉내 낼 수 없는 기계적 정밀성과 빠르기로 집도(執刀)가 가능한 인공지능 로봇 수술이 일반화된다면, 수술 과정을 감독하는 전문의 한 명과 간호사 한 명, 이렇게 두 사람 정도로 인간이 참여할 수 있는 몫은 줄어들 것입니다.

그도 그럴 것이, 주주나 자본주들의 최대 관심사는 인건비 절감에 있을 것이기 때문입니다. 물론 대외적으로야 으레 그리하듯 보다 양질의 의료 서비스 제공을 대의명분으로 하겠으나, 그들에게 있어서 수술 로봇 도입의 본심은 어떻게 해서든 최고 수준의 연봉에 해당하는 의사들의 인건비를 절감하려는 데 있을 것이기 때문입니다. 말하자면 “돈이 되니까!” 로봇도 도입하는 것이란. 인공지능이란 대체로 이 같은 자본주의적 세속의 관점 속에서 개발되고 진화해 나갈 것입니다. “인공지능이 인간의 일자리를 증가시켜 줄 것”이라는 세평에 무리와 모순이 있어 보이는 이유입니다.

인공지능으로 인한 일자리 증감은 인공지능 가격 대비 인건비에 의해 그 향배가 결정될 일입니다. 그러므로 인건비가 턱없이 낮은 분야라면 별 영향이 있을 리 없을 것임이 당연합니다. 이를테면 다랭이논의 농부, 또는 Kg당 200원 정도의 배달료를 받고 60~80 Kg의 등짐을 산정까지 운반하는 중국의 화산이나 황산의 짐꾼 등. 즉 로봇을 대체 투입했을 경우, 수익은커녕 본전 생각만 간절해질 일자리들은 영향을 받을 리 없습니다. 인공지능에 의해 위협 받게 될 일자리들이란 고임금일수록 먼저일 것입니다.

하지만, 4차 산업혁명이란 예측을 불허하는 요인이나 변수가 너무 많은 시대적 변화이므로 섣부른 예단은 하지 않는 것이 옳아 보입니다. 4차 산업혁명이 진행되면서, 가령 일자리 감소 현상의 도가 지나치다면 컴퓨터 사용량을 분야별로 제한하는 것이 실효성 있는 방법으로 유력해 보입니다만, 스마트폰을 비롯하여 휴대용 초소형 컴퓨터들까지 과거의 슈퍼컴퓨터를 능가하는 성능을 보여 주고 있는 터여서, 사실상 통제할 현실적인 묘수는 없어 보입니다. 그렇다 해도 일자리와 관련하여 지나치게 두려워 할 것은 없는 것이, 실업률이 민초가 감내할 수 없는 지경에 이르면 역사는 그때마다 정치사회적 혁명으로 일거에 상황을 정리해 왔음입니다. 어쨌거나 역사는 계속해서 굴러가게 마련입니다.

카지노와 무법지대로서의 인터넷

인터넷이란 도박을 위한 최상의 환경이기도 합니다. 인터넷이 아니라면 도박일 수 없는 것들까지도 인터넷 환경에서는 도박이 될 수 있습니다. 모니터를 보며 클릭만 하면 되니까요. 카지노나 다름없습니다. 인터넷으로 인해 도박의 경계를 넘나드는 분야들이 비일비재합니다. 주식, 게임, 부동산 거래, 선물 거래, 외환 거래, 암호화폐 거래, 각종 경매 등등. 마음만 먹는다면 무엇이든 도박성을 띠게 할 수 있는 것이 인터넷 환경이라 하겠습니다. 그 무엇이든 승부가 될 만한 요소를 집어넣기만 하면 도박성을 띠게 마련이니까요. 전통적으로 스포츠가 도박의 수단이 되어 온 것이 그것을 반증합니다. 승부욕은 인간의 본성을 자극하는 가장 강렬한 유혹의 하나입니다. 다다(多多)채널 생존 환경에서 살아남으려 방송 채널마다 각종 콘테스트로, 노래 춤 연주 요리 눈요기("예능") 몸매 스포츠 게임 먹방 등등의 콘테스트로, 시청률 낚시질에 허덕이는 것이 그것을 말해 줍니다. 싸움이 될 만한 것은 무엇이든 판을 벌리면 흥행 거리가 됩니다. 어디서건 싸움판이 벌어지면 상스러운 구경꾼들이 모여들게 마련인 것입니다. 그리하여 방송 콘텐츠에 있어서도 목하 악화가 양화를 구축하는 판들이 벌어지고 있습니다.

각종 인터넷 게임을 비롯하여 포털 사이트나 검색엔진, 클라우드, 각종 플랫폼 기업 등, 인터넷 공룡 기업들의 영업 전략에도 인간의 도박성과 승부욕을 교묘하게 자극하고 활용하는 수법이 상용되고 있기도 합니다.

유의해야 할 것은, 흔히 접하게 되는 이들 인터넷 기업들의 속성입니다. 시장에 진출할 때에는 온갖 미덕을 내세우기 마련입니다. 그러나 일단 시장을 장악하고, 해당 업종의 지배 기업이 되고 난 뒤에는 안면 싹! 바꿉니다. 온갖 잔머리를 굴려 교묘하게 가입자들을 갈취하기 시작합니다. 일단 소비자들을 휘어잡고 나면 안면 바꾸는 것이 준비된 후속 메뉴입니다. 마치 투표 전과 집무(집권??) 후의 태도가 180도 달라지는 정치 모리배들처럼.

2021년 상반기 국내 매출 1위였던 게임은 엔씨소프트의 '리니지M'이었습니다만, 악명 높았던 '확률형 아이템' 팔아먹기로 인심을 잃어 주가가 급락하기도 했습니다. 한데, "모바일 시대가 되면서 게임산업은 소작농 시대에 접어들었습니다."라고 바로 그 엔씨소프트의 대표가 2014년, 모바일게임 중심으로 사업 전략을 선회한다며 푸념을 늘어놓았었습니다. '소작농'이라고 자조한 까닭은 '지주'인 앱마켓 기업이 과도하게 수수료를 가져가는 현실을 빗댄 것입니다. 구글과 애플 등, 앱마켓 기업은 게임사들로부터 결제액의 30%를 수수료로 갈취해 갑니다. 그(엔씨소프트의 대표)는 "매출이 100이면 개발업체가 가지는 수익은 20 ~ 30밖에 안된다"고 토로했었습니다. 그로부터 7년이 지난 2021년 8월, 「'구글 갑질방지법'으로 불리는 전기통신사업법 개정안이 31일 국회 본회의를 통과했다. 이에 따라 한국 정부가 전세계에서 유일하게 구글과 애플 등 앱마켓 사업자의 '인앱(In App) 결제'를 규제하게 됐다.」는 기사가 떴습니다. "사악해지지 말자(Don't be evil)", 이 말은 구글을 상징하는 모토였습니다. 하지만 구글은 현재 전 세계 앱 생태계의 '공공의적'이 되고 있습니다.

이상의 사례들은 다음과 같은 사실을 말해 줍니다. 인터넷은 초등생에게도 그 문이 열려 있는 사실상의 카지노인 것이며, 먹고 먹히는 돈벌이의 각축장인 것이며, 적자생존의 냉혹한 법칙이 전횡을 일삼는 사회라는. 게다가 거의 무법지대나 다름없는 비대면의 세계이기도 합니다. 무법지대인 까닭은 다음과 같습니다. 서비스를 제공하는 서버가 자국 밖의 다른 나라에 있으면 법 집행이 거의 불가능할 뿐만 아니라, 자국에서 일어나는 탈법 행위조차도 관련 법이 거의 만들어져 있지 않은 까닭에 치외법권 지역이 되고 있기 때문입니다. "구글 갑질 방지법"이라는 것이 만들어지는 데에 적어도 7년 이상이 걸렸음이 그것을 말해 줍니다.

인터넷은 비대면 환경이 그 바탕임을 잊어서는 안됩니다, 정보가 넘쳐나지만 책임지지 않는 정보들이 허다한. 비대면 환경에서 사람의 행동 양식이 어떻게 달라질 수 있는지에 대하여 궁금하다면, CCTV가 없는 곳에서 사람의 행동 양식이 돌변하는 예들을 참고하면 됩니다. 4차 산업혁명의 시대란

부캐(부캐릭터, subCharacter)에 의한 멀티 페르소나(multi-persona. 다중 자아)의 횡행을 살피며 살아야 하는 시대라 하겠습니다.

설령 엄격한 본인 인증을 배경으로 하는 정보(사진이나 동영상 증거)일지라도 의심 없이 믿어서는 안됩니다. "인증"이란 것이 본인임을 보장하는 것은 아니기 때문입니다. 인증이란 단지, 인증 요건을 충족하는 정보를 가진 이가 로그인 했음을 말해 줄 뿐입니다 — 인터넷은 해킹 기술과 함께 하는 열린 공간입니다. 블랙햇해커의 인터넷이란 자기 집 안마당에 다름없을 수도 있습니다. 인공지능조차도 가짜임을 식별해 내지 못하는 위조 녹음이나 동영상을 딥페이크 앱으로 누구나 만들 수 있는 세상입니다. 배우자나 사랑하는 이마저 믿지 못하는 진실의 종말을 맛볼 수도 있음입니다.

종교에 입문하는 이들이 흔히 갖게 되는 의문 중의 하나입니다. 하느님께서는 전지전능하신 분이시니, 인간을 애초 착하기만 한 인성(人性)으로 창조하셨다면 이 세상에 죄악이란 생겨날 리 만무했을 것이 아니겠느냐, 하는. 이러한 초보의 의문에 대하여 종교계의 선각자들께서는 흔히 다음과 같은 현답으로 대응합니다. 말씀인즉슨, 하느님께서는 인간을 맹종하는 존재가 아닌, "자유의지"를 가진 존재로 창조하셨다는. 한데, 이 노구는 다음과 같은 노파심을 버리지 못합니다. 인공지능의 정점(頂點)이 곧 "자유의지"일 것이라는. 알파고의 판단력과 인간에게 주어졌다는 "자유의지"는 이질적인 성격의 것일까요? 신의 뜻은 확률로만 인지(認知)되고 있습니다, 아직까지는. 양자역학이 그러하고, 신경망이 그러합니다. 한데, 인간에게 "자유의지"란 것이 있기나 한 것일까요?

잔메에서 synn이었습니다.

4차 산업혁명의 민낯

1판 1쇄 발행: 2022년 2월 22일

지은이 신현수
펴낸이 신현수
펴낸곳 소리둥지

출판등록 2005년 11월 2일 제14-52호
우) 611-762, 부산시 연제구 고분로 112번길 23, 103동 807호
(연산동, 현대아파트) 전화 051-851-8897

전담 배본처 신아사(전화 02-382-6411, Fax 02-382-6401)

ISBN 978-89-957427-6-1 03000